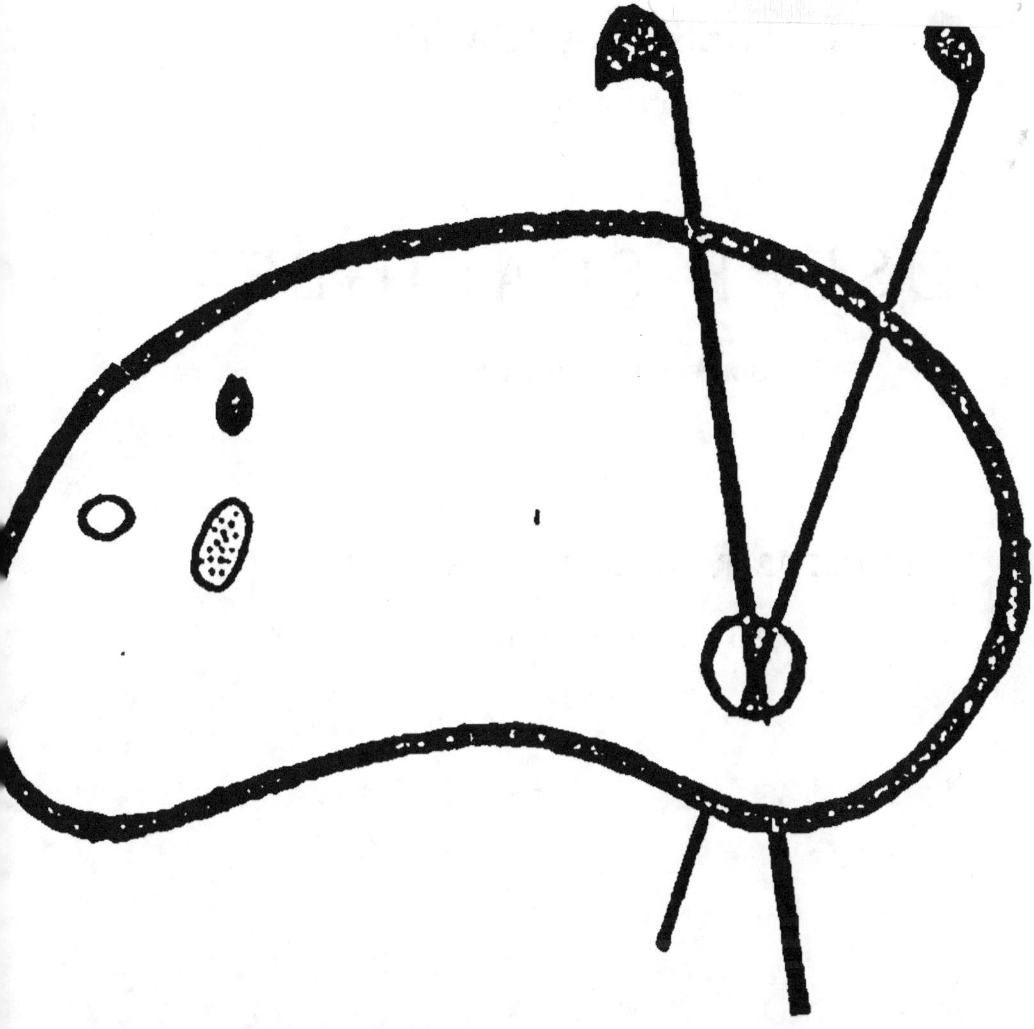

COUVERTURE SUPERIEURE ET INFERIEURE EN COULEUR

LETTRES FRANÇAISES
INÉDITES
DE
JOSEPH SCALIGER

PUBLIÉES ET ANNOTÉES

PAR

PHILIPPE TAMIZEY DE LARROQUE

CORRESPONDANT DE L'INSTITUT

AGEN	PARIS
J. MICHEL ET MÉDAN, LIBRAIRES	ALPHONSE PICARD, LIBRAIRE
Rue Pont-de-Garonne, 16-18	Rue Bonaparte, 82

1881

LETTRES FRANÇAISES INÉDITES

DE

JOSEPH SCALIGER

LETTRES FRANÇAISES INÉDITES

DE

JOSEPH SCALIGER

PUBLIÉES ET ANNOTÉES

PAR

PHILIPPE TAMIZEY DE LARROQUE

CORRESPONDANT DE L'INSTITUT

AGEN

J. MICHEL ET MÉDAN, LIBRAIRES
RUE PONT-DE-GARONNE, 16-18

PARIS

ALPHONSE PICARD, LIBRAIRE
RUE BONAPARTE, 82

1879

Tiré à part à cent cinquante exemplaires.

On a publié, de notre temps, deux importantes études biographiques et littéraires sur Joseph Scaliger, l'une en France, due à M. Charles Nisard, aujourd'hui membre de l'Académie des inscriptions et belles-lettres;[1] l'autre, en Allemagne, due à M. Jacob Bernays.[2] Dans ces deux ouvrages, aux qualités diverses, et qui se complètent l'un l'autre,

---

[1] *Le triumvirat littéraire au XVI° siècle. Juste Lipse, Joseph Scaliger et Isaac Casaubon* (Paris, Amyot, in-8°, p. 149-308). Le volume ne porte pas d'indication d'année, mais la préface, qui semble être un fragment des mémoires de l'auteur, est datée du 1er mai 1852. M. Silvestre de Sacy, de l'Académie française, a rendu compte du livre de M. Nisard dans le *Journal des Débats* du 30 octobre 1852. Voir *Variétés littéraires, morales et historiques*, t. II, 1858, p. 552-565. M. Nisard a reparlé de Jos. Scaliger dans les *Gladiateurs de la république des lettres aux XV°, XVI° et XVII° siècles* (2 vol. in-8°, 1860). Tome II, biographie de G. Scioppius.

[2] *Joseph Justus Scaliger*. Berlin, 1855, in-8° de IV-316 pages. L'épitre dédicatoire au professeur F. Ritschl (à Bonn) est datée de Breslau, le 12 juillet 1854. Le volume, orné d'un portrait de Scaliger, est enrichi d'un excellent index. La monographie de M. Bernays est en allemand. On aurait bien dû la traduire en notre langue. Il est juste de rappeler que deux savants français avaient déjà recueilli la plupart des renseignements bibliographiques utilisés par M. Bernays. Voir l'ample chapitre consacré à Jos. Scaliger dans le *Gallia orientalis* de Paul Colomiès (1665, in-4°, p. 111-143) et surtout la liste minutieusement exacte et complète des travaux du même érudit dans le *Nouveau Dictionnaire historique et critique* de J. George de Chauffepié (t. IV, Leyde, 1756).

le sujet a été épuisé, et je ne m'aviserai pas de refaire ce qui a été deux fois si bien fait. Renvoyant donc les lecteurs aux travaux de MM. Nisard et Bernays, je me contenterai de dire quelques mots des lettres inédites que je viens mettre en lumière.

Ces lettres, dont j'annonçais déjà la publication il y a plus de douze ans,[1] m'ont paru mériter à divers titres l'attention des esprits sérieux. Presque toutes autographes,[2] elles ont le mérite d'avoir été écrites en français,[3] et l'on verra combien le grand humaniste, qui se servait si facilement et si purement, en prose comme en vers, du grec et du latin, manie avec aisance et bonheur la langue de son pays.[4] Le fond ne sera pas trouvé moins intéressant que la forme. On remarquera dans la plupart des lettres adressées à Pierre Pithou,

---

[1] *De la fondation de la Société des bibliophiles de Guyenne*, Auch, 1866, p. 26.

[2] N'ayant, en quelque sorte, que l'embarras du choix au milieu des nombreux documents épistolaires laissés par celui qui a pu dire : jamais personne n'a tant fait de lettres que moi (*Secunda Scaligerana*, édition de 1740, p. 557), j'ai le plus souvent écarté les pièces qui n'étaient pas originales.

[3] Jusqu'à présent on a imprimé assez peu de lettres françaises de Scaliger. Voir, à l'*Appendice*, sous le n° 1, la liste de la plupart de ces lettres.

[4] Pierre de Ronsard (*Préface de la Franciade*) avait exprimé le vœu que Scaliger et quelques autres usassent, en leurs écrits, de la langue maternelle : « O quantes fois ai-je souhaité que les divines têtes sacrées aux Muses de Joseph Scaliger, Daurat, Pimpons, d'Emery, Florent Chrétien, Passerat, voulussent employer quelques heures à si honorable labeur.

« *Gallica se quantis attollet gloria verbis.* »

à Jacques Auguste de Thou, à Claude du Puy et à ses fils, de curieuses particularités, les unes relatives à Scaliger lui-même, les autres relatives à ses amis et à quelques-uns de ses ennemis. Tout en nous faisant mieux connaître l'esprit comme le caractère de l'auteur du *Thesaurus temporum*, sa correspondance ajoute bien des détails à l'histoire littéraire des dernières années du xvi° siècle et des premières années du xvii°, et presque en chaque page on goûtera la saveur des choses nouvelles.

Enfant de l'Agenais, j'éprouve une joie toute particulière à rendre hommage, par ma publication, à la mémoire de l'incomparable érudit que l'on peut à jamais regarder comme la plus éclatante gloire de cette province. Il m'est d'autant plus doux de rendre cet hommage à Jos. Scaliger, que l'on s'est généralement plus occupé parmi nous jusqu'à ce jour de Jules César Scaliger, son père,[1] pourtant bien inférieur à

---

[1] Dans le *Recueil des travaux de la Société d'Agriculture, sciences et arts d'Agen*, on trouve : *L'éloge de Jules-César Scaliger*, par M. Briquet, couronné par la Société, le 11 juin 1806 (1re série, t. II, 1812, p. 1-21); le *Rapport pour le concours de l'éloge de J.-C. Scaliger*, par M. Lafont du Cujula (*Ibid.*, p. 131-147); *Jules-César de Lescale*, par M. Jules de Bourrousse de Laffore (2e série, t. I, 1861, p. 24-69); enfin, *Documents sur Jules-César Scaliger et sa famille*, publiés par M. Ad. Magen, secrétaire perpétuel (*Ibid.*, t. III, 1873, p. 161-276). Ce n'est qu'incidemment que Jos. Scaliger figure en ces divers travaux, ainsi que dans les exquises études sur le xvi° siècle de M. R. Dezeimeris, lequel, au contraire, a consacré au père de mon héros une brochure spéciale intitulée : *Lettres grecques de J.-C. Scaliger à Imbert, publiées, traduites et annotées* (Bordeaux, 1877, grand in-8o).

lui,[1] et qui d'ailleurs ne fut pour la Gascogne qu'un fils adoptif,[2] tandis que le créateur de la science chronologique et de la science épigraphique nous appartient par sa naissance même.[3]

J'ai l'ardent désir et le ferme espoir de donner, un peu plus tard, à Joseph Scaliger, au nom de l'Agenais tout entier, un nouveau témoignage de respectueuse sympathie. Je voudrais, en son honneur, réimprimer, avec addition de documents nouveaux et de notes explicatives, le recueil devenu si rare et qui est si précieux, intitulé : *Epistres françoises des personnages illustres et doctes à Joseph Juste de la Scala mises en lumière par Jacques de Reves*.[4] Ce recueil, où tant d'amis et d'admirateurs de Scaliger ont célébré comme à l'envi son prodigieux mérite, serait utilement rapproché du recueil que voici, et l'on aurait ainsi désormais le facile moyen d'étudier, à la fois d'après les pages intimes

---

[1] On lit, dans le *Secunda Scaligerana* (p. 552) : « Il [mon père] me disait toujours : je voudrais que vous fussiez plus docte que moi.»

[2] Jules-César Scaliger, né en Italie (avril 1484), amené par l'évêque Antoine de la Rovère, à Agen, y épousa, le 13 avril 1526, âgé déjà de quarante-cinq ans, Andiette de La Roque, qui n'en avait que seize, et qui ne devait pas donner à son heureux époux moins de quinze enfants (cinq garçons et dix filles).

[3] Joseph-Juste Scaliger naquit à Agen, le 4 avril 1540, dans une maison située rue Saint-Georges, près de l'église de Saint-Hilaire. Même vers la fin de sa vie, et sous le ciel de la Hollande, Scaliger restait encore gascon par l'accent, sinon par le cœur. On lui fait dire, en effet (*Secunda Scaligerana*, p. 559). « *Ego adhuc animadverto esse Vasco, nam habeo quosdam accentus.* »

[4] Harderwyck, 1624, petit in-8°.

qu'il écrivit et les pages intimes qu'il reçut, le grand homme que l'Allemagne considère comme le premier des savants français,[1] et qui, devançant le jugement de la postérité, a eu le droit de dire, sans mettre cette fois, la moindre exagération dans sa fière parole : « Il n'y a homme qui se puisse vanter d'avoir plus avancé les lettres, que j'ai faict.[2] »

Gontaud, le 25 janvier 1879.

---

[1] C'est aussi ce que pense un de nos plus remarquables philologues, M. Charles Thurot, de l'Institut. Il m'a fait l'honneur de me le déclarer de vive voix, et il l'a déclaré aussi dans cette *Revue critique* dont, noble victime de travaux excessifs, il est éloigné par la maladie, mais où — je le désire trop pour ne pas le croire — il reparaîtra bientôt avec une santé aussi solide que son érudition elle-même.

[2] Lettre inédite du 12 février 1597 à Jacques Auguste de Thou.

I

A PIERRE PITHOU.[1]

Monsieur, je fus tres aise de la lettre que vous m'escrivistes dernierement, jaçoit que bien tard, et pour le desir que j'avois de savoir de voz nouvelles, et pour le temps qu'il avoit que je vous escrivis. Maintenant je m'estime bien heureux de la souvenance que vous aves de moi, et mesmement des vers que vous m'envoiastes, lesquels j'açoit que j'eusse desja trouves en un vieux exemplaire, et inserés à mes Catalectes,[2] si est-ce que les Tetrastiches estoient impar-

---

[1] Bibliothèque nationale, collection Du Puy, vol. 496, f° 171/ — Pierre Pithou, non moins célèbre comme érudit que comme jurisconsulte, naquit à Troyes, le 1er novembre 1539, et mourut à Nogent-sur-Seine, le 1er novembre 1596. Du même âge, à peu près, que Scaliger, il fut un de ses meilleurs amis. Voir sur les Pithou en général, sur Pierre Pithou, en particulier, le *Secunda Scaligerana*, édition de 1740, la seule que je citerai, j'en avertis une fois pour toutes, p. 506-508, et, si l'on veut de très abondants détails, l'ouvrage de Grosley : *Vie de Pierre Pithou, avec quelques mémoires sur son père et ses frères* (Paris, 1756, 2 vol. in-12).

[2] Les *Catalectes* parurent, quelques mois plus tard, sous ce titre : *Publii Virgilii Maronis Appendix, cum supplemento multorum antehac nunquam excusorum Poematum veterum poetarum. Josephi Scaligeri in eandem Appendicem Commentarii et castigationes. Ad clarissimum virum Jacobum Cuiacium, Juriscons. Nostræ ætatis facile Principem. Lugduni, apud Guliel. Rovillium*, 1572, in-8°. M. Bernays donne à la première édition des *Catalectes* la date de 1573, mais l'auteur du *Manuel du Libraire* observe (t. I, col. 1639) que certains exemplaires sont de 1572 et certains autres de l'année suivante.

faictz. Et ce que me resjouist le plus, c'est qu'aiant trouvé le dict exemplaire fort corrumpu, je n'en ai faict aulcuine correction, que je n'aie heureusement excogitée,[1] d'autant que les vostres me le confirment, et comme je les avois corrigés, je l'ai ainsi trouvé dedens les vostres.[2] Or puisque vous m'avez faict tant de bien et honneur, il ne vous grevera pas, s'il vous plaist, de m'envoier aussi les vers d'Eucheria,[3] si jamais vous me feistes plaisir. J'escris à Monsieur Senneton,[4]

---

[1] D'*Excogitare*, imaginer. *Excogiter*, que l'on rencontre déjà dans l'*Institution chrétienne* de Calvin (1541), se retrouve encore dans les *Mémoires* du duc de Saint-Simon. Voir le *Dictionnaire de la langue française* de M. Littré. Le mot n'a été admis ni dans le *Dictionnaire* de Richelet, ni dans celui de Trévoux.

[2] On sait qu'au nombre des plus brillantes qualités de J. Scaliger, il faut mettre cette admirable sagacité qui lui permettait de reconstituer les textes dont l'état semblait le plus désespérant. Si l'on m'objectait que le merveilleux devineur, l'*aigle dans les nuées*, comme le surnommait Juste Lipse, comme, après Juste Lipse, aimait à le surnommer Guez de Balzac, s'est trompé quelquefois, je répondrais, poursuivant la métaphore, que l'aigle lui-même, malgré toute l'acuité de son regard et toute la puissance de ses ailes, n'atteint pas toujours le but vers lequel il vole.

[3] On a conjecturé qu'Eucheria vivait en Gaule au v⁰ siècle de notre ère, mais on n'en a aucune preuve. Aussi les Bénédictins, auteurs de l'*Histoire littéraire de la France*, n'ont-ils donné la moindre place à Eucheria dans leur beau recueil. On n'a de cette mystérieuse femme-poète qu'un fragment de vers élégiaques dirigé (*facit indignatio versum*) contre un rustre qui avait eu l'irrévérence de demander sa main. Ce fragment a été inséré dans les recueils de Wernsdorf, de Burmann, etc.

[4] Claude Senneton, qui appartenait à une famille originaire du Forez, était un imprimeur libraire de Lyon, rue Mercière, à l'enseigne *de la Salamandre*. Les Sennetons, appelés quelquefois Sanneton, professaient la religion réformée et ils existaient encore à Lyon au xvii⁰ siècle. La forme donnée par Scaliger au nom du libraire paraît être la bonne, car on la retrouve dans divers ouvra-

et le supplie de m'envoier un Hermenopulus,[1] à quoi je lui promelz que vous l'aiderés, c'est-à-dire à le recouvrer : ensemble *Collectanea fragmentorum veterum poetarum græcorum per Fulvium Ursinum*.[2] Il vous plaira de le recouvrer de

---

ges imprimés, tantôt (1550) *apud Senetonios fratres*, tantôt (1564) *apud Claudium Sennetonium*. Claude Senneton était un ami de Pierre Pithou, comme on le voit dans une lettre que lui adresse cet érudit (*Adversaria subsesciva*, 1565, Paris; 1575, Bâle). Il est question de Senneton dans une lettre de Cujas à Pithou écrite de Lyon, le 12 juin (année non indiquée), lettre qui est au f° 16 du volume 700 de la collection Du Puy.

[1] Je ne reconnaissais pas d'abord, je l'avoue, cet *Hermenopulus*. Mais un habile helléniste, M. Graux, qu'a bien voulu consulter pour moi M. Alfred Morel-Fatio, a eu l'obligeance de réveiller mes souvenirs au sujet du personnage que l'auteur des *Plaideurs* (Acte III, scène III) appelle *Armeno Pul*. Il s'agit là de Constantin Harmenopule, né à Constantinople, vers 1320 et mort en la même ville, vers 1380. Voir sur ce jurisconsulte un ample article de Harlès, dans l'édition de 1808 de la *Bibliothèque grecque* de Fabricius (t. XI. p. 260 et seq.), et un article moins développé, mais excellent, donné par M. F.-A. Isambert (de la Cour de Cassation) dans la *Nouvelle Biographie générale*. (t. XXIII, 1858, col. 417-420). En remerciant ici MM. Graux et Morel-Fatio de leurs aimables communications, je remercierai non moins cordialement les autres érudits qui, tantôt sur un point, tantôt sur un autre, m'ont aidé de leurs bons conseils ou de leurs bonnes indications, MM. Louis Audiat, président de la Société des Archives historiques de la Saintonge et de l'Aunis, H. Beauchet-Filleau, membre de la Société des Antiquaires de l'Ouest, Prosper Blanchemain, de la Société des Bibliophiles français, Léonce Couture, rédacteur en chef de la *Revue de Gascogne*, R. Dezeimeris, qui vient d'être nommé, aux applaudissements de tous, correspondant de l'Institut, Jules Dukas, Ad. Magen, Redet, ancien archiviste de la Vienne, A. Vingtrinier, directeur de la *Revue du Lyonnais* et l'un des conservateurs de la Bibliothèque de la ville de Lyon.

[2] Fulvio Orsini, né à Rome en 1529, mort en 1600, fut un des célèbres antiquaires du XVI° siècle. Il faut remarquer pourtant

Bernardino Turrisan,[1] et le livrer audict sieur de Senneton, et il vous le paiera. Je suis après mes Catalectes pour les faire imprimer. Ce que eust esté ja despeché, n'eust esté ma grande maladie.[2] Soies asseuré que le premier qui en sera estrené ce sera vous, et estimés que je vous tiens pour un des plus grands amis que j'aie en ce monde, voire que je m'estime heureux que d'avoir lieu entre les vostres. Je ne puis escrire plus amplement, reservant cela à mes premières lettres, par lesquelles je vous communiquerai quelque chose de bon. Cependant souvienne vous de chercher les dicts livres ci dessus nommés pour les bailler à M. Senneton, lequel me les faira tenir. Car asseurés vous que si je puis avoir les dictes collections de Fulvius, que ce ne sera en vain que je les lirai. Car desja moi estant à Rome[3] je fus adverti de

---

que ce qu'il a fourni pour les *Inscriptions* de Gruter est plus que suspect aux épigraphistes compétents : « *Caute ursiniana arripere soleo,* » écrivait Reinesius (cité par Orelli, Inscr. latin. amplis. coll. t. I, p. 66). — Le Recueil réclamé par Scaliger doit être, quoique portant un titre un peu différent, celui-ci : *Novem illustrium fœminarum et septem lyricorum carmina* (Anvers, 1568, in-8°). Sur Fulvio Orsini et sur ses œuvres, comme sur la plupart des érudits mentionnés dans les lettres qui vont suivre, j'aurais facilement donné de copieuses notes, mais j'imiterai le plus possible Joseph Scaliger et son père dont il est dit dans le *Secunda Scaligerana* (p. 550) : « *Se et Patrem nihil unquam scripsisse quod scivissent ab aliis dictum aut scriptum.* »

[1] Je suppose qu'il s'agit ici de Bernardin Trévisan, lequel, à la mort de l'illustre Fallope (1562), lui avait succédé dans la direction du jardin des Plantes de Padoue.

[2] Voir quelques détails sur la santé de Scaliger dans le *Prima Scaligerana* (p. 148).

[3] On lit dans le *Secunda Scaligerana* (p. 555) : « J'ay esté deux fois à Rome, ayant 25 et 26 ans, deux ans l'un après l'autre, c'est-à-dire en 1565 et 1566. » Et encore (p. 552) : « Il y a quarante ans que j'ay ouy la dernière messe à Rome, » ce qui met le propos tenu par Scaliger en 1605 ou 1606.

Paulus Manutius [1] touchant ledict livre, et ce qu'il contient, dont nous en avons faict nostre project du despuis. Cependent,

Monsieur, je presenterai mes humbles recommandations à vostre bonne grace, priant le Seigneur vous donner en santé bonne et longue vie.

De Vallence,[2] ce 8 novembre 1571.

Vostre plus affectioné à vous faire humble service,

JOSEPH DE LA SCALA.

---

[1] Paul Manuce, né à Venise, en 1511, mourut dans la même ville en 1574. Feu M. Ambr. Firmin Didot nous apprend (*Nouvelle Biographie générale*, t. XXXIII, col. 306), que l'illustre imprimeur, en 1556, « hésitait encore entre Rome, où il avait fait plusieurs voyages, et Ferrare ou Bologne, pour aller s'y fixer, » quand la fondation de l'*Accademia Veneziana* le décida à rester fidèle à la reine de l'*Adriatique*.

[2] Dans le *Prima Scaligerana* (p. 74), le reconnaissant disciple de Cujas, après l'avoir salué du titre de *margarita jurisconsultorum*, ajoute : « Je quittay ma patrie, c'est-à-dire le lieu de ma naissance pour aller à Valence, où je fus recueilly par Cujas, *qui me ex illa navi jam nauseantem, omni bonorum studiorum gustu refecit. Deus benefaciat optimo et incomparabili viro, qui me bona spe sustentavit.* » M. Rapetti, auteur de l'article *Cujas* dans la *Nouvelle Biographie générale* (t. XII, col. 599), dit de l'éminent professeur : « Il avait alors (1570) pour auditeurs, au milieu de la multitude de disciples dont il peuplait la ville de Valence, un des premiers historiens français et le plus grand des érudits de son temps, Jacques Auguste de Thou et Joseph Scaliger. ; ce dernier fut même préservé par Cujas du massacre de la Saint-Barthélemy. » On ne s'explique pas qu'un érudit du mérite de M. Rapetti ait, contre tous les témoignages, fait de Cujas le sauveur de Scaliger, lequel (*Secunda Scaligerana*, p. 552), nous apprend ainsi lui-même qu'il ne pouvait courir aucun risque : « J'estois à Lauzanne lorsque le massacre fut fait, et le sceus à Strasbourg, d'où je vins incontinent à Genève. »

J'ai escrit desja par deux fois à Monsieur Daniel [1] et suis marri et m'esbahis que pour le moins je n'aie quelque responce de lui.

---

[1] Pierre Daniel, né à Orléans, vers 1530, mourut à Paris en 1603 ou 1604. Voir : *Une correspondance littéraire au XVIe siècle. Pierre Daniel, avocat au parlement de Paris et les érudits de son temps, d'après les documents inédits de la Bibliothèque de Berne*, par L. JARRY (Orléans 1876, grand in-8º). Il est question de diverses lettres de Scaliger « le prince des critiques de la Renaissance, » à P. Daniel dans les pages 63 et 64 de cette curieuse et savante brochure. Voir aussi l'esquisse littéraire publiée en 1873 par le Dr Herm. Hagen : *Der jurist und philolog Peter Daniel aus Orleans* — et l'article à ce sujet de M. Ch. Thurot : *Revue critique*, 1874, I, p. 6.

II

A PIERRE PITHOU.[1]

Monsieur, j'ay receu deux paires de voz lettres despuis que je vous escrivis. Aux premières vous m'enyoiastes de vostre grace les vers d'Eucheria et Servastus,[2] lesquels, pour n'estre gueres metables, je ne mettrai poinct entre mes *Catalectes*. Aux aultres, qui sont les dernières, vous m'envoiés les épitaphes de Hector et Achilles, lesquelz ja longtemps y a sont esté imprimés en Allemaigne et Anvers; davantage une epigramme[3] intitulée *Avieni ad amicos de agro*. Mais c'est un epigramme de Martial du cinquiesme livre.[4] Toutes ces choses, j'açoit que je ne m'en puis servir, si est-ce toutesfois qu'elles me servent de tesmoignage de la bonne voulunté que vous me portés, et du désir que vous avés que mes *Catalec-*

---

[1] *Ibid.*, f° 172.

[2] Servastus, poète latin d'une époque inconnue. Il existe de lui trois strophes saphiques insérées sous le nom d'*épigramme* dans divers recueils, particulièrement dans l'*Anthologia latina* de la *Collectio Pisaurensis* (t. IV, p. 488) avec ce titre: *De vetustate, Sulpicii Servasti junioris*.

[3] Le mot *épigramme*, dont Lazare de Baïf, au témoignage de J. du Bellay, a fait cadeau à notre langue, resta pour presque tous masculin pendant tout le XVIe siècle et pendant une bonne partie du XVIIe. Non-seulement Amyot et Montaigne disaient *un* épigramme, mais encore le grand Corneille (en 1642). Ménage, s'appuyant sur Balzac, donnait au mot les deux genres, comme Scaliger les lui donne tour-à-tour ici.

[4] On chercherait en vain cette épigramme dans le recueil de Martial, mais elle se trouve dans les trois Anthologies latines de Burmann, de Meyer et de Riese (dans celle-ci, tome I, page 82, n° 26). Ce qui explique l'erreur de Scaliger, c'est que l'épigramme a été mise dans quelques manuscrits sous le nom de *Martialis*.

tes soient enrichies de voz recherches, qui proffitent touz les jours à tant de doctes personnages. Premièremment il me souvient de ce que vous me proposés en cest épigramme : *qui caput ad lævam deicit, glossemata vobis præcipit. Os nullum, vel potius pugilis.* C'est qu'il entend *ipsum fuisse grammaticum. Grammatici munus est glossemata præcipere et dictare. Os nullum, vel potius pugilis : quia deiciebat caput ad lævam, qui est gestus gladiatorum vel pugilum, cum imminentem pugnum adversarii declinatione corporis evitant. Corduba me genuit,* item epitaphium Senecæ, addes etiam *Terentii natus in excelsis tectis Carthaginis altum, sine dubio non sunt sæculorum nostrorum, sed sane neque priscorum. Itaque extra centurias nostras in subsicivis sunto.* Quant aux variétés de l'Ætna et Culex, je les ai trouvées *in excerptis veterum auctorum,* qui est un livre bien ancien, duquel je me suis servi en plusieurs aultres choses. de Anteaque Io et toutes les autres variétés *in XII signis*, et semblables poetes j'y ai pourveu il y a ja un an, et qui plus est, *XII signa, amnis glacie concretus, iris, ortus solis* et semblables poemes j'ai trouvé de quels poetes ils sont avec plusieurs autres choses non encore veues, que vous verrés bien tost en l'édition de l'*Appendix Virgiliana*. — *Neque immutare cesset : non est dubium quin vera sit lectio neque incitare cesset*. Et ainsi l'ai-je trouvé en un fragment de Tibulle, lequel j'estime si fidele et certain que je ne pense jamais livre avoir esté manié plus asseuré que cellui-là. Je ne vous saurois asses louer icellui exemplaire, comme, Dieu aidant, je ferai connoistre en quelques autres livres que je delibère mettre en lumière,[1] moiennant que je les aie mis au net en attendant

---

[1] Ai-je besoin de rappeler que Scaliger dédia, six ans plus tard, à Claude du Puy, conseiller au parlement de Paris, un intime ami dont nous allons bien souvent retrouver le nom dans cette correspondance, les poésies de Tibulle, mêlées à celles de Catulle et de Properce ?

qui les transcrive pour moi, n'aiant le loisir à cause de mon estude du droict. Si vous avés quelque chose de rare, je vous supplie nous en faire participans, et nous escrire souvent, et m'entretenir tousjours en mon bon heur, qui est quand je puis entendre de voz nouvelles, et que par voz lettres je suis tousjours asseuré de vostre bonne voulonté envers moi. Je n'ai receu encores les livres que vous avés livrés à Monsieur de Dollencourt[1] pour m'envoier, combien que je crains que le livre de Fulvius Ursinus, que vous m'envoiés, ne soit cellui que je demande. Car je demande touts les fragments des anciens poètes grecs colligés par le dit Fulvius. Mais comme je puis connoistre, à mon advis, vous m'envoiés ce que il a faict sur Virgille, aiant amassé tout ce que Virgille a prins des anciens Grecs ;[2] mais je vous prie avoir l'œil sur les fragmens que j'entends avoir esté naguères imprimés à Venize, ou à chasque poète grec est rendu tout ce qui s'en trouve espars par les aucteurs et grammariens anciens, lequel livre il avoit desjà prest en mon premier voyage d'Italie il y a sept ans.[3] Si vous me pouvés faire tenir ce livre lequel je m'asseure avoir esté imprimé, vous m'obligerés beaucoup à vous, jaçoit que ja *multis nominibus tibi obligatus sim*. Monsieur Lambin tient des propos de moi, qui sont autant indignes de moi que de lui, se faisant autant de tort qu'à moi,[4] et c'est parceque je ne lui ai baillé

---

[1] Je n'ai pu me procurer le moindre renseignement sur ce personnage, même en questionnant ce *tout le monde* qui rédige l'*Intermédiaire des chercheurs et curieux*.

[2] *Virgilius collatione scriptorum Græcorum illustratus.* Anvers, 1568, in-8°.

[3] Le manuscrit déjà prêt en 1565, fut imprimé en 1568, non à Venise, comme le croyait Scaliger, mais à Anvers, comme nous l'avons déjà vu.

[4] Denis Lambin, né à Montreuil-sur-Mer en 1516, mourut à

ce qu'il pense que jadis j'ai faict sur le Plaute, *cujus poetæ novam editionem adornat.*[1] Mais il ne fault pas qu'il procède par ceste façon pour avoir le cœur d'un Scaliger.[2] Je lui escris, et par ce moien j'entendrai *quid de me sentit homo* πλιστονίκης,[3] *et per quem nemini licet esse negligenti.*

Monsieur, je présente mes bien humbles recommandations à voz bonnes grâces, priant Dieu vous donner en santé bonne et longue vie.

De Vallence, ce 13 février 1572.

Vostre meilleur ami et humble serviteur,

JOSEPH DE LA SCALA.

Paris six mois après que Scaliger se fut ainsi plaint de ses procédés. Voir sur le savant philologue, outre Teissier (*Eloges tirés de M. de Thou*) et Goujet (*Mémoires historiques et littéraires sur le collége royal de France*), une note dans la dernière édition des *Sonnets exotériques* de Imbert (*Collection méridionale*, t. II, 1872, p. 79, n° 62). Des reproches adressés ici par Scaliger au professeur de grec du collège de France, rapprochons l'éloge qui lui est donné par le *Prima Scaligerana* (p. 107) : « Lambinus erat vir bonus et doctus, qui Latine et Romane loquebatur, optimeque scribebat. » Dans le *Secunda Scaligerana* (p. 416), Scaliger met au nombre des œuvres les plus remarquables, le Commentaire de Lambin sur Horace, ajoutant là que cet humaniste « avoit fort peu de livres. »

[1] Le *Plaute* de Lambin parut à Paris, en 1576, in-folio, par les soins de Jacques Hélie. On assure que cette édition n'obtint aucun succès.

[2] Voir sur la petite querelle qui, à propos de Plaute, s'éleva entre Lambin et Scaliger, les citations réunies par M. Bernays (p. 164-166) et par M. L. Jarry (p. 61).

[3] C'est-à-dire, selon la traduction du *Thesaurus* d'Estienne, *compluries Victor*, et en français : « Ce grand vainqueur, ce superbe vainqueur, qui ne pardonne à personne une négligence. »

III

A. P. PITHOU.[1]

Monsieur, despuis que de Vostre Grace vous m'envoiastes vostre *Lex Dei*,[2] de quoi je vous remercie bien fort, je n'ai eu aulcun moien de vous escrire, et vous remercier de vostre présent et du proffit que j'ai receu de vostre livre, mais m'estant avenu un grand bien, c'est d'avoir veu vostre frère[3] en ceste ville,[4] par son moien je vous escris maintenant, comme n'estant jamais plus content que quand je vous puis escrire, et vous donner à cognoistre combien je vous aime, prise, et honore, comme la perle de ceux qui me font cest honneur, que de me recevoir en leur amitié. Monsieur vostre frère m'a parlé d'un Censorinus et Probus sur Juvenal, qu'il vous avoit laissé, et m'a asseuré que si je vous les demandois,

---

[1] *Ibid., folio* 173.

[2] Je ne vois rien touchant cette *Lex Dei* dans les livres que je viens de consulter sur les travaux de Pierre Pithou, pas même dans la minutieuse monographie que nous devons à Grosley. On a de Scaliger (*Opuscula varia antehac non edita*, 1610, in-4°, p. 56-70), une dissertation intitulée *Diatriba de decimis in lege Dei.*

[3] C'était François Pithou, né à Troyes en 1544, mort en 1621. Magistrat comme son frère, il fut, comme lui, un grand travailleur et un grand érudit.

[4] De quelle ville s'agit-il ici ? De Genève, où Scaliger, comme nous l'avons vu, s'était réfugié après la Saint-Barthélemy ? De Valence, où il revint après que l'orage d'août 1572 lui sembla calmé ?

que vous ne me refuseriés pas en cella : ains que de bon
cœur vous me les feriés tenir. Or parce que j'avois deliberé
de faire imprimer Gellius, Macrobius, Censorinus touz ensemble,[1] et que j'ai beaucoup de choses sur lesdictz aucteurs,
ce me seroit un très grand bien s'il vous plaisoit, non seulement me faire participant desdictz livres escritz à la main,
que de voz doctes conjectures, et annotations sur lesdictz
aucteurs, desquelles je sai très bien que vous n'estes poinct
desproveu. Et vous asseure que je me porterai si fidellement,
et en telle loiaulté en icelle charge, que vous ne m'aurés
communicqué un si petit apex et iota, que le tout ne vous
soit rendu avec le tesmoignage de l'honeur que je vous
doibs porter pour vostre vertu et savoir, et vous savés très
bien que je suis si franc, que je ne daignerois faire aultrement. Je vous advertis aussi comment je prétends à faire des
commentaires amples sur Manilius,[2] poete, comme savés,
fort obscur pour la matière qu'il manie, et aussi pour les
énormes et innumerables[3] faultes et transpositions par lesquelles il est miserablement gasté ! Dieu nous a faict la grace
pour le moins d'estre sortis à bout de toutz ces bourbiers,
qui sont en ce poete. Nous laissons à escrire ou mettre au
net les commentaires que nous faisons sur icellui. Il vous

---

[1] Scaliger n'a pas réalisé ce projet.

[2] Ces Commentaires parurent en 1579 sous ce titre : M. *Manilii Astronomicων libri quinque. Josephus Scaliger Jul. Cæs. F. recensuit ac
pristino ordini suo restituit. Ejusdem Jos. Scaligeri Commentarius in
eosdem libros et Castigationum explicationes* (Paris, Mamert Patisson).

[3] M. Littré (*Dictionnaire de la langue française*, au mot *innombrable*),
rappelle que Montaigne disait *innumerable* et cite cette observation
de Vaugelas : « Du temps du cardinal du Perron et de M. Cœffe-
teau, on disait toujours innumérable et jamais innombrable ;
maintenant, tout au contraire, on dit innombrable, et non pas innumérable. »

plaira doncques de m'i aider, si vous i avés quelque chose de vostre industrie, ou de vieil exemplaire, comme je pense qu'avés, d'autant que vostre frère m'en asseure, et vous supplie bien fort de ne m'esconduire de ma demande. Et vous prometz que vous en aurés le principal honneur, si par vostre moien je puis adjouster quelque chose à mes conjectures, comme j'ai faict sur le *Culex*[1] par vostre membrane.[2] Je m'asseure tant de vostre honnesteté, que vous ne fauldrés à me prester toute l'aide que vous pourrés en une si bonne entreprise. Je suis en peine de vous envoier de mes Varrons, car j'ai faict imprimer tant *de lingua latina* que *de Re Rustica* avec nouvelles castigations.[3] Mais il ne fault poinct que

---

[1] Le *Culex*, que l'on a souvent, mais à tort, attribué à Virgile, fut inséré par Scaliger dans ses *Catalectes*. Scaliger, dans une des nombreuses lettres latines à P. Pithou du recueil de 1627 (Leyde, Elzevier), la lettre XXXII (p. 140), s'exprimait ainsi : « Auximus enim Catalecta nostra plusquam centum Poëmatiis, quæ antehac nunquam excusa fuerunt, et quorum multa sunt Petronii... Sane luculentissimum Culicem, Cirim et Ætnam, atque adeo Moretum ipsum edemus.. » Déjà, le *Culex* avait été imprimé dans un recueil intitulé : *Diversorum veterum pœtarum in priapum lusus; P. V. M. Catalecta, Copa, Rosæ, Culex, Diræ, Moretum, Ciris, Ætna, etc.* (Venise, Alde, 1527, in-8°).

[2] C'est-à-dire parchemin.

[3] Scaliger avait publié, en 1565, les *Conjectanea in M. Terentium Varronem de lingua latina* (Paris, Rob. Estienne). C'était là son premier ouvrage, comme le rappelle le rédacteur du *Secunda Scaligerana* (p. 550) : « Varron est le premier livre qu'il ait composé et fait imprimer. » On lit dans le *Prima Scaligerana* (p. 21) : « *Confecit Conjectanea in Varronem anno ætatis vigesimo.* » « Et lors, dit-il, étois-je fou comme un jeune lièvre. » En 1573, Scaliger publia de nouveau ses *Conjectanea* en y joignant des notes sur le *De Re Rustica*. Voici le titre de l'édition ainsi augmentée : *M. Terentii Varronis opera quæ supersunt. In libros de Lingua Latina Conjectanea Josephi Scaligeri, recognita et appendice aucta. In libros de Re Rustica notæ*

vous vous en peniez, d'autant que j'aurai tost le moien de vous en faire tenir. Je suis après pour faire imprimer l'Ausonne tout renouvellé et aultre qu'il n'est aujourd'hui avec de grans castigations et explications sur le dict Poëte.[1] Gryphius en a la charge.[2] Il ne tardera guieres à i mettre la main. Je vous prie de rechef de vous souvenir de moi touchant Gellius, Macrobius, Censorinus, Probus et Manilius, et me recommande bien humblement à vostre bonne grace, priant Dieu,

Monsieur, vous donner en santé bonne et longue vie.

Ce 23 aoust 1573.

Vostre très humble serviteur,

JOSEPH DE LA SCALA.

---

ejusdem etc. (Paris, Henri Estienne, in-8.). La première édition des *Conjectanea* avait été dédiée à Louis de Chasteigner de la Roche-Posay, seigneur d'Abain, le généreux et fidèle protecteur de Scaliger.

[1] Cet ouvrage parut l'année suivante, sous ce titre : *Josephi Scaligeri Jus. Cæs. F. Ausonianarum Lectionum libri Duo.* (Lyon, Ant. Gryphe, 1574, in-16.) Il est dédié à Elie Vinet (*Ad optimum et eruditissimum virum Eliam Vinetum Santonem*). Vinet reproduisit le travail de Scaliger dans sa seconde édition des OEuvres complètes d'Ausone (*Ausonii Burdigalensis, viri consularis, omnia, quæ adhuc in veteribus Bibliothecis inveniri potuerunt opera,* etc. (Bordeaux, Simon Millanges, 1590, in-4°). Déjà dans la préface de la première édition des OEuvres d'Ausone (Bordeaux, S. Millanges, 1580, in-4°), Vinet parlait beaucoup à propos des *Ausonianæ lectiones,* de Scaliger et de Gryphius.

[2] Antoine Gryphe était le fils de l'illustre Sébastien Gryphe, lequel Sébastien, mort à Lyon en septembre 1556, avait été, en 1540, l'éditeur du *De causis linguæ latinæ libri XIII* de Jules César Scaliger (in-4°).

Tout ce que vous me vouldrés envoier, il ne fault doubter de l'envoier à Gryphius, car il me le faira tenir.[1]

---

[1] On sait combien étaient fréquentes les relations entre Genève et Lyon, facilitées par le beau fleuve qui rapproche ces deux villes l'une de l'autre. Si Scaliger était alors à Valence, les relations étaient plus fréquentes encore entre la ville habitée par l'étudiant en droit et la ville habitée par son imprimeur; car Valence, assise près du confluent de l'Isère et du Rhône, n'est séparée de Lyon que par une vingtaine de lieues. Comme on le voit par les lettres latines déjà citées (note 2, p. 14), c'était parfois avec Cujas que Scaliger allait de Valence à Lyon : « *Propediem Lugdunum ego et Jac. Cujacius deferemus.* »

IV

A P. PITHOU.[1]

Monsieur, de trois paires de lettres, que je vous envoiai dernièrement, il est impossible que vous n'en aiés receu quelcun,[2] mesmement cellui que je vous envoiai dernierement avec un Varro *de Lingua latina* et *de Re Rustica* ensemble les Epidorpides[3] de feu mon pere, et par ce m'asseurant que vous les aurés receues je me fie que vous aurés pesé et consideré de plus pres la requeste que je vous faisois, et fais encores, touchant mon édition de Gellius, Macrobius, et Censorinus, lesquelz aucteurs j'ai délibéré ja long temps y a mettre en lumière plus correctz et en meilleur ordre qu'ils ne sont, et de cella en faire un volume. Sachant doncques que vous avés un Macrobe pour l'avoir d'aultres fois manié en vostre estude,[4] et estant adverti aussi par Monsieur Pithou, vostre frère, qu'il vous a laissé un Censorin escrit à la main, je recours à vous pour vous demander aide et secours, et

---

[1] *Ibid.* f° 175.

[2] Le mot *paire* était autrefois du masculin. M. Littré a cité (*Dictionnaire de la langue française*) un passage de H. de Mondeville (xɪᴠᵉ siècle), où nous lisons, à propos de nerfs : *le premier paire*.

[3] De ἐπιδορπίς, second souper, repas supplémentaire, dessert. Scaliger veut parler de reliefs des festins de son père, ou, pour mieux entrer dans sa pensée, de rogatons des collations de l'auteur de la *Poétique*.

[4] C'est-à-dire en votre cabinet de travail.

estre participant de cest' œuvre mienne, et me faire plaisir
des dictz exemplaires, et de ce que vous aurés d'aultres fois
colligé ¹ des vieulx livres sur Gellius pour faire un beau volume et correct de ces trois aucteurs, comme desja j'ai delibéré de long temps.² Aussi j'adjoustai en mes lettres touchant
le Manilius, lequel j'ai desja corrigé et mis en son lieu toutz
les lieus transposés, qui sont en ce grand poète, et je suis si
audacieux jusques là, que je n'ai poinct eu honte d'entreprendre un si grand labeur. Mais avec l'aide de Dieu nous
en sommes venus à bout. Il vous plaira aussi de m'aider de
ce que vous en aurés dessus ledict poète, principallement ce
que vous aurés amassé des anciens livres, comme ledict
sieur vostre frere m'a asseuré que vous en aviés eu un exemplaire. Dadvantage s'il vous plaist aussi m'envoier le Probus
sur Juvenal : j'ai deliberé soubdainement de le faire imprimer avec le texte du poète ensemble le Persius avec son
vieil interprete Cornutus, lequel j'acoustrerai bien, Dieu
aidant, et ferons un beau volume de cella. Je vous prie em-
pacqueter le tout, et l'envoier à Gryphius, lequel ne fauldra
subitement à me le faire tenir. Messieurs de la Rochepozai ³

---

¹ De *Colligere*, recueillir. C'est surtout un mot du xvi⁰ siècle, un
mot d'Amyot et d'Ambroise Paré. On ne le trouve guère employé ni
avant, ni après. Il figure pourtant encore dans la dernière édition
du *Dictionnaire de l'Académie française* (1878).

² Ce triple projet, si longtemps caressé, ne fut pas réalisé. L'ouvrage de Censorinus (*De die natali*) allait être publié, quelques
années plus tard, par Manuce (Venise, 1581, in-8°).

³ Il s'agit là des fils de Jean III de Chasteigner, et surtout parmi
eux de Louis de Chasteigner, seigneur d'Abain, qui était le septième,
et qui avait cinq ans de plus que Scaliger. Louis, né le 15 février
1535, devait mourir en septembre 1595. Il était gentilhomme ordinaire de la Chambre du Roi lorsqu'il fut désigné pour accompagner
le futur Henri III en Pologne. Voir, à ce sujet, l'*Histoire généalogique de la maison des Chasteigners, seigneurs de la Chastaigneraye*,

m'ont escrit pour me faire venir en Poloigne et suivre
le Roi de Poloigne. Mais les excuses que j'en ai faict
seront asses suffisantes pour me descharger de ceste
peine.[1] Je vous supplie doncques très affectueusement ne
me voulloir esconduire de ceste mienne requeste laquelle
je vous fais touchant les exemplaires. Je n'eus jamais meilleure
opportunité pour vacquer à telles choses et les faire
imprimer. Je vous envoierai bientost, Dieu aidant, de mes
Ausones, où vous trouverés quelque chose, laquelle peust
estre vous plairra, si ce ne sera pour sa valleur, à tout
le moins pour l'amitié que vous me portés.[2] Je fais imprimer
les poëmes de mon père non encores imprimés. Je vous en
envoierai, quand ils seront achevés d'imprimer. Car ce ne
sera pas encores, d'autant que le volume est bien gros.[3] Je

---

de la Rochepozay, de Saint-Georges, de Rexe, de Lindoys, de la
Rochefaton et autres lieux, institués par chartes de diverses églises,
arrêts de la Cour de Parlement, titres domestiques et autres bonnes
preuves, par ANDRÉ DU CHESNE, géographe du Roy. (Paris, Sébastien
Cramoisy, 1679, in-folio, p. 317 et suiv.) On peut citer encore sur
Louis de Chasteigner une notice étendue de Dreux du Radier dans
le tome II de la Bibliothèque historique et critique du Poitou (Paris,
1754, in-12).

[1] Rappelons ici que Jean de Monluc devait d'abord emmener en
Pologne avec lui Joseph Scaliger et que la nouvelle du massacre
de la Saint-Barthélemy avait obligé ce dernier à renoncer au voyage.
Voir Notes et documents inédits pour servir à la Biographie de Jean de
Monluc, évêque de Valence (1868, grand in-8°, p. 34-35). Cf. Henri de
Valois et la Pologne en 1572 par le MARQUIS DE NOAILLES (1867, in-8°,
t. I, p. 95-96).

[2] Phrase bien modeste et bien gracieuse et qui, comme tant
d'autres passages de cette correspondance, montre que Scaliger,
quant au caractère, vaut mieux que sa réputation.

[3] Poemata in duas partes divisa (Genève, 1574, in-8°). Le volume
est très gros, la première partie n'ayant pas moins de 663 pages et
la seconde en ayant 337. A ce total de mille pages s'ajoutent encore

vous prie, si vous cognoissés que je vous puisse servir en quelque chose, de ne me faire ce tort, que de ne m'employer comme cellui qui avés plus de puissance sur moi, qu'homme du monde. Et en tant,[1]

Monsieur, je présente mes biens humbles recommandations à vostre bonne grace, priant Dieu vous donner en santé bonne et longue vie.

Ce 10 septembre 1573.

Vostre bien humble serviteur et ami,

JOSEPH DE LA SCALA.

Je vous prie si vous voiés Monsieur de Marle, conséiller en la Court de Parlement,[2] de lui faire mes bien humbles recommandations à sa bonne grace, et faire le semblable au filz de Monsieur le Premier Président de Tou qui estoit l'année passée à Vallence.[3]

---

70 pages qui contiennent la traduction en vers latins, par Joseph Scaliger de l'*Ajax* de Sophocle.

[1] C'est l'expression si chère au cardinal d'Ossat qui l'emploie à la fin de presque toutes ses lettres.

[2] Voir dans le *Moréri* de 1759 [t. VII, p. 263] la généalogie de la branche parlementaire de la famille de Marle.

[3] C'était Jacques-Auguste de Thou, le futur historien, troisième fils de Christophe de Thou et de Jacqueline de Tulleu. Ce condisciple et ami avait alors un peu moins de vingt ans. Le plus bel éloge qui ait jamais été fait de Joseph Scaliger, est l'éloge que le président de Thou en a retracé dans l'histoire de son temps (livre XXI), à l'occasion de la mort de Jules-César Scaliger (21 octobre 1558). Cf. ce qui est dit de J. Scaliger dans les *Mémoires de la vie de J.-A. de Thou*, au sujet de leur séjour commun à Valence, en 1571 et 1572.

V

A P. PITHOU.[1]

Monsieur, c'est pour la cinquiesme fois que je vous escris, et combien que je sois certain qu'il ne tient pas à vous que vous ne respondiez à mes lettres, si est ce que j'ai voulu encores surcharger,[2] et vous escrire ce que par tant de lettres je vous ai escrit : c'est qu'estant asseuré par Monsieur Pithou, vostre frère, que vous me bailleriés franchement les exemplaires de Probus, et Censorinus avecque Macrobius, je me suis aussi asseuré de ma part, que pour nostre amitié vous ne me vouldriés refuser en cella ni esconduire. Je vous declairois mes dessains. C'est que voulant faire imprimer le Gellius pour y avoir de choses, lesquelles à mon advis meritent plustost d'estre emploiées à l'usage public que d'estre supprimées, j'ai voulu conjoindre Macrobe et Censorinus avecques et en faire un beau volume in-folio, qui seroit à mon avis un livre plausible[3] à touz gens de bon jugement. Aussi je ferois imprimer Juvenal et Persius avec leurs anciens Commentaires, ensemble les observations que nous y avons

---

[1] *Ibid.* folio 174.

[2] C'est-à-dire revenir à la charge. D'autres écrivains, un peu plus tard, ont, en pareil cas, employé le mot *recharger*, Chapelain, par exemple, dans sa correspondance de l'année 1640.

[3] De *plausibilis*, digne d'être approuvé, et, dans le sens propre, d'être applaudi. M. Littré rappelle que Bossuet s'est servi de l'expression, *plausible à* dans cette phrase : « en mille manières plau-

dessus.¹ Il est en vostre puissance de faire que ceste belle entreprise s'execute, ou non. Je vous supplie doncques très affectueusement de me vouloir envoier les dictz exemplaires, avecques vostre Macrobius escrit à la main et je vous promeetz que rien ne se perdra. Ains le tout vous sera rendu fidellement, ou à vostre frère, duquel je puis avoir nouvelles toutz les quinze jours. Je n'eus jamais meilleur loisir d'executer ceci, que j'ai maintenant. Aussi je vous prie n'oublier pas de m'envoier si vous avés quelque chose sur Gellius des anciens exemplaires, ou de voz doctissimes observations, et le tout vous sera attribué fidellement. Vous pouvés adresser vos lettres et pacquetz à Gryphius, lequel ne fauldra à me les faire tenir. Je vous envoiai dernièrement un de mes Varrons et epidorpides de mon père. Je vous envoierai bien tost Ausonius et le grand volume de toutz les poemes de mon père.

Monsieur, je présente mes bien humbles recommandations à vostre bonne grace, priant Dieu vous donner en santé bonne et longue vie.

Ce 6 novembre 1573.

Vostre meilleur ami et serviteur,

Joseph de La Scala.

A Monsieur Pithou, Baillif de Tonnerre,² à Paris.

---

sibles au genre humain. « De l'unique exemple cité dans le *Dictionnaire de la langue française*, il est intéressant de rapprocher l'exemple fourni, un siècle auparavant, par le correspondant de Pithou. Le *Dictionnaire de l'Académie* ne s'est pas souvenu de l'ancienne signification du mot *plausible* et il en a donné une définition beaucoup trop restreinte, en ces termes : « qui a une apparence spécieuse. »

¹ Pas plus que l'Aulu-Gelle, le Censorinus et le Macrobe, Scaliger ne publia le Juvénal et le Perse annoncés ici. Mais les Scholies anciennes sur ce dernier auteur qui avaient été recueillies par notre savant, ont trouvé place dans l'édition donnée par P. Pithou (Paris, 1584, in-8°) et dans celle d'Isaac Casaubon (Paris, 1605, in-8°).

² D'abord bailli de Tonnerre, P. Pithou ne tarda pas à devenir substitut du Procureur Général du Parlement de Paris.

VI

A P. PITHOU.[1]

Monsieur, il y a asses long temps que je receux le Macrobius escrit à la main, ensemble le Censorinus, de quoi je vous devois incontinent remercier, si j'eusse voulu faire mon devoir. Mais vous m'excuserés, s'il vous plaist, si je ne l'ai faict aussi tost que je devois. Car nous n'avons pas la commodité de vous escrire toutes les fois que nous voudrions bien. Je suis en la plus grand peine du monde à cause de mon Ausonne,[2] lequel Gryphius détient il y a desja un an. Et toutesfois il est presque desja imprimé, ne restant à faire que trois quayers au plus, et le laisse ainsi imparfaict pour si peu qu'il reste à achever, et n'en puis venir à bout *nec precio, nec precario*.[3] Au reste en ces jours passés j'ai faict quelque petite chose sur le Festus, laquelle est desja sur la presse.[4] Vous en aurés des premiers à la fin d'Aoust, si je

---

[1] *Ibid.* folio 176.

[2] Nous avons déjà vu (lettre III) que l'Ausone parut en 1576. Ce fut vers la fin de l'année.

[3] Ni par promesses, ni par prière, les imprimeurs du xvi° siècle, même quand il s'agissait d'un Scaliger, n'étaient donc pas plus désireux que les notres d'épargner aux auteurs les tourments d'une longue attente.

[4] L'ouvrage parut, l'année suivante, sous ce titre : *M. Verrii Flacci quæ extant. Et Sex. Pompei Festi de Verborum significatione libri XX. Josephi Scaligeri Julii Cæsaris F. in eosdem libros castiga-*

puis trouver homme commode pour vous le porter. Je vous garderai vostre Macrobius diligemment, et vous le rendrai *bona fide*, et ne vouldrois pour rien du monde me monstrer ingrat ou nonchallant en ce que vous m'avés esté si libéral, que de me prester ce que vous tenés si cher. Il vous plairra de donner ordre que j'aie un Plaute de Lambin si tost qu'il sera imprimé.[1] Car incontinent je despecherai le mien, m'asseurant que Monsieur Lambin m'aura laissé que trouver après luy, et en lui aussi. J'entends qu'il n'a pas faict sur les quatre dernières comédies. Si vous m'en pouviés faire tenir un encores qu'il ne fust pas achevé, moiennant qu'il y eust ce que Lambin y a faict, je ne l'aurois si tost receu, que je ne le despechasse. Il vous plairra doncques me faire ce bien si vous pouvés, et m'excuser si je vous importune. J'ai encores ma fièvre quarte laquelle je garde tantost dix mois,[2] qui est cause que je n'ai pas faict ce que j'avois projecté, et toutesfois, s'il plaist à Dieu m'en délivrer bientost, je poursuivrai d'aultres choses, que j'avois desja délibéré de faire.

Monsieur, je présente mes bien humbles recommandations

---

tiones, recognitæ et auctæ (Paris, Mamert Patisson, in-8°). L'auteur du *Manuel du Libraire*, qui ne mentionne point la publication de Scaliger, cite (au mot *Pompeius*) une édition qui suivit de près celle de 1575 : *De verborum significatione fragmentum, ex veteri exemplari bibliothecæ descriptum, cum notis* (Rome, G. Ferrari, 1581, in-8°).

[1] Nous avons vu (Lettre II) que Lambin était mort en septembre 1572 et que son Plaute ne vit le jour qu'en 1576.

[2] Il est question dans le *Prima Scaligerana* (p. 148) de la fièvre quarte qui consuma Scaliger pendant plusieurs mois.

à vostre bonne grace, priant Dieu vous donner en santé bonne et longue vie.

De Basle,[1] ce 24 juillet 1574.

Vostre meilleur ami à vous faire service,
Joseph de La Scala.

---

[1] Savait-on que Scaliger eût séjourné à Bâle, en juillet 1574 ?

VII

A M. DU PUY,

CONSEILLER EN LA COUR DE PARLEMENT, A PARIS.[1]

Monsieur,

J'ai voulu attendre jusques à présent à vous escrire, d'autant que je savois bien, que vous avés esté assés empeché despuis la sainct Martin en ça, sans que vous eussiez besoign d'estre encores plus empesché à lire mes lettres, et me rescrire : A quoi je ne m'attends que ce ne soit à vostre grande commodité. Au reste je suis tousjours plus vostre que mien : et vous asseure qu'il n'y a aujourd'hui homme qui aist plus de puissance sur moi, que vous avés, laquelle vous vous estes acquis par vostre vertu, laquelle j'ai admiré mesmes avant que je vous conneusse de face. Je n'ai rien faict despuis nostre departement, d'autant que ma maladie m'a laissé si plein de

---

[1] *Ibid.* f° 4. — Claude du Puy était fils de Clément du Puy, avocat célèbre du Parlement de Paris, et de Philippe Poncet. Il avait étudié les belles-lettres sous Turnèbe, Lambin et Daurat et le droit sous Cujas. Il fut reçu conseiller au Parlement de Paris le 7 février 1570, et il passa pour un des plus remarquables magistrats de cette compagnie, selon le *Moréri* de 1759 qui lui donne encore cet éloge : « Il avoit un grand fonds d'esprit, beaucoup de jugement, une érudition profonde ; ce qui le fit considérer comme l'homme de son temps qui raisonnait le plus juste, et qui était le meilleur critique. » On peut voir encore tout le bien que disent de ce magistrat J.-A. de Thou, Sainte-Marthe, Papyre-Masson, Nicolas Rigault, etc. La voix de Scaliger devra désormais être remarquée dans cet harmonieux concert.

galle,[1] que vous auriés pitié de me veoir, qui est la cause, que je ne vous envoye pas les inscriptions de Narbonne et Gascoigne,[2] mais ce sera bien tost Dieu aidant ; car je commence à estre moins ladre qu'au paravant, mesmes j'ai travaillé quelque peu sur quelques poëtes, ce que vous verrés bien tost. Il vous plaira de nous faire à savoir de vostre santé et de voz affaires, et si vous avés rien veu de nouveau à ceste foire de Francfort, car icy, où je suis, il ne se faict mention que de rendre et non rendre villes. Et sur ce,

Monsieur, je présente mes très humbles recommandations

---

[1] Scaliger écrit le mot *gale* comme l'écrivait Ambroise Paré, et comme on devrait l'écrire d'après l'étymologie, si toutefois, comme il le semble bien, le nom de la hideuse affection vient du latin *galla*, galle des arbres, maladie des végétaux qu'on a transportée aux hommes et aux animaux.

[2] Pour Scaliger, la Gascogne, s'assimilant le Languedoc, s'étendait, on le voit, jusqu'à la Méditerranée. Au sujet des inscriptions de Narbonne, citons ce passage du *Secunda Scaligerana* (p. 395) : « J'avois recueilly un aussi gros livre d'Inscriptions qu'estoit celuy de Smetius: Je le voulois dedier à l'abbé d'Elbene ; Gruter les a eues, je les lui ay envoyées, et il en avoit eu quelques-unes d'ailleurs, tellement que celles qu'il cite, il les ayme mieux citer d'autruy que de moy ; je ne sçay pourquoy on me fait ordinairement cela. J'ay fait les vingt-quatre indices en dix mois, je ne fis alors autre chose que cela ; il y a bien de l'industrie en ces indices ; c'est un bon Commentaire. J'ay tant deviné de vers qui estoient aux inscriptions, et que personne n'eust deviné que moi. »

à vostre bonne grace, priant Dieu de vous donner en santé bonne et longue vie.

D'Abain,[1] ce 13 décembre 1575.[2]

Vostre humble serviteur et meilleur ami,
Joseph de La Scala.

Je suis après à chercher un commentaire d'Achilles Statius sur Catulle, mais il n'en y a poinct en ces païs. J'escris à Patisson,[3] qu'il m'en envoye un et le lui renvoierai, car je n'en ai à faire après que je l'aurai veu. Il vous plaira de lui bailler le vostre, s'il n'en pouvoit trouver d'aultre et je ne fauldrai à vous le renvoyer le plus tost qu'il me sera possible. Mais s'il en peust trouver, il ne fault pas que vous lui bailliez le vostre.

---

[1] Abain était une terre de la famille de Chasteigner, terre située en Mirebalais, c'est-à-dire eu ce petit pays du Poitou dont la capitale était Mirebeau, aujourd'hui chef-lieu de canton de l'arrondissement de Poitiers.

[2] Scaliger devait passer dans les diverses terres de Louis de Chasteigner près d'une vingtaine d'années (1575-1593).

[3] Mamert Patisson, né à Orléans, établit à Paris, en 1568, une imprimerie qui ne tarda pas à devenir célèbre. Il épousa, en 1575, Denyse Barbé, veuve de Robert Estienne II. Nommé en 1578, imprimeur du roi, il mourut en 1600. Il était fort lié avec J. Scaliger. Voir dans le recueil de 1627 (p. 69-86), une lettre fort savante qui lui fut adressée par ce dernier. Patisson était digne de la recevoir, car il était lui-même un érudit distingué et l'on a de lui d'excellentes notes sur Pétrone dans l'édition de Lotichius [1629]. Voir ce que dit à la fois de l'habile imprimeur et de l'homme *fort docte en grec, et en latin et en français* La Croix du Maine (*Bibliothèque françoise*, 1722, t. II, p. 73), et ce qu'ajoute Ménage (chap. 91 du tome I de son *Anti-Baillet*).

VIII

A M. DU PUY,

CONSEILLER EN LA COUR DE PARLEMENT, A PARIS.[1]

MONSIEUR,

J'ai trouvé à propos le maistre d'hostel de Madame de Schonberg[2] qui s'en va à Poictiers en poste. S'il s'offroit de telles commodités plus souvent, vous auriés plus souvent de mes nouvelles. Mais noz messagiers de Poictiers sont détroussés le plus souvent par les chemins. Toutesfois je pense que vous aurés receu seurement les lettres que je vous ai escrites de ce mois mesmes. Il y a un chanoine à Poictiers nommé Georgius Bito,[3] qui a une belle librairie et quelque

---

[1] *Ibid.*, fo 5.

[2] C'était Jeanne de Chasteigner, sœur de Louis, seigneur d'Abain, laquelle avait épousé Gaspard de Schomberg, comte de Nanteuil, naturalisé français en 1570, pourvu, peu après, du gouvernement de la haute et basse Marche, et qui mourut d'apoplexie le 17 mars 1599.

[3] Voici tout ce qu'a pu me dire sur ce bibliophile du xvie siècle, un de mes plus savants confrères de la Société des Antiquaires de l'Ouest, M. Rédet : « A Poitiers, personne ne le connaît, pas même M. le chanoine Auber. Ce Georgius Bito pourrait bien ne pas être un chanoine de la Cathédrale ; ce serait plutôt un chanoine de Saint-Hilaire. J'ai trouvé en effet dans les registres des délibérations capitulaires de cette église, depuis le 25 juin 1566 jusqu'en 1586, un personnage revêtu du titre de chanoine, sous le nom de Georgius Biton, décédé le 8 novembre 1586. On ne peut guère douter

chose d'exquis. J'ai promesse de lui, que quand j'irai à Poictiers, je jouirai de tout ce qui est en sa bibliotecque. Je n'ai encores rien faict, d'autant que, comme je vous escrivis dernièrement, je suis si mal, à cause de la galle que ma malladie m'a laissée, que je ne puis prendre patience. Mais à ce jourd'hui j'attends mon médecin pour y remédier, et après je ne fauldrai à vous envoier les inscriptions que je vous promis. Ne pensés pas, je vous supplie, que j'aye oublié l'honnesteté de laquelle vous avés usé tousjours envers moi, m'ouvrant vostre librairie,[1] et tout ce qui est en vostre puissance, et de ma part je vous serai tousjours serviteur, et n'y a homme aujourd'hui, que j'honore plus que vous. Monsieur d'Abain vous baise les mains, et vous désire autant de bien que vous méritès. Monsieur de La Rochepozay[2] a esté en-

que ce ne soit le bibliophile en question. Une lacune dans les registres (de 1553 à 1564) ne permet pas d'apprendre quand il a été pourvu de son canonicat. Avant lui, en 1550 et en 1553, paraît avec le même titre François Biton, et avant celui-ci, le 13 avril 1506, un autre Georges Biton, chanoine de Saint-Hilaire et curé de Saint-Didier. J'ai vainement feuilleté, pour d'autres renseignements, les Tables de Dom Fonteneau. »

[1] Digne ami du grand bibliophile italien Vincent Pinelli, Claude du Puy aimait trop les livres pour n'en avoir pas réuni une grande quantité. M. Louis Jarry, parlant de Brisson, de Claude du Puy, de Pithou, de P. Daniel, dans sa notice déjà citée sur ce dernier érudit, s'exprime ainsi (p. 60) : « L'entraînement vers l'étude cimentait l'amitié de ces savants, et aussi l'amour des livres, car chacun d'eux était possesseur d'une fort belle bibliothèque. »

[2] Il s'agit là de François de Chasteigner, un des frères du seigneur d'Abain. Voici les titres que lui donne André du Chesne (*Histoire généalogique de la maison des Chasteigners*) : « Seigneur de La Rocheposay, de Touffou et de Talmont, baron de Preuilly en partie, chevalier de l'Ordre, maistre d'hostel et gentilhomme de la chambre des Roys Charles IX et Henri III et capitaine de cinquante

voyé par la Reine à Saint-Jehan d'Angeli, pour faire rendre la ville. En quoi il s'est si bien employé, qu'après beaucoup de contestations il a rendu la ville en la puissance de Monseigneur, frère du Roi. Il est envoyé aussi à Cognac pour en faire de mesmes. J'espère qu'il en réuscira à bonne fin, comme de Saint Jehan d'Angeli.[1] Le dict sieur de La Roche s'en ira après à la court en diligence, comme il avoit desja

---

hommes d'armes. » Né à Touffou le 21 avril 1522, il mourut à Nanteuil le 9 septembre 1570. » Comme ce gentilhomme est surtout connu sous le nom de La Roche Pozay, j'emprunterai à Du Chesne (p. 167), les renseignèments que voici sur cette seigneurie : « La Roche-Pozay est une ville assise sur la rivière de Creuse au diocèse de Poitiers, accompagnée d'un chasteau qui luy donne le titre de chastellenie. Jean Froissart en parle en divers endroits de ses chroniques, comme d'une place forte et importante, notamment au chapitre CCLX du volume I. Cette seigneurie entra dans la maison des Chasteigners par le mariage de Louise de Preuilly avec Geoffroy Chasteigner, seigneur de Saint-Georges de Rexe. » Aujourd'hui La Roche-Posay est une commune du canton de Pleumartin, arrondissement de Châtellerault, à 50 kilomètres de Poitiers. On y voit encore le donjon du château qui donna son nom aux ancêtres des protecteurs de Scaliger.

[1] A. du Chesne (p. 298), nous apprend que les espérances exprimées par Scaliger se réalisèrent : « En l'année 1575 il eut aussi la commission d'aller faire mettre entre les mains de Monsieur François de France, duc d'Alençon, les villes de Saint-Jean d'Angely et de Coignac, ce qu'il exécuta, nonobstant l'empeschement que le seigneur de Ruffec, gouverneur d'Angoumois, essaya d'y apporter. Car à Coignac, il introduisit le sieur de Bateresse, nommé par Monsieur d'Alençon pour gouverneur au lieu de Jacques Chesnel, sieur de la Tibaudière, qui y commandoit lors en l'absence des seigneurs de Ruffec. Et à Saint-Jean d'Angely il établit le sieur de la Nouhe en la place du sieur de la Chapelle-Losière, chevalier de l'ordre du Roy. » Voir encore l'*Histoire de France* par LA POPELINIÈRE (La Rochelle, 1581. in-f°, t. II f° 206). les *Etudes historiques sur la ville de Cognac* par MARVAUD (1870. in-8°, t. I, p. 321), etc.

proposé. Je ne fauldrai encores de vous escrire par lui. Il vous plaira de nous escrire de vous (*sic*) nouvelles, mesmement si vous avés receu rien de nouveau de Frankfort.

Monsieur, je présente mes très humbles recommandations à vostre bonne grace, priant Dieu vous donner en santé bonne et longue vie.

D'Abain, ce 27 décembre 1575.

Votre humble serviteur et meilleur ami,

Joseph de La Scala.

IX

A PIERRE PITHOU.[1]

Monsieur,

Voz lettres m'ont appaisé le regret que j'avois eu de ne vous avoir veu à Paris,[2] qui estoit une des choses que je désirois le plus de ce monde, comme au contraire ce me fust un grand mescontentement de ne vous y avoir pas trouvé. Je vous remercie des avertissemenz qu'il vous a pleu me donner sur le Catulle. Mais à mon avis nous y avons donné ordre, comme Dieu aidant, vous verrés. Quant à vostre Macrobe et Censorinus, il ne se perdra poinct, et ai délibéré de faire l'édition de Gellius ensemble icellui et Censorinus, moyennant vostre bon secours et de Monsieur du Pui, qui me favorisés tant que de suppléer aux defaulz et de mon entendement et de livres, lesquels je n'ai poinct. Je vous ai tousjours expérimenté pour le meilleur et le plus docte ami que j'aie. Aussi vous recognois-je tousjours pour tel quelque part que je soye, oultre ce que je suis de tel naturel, que je ne puis dissimuler la vérité, ni dire mensonge, tant qu'à moi

---

[1] *Ibid.* folio 177.

[2] Ce séjour de Scaliger à Paris ne me semble pas avoir été signalé jusqu'à présent. Rappelons ici que pendant un séjour antérieur de plusieurs années à celui-là, Scaliger, encore catholique, avait été instruit dans le Calvinisme. « A Paris, lit-on dans le *Secunda Scaligerana* (p. 552), Monsieur de Chandieu, jeune homme, et Mathieu Viret me catéchisèrent. »

est possible. Il vous plaira de continuer tousjours vostre bonne voulonté envers moi, et me conserver tousjours l'heur que j'ai que d'avoir vostre amitié, laquelle avec celle de Monsieur du Pui j'estime plus que de tous les rois du monde. Si M. Daniel me faict tant de faveur que de m'envoyer les vers qu'il a trouvés,[1] je despecherai en brief un aultre livre *Ausoniarum lectionum*, et acoustrerons mieulx nostre édition que Gryphius ne l'a faict.[2] Avisés à me commander de pardeça quelque chose, où je puisse faire service, et vous supplie de me faire tenir souvent de voz nouvelles.

Cependant,

Monsieur, je présente mes très humbles recommandations à vostre bonne grace, priant Dieu vous donner en santé bonne et longue vie.

D'Abain, ce 8 février 1576.

Vostre très humble serviteur,

Joseph de La Scala.

Je désire grandement des nouvelles de Monsieur vostre frère.

---

[1] Sur ces vers d'Ausone qui auraient été retrouvés par Daniel, je ne vois rien dans la savante brochure de M. L. Jarry, où les relations de Scaliger avec son héros ont été si soigneusement notées.

[2] La nouvelle édition qu'annonçait ici conditionnellement Scaliger parut à Bordeaux, chez Simon Millanges, en 1590, dans les *Ausonii Opera* publiés pour la seconde fois par Elie Vinet (in-4º).

X

A CLAUDE DU PUY.[1]

Monsieur,

Je receux hier voz lettres fort tard sellon la datte d'icelles, car elles sont escrites du dernier de l'an passé. Je vous remercie très humblement de ce qu'il vous a pleu m'envoyer vostre commentaire d'Achilles Statius in Catullum. Je vous le garderai très bien, et ne se gastera poinct tant qu'il sera entre mes mains, espérant vous le renvoier bien tost après que je m'en serai servi. Je vous envoye les inscriptions de Narbone et Gascoigne, lesquelles sont escrites de la main du pédagogue du filz de monsieur d'Abain.[2] Car j'ai eu mes mains fort longtemps impotentes de tumeurs et de galle, chose que je n'avois jamais essayé,[3] et du tout contraire à

---

[1] *Ibid.* folio 8.

[2] Il s'agit probablement ici de l'aîné des enfants de Louis de Chasteigner et de « dame Claude Du Puy, » Henry de Chasteigner, baron de Malval ou de Maleval, qui était né à Abain le 14 janvier 1569 et qui devait mourir, âgé de moins de vingt-trois ans, « tué d'une harquebuzade entre Champigny et Milly, » comme nous l'apprend André du Chesne (p. 906 et 907 de son *Histoire généalogique* déjà tant de fois citée). Le même érudit atteste (p. 404) que « Joseph de La Scale l'institua aux bonnes lettres. »

[3] *Essayer* avait alors le sens d'éprouver. Voir dans le *Dictionnaire* de M. Littré (t. II, p. 1499), un exemple tiré de l'*Histoire universelle* de d'Aubigné.

ma disposition, qui suis de nature seche et aride.[1] Mais, graces à Dieu, j'en suis bien guéri. Je suis marri que voz affaires ne se portent si bien que je désire, et Monsieur d'Abain aussi, lequel se recommande bien humblement à vostre bonne grace et a commandement de la Reine de se tenir prest pour faire son voyage à Rome.[2] Monsieur Cujas m'escrivit dernièrement[3] que Monsieur Muret estoit

---

[1] Nous voilà d'un mot bien renseignés sur le tempérament de Scaliger. Ces détails feront plaisir à ceux qui aiment à tout connaître d'un grand homme.

[2] On lit dans une *Instruction à M. d'Abain pour faire l'obédience au Pape*, signée de la main du roi Henri III, à Paris, le dernier jour de mars 1576 (Collection Du Puy, vol. CXXI, fo 65) : « Le Roy desirant rendre à nostre Sainct Père le Pappe l'honneur et reverence qui lui appartient a advisé d'envoier devers Sa Sainteté luy prester l'obedience deue de la part de Sa Majesté à cause de son advenement à ceste couronne. Et à cet effect a choisy et esleu le sieur d'Abbain de La Rocheposay, chevalier de son ordre, son conseiller et maistre d'hostel ordinaire, entendant aussi que après ladicte prestation d'obedience, il demeure son ambassadeur près Sa Saincteté, assuré pour les vertueuses qualitez desquelles Sa Majesté le cognoist doué, qu'il n'obmectra rien en la dicte charge du seing, devoir et fidélité que requiert l'importance d'icelle, etc.»

[3] Cujas, avait en 1575, quitté Valence pour Bourges. Il ne tarda pas à quitter, en cette même année, Bourges pour Paris, et, vers la fin de l'année 1576, il revint à Bourges, où il devait passer le reste de sa vie. C'est peut-être ici le cas de rappeler combien était vive l'affection qui unissait Cujas et Scaliger. On en trouve une preuve touchante dans ce passage d'une lettre écrite à Antoine Loisel par le prince des Jurisconsultes, qui venait de perdre son fils unique, passage qu'a cité M. Rapetti (col. 600 du tome XII de la *Nouvelle Biographie générale*) : « J'ai céans M. de la Scala, de qui la douce compagnie m'a tiré du sépulchre où j'estois misérablement tombé, et m'a essuyé une partie de mes piteuses larmes. »

mort,[1] et qu'on lui avoit escrit d'Italie. Je vouldrois fort en savoir la vérité, et vous supplie très humblement m'en éclaircir, car je serois bien marri, qu'il s'en fust allé plustost, que je lui eusse rendu conte de ses vers d'Attius et Trabea.[2] Je me mettrai après à transcrire mes petites annotations sur Catulle, Tibulle, Properce, et vous les envoierai incontinent, affin que vous en soyez l'Aristarchus. Je trouve que nostre pouvre Statius est un grand fat, et ne me puis tenir de rire, quand je lis les commentaires *in Catullum et Tibullum*. Toustefois il ne dict pas tousjours mal et c'est *quando est*

---

[1] C'était un faux bruit. Marc-Antoine Muret ne devait mourir que près de dix ans plus tard, le 4 juin 1585. Je ne dis rien ici de Muret, devant publier bientôt une notice inédite de Guillaume Colletet sur cet érudit, notice que j'entourerai d'amples additions et à laquelle je renvoie d'avance mon bienveillant lecteur. On sera heureux d'apprendre qu'un jeune et vaillant érudit, M. Dejob, professeur de rhétorique au collège Stanislas, prépare pour le doctorat ès-lettres une thèse sur Muret, où il nous fera profiter de nombreuses découvertes faites par lui-même dans diverses bibliothèques d'Italie.

[2] Tout le monde sait que Muret composa des vers qu'il fit passer pour ceux de deux anciens poètes comiques, Attius et Trabea, aux yeux de l'infaillible Scaliger, lequel publia, dans son édition de Varron (in-8º, 1573, chez Henry Estienne, p. 212) la petite pièce attribuée à Trabea. On sait encore que Scaliger tira une cruelle vengeance de cette mystification en décochant à Muret cette spirituelle épigramme, où l'allusion est aussi claire qu'outrageante :

> *Qui rigidæ flammas evaserat ante Tolosæ*
> *Muretus, fumos vendidit ille mihi.*

Voir sur « la supercherie qui fut faite par Muret au grand Scaliger » l'article *Trabea* du *Dictionnaire critique* de Bayle, où sont réunies d'abondantes citations. Voir encore une lettre de Baluze à Lafaille, ancien capitoul de Toulouse, du 2 septembre 1702, publiée dans la seconde partie du tome II du *Bulletin de la Société de l'Histoire de France* (1836, p. 138).

dissimilis sui.[1] Or je ne dirai pas tant de choses que lui tant s'en fault. Mais il ne fault pas estre si stupide que lui. Cependent, monsieur, je présenterai mes très humbles recommandations à vostre bonne grace, priant Dieu qu'il vous donne en santé bonne et longue vie.

D'Abain, ce 8 février 1576.

Vostre très humble serviteur.

JOSEPH DE LA SCALA.

A l'aultre voyage du messager de Poictiers, je vous envoyerai d'aultres inscriptions.

---

[1] On voit que les traits heureux ne manquent pas dans ces lettres écrites sans la moindre prétention et que leur auteur (*Secunda Scaligerana*, p. 556) ne prenait même pas la peine de relire. Pour quelques-uns des correspondants de Scaliger, il y avait tant d'agrément dans cette causerie familière, aux saillies si vives et si nombreuses, que, s'il fallait en croire le même recueil (p. 557), ils y trouvaient un remède à leurs souffrances : « Messieurs Lingelsheim et Labbé, recevans mes lettres, lorsqu'ils avoient la flèvre, en ont esté gueris. » Mais n'est-ce pas là une gasconnade?

XI

A CLAUDE DU PUY.[1]

Monsieur,

J'ai receu voz lettres par Monsieur d'Abain, duquel je me suis departi à mon très grand regret, comme vous pouvés penser.[2] Je suis icy en la marche de Limosin avecques Madame d'Abain,[3] où a peine ai je peu trouver du papier pour

---

[1] *Ibid.* folio 9.

[2] Scaliger venait de se séparer de Louis de Chasteigner qui était parti pour Rome où il allait se montrer, pendant cinq années, un de nos plus habiles diplomates. Croirait-on que, dans la liste de nos ambassadeurs à la Cour de Rome (*Annuaire historique pour l'année 1848 publié par la Société de l'Histoire de France*, 1847, p. 199), on a ainsi trois fois estropié le nom de l'illustre ami de Scaliger : Louis de *Chataignière* d'*Albani* de la *Chopé?* A son retour d'Italie (1582), le Seigneur d'Abain fut nommé par Henri III, conseiller d'Etat, de même qu'à son retour de Pologne (1576) il avait été nommé par ce prince, membre du Conseil privé. Je voudrais bien qu'il se trouvât quelqu'un pour imprimer ses importantes lettres inédites que j'ai eu le plaisir de lire à la Bibliothèque nationale, soit dans le fonds Du Puy, soit dans le fonds français, lesquelles sont à rapprocher des lettres qui lui furent adressées par Catherine de Médicis et par Henri III et qui ont été publiées par A. du Chesne. Il faudrait faire précéder la correspondance de Louis de Chasteigner d'une étude complète sur le capitaine, le diplomate et l'écrivain que glorifieront à jamais ces paroles de J.-A. de Thou : *Vir nobilitate, eruditione et morum probitate insignis.*

[3] Claude du Puy était fille de Georges du Puy, chevalier, seigneur

vous escrire ce petit mot. Je vous donne à penser comment je puis estudier, oultre ce que il y a plus de trois mois que je n'ay veu mes livres, et pour vous dire la vérité, il n'y a homme au monde plus desbauché[1] que je suis. Mais si tost que je seray retourné en Poictou je mettray mes castigations[2] sur les trois poëtes au net;[3] lesquelles je vous envoyeray en brief, et m'asseure que si nous n'avons faict nostre devoir, pour le moins, nous ne ferons tant le fat qu'a faict Messer Achille Statio, auquel Dieu doint bonne vie et longue, car s'il n'impètre cella par noz bonnes prières, à peine l'obtiendra il par son bon entendement.[4] Je suis très aise de ce que

---

du Couldray, de Dames, de Chantemilan, de la Tour Saint-Austrille et de La Forest, baron de Bellefaye, et de Jeanne Raffin, de la maison de Pecalvary en Agenais. Le mariage de Claude du Puy avec Louis de Chasteigner avait été célébré en 1565. André du Chesne a donné beaucop de détails sur Madame d'Abain et sur sa famille, notamment (p. 311) sur son grand'père maternel, Antoine Raffin, dit Poton, « sénéchal d'Agenais, capitaine de cent archers de la garde du Roi, gentilhomme ordinaire de sa chambre, gouverneur de Cherbourg en Normandie, de Marmande en Gascogne et de la Sauvetat sur la rivière du Dropt, près Bergerac, lequel eut aussi l'honneur d'être gouverneur du roi François II lorsqu'il estoit dauphin de France. » Paul Colomiès, comme il nous l'apprend dans une note du *Secunda Scaligerana* (p. 173), possédait quelques-unes des lettres écrites par Madame d'Abain à Scaliger.

[1] Le mot est pris ici dans son sens primitif, débaucher étant formé de *dé*, préfixe, et d'un ancien mot *bauche*, qui signifie lieu de travail, atelier.

[2] De *castigatio*, correction. Le mot *castigation* ne se trouve ni dans le *Dictionnaire* de Richelet ni dans celui de Trévoux.

[3] C'est-à-dire sur Catulle, Properce et Tibulle.

[4] C'est avec une bien belle humeur, on en conviendra, que Scaliger se moque du commentateur, son devancier. Nous allons trouver un peu plus loin des plaisanteries sur les habitudes des gens du Limousin. Se doutait-on de toute cette gaîté avant d'avoir lu les présentes lettres?

on ne vous a tant barguigné¹ en vostre reception que j'eusse pensé.² Car je suis très jaloux de vostre honneur, voire plus que de toutz les biens qui me pourroient avenir. Car je n'ay honneur plus cher, que celluy que vous mesmes me faictes en m'aimant, comme vous m'avés monstré, et comme je croy que vous le faictes sans cérémonie ni dissimulation. Je vous escriray plus amplement quand je seray en Poictou. Car j'ay honte de vous escrire en ce païs, où le papier et l'encre est cher, fors en ce qui concerne le tiltre *ad T. Corneliam de falsariis*.³ Je vous supplie très humblement de me tenir pour celluy qui vous honore plus que tous les hommes de ce monde. Et sur ce,

Monsieur, je prieray Dieu, etc.

Vostre humble serviteur,

JOSEPH DE LA SCALA.

De Chantemillan en la Marche de Limosin,⁴ ce unziesme may 1576.

---

[1] M. Littré n'a pas cité un seul écrivain qui, du XIVᵉ au XVIIᵉ siècle et de Monstrelet à Molière, ait employé le mot *Barguigner*. Voilà du moins la lacune comblée pour ce qui regarde le XVIᵉ siècle.

[2] Nous avons déjà vu (lettre VII) que Claude du Puy fut reçu Conseiller au Parlement de Paris en février 1576.

[3] Voir ce qui regarde la loi dite *Cornelia* sur les faussaires dans le *Corpus Juris civilis* de Godefroy, édition de 1595, Paris chez les héritiers d'Eustache Vigon, in-folio, col. 785.

[4] Cette localité, qui était une terre appartenant à Madame d'Abain, n'est pas mentionnée dans nos dictionnaires géographiques les plus étendus. Heureusement que Scaliger lui-même nous en a fait bien connaître la position au bas d'une de ses lettres latines (p. 91 du recueil de 1627, *Epistola VI. Justo Lipsio*) : « *Cantamiliæ ad Crossam flumen in agro agedunensi limitis Lemovicani.* »

XII

A CLAUDE DU PUY.[1]

Monsieur,

Je suis après à mettre en ordre noz trois poètes, desquels, comme je vous ai escrit, vous en serés le *criticus*. Vous ne sauriés croire, que je suis devenu glorieux, despuis que j'ay leu les Commentaires de Messer Achille. Car ce brave Commentateur m'a donné espérance de faire quelque chose de bon, ce que je n'osois affirmer par ci devant.[2] Mais vous en aurés la preuve bien tost, Dieu aidant. Car je ne suis qu'un peu desbauché, pour le moins au pris de ce que j'estois par ci devant. Monsieur d'Abain a donné de mes Festus à Sigonius,[3] et au bon homme P. Victorius,[4] lequel luy a

---

[1] *Ibid.* folio 10.
[2] Qui se serait attendu à cette bouffée de modestie de celui que l'on a si souvent appelé le plus orgueilleux de tous les savants?
[3] Charles Sigonius (en italien Sigonio) fut un des meilleurs antiquaires du XVIe siècle. Né à Modène en 1520, suivant les uns, en 1524, suivant les autres; il mourut dans la même ville, en 1584, du chagrin, dit-on, d'avoir vu un des ses plagiats découvert. Lire l'article qui lui a été consacré dans l'*Histoire* de J.-A. de Thou (Livre LXXXII) et dans ses *Mémoires*. Lire aussi les additions réunies par Ant. Teissier (*Les éloges des hommes savants*, t. III, p. 142-348), additions parmi lesquelles figurent les citations du *Secunda Scaligerana*. Louis de Chasteigner dut voir Sigonius à Bologne où cet érudit s'était établi, après avoir quitté Padoue (1563).
[4] Ce *bonhomme*, c'est-à-dire ce vieillard, était Pierre Victorius

faict bonne compagnie pendent qu'il a esté à Florence.[1] Dieu veille qu'ils le trouvent bon ! Car ils n'estiment guères *Gallicana ingenia*.[2] Et, pour vous dire la vérité, ilz ont partie raison, partie tort. *Sed de his non hic locus.* Je désire estre tousjours en vostre bonne grace, et vous asseures que vous n'avés amy qui soit plus amoureux de vostre vertu,[3] que je suis. S'il avient que Madame d'Abain vous rencontre en quelque bonne compagnie, elle sera très aise de vous veoir, et en a grand desir, parce qu'elle sçait bien, que vous estes des premiers, que Monsieur d'Abain honnore beaucoup. Elle se tiendra chés sa sœur Madame de Schonberg, durant

---

(en italien Vettori), alors âgé de 77 ans. Il allait vivre encore jusqu'au 19 décembre 1585. Le président de Thou, qui l'a tant loué (*Hist.*, livre LXXXII et *Mém.* à l'année 1573), se trompe en le faisant mourir nonagénaire. On lit dans le *Prima Scaligerana* : *Victorius, Italorum doctissimus, et vir optimus ac fidelissimus, cui multum debemus.* » L'article qui le concerne dans le *Secunda Scaligerana* est beaucoup plus long et beaucoup moins flatteur. Voir, de plus, les *Éloges* de Teissier (t. III, p. 335-341), où l'on trouvera aussi le pour et le contre.

[1] S'il m'était permis de reproduire une note mise jadis par moi sous une des lettres de J.-L. Guez de Balzac (*Mélanges historiques*, in-4º, 1873, p. 465), je dirais de nouveau que Vettori « occupa avec éclat, à Florence, pendant près d'un demi-siècle, la chaire d'éloquence grecque et latine, » et que « éditeur, commentateur, orateur, poète, il fut, à tous ces titres, un de ceux qui servirent le plus utilement la cause des lettres en Italie, et dont le nom restera le plus glorieusement attaché à l'histoire de la Renaissance. »

[2] Les appréciations, à cet égard, sont-elles bien changées aujourd'hui de l'autre côté des Alpes? Je n'oserais pas trop le prétendre.

[3] Serait-ce là le premier emploi fait de ces expressions dans notre langue? M. Littré, du moins, n'en a pas trouvé d'exemple antérieur à l'exemple fourni par Descartes en cette phrase de la *Méthode* (1637) : « J'étais amoureux de la poésie. »

qu'elle sera à Paris. Cependent je vous baise tres humblement les mains, priant Dieu, Monsieur, etc.

Vostre humble serviteur,

Joseph de La Scala.

De la Rochepozay, ce 29 juing 1576.

Presentez mes très humbles recommandations à Messieurs de Roissy,[1] et de Pimpons.[2]

---

[1] Henri de Mesmes, chevalier, seigneur de Roissi, fut un des plus savants magistrats du xvi° siècle. Il mourut en 1596. Son éloge se trouve partout, mais particulièrement dans le *Moréri* (t. VII, p. 495).

[2] Germain Vaillan de Guellis, abbé de Paimpont, devint évêque d'Orléans, le 21 décembre 1585 et mourut, à Meung-sur-Loire, le 25 septembre 1587. C'était un érudit et un poète. Son travail le plus connu est le Commentaire sur Virgile qu'il dédia à la reine Elisabeth d'Autriche et qui fut imprimé à Anvers (1575, in-folio). Voir l'éloge qu'a fait de lui Sainte-Marthe dans ses Hommes illustres. C'était un des bons amis de Scaliger, et on remarque deux letres de lui dans les *Epitres françoises à M. de la Scala*. Il fut un de ceux qui célébrèrent, à la mort de Turnèbe, le mérite de ce grand humaniste (J.-A. de Thou, *Hist.* Livre XXXVIII). On trouve encore diverses pièces en vers latins de l'abbé de Paimpont (appelé parfois *Pinpont* et parfois même *Climpont*, comme dans la traduction de 1734, t. V, p. 100, de l'*Histoire* que je viens de citer), parmi les œuvres de Philippe Des Portes (édition Alfred Michiels, 1858) et parmi celles de Remy Belleau (édition A. Gouverneur). Notons seulement que l'on a eu le tort de traduire G. *Valens Guellius*, par G. Vaillant *de la Guesle*, la famille *de Guellis* n'ayant rien de commun avec la famille parlementaire de *la Guesle*.

XIII

A CLAUDE DU PUY.[1]

Monsieur,

Je vous envoye mon texte de Catulle avec ses compagnons[2] correct, avec mes *castigationes*, que je vous dédie, vous priant le prendre en bonne part, de ce que je vous ose offrir une chose de si peu, que mes œuvres. Vous le chastierés, corrigerés, et racoustrerés comme il vous plaira. Car vous ne vous ferés ce tort ni à moy aussi, que de vouloir permettre qu'il y eust chose qui fust indigne de vous.[3] Je vous prie

---

[1] *Ibid.*, f° 11.

[2] C'est-à-dire avec Properce et Tibulle.

[3] Ces éloges donnés par un homme qui ne prodiguait pas son estime s'accordent parfaitement avec ce que le président de Thou a écrit de Claude du Puy : « Il n'a jamais rien publié, et il se servit du jugement exquis qu'il avait reçu du Ciel et des lumières qu'il avait acquises, pour examiner et améliorer les œuvres de ses amis, aimant mieux travailler pour la gloire des autres que pour la sienne propre. » C'est l'occasion de citer diverses affectueuses lettres à Claude du Puy comme à Pierre Pithou, dans le *Choix de lettres françaises inédites de J.-A. de Thou,* publié par M. P. Paris pour la Société des Bibliophiles français (1877). Teissier (t. IV, p. 195), a reproduit un fragment des Éloges de Sainte-Marthe traduits par Guillaume Colletet qu'il faut rapprocher de tout ceci : « Entre tous les critiques de son temps il n'y en avait pas un de qui le jugement fut plus exact et plus solide que le sien, lorsqu'il étoit question de juger des ouvrages d'autrui pour en découvrir les beautés ou les taches. »

ne le monstrer à ame vivante, voire aux plus grands de voz amis, s'il vous semble bon. Toutesfois je laisse tout à vostre discrétion. Il vous plaira aussy de le faire despecher le plustost que faire se pourra. Je vous envoyeray vostre Achilles Statius par l'aultre messager. Et cependant, après vous avoir très humblement baisé les mains, je prieray Dieu, etc.

Vostre bien humble serviteur et amy,

Joseph de La Scala.

D'Abain, ce 8 Aoust 1576. Escrit à la haste.

XIV

A CLAUDE DU PUY.[1]

Monsieur,

Je suis en ceste ville despuis quinze jours en ça, où je me suis rendu, non pour l'honnesteté des magistratz, qui sont de grands ennemis de toute vertu,[2] mais pour l'amour d'une demi douzaine de mes amis, qui m'ont supplié d'y passer mon hiver. Je ne say si j'y demoureray tant, comme ils vouldroyent. Certes je feray beaucoup si je me puis tant commander, que de faire tant pour eux, que de demeurer en une ville, où je n'y voy qu'une grande solitude de lettres,[3] et une grande legèrté et promptitude à faire sédition. Toutesfois en quelque part que je seray, je demoureray tousjours vostre humble serviteur. Je vous recommande mon livre,[4]

---

[1] *Idid.*, fº 14.

[2] Espérons, pour l'honneur de la magistrature poitevine d'alors, que le terrible coup de boutoir était immérité.

[3] L'originale et énergique expression de Scaliger ne saurait être appliquée au Poitiers de nos jours, ville où l'on travaille tant et si bien, ruche d'où nous vient un miel si abondant et si pur.

[4] *Catulli, Tibulli, Properti Nova editio, Josephus Scaliger Jul. Cœsaris F. recensuit. Eiusdem in eosdem Castigationum liber. Ad. Cl. Puteanum Consiliarum Regium in suprema curia Parisiensi.* (Lutetiæ, apud Mamertum Patissonium in-16, 1577). Voir ce que dit M. Ch. Nisard (p. 177-183), des notes de Scaliger sur les trois poètes érotiques qui, comme le rappelle le *Prima Scaligerana* (p. 45) ont été surnommés *Triumviri amoris.*

et plustost vostre, lequel je n'eusse faict imprimer, si je n'eusse esté seur, que vous l'accepteriés comme venant d'un homme qui vous honnore fort, et non poinct d'un savoir exquis, qui puisse estre en moy. Si j'eusse sceu que Patisson eust faict tant le long à l'imprimer, j'y eusse mis plus que je n'ay faict, et ne me feusse tant hasté, comme je feis, pensant qu'il y mettroit la main tout incontinent. Car je ne mis que dix huict, ou vingt jours à le transcrire, et le compozay en le transcrivant.[1] Monsieur le cardinal Sirlet[2] le désire fort et m'a faict prier par Monsieur d'Abain, que tout incontinent qu'il seroit imprimé que nous luy en fassions tenir. A quoy je pense que vous tiendrés la main. Je vous renvoye vostre Achille Statio sur Catulle et Tibulle et vous remercie très humblement de ce qu'il vous a pleu me le prester, et vous vouldroys supplier de vous enquérir si vous pourriés trouver un Alcoran tourné d'arabic en italien, imprimé à Venize il

---

[1] J. George de Chauffepié (article déjà cité) rappelle que Scaliger assure que ses remarques furent achevées dans l'espace d'un mois, et il reproduit le jugement qu'ont porté sur ces remarques Isaac Vossius en 1684 et Pierre Bayle (*Nouvelles de la République des lettres* du mois du juin de la même année, p. 355).

[2] Guillaume Sirlet, né dans la Calabre, mourut en 1585, âgé de 71 ans. Nommé cardinal en 1565, il fut bibliothécaire du Vatican. Il passait pour avoir une rare connaissance des langues hébraïque, grecque et latine. Le *Moréri* cite parmi les savants qui ont avantageusement parlé de lui Muret et Sponde. Voir diverses autres indications dans l'article de la *Biographie universelle*. A toutes ces indications j'en ajouterai que celle des pages du président de Thou sur ce grand personnage « recommandable par sa profonde érudition et par l'intégrité de ses mœurs, » qui, en 1566, fut proposé pour être pape (t. V, p. 128), et dont la riche bibliothèque « digne d'être achetée par un roi » fut acquise avec ses œuvres manuscrites (Notes sur les psaumes et *Apparatus Biblicus*), par le cardinal Ascagno Colonna (t. IX, p. 409).

y a plus de cinquant' ans.¹ Vous me feriés un très grand bien et honneur, s'il vous plaisoit m'en faire tenir un de Paris, s'il y en a, ou d'escrire à Venize pour en chercher, et bien que, la peste y estant, tout commerce et traffique est fermé, il vous plaira de vous employer pour moi en cella, et m'excuser si je vous importune. Car les courtoisies que j'ay receues de vous me donnent hardiesse à vous employer, encores que je sache bien, que je vous seray importun. Mais je ne puis trouver homme à qui je demande de livres rares, que vous tout seul, et ne fauldray à vous renvoyer dens trois mois ledict Alcoran. Je m'asseure que si *intenderis nervos facile invenies*. Le bon homme Victorius toutz les jours presque mande de ses nouvelles, et escrit à Monsieur l'Ambassadeur à Romme. Mondict sieur Ambassadeur m'a escrit que sitost qu'il aura receu ses Commentaires *in Politica Aristotelis*, il nous en faira part.² J'attends responce de ceste lettre par ce présent porteur, et sur ce je vous baiseray très humblement les mains, priant Dieu, etc.

Vostre bien humble serviteur et amy,

JOSEPH DE LA SCALA.

De Poictiers, ce 25 Septembre 1576.

---

¹ *Alcorano di Macometto, trad. dall'arabo in lingua italiana.* (Venise, chez Andr. Arrivabene, 1547, petit in-4°).

² *Commentarii in VIII lib. Aristotelis de optimo statu civitatis etc.* (*Florentiæ, in ædibus Juntarum*, 1576, in-f°).

XV

A CLAUDE DU PUY.[1]

Monsieur,

J'ai receu deux ou trois quayers de mon Catullo, que le seigneur Patisson m'a envoyez. Je me contente fort de l'impression, mais il seroit de besoing, qu'il print garde à la punctuation, comme je luy ai marquée dens le texte. Car il y a des faultes es poinctz de son impression. Despuis que je suis en ceste ville, Monsieur d'Abain m'a escrit plusieurs fois, et en toutes ses lettres il n'a failli de m'avertir que mon livre est fort désiré et attendu de jour à aultre, et s'attend ledict sieur d'Abain que vous lui en fairés tenir quelques exemplaires, ce que je ne doute poinct que vous ferés. Je n'auray encores honte de vous supplier très humblement d'avoir souvenance de l'Alcoran en italien, dont je vous escrivis dernièrement.[2] Il n'est possible qu'il n'en y ait quelcun en quelque bibliotecque de Paris, mesmes le seigneur Patisson m'escrit d'un, qui est à Sens. Je vous supplie bien fort de trouver le moyen, s'il est possible, de le recouvrer, et s'il le fault rendre, je n'y fauldray pas, quelque brief terme qu'on me baillera, et vous puis asseurer que pour le présent je ne puis recevoir chose, qui soit plus à mon souhait, et que j'aie

---

[1] *Ibid.*, fo 12.
[2] Voir la lettre XIV, du 25 septembre 1576.

plus en ma fantasie,[1] que celle la. Je vous en escris parce que je me fie que vous ferés cella pour l'amour de moy : et en récompense de ce, oultre tant de courtoisies que j'ai receues de vous, je mettrai ceste-ci au premier reng, pour m'obliger à tousjours vous faire très humble service, et recognoistre en vous les dons et graces que Dieu vous a faictes, qui sera l'endroit, où après vous avoir très humblement baisé les mains, je prierai Dieu etc.

Vostre humble serviteur,
Joseph de La Scala.

De Poictiers, ce 18 décembre 1576.

---

[1] Scaliger écrit *fantasie*, conformément à l'étymologie, et comme l'ont écrit à peu près tous ses devanciers et tous ses contemporains. On a cité quelques textes anciens où se trouve la forme *fantaisie*, mais est-on bien sûr de la fidélité de transcription de ces textes ?

XVI

A CLAUDE DU PUY.[1]

Monsieur,

Ainsi que j'estois tout prest pour vous escrire, on m'a baillé une vostre lettre accompagnée des épistres de Lipsius,[2] de quoi je suis fort aise, et vous remercie très humblement de la bonne souvenance que vous avés de moi. J'ai receu l'Alcoran en italien. Mais c'a esté ἄνθρακες θησαυρός[3] car il est tourné non pas de l'Arabie, mais du latin tout mot à mot,[4] et cellui qui l'a tourné en latin, qui fust du temps de S. Bernard au concile de Tolède, ne l'entendoit guieres mieux que moi. Mais je le rendrai *bona fide*, comme j'ay promis. Puisque vous me faictes cest honneur, que de m'aider en ce que je vous demande, je n'aurai honte encores

---

[1] *Ibid.* f° 15.

[2] Juste Lipse était alors âgé de 30 ans. Sur la vie et les travaux de ce philologue, ainsi que sur ses relations avec Scaliger, je me contenterai de citer les 148 premières pages du livre de M. C. Nisard, *Le Triumvirat littéraire au XVIe siècle*.

[3] C'est-à-dire des charbons au lieu d'un trésor. Voir sur ce proverbe, cité dans une lettre de J. L. Guez de Balzac, du 27 septembre 1643, une note (n° 4) de la page 416 des *Mélanges historiques*, de la *Collection de documents inédits*, 1873.

[4] L'auteur du *Manuel du libraire* est d'accord avec Scaliger, car il dit, après avoir cité la traduction italienne de 1547 (t. III, col. 1309) : « Cette traduction ne peut pas être exacte, ayant été faite sur la mauvaise version latine de Robertus Retenensis. »

de vous importuner d'une aultre chose. C'est qu'il vous plaise de faire avecques Monsieur Mansoldo que je puisse recouvrer un Pentateuque en Hebrieu, Arabic, Chaldée, et Persic, imprimé à Thessalonik. en lettres hébraïques. Monsieur d'Abain en a escrit à Monsieur le président du Ferrier,[1] qui a mandé à Constantinople pour le faire apporter, car il ne s'en trouve point à Venize. Despuis ledict sieur du Ferrier n'a eu le moyen d'en escrire à Monsieur d'Abain, causant la peste, qui est si grande en ce lieu là, qu'il n'en vient pas un seul homme à Romme. Je suis en grand peine de ce livre. Il fauldra, s'il vous plaist, emploier touz voz bons amis de par dela, qui donneront charge aux Juifz d'en faire venir un. Je vous supplie encores de vous y employer et plus tost d'en escrire à Monsieur du Ferrier. Quand vous envoyerés les Catulles à Monsieur d'Abain, il vous plaira d'adresser le paquet au banquier La Voulpiere à Lyon,[2] car il a

---

[1] Arnaud du Ferrier, alors ambassadeur à Venise, était né à Toulouse vers 1508; il mourut en octobre 1585, étant devenu chancelier de Navarre. Voir sur cet habile diplomate, *Documents inédits pour servir à la biographie de Jean de Monluc, évêque de Valence*, 1868, p. 77, notes et *Vie de Guy du Faur de Pibrac par Guillaume Colletet*, 1871, p. 15, note 2. L'auteur d'un intéressant *Essai sur les diplomates du temps de la ligue*, M. Edouard Frémy, va publier un important travail sur Arnaud du Ferrier, d'après les négociations de cet ambassadeur, conservées au département des manuscrits de la Bibliothèque nationale incomplètement publiées par M. E. Charrière (*Négociations de la France dans le Levant*, t. III, 1853), et d'après divers autres documents inédits, travail qu'il doit intituler : *Un ambassadeur libéral sous Charles IX et Henri III*.

[2] Je crois devoir identifier ce personnage avec Jean de La Voypière qui était conseiller de ville à Lyon en 1582 et en 1588, qui portait : d'azur au lion dragonné d'or et qui est mentionné par A. Péricaud (*Notes et documents pour servir à l'histoire de Lyon sous le règne de Henri III* 1843, in-8º, p. 72). comme ayant assisté, en sa

charge de faire tenir à Monsieur l'Ambassadeur tout ce qu'on lui vouldra envoyer, ou bien si vous avés plus seure commodité, vous en userés comme il vous plaira : qui sera fin, où je vous baise bien humblement les mains, priant Dieu, etc.

Vostre humble serviteur,

JOSEPH DE LA SCALA.

De Touffou,[1] ce 12 février 1577.

---

qualité d'échevin, à toutes les séances de l'hôtel de ville pendant que la peste sévissait le plus à Lyon (été de 1581).

[1] Scaliger habita longtemps la terre de Touffou, comme le montreront plusieurs des lettres suivantes et aussi quelques autres déjà publiées, soit dans le recueil latin de 1627, soit dans le volume de M. Bernays. Une lettre donnée par ce dernier savant (p. 313) est datée « du chasteau de Touffou près Poictiers ce 6 janvier 1587. » Une lettre du Recueil de 1627 est ainsi datée (p. 69): « Pridie kalend. Augusti MCLXXIX Tuffolio Rupipozœorum, ad flumen Viennam in agro Pictaviensi. »

XVII

A CLAUDE DU PUY.[1]

Monsieur,

J'ai esté fort aise d'avoir receu de voz nouvelles par vostre lettre mesmes. Car je doutois aulcunement que vous ne fussiés à Paris, d'autant que vous ne m'aviés respondu à deux paires de lettres, que je vous avois escrites. Pour le moins je n'en ai poinct receu. Ma maladie accoustumée m'a reprins, c'est-à-dire *cacoethes scribendi*.[2] Car dernièrement en brouillant mes livres j'ai trouvé mon Manilius corrigé par moi du temps que j'estois *in Helvetiis*.[3] Il m'a semblé qu'il y avait de choses, qui sont assés à propos. Je m'estudierai d'y besogner le mieux qu'il me sera possible, et purger un auteur si corrompu comme celluy la,[4] puis après vous en serés l'Aris-

---

[1] *Ibid.* f 18.

[2]
... *Tenet'insanabile multos*
Scribendi cacoethes, et ægro in corde senescit.
Juvénal, *Sat.* VII. *Vers* 51, 52.

[3] Nous avons vu (note 13 de la lettre I), que Scaliger était en Suisse en 1572 et (note 7 de la lettre VI) qu'il s'y trouvait de nouveau, en 1574.

[4] Le travail ainsi annoncé devait paraître, deux ans plus tard, sous ce titre : *M. Manili Astronomicων libri quinque. Josephus Scaliger Jul. Caes. F. recensuit, ac pristino ordini suo restituit. Ejusdem Jos. Scaligeri Commentarius in eosdem libros, et Castigationum explica-*

tarche, s'il vous plaist, et Monsieur Houllier,[1] lequel n'ignore poinct quel affaire il i a à corriger un auteur qui ne parle que de nombres et d'œquations d'heures planétaires avec heures œquinoctialles.[2] Je sais qu'il i a aujourd'hui en France de grands genethliaques [3] et mathématiciens. Mais (car il n'i a personne qui nous escoute, αὐτοὶ γάρ ἐσμεν),[4] je leur baille bon terme à diviner le sens de Manilius en ces lieux difficiles. Vous mesmes en serés le juge avecques lui. Je ne suis pas tout seul en ce chasteau, je dis de compagnie qui peust

---

tiones (Paris, chez Mamert Patisson, 1570, in-8°). Cette édition n'a pas été mentionnée dans le *Manuel du libraire*, où l'on chercherait aussi vainement la description des deux autres éditions soignées par Scaliger (Genève, 1590, in-8°, Leyde, 1599, in-4°). Chauffepié donne d'excellents détails sur ces trois éditions. Voir encore sur le *Manilius* les observations de M. Ch. Nisard (p. 197-204). Ce critique loue tellement (surtout p. 201), l'immense travail de Scaliger qu'il semble donner complètement raison à cette assertion du *Secunda Scaligerana* (p. 439) : « *Manilium nullus fuit qui posset intelligere sicut ego.* »

[1] C'était un conseiller à la cour des Aides de Paris, fils d'un des plus savants médecins du xvi° siècle, Jacques Houllier, lequel était mort en 1562. Le président de Thou, dans son éloge de Jacques Houllier (livre XXXIV, p. 488 du tome IV de la traduction déjà citée), a dit du fils du docteur, qu'il avait « un esprit admirable, orné de belles-lettres, et versé dans toute sorte de science. » L'unique exception faite par Scaliger en faveur d'un pareil érudit était, on le voit, des mieux justifiée.

[2] Nicolas Oresme, au xv° siècle, avait déjà employé *équinocial*. La forme adoptée par Scaliger se rapproche bien davantage de l'étymologie (*æquinoctialis*). Ce fut en 1613 seulement, quatre ans après la mort de Scaliger, que J. Rutgersius publia le Mémoire sur les Equinoxes : *De æquinoctiorum anticipatione diatriba nunc primum edita* (Paris, chez Jérôme Drouart, 1613, in-4°).

[3] M. Littré n'a retrouvé l'expression *genethliaque* dans aucun livre antérieur aux *Contes* de Cholières (1585-1587).

[4] Nous sommes entre nous.

contenter un homme de mon humeur, car, entr'autres, Monsieur de La Vau, médecin,[1] est ici avecques moi, qui a

---

[1] François de Saint-Vertunien, sieur de Lavau, par abréviation appelé quelquefois François Vertunien, naquit à Poitiers d'une famille protestante, fut reçu docteur en médecine à la faculté de cette ville, et y mourut en 1607, suivant Des Maizeaux (*Histoire des Scaligerana*, 1740, p. II), en 1608, suivant Dreux du Radier (*Bibliothèque historique et critique du Poitou*, t. III; p.150). Les biographes de notre temps tels que Aug. Lièvre (*Histoire des protestants et des églises réformées du Poitou*, 1850, 3 vol. in-8·). MM. Haag (*France protestante*), n'ont presque rien ajouté d'important à la notice de Dreux du Radier. M. Rédet veut bien m'apprendre que dans les actes de l'ancienne faculté de médecine de Poitiers, conservés aux archives du département de la Vienne, on trouve une décision, du 2 avril 1587, en vertu de laquelle François de Saint-Vertunien et trois autres docteurs de la même faculté, ayant rempli depuis plusieurs années les fonctions de leur charge et ayant résidé continuellement à Poitiers, jouiront seuls des droits et émoluments attachés à ce titre, à l'exclusion de tous les autres docteurs même plus anciens qu'eux. J. Aug. de Thou (*Mémoires*, livre V, à l'année 1592), mentionne la visite que lui firent, étant malade à Tours, Charles Falaizeau et François Lavau « médecins célèbres, et tous deux de ses amis. » Des Maizeaux, déjà cité plus haut, rappelle que nous sommes redevables du premier *Scaligerana* au sieur de Lavau. « Il était, dit-il, médecin de Messieurs Chateigner de la Roche-Posay, et ayant occasion de voir souvent Scaliger, qui demeuroit dans leur maison, il se fit une coutume d'écrire pour son utilité particulière les choses pleines d'érudition qu'il lui entendait dire, et d'y joindre des remarques de sa façon. » Les rédacteurs du *Secunda Scaligerana* attestent que « Monsieur de La Vau » possédait « une cinquantaine d'epistres de Michel Servet, » écrites au père dudit La Vau « estant à Vienne en Dauphiné, » épitres vues par Scaliger. Le docte Daillé ajoute que « Monsieur de La Vau estoit beau-père de Monsieur Le Coq, célèbre médecin à Poitiers. » J'aurais préféré qu'il nous donnât quelques détails sur les cinquante lettres écrites par Servet à celui qui fut à Poitiers un des premiers disciples de Calvin.

très bien besogné sur Hippocrates περὶ τρωμάζων κεφαλῆς.[1] Car ce livre estant nettoié par moi de mille faultes et glossemes[2] qu'on avoit fourré dens le texte de ce grand personage, il l'a tourné en bon latin, illustré d'un fort beau commentaire et reprins beaucoup d'erreurs des modernes. Bref, c'est un labeur fort bien emploié. Il fault savoir si Patisson aura loisir de l'imprimer avec mes castigations,[3] et vous puis asseurer que despuis les lettres resuscitées on n'a veu livre si renouvellé qu'est ce livret d'Hippocrates. Et sellon ce que vous m'en escrirés, s'il vous plaist, Monsieur de La Vau vous l'envoiera ; lequel désire fort d'estre receu en vostre amitié. Car il sait bien qui vous estes et lui c'est un homme insatiable d'apprendre et qui pourchasse l'amitié de telz hommes comme vous. S'il i vient quelque chose de nouveau d'Allemagne ou d'ailleurs, je vous supplie de nous en avertir. Je désire savoir d'un certain livre *De quadrupedibus* imprimé en Allemagne, qu'on a attribué sottement à feu mon père il i a plus de set ans.[4] Je vous supplie bien fort de m'en

---

[1] Sur les blessures à la tête, des plaies de tête.

[2] Le mot *glossemes* est probablement le décalque du vocable *glossemata*.

[3] Patisson ne tarda pas à l'imprimer et le *livret*, comme l'appelle Scaliger, parut, l'année suivante, sous ce titre : *Hyppocratis Coi de capitis vulneribus liber, latinitate donatus a Francisco Vertuniano doct. med. Pictaviensi. Ejusdem Fr. Vertuniani Commentarius in eundem. Ejusdem Hyppocratis textus Græcus a Josepho Scaligero Jul. Cæs. F. Castigatus cum ipsius Scaligeri Castigationum suarum explicatione* (Paris, 1578, in-8º). Le *Manuel du Libraire* ne mentionne pas le rare et curieux opuscule de Scaliger et de Vertunien.

[4] J'ai vainement cherché et on a non moins vainement cherché pour moi quel était ce livre *de quadrupedibus* attribué, vers 1570, à Jules César Scaliger. S'il m'était permis de remplacer le renseignement bibliographique que l'on attendait ici par un autre renseigne-

esclaircir, et si vous l'avés, me l'envoier. Car je ne veux poinct qu'on face un tel tort à mon père, et que les petitz compagnons se couvrent de son nom. Je m'attens que vous me ferés cest honneur, que de me faire responce le plus tost que vous pourrès. Cependent je vous baise bien humblement les mains, priant Dieu etc.

Vostre bien humble serviteur et frère,

JOSEPH DE LA SCALA.

De Touffou, ce 30 juing 1577.

---

ment bibliographique que l'on n'attendait pas, je rappellerais, à propos de l'opuscule sur Hippocrate de Joseph Scaliger, que son père s'était occupé d'un autre traité du plus grand médecin de l'antiquité, et que son travail fut réimprimé en plein xviie siècle : *Jul. C. Scaligeri viri clarissimi in librum de Insomniis Hippocratis Comment. auctus nunc et rec.* (Amsterdam, 1659, in-18°.)

XVIII

A CLAUDE DU PUY.[1]

Monsieur,

Je croi que Monsieur de la Vau vous envoie son livre avec mes castigations. Vous mesmes pourrés estre juge du labeur et diligence qu'il a employée en un si bon auteur comme Hippocrates, et m'asseure qu'il y a long temps qu'en la médecine on n'a point veu un meilleur livre que celui-là. J'eusse desja despeché mon Manilius, n'estoit que j'ai affaire du texte grec de la quadripartite de Ptolémée, lequel livre je n'ai seu trouver en toutes ces contrées. Il vous plaira de m'y aider, comme vous feistes au commentaire d'Achilles Statius sur Catulle, et je vous prometz de vous le rendre fidellement dens un mois avec mon Manilius mesmes.[2] Je m'asseure tant de vous que vous ne m'esconduirés en ceci. Ensemble j'ai affaire des scholies grecques sur le dict livre de Ptolémée imprimées en Allemagne avec la version latine en colonne[3]

---

[1] *Ibid.* folio 19.

[2] Scaliger s'avançait un peu trop; il ne put tenir parole, quant à l'envoi de son *Manilius*, que sept mois plus tard, en mars 1578. Voir la lettre n° XX.

[3] Le *Manuel du Libraire* indique diverses éditions allemandes du XVIe siècle des œuvres de l'astronome Claude Ptolémée. L'édition dont Scaliger parle ici est-elle celle de Nuremberg (1535, in-4°), qui, renfermant à la fois le texte grec, la version latine et diverses notes (*annotatiunculæ*), semble bien répondre au signalement donné par le grand érudit?

et je ne fauldrai de le vous rendre le plus tost qu'il me sera
possible. J'escris à Patisson qu'il m'en trouve pour argent, et
s'il m'en trouve, il ne sera besoing que vous preniés la peine
de m'en envoier, ni que je vous donne ceste peine. Je pourrois bien dès maintenant faire imprimer mon Manile si je
voulois. Mais ce seroit un grand blasme à moi d'avoir leu le
Ptolémée tourné barbarement d'Arabic, et n'avoir veu le
grec, et ne sai qui vouldroit entreprendre de m'excuser
d'une si grande nonchallance. Je m'attends doncques que
vous me fairés cest honneur de m'envoier les dictz livres,
au cas que le sieur Patisson n'en trouvast pour moi. Je vous
suis tenu en beaucoup de choses, et vous le serai encores
davantage, s'il vous plaist que par vostre moien Manilius
soit entendu d'un chascun, comme avec l'aide de Dieu, nous
espérons qu'il le sera, et desja dès à cest heure nous vous le
pouvons promettre. Il y a beaucoup de sorte d'hommes, et
de ceux qui ressemblent à hommes, et d'aultres qui ne sont
hommes du tout,[1] qui murmurent fort de mon Catulle. Encores que je soie asseuré que je n'ai affaire à forte partie, si
est ce que quand la partie serait forte, j'ai un bon *patronus*
en vous, et vous prie de me deffendre envers je ne sai quels
pedantes qui vouldroient que je fusse *magister* comm' eux.[2]
Mais je ne suis né tel, ni nourri, ni n'ai vouloir de l'estre.
Je pense que vous n'estes pas maintenant à savoir ce que je
veux dire. Car *nescio qui anseres perstrepunt olorem*;[3] ils

---

[1] Le mépris de Scaliger pour ses indignes adversaires pouvait-il se manifester avec une plus heureuse énergie?

[2] Le mot *magister* avait donc déjà l'acception défavorable et quelque peu ridicule que lui donnent malicieusement Molière, La Fontaine, J.-B. Rousseau.

[3] Allusion au mot proverbial de Virgile (*Ecloga IX, vers.* 36):
Sed argutos inter strepere anser olores.

enrageront s'ils veoient mes castigations in libris περὶ τρωμάζων κεφαλῆς, car la plus part de ceux qui murmurent sont médicastres,[1] comme j'ai seu pour le vrai. Ce pendent *ego opto illis bonam mentem*, et à vous je vous baise bien humblement les mains, priant Dieu etc.

Vostre plus affectionné serviteur,

Joseph de La Scala.

De Touffou, ce dernier juillet 1577.

Vous ne trouverés mauvais si je mes ici mez bien humbles recommandations à Messieurs d'Émeric, de Houllier et Le Fevre.

---

[1] *Medicastre* ne figure ni dans le Dictionnaire de Richelet, ni dans celui de Trévoux, ni dans celui de l'Académie française (1878). M. Littré donne le mot avec cette définition : médecin ignorant ou charlatan, et il ne trouve, en tout le xvie siècle, qu'un seul emploi du mot *medicastrie* [Roman d'Alector, d'après Lacurne de Sainte-Palaye]. Scaliger aimait à user en latin de sa finale péjorative *aster*. On lit dans ses *Epistolæ* (1627, p. 71-72) : *Poëtastri, poëtaster, poëtastrum*. Puisque j'ai cité ces deux pages, j'ajouterai qu'elles appartiennent à une lettre adressée à Mamert Patisson, où il est question de Manilius, de Ptolémée, etc. Cette lettre, qui n'a pas moins de dix-huit pages (p. 69-86), ne porte pas l'indication de l'année où elle a été écrite, mais elle est de 1582. Elle avait été publiée à part, en cette année-là, sous le titre d'*Epistola adversus barbarum, ineptum, et indoctum poema Insulani patroniclientis Lucani*.

XIX

A CLAUDE DU PUY.[1]

Monsieur,

J'ai receu vostre Ptolémée avecques les scholies et vous remercie très humblement de la courtoisie qu'il vous a pleu user en mon endroict en m'aidant des livres que je ne pouvois trouver en toutes ces contrées, vous suppliant bien humblement de me pardonner, si j'ai usé de vous si familiairement. Je mettrai bientost la main à transcrire mon Manilius : et Patisson n'aura si tost achevé d'imprimer le livre de Monsieur de La Vau, que le mien sera tout prest à mettre sur la presse. Je m'en suis voulu acquiter sogneusement, car je sai bien qu'il y a des reprenneurs, qui crient tous les jours, que je gaste les livres, et l'ont persuadé à beaucoup de populace. Mais vous en serés le juge, et me défendrés, s'il vous plaist, à l'endroict de ces Aristarches. Nous aurons bien tost le Plaute de Lipsius, comm' on nous a escrit d'Envers.[2] Je désire aussi que vous mettiés voz Panégyriques en

---

[1] *Ibid.* folio 20.
[2] La nouvelle venue d'Anvers était une ausse nouvelle : le *Plaute* de Justo Lipse ne parut jamais. Les érudits du xvie siècle durent se contenter des observations publiées par Justo Lipse en 1575 : *Antiquarum lectionum libri V, in quibus varia scriptorum loca, Plauti præsertim, illustrantur ac emendantur* (Anvers, in-8°). Celui qui était encore, il y a quelques mois, le glorieux doyen des philologues de l'Europe, M. Naudet, n'a pas mentionné (est-ce par oubli ou par

lumière,[1] et desrobiés quelques heures à vostre charge et office pour servir aussi à la philologie.[2] Je vous remercie bien humblement de ce que vous m'escrivistes en vostre aultre lettre de Monsieur d'Emeric[3] auquel j'ai tousjours désiré faire service et le ferai tousjours. Je lui baise bien humblement les mains, et à vous aussi, priant Dieu, etc.

Vostre tres humble et tres affectionné serviteur.
JOSEPH DE LA SCALA.

De Touffou, ce 26 aoust 1577.

---

dédain?) le nom de Juste Lipse parmi les principaux commentateurs du meilleur des poètes comiques de Rome (article *Plaute* de la *Nouvelle Biographie générale*, vol. XXXIX, 1862, col. 460).

[1] Nous avons déjà rappelé, avec J.-Aug. de Thou et Sainte-Marthe, que Claude Du Puy ne mit jamais rien en lumière. L'édition des *Panegyrici veteres* préparée par lui ne fut publiée que longtemps après sa mort (Paris, 1643, 2 vol. in-12).

[2] Au sujet de ce mot, j'ai posé dans le *Polybiblion* de février 1870 (p. 190) la question suivante : « A quelle époque le mot *Philologie* a-t-il été introduit dans la langue? M. Littré ne le cite que d'après l'*Histoire ancienne* du bon Rollin. Comme cette histoire a paru de 1730 à 1738, il faudrait en conclure que le mot est de la première moitié du xviiie siècle. Mais je le retrouve dans un document du xvie siècle, dans une lettre inédite de Joseph Scaliger, datée du 26 août 1577. Scaliger serait-il le créateur du mot? C'est ce que je viens demander aux travailleurs qui ne se contentent pas d'interroger les ouvrages imprimés. Je les prie donc de rechercher si, avant 1577, on trouve quelque emploi du mot philologie dans les manuscrits tracés par une main d'érudit. En tout cas, il reste acquis que le mot *philologie* est antérieur de plus de cent cinquante ans à l'époque où M. Littré l'a rencontré pour la première fois. »

[3] C'est le nom que portait alors le futur président J.-Aug. de Thou dont Scaliger a déjà parlé dans le *Post-Scriptum* de la lettre IV, du 10 septembre 1573.

XX

A CLAUDE DU PUY.[1]

Monsieur,

Je vous envoie mon texte de Manilius, avec mes castigations et commentaires sur icellui. Or j'ai tant différé à vous l'envoier attendant que le sieur Patisson eust imprimé le livre de Monsieur de La Vau, que s'il ne voulloit faire plus grande diligence en mon livre, qu'il a faict en icellui, il me dégousteroit fort à lui envoier plus de mes livres, mais je me fie que vous l'esguillonerés puisqu'il est si lent, et si tardif à faire ce qu'il doit. Je vous prie de ne le monstrer à homme du monde qu'à Monsieur Houllier, s'il le veut voir. Quant à vous je vous l'envoie, affin qu'il soit chastié, corrigé, et foité de vous en tout ce que verrés qu'il en aura besoing, car si vous ne le faisiés, vous vous demetriés du droict que je prétends que vous avés sur moi, et donner ordre, s'il vous plaist, que Patisson ne l'ait entre ses mains, que lorsqu'il sera résolu de l'imprimer. J'ai receu les Hippocrates que m'avés envoié, je vous en ai faict le recepisse par la lettre que j'ai donnée à Monsieur de S. Marthe,[2] suivant la

---

[1] *Ibid.* folio 21.
[2] Il s'agit là de Gaucher, dit Scévole de Sainte-Marthe, président et trésorier de France dans la généralité de Poitiers, né à Loudun, le 2 février 1536, mort en la même ville, le 29 mars 1623, à l'âge de quatre-vingt-sept ans. C'est l'auteur du *Gallorum doctrina illustrium.... elogia* (Poitiers, 1598, in-8º; *Ibid.* 1602, petit in-4º; *Ibid.*

teneur que vous l'avés dictée. Le dict sieur de S. Marthe pensoit partir il y a quinze jours, mais il ne tardera guieres. Je ne sai comment nous ferons pour tailler le peu de figures qui sont en mon livre, dautant que cella ne se peust faire sans monstrer le livre, parquoi je vous supplie bien humblement de donner ordre, que quand on monstrera le livre au tailleur,[1] qu'aultre que lui ne le voie. Car Patisson n'a pas bien faict d'avoir monstré le livre de Monsieur de La Vau a mestre Louis Duret,[2] car ceste pouvre beste se vante en pleine chaise[3] que je lui ai dérrobé ses corrections. Et Dieu sait, si je vouloie estre larron, si je ne mettroie pas la main

---

1606, in-12). Il appartenait à une famille où, comme le déclarent les rédacteurs du *Moréri*, l'esprit et le mérite semblaient héréditaires. Sainte-Marthe, qui distribua tant d'éloges, en a aussi beaucoup reçu, et à tous ceux qui sont indiqués dans le *Grand Dictionnaire historique*, et parmi lesquels on remarque ceux de Joseph Scaliger, de Juste Lipse, de Casaubon, de Balzac, d'Urbain Grandier, il faut ajouter ceux qui sont indiqués dans la curieuse monographie de Léon Feugère : *Etude sur Scévole de Sainte-Marthe* (1853).

[1] *Tailleur* veut dire ici graveur. On trouve dans le *Plutarque* d'Amyot, l'expression : *les tailleurs d'images et sculpteurs*. M. Littré, qui fait de *tailleur* le synonyme de sculpteur, a oublié de noter le sens donné à ce mot par Scaliger.

[2] Louis Duret, né en 1527, mourut à Paris en 1586. Ce médecin de Charles IX et de Henri III fut nommé professeur au Collége royal en 1568. Ses biographes affirment qu'il expliquait Hippocrate avec une prodigieuse facilité, et qu'il en savait tous les aphorismes par cœur. Il laissa sur son auteur favori des Commentaires qui furent achevés et publiés par Jean, son fils et son successeur (Paris, 1588, in-folio). Aux injures de Scaliger, que l'on retrouve encore dans le *Prima Scaligerana* (p. 83), on peut opposer l'éloge que Sainte-Marthe fait de Duret. Voir Teissier, t. IV, p. 400-401.

[3] C'est-à-dire dans la *chaire* du Collége royal. On n'ignore pas que jusqu'en plein XVIIe siècle, on a souvent, en pareil cas, employé le mot *chaise* pour le mot *chaire*.

en meilleure bourse, qu'en' celle-là.[1] Aussi je le fai d'autant que Passerat,[2] et quelques aultres *pedantes* comme lui, qui n'ont aulcune science, que de petitz fatras de corrections, pourroient aussi dire comme Duret. Mais tant que je vivrai je ferai la guerre aux *pedantes*, et puisqu'ilz ne veullent cognoistre la différence qu'il y a d'un homme bien nourri à celle d'un *magister*, et que je ne les puis avoir par honnesteté, je leur abaisserai leur caquet[3] par aultre moien. Ce pendant je vous baise bien humblement les mains, priant Dieu, etc.

Vostre humble serviteur,

Joseph de La Scala.

De Touffou, ce 10 mars 1578.

---

[1] Cette piquante plaisanterie fait penser à l'épigramme qui se termine ainsi : *Que je plains le voleur!*

[2] Jean Passerat, né à Troyes en 1534, mourut en 1602. Comme Duret, il était professeur au Collège royal. On regrette que Scaliger ici, comme dans le *Secunda Scaligerana* (p. 493), parle avec aussi peu de sympathie d'un homme qui fut un des plus brillants et des plus charmants esprits du xvie siècle. On verra pourtant un peu plus loin que Scaliger semble, à cet égard, s'être amendé quelque peu. Mon ami, M. Prosper Blanchemain, va nous donner bientôt, en deux volumes coquettement imprimés, les poésies d'un des plus ingénieux rédacteurs de la *Satire Ménippée*.

[3] La Fontaine a dit : *Rabattit leur caquet,* et Mme de Sévigné : *Cela rabaisse le caquet.*

XXI

A CLAUDE DU PUY.[1]

Monsieur,

J'entends que le sieur Patisson a commencé le texte de Manilius. Si cella est vrai, j'en suis bien aise : si non, il vous plaira l'esguillonner, affin que mon livre ne soit si longtemps detenu entre ses mains, comm' il en a prins au livre de de Monsieur de La Vau. Je serois bien aise que Monsieur Groullart,[2] duquel vous m'escrivés en vostre dernière lettre, fust pourveu de l'estat, dont m'escrivés.[3] Car il merite beaucoup et est homme docte, suffisant, et surtout fort homme de bien, et instruict en toute vertu et bonne discipline.[4] Je

---

[1] *Ibid.* f° 23.

[2] Claude Groulart, né à Dieppe en 1551, devint en 1585 premier président du Parlement de Rouen et mourut dans cette ville en décembre 1607.

[3] Il s'agit là probablement de l'office de conseiller au grand conseil dont Groulart ne tarda pas à être pourvu.

[4] Scaliger avait d'autant plus le droit de vanter ainsi la science et la vertu de Groulart, qu'il le connaissait mieux, l'ayant eu pendant quinze mois pour disciple à Genève. Sur le professorat de Scaliger à Genève, lequel dura une année entière, voir le *prima Scaligerana*, p. 23. Un ancien premier président de la Cour d'appel d'Agen, M. Sorbier, a écrit (*Actes de l'Académie de Bordeaux*, 1866, p. 495-510), une *Biographie* de Claude Groulart où j'ai trouvé l'heureux développement du certificat que Scaliger délivre ici au magistrat dont J. Aug. de Thou devait vanter l'éloquence (*Hist.* liv. CIX, 1584) et dont tous les biographes ont vanté la sagesse et le patriotisme.

m'asseure quil ne demeurera guieres la, qu'il ne vous voie. Car il est fort amoureus des hommes de vostre valeur et qualité, et vous serés bien aise d'avoir faict un si bon rencontre.[1] Il vous plaira d'avertir le sieur Patisson que les figures soient proprement taillées, et surtout celles que je lui envoie, aiant différé de les envoier jusques à présent, pour cause. Il me souvient que vous m'ayés escrit d'un Alcoran, qu'un vostre ami a. S'il vous plaisoit me l'envoier, je vous le renvoierai dans un mois, car je n'en aurai plus à faire d'autant que j'en ai un, mais il est si mal relié, que la lettre oultre qu'elle est escrite d'une très mauvaise main, est toute cachée dans la cousture, et par ce je pourrois suppléer les defaulz par cellui la, s'il vous plaisoit me faire tant de faveur, que de me l'envoier, et en tant je vous baiserai bien humblement les mains, priant Dieu, etc.

Vostre très affectionné à vous faire humble service,

JOSEPH DE LA SCALA.

De Touffou, ce 11 mai 1578.

Il vous plaira que Messieurs Houllier et le Fevre[2] voient ici mes bien humbles recommandations à leurs bonnes graces.

---

[1] *Rencontre* était autrefois masculin aussi bien que féminin, et, pour ne citer qu'un grand écrivain du xvii° siècle, le cardinal de Retz a dit (*Mémoires*): ce rencontre m'était très fâcheux.

[2] Nicolas Lefèvre, né à Paris en juin 1544, y mourut en novembre 1612. Voir sur ce philologue une note au bas d'une des *Lettres inédites de Guillaume Du Vair* (1873, in 8°, p. 15).

XXII

A PIERRE PITHOU.[1]

Monsieur,

Je ne sai si vous avés receu la responsc que je vous feis touchant le *Pervigilium Veneris*.[2] Je la baillai à maistre Henri Simon, qui a esté receveur des fortifications. Monsieur Patisson m'a escrit que vous aviés un livre escrit en langue indienne.[3] J'ai faict beaucoup d'observations sur icelle. Si c'est vostre bon plaisir de me l'envoier, ce sera pour accroistre nostre livre et les obligations dont je vous suis tenu. Vous n'ignorés poinct en quel rang je vous tiens, non plus que j'ignore ce que vous meritéz, et vous prometz de vous le rendre *bona fide*, avecques vostre Macrobe. Je vous supplie

---

[1] *Ibid.* f° 178.

[2] Grosley (*Vie de M. Pithou*, t. 1. p. 167) mentionne ainsi le travail du correspondant et ami de Scaliger sur ce petit poème : « L'année suivante, il fit présent au public d'un ancien morceau bien différent : je veux parler du *Pervigilium Veneris*, qui a donné depuis tant d'exercice aux critiques et aux traducteurs. Ce joli poème fut imprimé pour la première fois en 1577 par ses soins, et sur un manuscrit de sa bibliothèque ; il y joignit des notes, où il fit voir que la galanterie, les gentillesses et les grâces les plus légères des anciens, ne lui étaient pas moins familières, que leurs plus solides beautés. »

[3] C'est-à-dire en sanscrit.

ne m'esconduire en ma prière. Cependant je vous baise bien humblement les mains, priant Dieu, Monsieur,

Vous donner en santé bonne et longue vie.

Vostre bien humble à vous faire service,
JOSEPH DE LA SCALA.

De Poictiers, ce 2 juing 1578.

XXIII.

A PIERRE PIHTOU.[1]

Monsieur,

Je vous remercie très humblement des *Precatiunculæ Abissines* qu'il vous a pleu m'envoier. Je les ai toutes leues, et me pourront servir à ce que j'ai sur cette langue, de laquelle j'ai plus de livres, qu'homme qui soit ès parties occidentales, et si ose dire, que nous entendons aussi bien cette langue que l'hébraïque ou syriaque.[2] Je ne vous puis asses remercier de tant d'obligations que je vous ai. Une seulle chose me console, que vous ne me trouverés jamais ingrat envers vous. Et parce que non seullement vous m'avés ottroié tousjours ce que je vous ai demandé, ains de vostre propre mouvement vous estes offert à me faire toutes les courtoisies dont un homme de telle valleur que vous se peust aviser, je ne craindrai encores vous importuner d'une chose qui m'importe beaucoup, ne trouvant à ce jourd'hui homme à qui je me puisse adresser, pour me conseiller, que vous. C'est qu'hier un gentilhomme passant à Poictiers, et parlant à un mien grand ami chanoine de Sainct Pierre de Poictiers, lui demanda s'il cognoissoit poinct un tel, me nommant. Il dict qu'oui. Et après lui avoir demandé ce qu'il

---

[1] *Ibid.* f° 179.

[2] Voir le petit article *Abyssinorum* du *Secunda Scaligerana*, où l'on trouve cette affirmation : *Nemo Christianus potest de illis ita bene loqui, ut ego, quia illorum compulum Ethiopicum dedi.*

pensoit de moi, et l'aultre lui avoir respondu ce qu'un ami dict d'un sien ami, il dict qu'il feroit bien de se deporter de dire tant de bien de moi : et en ce disant, tira de sa poche une feuille imprimée, comm'un' espreuve d'imprimerie, de laquelle le chanoine ne sceust lire qu'une douzaine de lignes, d'autant que le reste estoit tout rompu. Mais ce qui se pouvoit lire, estoit tout plein d'injures atroces contre moi, et contre ma race, que ce sera une grand pitié de moi, si tout le reste du livre est tel que ce peu de lignes qu'il a leu. Or d'autant que ledict chanoine n'a jamais voulu dire le nom du gentilhomme, et toutesfois je sais bien que ceste atroce declamation s'imprime à Paris, je m'asseure que quand il vous plaira en faire la recherche il n'y a homme en Paris qui descouvre plustost que vous et l'auteur, et l'imprimeur, et la cause d'escrire contre moi un libelle diffamatoire, qui ne blessai jamais l'honneur de personne vivante en chose quelconques, mesmement en telle façon qui meritast qu'on parlast de mon père et de sa race, en laquelle il n'i a rien à dire[1] que la grandeur et splendeur ancienne qui a esté aultres fois.[2] Or, pour vous dire le vrai, ils ne sauroint rien dire qui me

---

[1] *Il n'y a à dire* pour *il ne manque,* expression du xviiᵉ siècle qui a conservé son analogue dans notre Midi. On dit à Agen *trouver à dire une chose* pour *regretter de ne l'avoir plus.*

[2] Dans cette phrase est le germe de l'opuscule publié, seize ans plus tard, sous le titre de : *De vetustate et splendore Gentis Scaligeræ* (Leyde, 1594, in-4°), et si bien traduit et annoté par M. Ad. Magen en 1873, comme dans le libelle de 1578 contre Scaliger et ses ancêtres, et dont probablement la haute influence de magistrats tels que Claude Du Puy et Pierre Pithou empêcha la publication (car je n'en trouve nulle trace), comme, dis-je, dans le libelle de 1578 était le germe de l'abominable et considérable libelle de Scioppius : *Gasparis Scioppii, Scaliger hypobolimæus, hoc est elenchus epistolæ Josephi Burdonis seu Pseudo-Scaligeri, de vetustate et splendore Gentis Scaligeræ* (Mayence, 1607, in-4°).

puisse prejudicier, s'ils me prennent là. Car vous mesmes savés qu'il n'i a rien plus aisé à convaincre que toutes les mensonges qu'ils sauroint dire et sur ma vie, et sur ma race, et sur mon père, et sur sa patrie. Mais j'estimerois beaucoup de bien faict à moi s'il vous plaisoit de vous en informer si bien que nous en seussions la verité en brief. Il vous plaira n'en faire tant de bruit, que ceux qui me veullent mal, comm' il y a tout plein qui m'en veullent à cause de la Religion, ne s'en aperçoivent. Il vous plaira aussi de monstrer la présente à Monsieur du Pui, et lui faire mes très humbles recommandations, et le prier d'employer ses plus secrez amis, pour savoir et l'auteur et l'imprimeur de ce livre diffamatoire.[1] Monsieur Patisson aussi le pourra bien decouvrir, si lui plaist. Je sai bien qu'il y a tas de je ne sai quelle maniere de gens, qui sont fort marris que j'escris trop librement. Combien que je n'aie escrit que de ceux qui se sentent piquez, ni graté personne, sinon ceux qui se sentent rogneux. Que s'il n'i a personne qui se sente rogneux, aussi n'ai-je graté personne. Si est ce que je pense que ce libelle est sorti de la boutique des pedans. Ce que toutesfois je n'ose asseurer, d'autant qu'il est escrit en françois, dont je m'esbahis fort et ne puis penser que ce peust estre; si cela venoit de la Court, je ne douteroie aucunement que ce ne fust par le moien de l'ambassadeur des Vénitiens, lequel n'a pas encores deux ans[2] monstra au Roi l'amitié qu'il me portoit, que si le Roi l'eust voullu croire, je ne serois pas ou en vie,

---

[1] Scaliger, moins d'un mois après, s'adressa directement à Cl. Du Puy pour le prier de s'efforcer de découvrir l'auteur du libelle. Voir la lettre suivante.

[2] L'ambassadeur de la Sérénissime République auprès de Henri III à l'époque indiquée par Scaliger était Morosini (Giovanni Francesco), qui était déjà en France le 1er mars 1575.

ou en France.[1] Je vous supplie donques de rechef de me faire ce bien le plus tost qu'il vous sera possible. Quant à vostre Macrobe, il est seur, comm' aussi le Censorin. J'avoie délibéré de faire imprimer le Gellius avec ces deux auteurs, et le ferai bientost Dieu aidant.[2] Si vous en avés tant d'affaire, je le vous envoierai. Car je l'ai trop retenu, combien que jamais je n'ai eu le moien de mettre au net ce que j'ai sur ces trois auteurs. Je ne veux poinct oublier aussi que Passerat a beaucoup médit de moi, qui tousjours ai dit de lui tout bien,[3] et l'ai respecté, et respecte encores comme je doi. Mais ce qu'il a dict de moi, il ne le peust nier. Car il y avoit trop de gens de bien, tesmoins Monsieur Ronsard[4] et Monsieur de Saincte-Marthe, de Poictiers.[5] Mais puisqu'il se plaist tant à mesdire, si ne peust il faire que je lui en face autant. Car je ne m'en soulcie pas. Je vouldroie estre si parfaict, que

---

[1] Il est probable que Scaliger se flattait en se croyant si dangereux pour la diplomatie vénitienne. On retrouve son étrange assertion dans le *Secunda Scaligerana* (p. 551) : « On a envoyé à Agen des assassins pour tuer mon père, et même à Paris, l'ambassadeur de Venise en avait attiré. Monsieur Du Puy m'en advertit ; je le dis à la noblesse, qui me dit que je ne m'en souciasse, et qu'on y donneroit ordre. »

[2] Nous avons déjà vu (note 5 de la lettre III, du 23 août 1573) que Scaliger ne réalisa jamais ce projet.

[3] Scaliger oubliait que dans une précédente lettre à Cl. Du Puy (10 mars 1878, n° XX), il avait traité Passerat de pédant et d'ignorant.

[4] L'illustre poète avait alors 54 ans. Rappelons que l'on trouve dans le *Prima Scaligerana* (p. 144) cet éloge de Ronsard et de son plus brillant émule, Joachim Du Bellay : « *Ronsardus magnus poëta Gallicus ; ut Bellaius utriusque Linguæ Latinæ et Gallicæ, qui (quod hactenus pauci) facilitatem et dulcedinem Catulli assequutus est.* »

[5] Le trésorier Scévole de Sainte-Marthe, dont il a été déjà question dans la lettre XX.

j'eusse la bonne grace de tout le monde. Mais c'est trop vous importuner. Je vous supplie m'excuser, si j'ai esté plus long que n'ai acoustumé, qui sera l'endroict où je vous baiserai bien humblement les mains, priant Dieu,

Monsieur, vous donner en santé bonne et longue vie.

Vostre bien affectionné ami et serviteur,

Joseph de La Scala.

De Touffou, ce 29 juing 1578.

Je vous prie que la présente soit le moins divulguée qu'il vous sera possible. J'entends que vous avés quelques épigrammes anciens non imprimez. Je vous supplie me les communiquer. J'en ai aussi, je ne sai si ce sont les vostres mesmes.

Je vous envoie ce que j'ai cotté sur le *Pervigilium Veneris*, et ce que m'en semble. Mais ne prenez pas mes avis *tanquam* κυρίας δόξας.[1] Je l'ai faict pour vous obéir. Je pense que je pourrai moi mesmes présenter mon Manile au Roi.[2] Et ce sera un moien pour vous veoir, ce que je desire grandement.

---

[1] C'est-à-dire des jugements sans appel, des jugements en dernier ressort.

[2] Scaliger ne présenta pas lui-même son édition de Manilius à Henri III, et il se contenta de la lui faire offrir. Le prince lui accorda une pension, de 2,000 livres, laquelle, comme beaucoup de pensions d'alors, ne fut jamais payée. A-t-on remarqué que, dans le parallèle entre Henri III et son successeur (*Secunda Scaligerana*, au mot *Henri IV*), Scaliger ne craint pas de mettre le premier au-dessus du second, disant notamment que Henri III « avait plus d'esprit et plus de vertus royales » que Henri IV ? C'est surtout quand on trouve dans le *Scaligerana* des appréciations aussi injustes, que l'on voudrait être persuadé de la non-authenticité des propos recueillis par F. de Saint-Vertunien et par Jean et Nicolas de Vassan. M. Ch. Nisard a eu de sévères paroles (p. 227, 228) pour l'article *Henri IV* du *Scaligerana* « explosion parfois brutale » des rancunes du savant dédaigné.

XXIV

A CLAUDE DU PUY.[1]

Monsieur,

J'ai receu les Tables etrusques, qu'il vous a pleu m'envoier, lesquelles j'estime beaucoup, et pense pouvoir en tirer quelque sens, quand je serai de loisir.[2] Puis je les vous rendrai. Ce pendent je vous remercie très humblement de vostre liberalité, laquelle il vous plaist tousjours continuer en mon

---

[1] *Ibid.* f. 24.

[2] Scaliger, malgré toute son incomparable sagacité, ne put tirer aucun sens des Tables qui lui avaient été communiquées par son ami, et c'est à peine si, trois cents ans plus tard, grâce aux efforts de plusieurs des plus grands érudits de l'Europe, parmi lesquels je suis heureux de citer M. Michel Bréal (du Collège de France et de l'Institut), on peut déchiffrer les inscriptions de ce genre. Je dois à l'amitié dont m'honore celui que la *Revue des questions historiques* (Livraison du 1ᵉʳ octobre 1878, p. 678), proclame « le maître reconnu de la science philologique », les renseignement que voici sur les Tables mentionnées par Scaliger : « Il est question en ce passage des célèbres Tables Eugubines, qui sont, en effet, écrites en caractères étrusques, quoique la langue ne soit pas étrusque. Du Puy paraît s'en être procuré une copie en Italie. C'est du moins ce que nous devons inférer d'une note de Gruter, qui, en son Recueil d'inscriptions publié en 1601 (*Inscriptiones antiquæ tot. orb. Rom. in corpus absol. redactæ ingenio ac cura J. Gruteri. ausp. J. Scaligeri ac M. Velseri.* Heidelberg, in-fol. t. II, p. CXLII¹), reproduit l'une des Tables Eugubines d'après une copie de *Puteanus ex Bembi Bibliotheca Patavii.* »

endroict. J'escrivis à M. Pithou dernièrement touschant je ne sai quelles invectives qu'on a escrit de moi en françois, lesquelles ne sont encore divulguées. Il vous plaira de me faire ce bien de prier quelcun de voz bons amis de descouvrir l'imprimeur et l'auteur de ce livre. Toutesfois quelques-uns pensent que ce n'est à Paris, où cella s'imprime. Quant aux baguenauderies [1] des maistres scholastiques de Paris, qui ne font gueres de leçon sans me piquer, je tourne tout cella à gloire, car je penseroie avoir mal faict, si j'avoie composé chose qui leur pleust.[2] Au reste je vous supplie aussi de me mander vostre avis s'il sera bon de faire tailler les armoiries de France avecques la devise du Roi, pour les mettre à la seconde page, car la préface sera en la troisiesme, laquelle préface estant en vers, et adressée au Roi,[3] je ne sai s'il seroit bon, qu'elle fust aussi mise en vers françois, après le

---

[1] M. Littré n'a trouvé le mot *baguenauderies* que dans cette phrase des *Contes* de Cholières : « Me suis trouvé avec des damoiselles qui se lavoient la gorge des baguenauderies que leur avoient ramagé leurs courtisans. » Le mot qui manque au *Dictionnaire de l'Académie française*, n'a pas été admis dans les *Dictionnaires* de Richelet et de Trévoux.

[2] Allusion au mot de Phocion s'entendant applaudir par de frivoles auditeurs : « Me serait-il donc échappé quelque sottise ? »

[3] J'ai sous les yeux l'édition au sujet de laquelle Scaliger demande à Claude du Puy ses bons conseils. Les armoiries de France sans la devise du roi, sont gravées à la seconde page, et les quatre feuillets suivants (non numérotés) sont remplis par une pièce de 66 vers latins intitulée *Christianissimo Francorum et Polonorum regi Henrico III, Urania musa*. La pièce est signée : *Josephus Scaliger Jul. Cæsar. F. Majestati tuæ devotissim*. On trouve, à la suite, quatre pièces de vers latins, en l'honneur de l'éditeur, par Jean Dorat (*Io. Auratus, poeta Regius*), Alexis Gaudin (*Alexidis Gaudinii, Christianiss. Reginæ Archiatri*), F. de Saint-Vertunien (*Franc. Vertuniani Pictaviensis D. M.*), et Jonathas Petit.

latin, seulement au livre que je présenterai au Roi, car aux aultres je ne vouldrois ainsi bigarrer[1] mes livres. Si vous le trouvés bon, je vous supplie me l'escrire, car j'en attend vostre jugement. Je ne veux clorre la présente sans vous supplier très humblement d'avoir pour recommandé le procès d'un eschevin de Poictiers, nommé Razes,[2] duquel vous estes rapporteur, comm' on me faict entendre. Il vous plaira l'avoir autant recommandé, comme si je vous usoie de plus longue harangue, et m'estimerai bien heureus si ledict de Razes se peust resentir de l'honneur que vous me faictes de respecter mes prières, mesmement en chose juste et équitable, cómme je pense que celle la est. Ce pendent je vous baiserai très humblement les mains, priant Dieu, etc.

Vostre humble serviteur,

Joseph de La Scala.

De Touffou, ce 19 juillet 1578.

---

[1] Les poètes J. Du Bellay et Ronsard avaient déjà, depuis quelques années, fait usage du mot *bigarré* que l'on ne rencontre guère dans les écrits antérieurs.

[2] On lit dans le *Dictionnaire historique et généalogique des familles de l'ancien Poitou*, de M. Henri Beauchet-Filleau (t. II, p. 13) : «Derazes [Joseph], seigneur de la Faugeassière, fut nommé échevin de la commune de Poitiers le 20 mars 1570 et député en cette qualité vers le roi en 1577 au sujet des troubles qui, à cette époque, agitaient la ville.... Cette famille, noble et ancienne, actuellement éteinte, a fourni pendant près de deux siècles, au présidial de Poitiers un grand nombre de magistrats distingués. »

XXV

A CLAUDE DU PUY.[1]

Monsieur,

Il n'y a pas long temps que je suis arrivé en ce lieu icy, d'autant que les eaux m'ont assiégé premièrement en Berry, puis en Poictou, tellement que je faillis à me noyer. Je ne fauldrai à vous envoier ce que je vous ai promis par Madame de La Roche,[2] laquelle en brief doit partir pour s'en aller à Paris. Je lui baillerai l'Hippocrates de la Reine,[3] et aultres choses que je vous ai promises et celles que je tiens de vous. Cependant je vous supplie très humblement vouloir prier Monsieur le premier président[4] pour Rimbault, docteur médecin de Poitiers pour son doyenné en la faculté de

---

[1] *Ibid.* folio 25.

[2] Il s'agit là de Mme de la Roche-Pozay, femme de François de Chasteigner, et belle-sœur de Louis de Chasteigner, seigneur d'Abain. Elle s'appelait Louise de Laval. Nous avons trouvé le nom de François de Chasteigner dans la lettre VIII (27 décembre 1575) et nous allons le retrouver dans les lettres XXVII, XXVIII et XXX.

[3] Par *Hippocrates de la Reine*, doit-on entendre un exemplaire du traité publié par le sieur de Lavau, avec la collaboration de Scaliger, exemplaire qui aurait été destiné à la reine-mère, laquelle, comme on sait, aimait beaucoup les livres et fut également digne, en cela, d'appartenir, par le sang, à ces Médicis, par l'alliance à ces Valois parmi lesquels on trouve d'aussi glorieux protecteurs des lettres que Laurent le Magnifique et François Ier.

[4] Le premier président Christophe de Thou, père de l'historien.

médecine, auquel il a esté receu par presque tout le cors de la faculté contre Coitart,[1] lequel n'aiant résidé ni exercé estat de docteur médecin, voire n'aiant demeuré une seule nuict dans Poictiers puis quatorze ans, ou plus en ça, demandé estre préféré audict Rimbault, parce qu'il est le plus ancien docteur. Vous savés trop bien qu'en ces matières il n'y a que la résidence qui donne la prérogative. Davantage, si vous cognoissiez la probité et preud'homie de l'un et de l'aultre, vous vous rengeriés aisément à mon parti. Si vous me demandés pourquoi je prie plustost pour l'un que pour l'aultre, je ne vous saurois alléguer aultre chose, sinon que je favorise plustost à la vérité qu'au mensonge. Il vous plaira me faire ce bien que de le persuader à Monsieur le premier Président, ou pour le moins prier Monsieur d'Emeric, lequel en priera son père.

Cependant, Monsieur, je vous baise très humblement les mains, priant Dieu vous donner en santé bonne et longue vie.

Vostre serviteur,

Joseph de La Scala.

De Touffou, ce 19 avril 1579.

---

[1] Dreux du Radier (*Bibliothèque historique et pratique du Poitou*, t. II, p. 475) nous apprend que Jean Coyttar, né à Loudun, se fit recevoir médecin à Poitiers, où, après quelques années de séjour dans sa ville natale, il revint en 1577 occuper la place de doyen de la Faculté, vacante par la mort de François Pidoux, qu'il mourut à Poitiers en 1590, et qu'on a de lui un ouvrage assez considérable sous le titre suivant : *Joannis Coyttari Pictaviensis medici, de febribus purpuratis epidemicis quæ anno 1557 vulgatæ sunt liber* (Poitiers, 1578, in-4°). L'Inventaire des documents concernant l'ancienne Faculté de médecine de Poitiers conservés aux Archives du département de la Vienne mentionne un procès en Parlement intenté en

Le partement de Madame de La Roche a esté fort soudain, tellement qu'il a fallu qu'après heure de souper je soie parti en haste de Poictiers et venir icy. N'eust esté cella, je vous eusse envoié partie de ce que demandés.

1570, par Jean Coyttar, médecin du roi, à Pierre Rimbault, élu doyen, quoique Coyttar fut le plus ancien docteur. Ce dernier obtint gain de cause et fut investi de la dignité de doyen, à la charge de résider.

XXVI

A PIERRE PITHOU.[1]

Monsieur,

Je vous renvoie votre Macrobius, duquel je vous remercie bien humblement. Vous l'eussiés pieça [2] eu, n'eust esté que je m'estois attendu de le mettre dans les coffres de Madame de La Rochepozai. Mais son partement a esté fort long et elle ne doit arriver de long tems à Paris. Je vous envoierai le Censorinus avec les épigrammes anciens, desquelz je vous ai aultres fois tenu propos, et ce sera par le premier messager. Car j'ai retenu le Censorinus parce que maintenant je m'en sers pour l'affaire que j'ai en main. J'ai escrit au sieur Patisson touchant un Alcoran imprimé *apud Hegendorfium* en colonnes, l'une en langue Arabique charactéres latins, l'aultre est la version latine. Je vous supplie très affectueusement me vouloir faire ce bien que de prendre garde s'il s'en pourra trouver à Paris. J'ai baillé charge au secrétaire de Monsieur de La Rochepozai de le paier. Vous me farai (*sic*) beaucoup de bien s'il vous plaist faire tant pour moi.

---

[1] *Ibid.* folio 181.

[2] C'est-à-dire *pièce* et *a*, il y *a pièce* de temps, il y a longtemps. Ce mot, que protégeait Henri Estienne et que regrette M. Littré, était déjà dans Villehardouin ; il est encore dans La Fontaine.

Cependent je vous baise bien humblement les mains, priant Dieu,

Monsieur, vous donner en santé bonne et longue vie.

Vostre bien humble et plus affectionné à vous servir.
JOSEPH DE LA SCALA.

De Poictiers, ce 27 mai 1579.

A Monsieur Monsieur Pithou, baillif de Tonnerre, Avocat en la Cour de Parlement, à Paris.

XXVII

A CLAUDE DU PUY.[1]

Monsieur,

J'ai despeché ce page pour vous apporter les turquettes [2] pour Madamoiselle du Pui,[3] je ne les ai encores veues, mais je désire bien fort qu'elles vous soient agréables. Je sai bien que peust estre elles ne seront trouvées belles d'autant qu'elles ont le nés un peu long.[4] Mais je vous puis asseurer que non obstant cella elles sont d'aussi belle race de turquetz qui s'en puisse trouver en nostre Guienne. Nous avons ici une turquette mere de celles-la, qui est emplie du chien de Madame d'Assarac, qui est fort beau. J'en garderai un, quand

---

[1] *Ibid.* folio 30.

[2] Le *Dictionnaire de Trévoux* donne du mot *Turquet* cette définition : « espèce de petit chien. » M. Littré ajoute : « qui a le nez camus et le poil ras. »

[3] C'est-à-dire la femme de Claude du Puy, laquelle s'appelait Claude Sanguin.

[4] Il paraît que plus le nez de ces petits chiens était court, plus était grande leur beauté. Ce raccourcissement du nez était même proverbial, et d'Aubigné a pu dire, dans les *Aventures du Baron de Fœneste* (livre IV, chapitre XIII) : « Si l'autre d'après avoit quelque grand nez, celle qui la suivoit estoit camuse comme un turquet. » M. Prosper Mérimée, dans son édition du piquant récit de d'Aubigné (*Bibliothèque elzévirienne*, 1855, p. 292), s'est contenté de dire que le turquet est « du genre des carlins. »

la chiene sera relevée, pour Mademoiselle du Pui. Car je m'asseure que ceste ventrée sera des plus belles.¹ J'eusse desja faict les vers pour Monsieur d'Emeri, mais je n'ai aucun repos auprés de Monsieur de La Roche, qui est griefvement malade. Je ne fauldrai toutesfois bien tost de dérober un peu de temps, si je puis, pour servir à mondict sieur d'Emeri, car je ne suis poinct à moi, et n'ai presque loisir de m'habiller ou faire aultre chose nécessaire.

Monsieur, je vous baise très humblement les mains, priant Dieu vous donner, etc.

Vostre obéissant serviteur,
Joseph de La Scala.

De Nantueil,² ce 4 aoust 1579.

Vostre Guillandin³ ne demande que commodité pour estre transcrit, et me tarde plus qu'à vous.

---

¹ On sourit en voyant un homme tel que Scaliger s'occuper d'aussi futiles questions, mais n'oublions pas que ce qui relève et ennoblit tout cela, c'est le désir qui s'y montre d'obliger un ami.

² Nantueil-en-Vallée est aujourd'hui une commune du département de la Charente, arrondissement et canton de Ruffec, à quarante-cinq kilomètres d'Angoulême.

³ C'était quelque mauscrit de Melchior Guillandin, né à Kœnigsberg, mort le 25 décembre 1589, à Padoue, où depuis vingt-cinq ans, il exerçait la médecine et professait la botanique. Ce fut un des meilleurs naturalistes du xviᵉ siècle, mais il eut le malheur d'avoir pour adversaires des hommes comme Casaubon, André Mathiole et Scaliger. Nous retrouverons le nom du botaniste allemand dans plusieurs des lettres suivantes. Voir sur lui l'*Histoire* de J.-A. de Thou (livre XCVI, à l'année 1589), les *Eloges des hommes savans* de Teissier (t. IV, p. 24-26), sans parler des deux *Scaligerana*.

XXVIII

A CLAUDE DU PUY.[1]

Monsieur,

Je vous envoie une lettre que j'escris à Monsieur d'Emeric, avec les vers que j'ai faict pour son frère tels quels.[2] Je n'ai grand loisir à faire des épitaphes pour aultrui, guetant d'heure à aultre la mort de Monsieur de La Roche, lequel, à mon avis, ne peust tirer jusquez à jeudi. Car il est bien bas. Je n'attends que l'heure que Madame de Schonberg, sa sœur, arrive de Paris, affin qu'il face son testament. Je suis saisi de

---

[1] *Ibid.* folio 29.
[2] C'était le fils aîné de Christophe de Thou et de Jacqueline de Tulleu : il s'appelait Jean de Thou, seigneur de Bonnœil, Céli, etc. Conseiller au Parlement de Paris, puis maître des requêtes (1570), il mourut le 5 août 1579. Sur la maladie et la mort de Jean de Thou, voir les *Mémoires de la vie de J.-A. de Thou*, livre I, à l'an 1579. Il y a là des détails touchants sur les soins infatigables prodigués au malade par sa femme Renée Baillet, fille du maître des Requêtes René Baillet, « qui avait un courage au-dessus de son sexe, » et sur la bénédiction que, malgré sa douleur, donna au mourant son vieux père. Chacun, du reste, en cette famille d'élite, se montra vraiment admirable à cette occasion, et le frère du grand historien prononça distinctement, avant de rendre le dernier soupir, une prière tirée du psaume L.

grande fâcherie ¹ de la mort de ce personage, auquel je suis tant obligé. Je vous supplie très humblement de faire tenir le tout à mondict sieur d'Emeric, vous baisant très humblement les mains, et priant Dieu, etc.

Vostre tres humble serviteur,

Joseph de La Scala.

Du chasteau de Nantueil, ce 8 septembre 1579.

---

¹ *Fâcherie*, on le voit, avait un sens bien différent du sens que nous lui donnons. C'était alors le synonyme de grande douleur et c'est ce qu'il ne faut pas oublier en lisant cette phrase de Montaigne : « J'ai perdu des enfants, mais en nourrice, sinon sans regret, au moins sans fascherie. »

XXIX

A JACQUES AUGUSTE DE THOU.[1]

Monsieur,

Je vous envoie non ce que j'eusse voulu faire, quand j'eusse eu l'esprit plus libre, que je n'ai, mais plus tost ce que j'ai peu. Car je n'ai eu jamais de repos auprès de Monsieur de La Roche, lequel aiant long temps combatu sa maladie, maintenant il est après à combatre la mort, et c'est beaucoup s'il peust tirer[2] 24 heures.[3] J'ai dérobé le peu de temps qu'il m'a esté possible pour vous servir et m'efforcer à vous complaire en ce que presque je ne pouvois faire. Car vous pouvés penser s'il est en ma puissance de commander à mon esprit

---

[1] Même collection, vol. 838, folio 3.

[2] Cette expression métaphrorique n'a été, ce me semble, recueillie par M. Littré dans aucun des soixante-quatre paragraphes de l'article *tirer*.

[3] M. de La Roche-Pozay ne *tira* pas plus de vingt-quatre heures; il mourut le lendemain même du jour où Scaliger écrivait ceci. Voir l'*Histoire généalogique de la maison des Chasteigners*, 1634, p. 299. André Du Chesne nous apprend que François de Chasteigner mourut le 9 septembre 1579, âgé de quarante-sept ans, et que « fut son corps inhumé en l'Abbaye de la Mercy-Dieu, soubs un honorable tombeau que Louys Chasteigner, seigneur d'Abain, son frère, luy fit dresser avec l'épitaphe suivant, composé par Joseph Scaliger.. » Je ne crois pas devoir reproduire cette épitaphe qui ressemble à toutes les épitaphes.

combatu de destresse[1] en la mort tant proche d'un homme qui m'a tant obligé à lui. Parquoi, Monsieur, je vous supplie très humblement n'avoir esgard à la façon de ces vers si mal polis, indignes et de vous et du mort, vostre frère, mais plustost pesés, s'il vous plaist, la voulonté que je vous porte, laquelle je n'ai oubliée par la tristesse, qui m'a faict oublier (tout le reste.)

Je vous baise très humblement les mains, priant Dieu, Monsieur, vous donner en santé bonne et longue vie.

Vostre humble serviteur,

Joseph de La   la.

Du chasteau de Nantueil, ce 8 septembre 1579.

---

[1] Le mot *détresse* justifierait, s'il en était besoin, mon observation sur le sens très étendu que prenait, au XVIe siècle, le mot *fâcherie*.

XXX

A CLAUDE DU PUY.[1]

Monsieur,

Vous eussiés eu pieça les annotations *in Guillandinum*,[2] n'eust esté que le livre est en Berri avec mes hardes que j'y ai envoié pensant y aller plus tost que je n'ai faict estant retenu partie pour des affaires, partie par les grands jours, ne pouvant me deffaire d'une si honnorable compagnie.[3]

---

[1] Même collection, vol. 496, f. 31.

[2] Ces annotations ne furent publiées qu'après la mort de Scaliger, dans les *Opuscula varia antehac non edita* (Paris, chez Jérôme Drouart, in-4°, 1610, p. 1-55). Ce travail est intitulé : *Josephi Justi Scaligeri Jul. Cæs. fil. animadversiones in Melchioris Guilandini commentarium in tria C. Plinii de papyro capita libri XIII.*

[3] On lit dans la *Vie d'Etienne Pasquier* placée par M. Léon Feugère en tête des *OEuvres choisies* du célèbre avocat (Paris, 1849, in-12, t. I, p. XXV) : « Poitiers, dont les derniers *grands jours* avaient eu lieu en 1567, fut honoré en 1579 d'une nouvelle commission de ce genre, présidée par Achille de Harlay. Dans les registres du Parlement, conservés aux archives du Palais, on peut voir, à la date du 14 août de cette année, les lettres patentes présentées à cet effet par les gens du roi : leur vérification est du 30. Sur ces *grands jours* il n'existe d'ailleurs aucun document officiel, et tout ce qui nous en est connu, nous le savons par Pasquier qui, ami de Harlay, alors simple président aux enquêtes, fut en cette occasion l'*un de ses soldats*, comme il se plaisait à le lui rappeler dans la suite. » Renvoyons donc, pour les grands jours dont parle

Mais dens six jours je partz pour m'en aller en Berri, et de
là je vous envoierai les dictes annotations, car il n'y a qu'à
les transcrire à part de la marge de mon livre. J'aimerai plustost qu'il me fust reproché aultre chose que de manquer à
ma promesse mesmement en vostre endroict. Il vous plaira
dire à Monsieur d'Emeric comment il y a long temps que
j'ai prié M. de Sainte-Marthe de faire quelque chose pour
son fu frère Monsieur de Boncuil. Mais il est si empeché en
sa charge de Maire, qu'il n'a pas loisir de vaquer aux muses.[1]
Toutesfois il tourne l'élégie latine que je feis sur la mort du-
dict sieur peu avant le décès de Monsieur de La Roche.
Henri Estienne [2] m'escrivit dernièrement qu'il m'envoioit les

---

Scaliger, aux *Lettres* de Pasquier, et aussi au recueil de vers connu
sous le nom de *La Puce*, recueil auquel contribuèrent la plupart des
doctes personnages qui composaient la « si honnorable compagnie »
réunie autour des dames des Roches, *les deux perles du Poitou*,
comme les surnomme La Croix du Maine. Ai-je besoin de dire que
dans le recueil où a été immortalisée la *Puce de Madame des Roches*, et
qu'a récemment réimprimé M. Jouaust, on trouve des vers galants de
Scaliger lui-même ?

[1] Puisque je viens de parler de Pasquier, je ne puis m'empêcher
de rappeler que, pendant son séjour à Poitiers, il se lia fort étroite-
ment avec Scévole de Sainte-Marthe, lequel l'introduisit chez les
dames des Roches tant vantées dans les graves *Recherches de la
France*, la fille surtout « qui reluisait à bien écrire entre les dames,
comme la lune entre les étoiles. » C'est à Scévole de Sainte-Marthe
que Pasquier a adressé quelques-unes de ses lettres les plus intéres-
santes, notamment la lettre 15 du livre XI (sur les reitres), la lettre
4 du livre XII (sur les barricades de Paris), la lettre 10 du livre XIV
(sur la bataille d'Ivry), les lettres du livre XVII (sur la conspiration
contre le président Brisson et sur le supplice de l'infortuné magistrat), les lettres 4 et 5 du même livre (sur les intrigues de maréchal
de Biron et sur son exécution).

[2] Henri Estienne était alors âgé de 50 ans. Je me contenterai de
citer sur le savant imprimeur ce mot du *Secunda Scaligerana* (p. 316):

Epistres *ad Atticum* de Monsieur du Bois,[1] le premier livre de Livius corrigé par Lipsius,[2] le Sextus Aurelius Victor de Scotus,[3] le Salluste de Carrion.[4] Mais je nai rien receu de tout cella, et ne sai à qui il a baillé le tout. Je vous supplie très humblement de solliciter Patisson qu'il depeche mon Computus. Depuis la mort de Monsieur de La Roche je n'ai receu aulcune lettre de lui, jaçoit [5] que je lui aie escrit par,

---

« C'est ignorance grande de médire de Henry Estienne, qui a tant servy aux lettres. »

[1] Siméon du Bois (*Bosius*), natif de Limoges, disciple de Jean Dorat, ne publia qu'en 1580 son édition des lettres de Cicéron à Atticus : *M. Tullii Ciceronis Epistolæ ad Att. ex fide vetustissimorum codicum emendato studio et opera Sim. Bozili Ratiasti Lemovicum apud Hug. Barboun*, 1580. L'ouvrage est dédié *ad Phil. Huraltum Chivernium, Galliæ procancellerium*. Les Barbou avaient déjà la devise *Metu laboris honor*. Le recueil reparut en 1585 (Anvers, 1580). Voir sur Siméon Du Bois une note à la suite des *Sonnets exotériques* de Gérard Marie Imbert (1872, p. 87). Voir surtout une note sur cet érudit dans l'excellent travail de M. Léonce Couture, *Trois poètes Condomois du XVIe siècle* (1877, p. 49).

[2] *Titi Livii Historiarum liber primus ex recensione Justi Lipsi* (Anvers, 1579, in-8°).

[3] *Historiæ romanæ breviarium nunquam antea editum de viris illustribus, de Cæsaribus, de vita et moribus imperatorum epitome, cum castigationibus El. Vineti ex bibliotheca Andr. Schotti.* (Anvers, Christ. Plantin, 1579, in-8°.

[4] Louis Carrion, né à Bruges, mourut en 1595 à Louvain où il fut successivement professeur de droit et directeur du Collége de Saint-Yves. Il avait publié, en 1573 (Anvers, in-8°) : *Historiarum Sallustii fragmneta*, avec des notes. Nous retrouverons son nom dans les lettres suivantes. On peut voir sur lui un très bon article dans le *Moréri* de 1759. L'article du *Secunda Scaligerana* (p. 257), est bien moins flatteur pour Carrion. Si l'on y reconnaît qu'il « estoit bien docte, », on l'accuse d'avoir été méchant, débauché, *summus fur librorum*, etc.

[5] Le *Dictionnaire de Trévoux* nous apprend ce « vieux mot, qui signifie *encore que*, ne se disait plus qu'au palais. M. Littré a re-

plusieurs fois. J'espère vous escrire bientôst de Bourges, vous baisant tres humblement les mains, et priant Dieu, etc.

Vostre tres humble serviteur.
Joseph de La Scala.

De Poictiers, le 9 décembre 1579.

Quant à l'Hostal [1] et telle manière de *tintinabula* [2] je m'en soulcie comme de Martin,[3] et du reste il est mal aisé d'empecher les chiens d'abaier. Ἴδιον γὰρ τοῦ κυνὸς τὸ ὑλακτεῖν ὡς τοῦ ἀνθρώπου τὸ γελᾶν.[4]

---

trouvé *jaçoit* dans Bossuet qui, en ses premières œuvres, usait volontiers des mots de la vieille langue.

[1] Pierre l'Hostal, sieur de Roquebonne, Sandos et Maveor, Béarnais de naissance, fut vice-chancelier de Navarre, et est l'auteur de nivers ouvrages intitulés : *Le soldat François* (1704, in-8°), l'*Avant-Victorieux* (Orthez, 1609, Bordeaux, 1610, in-8°), *La Navarre en deuil* (Orthez, 1610 Rouen, 1611, in-12). Il est appelé « un bravache et estourdy » dans le *Secunda Scaligerana* (p. 196 au mot *Anti-ligueur*). Voir encore p. 433 où il est question d'un mensonger récit fait par *ce fou de Lostaut* de l'achat par les Jésuites d'Agen d'une lamproie qui avait été trouvée trop chère par tout le monde.

[2] Le mot *tintinabuler* n'est dans aucun de nos Dictionnaires. Scaliger l'a évidemment créé à l'aide du mot *tintinabulum*, clochette, sonnette, grelot.

[3] C'est-à-dire comme du docteur Jean Martin, médecin de Marguerite de Valois, qui l'avait attaqué au sujet de ses corrections d'Hippocrate et qui avait récidivé dans une brochure intitulée : *Joannis Martini Parisiensis doctoris medici ad Josephi Scaligeri ac Francisci Vertuniani Pseudo vincentiorum epistolam responsio* (Paris, 1578, in-8°), réponse qui avait été provoquée par cet opuscule de Scaliger : *Nicolai Vincentii Pictaviensis chirurgi epistola ad Stephanum Naudinum Bersuriensem. Ad dictata Jo. Martini in librum Hippocratis de vulneribus capitis* (Cologne, 1578, in-8°). Voir M. Ch. Nisard (p. 197) et surtout M. Bernays, qui donne toutes les pièces du procès (p. 239-251).

[4] C'est le propre du chien d'aboyer comme c'est le propre de l'homme de rire.

XXXI

A CLAUDE DU PUY.[1]

Monsieur,

Je ne fais que d'arriver en ce païs de Berri, où j'espère avec l'aide de Dieu depecher *Notas in Guillandinum* le plus tost et plus succinctement qu'il me sera possible, et suis marri que je n'ay peu m'acquitter de ma promesse plustost, mesmement en une chose de si peu d'importance, en laquelle je ne veux poinct que vous pesiés l'amour que je vous porte, mais en plus grand affaire, où je désirerois faire preuve de ma bonne voulonté envers vous. Je ne ferai rien que cella, et l'aurés bientost, asseurés vous en. Mes amis vous seront fidelles tesmoings des empechemens que j'ai eus, mesmement en ce changement de la pouvre maison de feu Monsieur de la Roche, et de la facherie que j'avois conceue de sa mort. Maintenant je suis loing de tous ces affaires, et si, la grace à Dieu, je commande à cest' heure à mon esprit, tellement qu'il s'est rassis de ceste grande melancholie qui l'avoit saisi. Le présent porteur, c'est le sieur de Beaufort, beau-frère de M. d'Abain.[2] Il a un grand affaire comme il

---

[1] *Ibid.* f° 33.

[2] Le beau-frère de M. d'Abain, appelé *de Beaufort* par Scaliger, reçoit de l'historiographe officiel de la maison des Chasteigners, A. Du Chesne, les noms et titres que voici : Claude de Saint-Quentin, baron de Blet en Bourbonnais. Ce gentilhomme avait épousé Françoise Du Puy, sœur de madame d'Abain (*Histoire Généalogique*, etc., p. 399).

vous le deduira. Je vous supplie tres humblement, Monsieur, de le secourir en ce qu'il aura à faire de Monsieur le premier Président. J'en escris autant à Monsieur d'Emeric. J'espere qu'avec l'aide de vous aultres deux il pourra avoir issue bonne et leuable de son faict. Il est homme d'un gentil esprit, et pour un homme d'espée, il a beaucoup de lettres. Si vous ne me cognoissiés point, je vous alléguerois pourquoi je vous le recommande, mais je m'assure que vous pouvés penser qu'il est recommandable parce que je vous l'adresse. Je vous supplie aussi de trouver moien que Patisson depeche mon livre, il me faict tort ; il fera toutesfois quelque chose pour vous, *si pote excitare veternum*.[1]

Ce pendent je vous baise très humblement les mains, priant Dieu, Monsieur, vous donner en santé bonne et longue vie.

Vostre très humble serviteur,

JOSEPH DE LA SCALA

De Blet,[2] chez le sieur de Beaufort, ce 4 janvier 1580.

---

[1] Si tu peux réveiller ce somnolent, ce léthargique.
[2] Blet est une commune du département du Cher, canton de Nérondes, à 34 kilomètres de Bourges.

XXXII

A CLAUDE DU PUY.[1]

Monsieur,

J'ai receu la vostre par l'homme de M. Roques.[2] Je suis tres aise qu'aiés receu les *Notæ in Guillandinum*, et vous supplie bien fort de m'envoier les dittes notes escrites de ma main, pour estre si barbouillées et mal tracées, aussi qu'il vous plaise, quand vous escrirés au signor Pinelli,[3] de le

---

[1] *Ibid.* f° 34.

[2] C'était Jean de Secondat, seigneur de Roques, La Fleyte, Clermont-Dessous, Roquefort, Sérignac, Montesquieu, conseiller du roi, trésorier de France et général de ses finances en Guienne, conseiller aux Conseils d'Etat et privé, maître d'hôtel ordinaire du roi et de la reine de Navarre, gouverneur des châteaux de Nérac, Rions et Auvillars, etc. Il avait épousé, en 1564, Eléonore de Brénieu, demoisèlle d'honneur de Jeanne d'Albret, et il mourut en 1599, plus qu'octogénaire. Voir la généalogie de Secondat de Montesquieu dans le *Nobiliaire de Guienne et de Gascogne* (t. II, 1858, p. 254 et suiv.). On trouve dans le *Recueil des lettres missives de Henri IV* (t. I, p. 44) une lettre du roi de Navarre au marquis de Villars, du 22 octobre 1772, en faveur du « sieur de Roques, mon maistre d'hostel, ancien et loyal serviteur de ma maison, etc. »

[3] Jean Vincent Pinelli naquit en 1535 à Naples et mourut en 1602 à Padoue, où il était venu s'établir en 1558. Ce fut un des meilleurs érudits et un des plus fervents bibliophiles du xvi° siècle. J. Aug. de Thou, qui avait vû Pinelli à Padoue en 1589 et qui avait admiré ses belles collections (*Mémoires*, liv. IV), a fait un grand éloge de son savant ami dans son *Histoire* (liv. CXXVI), le

prier qu'il fasse quelque chose pour moi touchant les livres Ethiopiques et Arabiques qu'il pourra recouvrer, ce qu'il pourra faire aisement aiant commodité par le moien de la trafflque¹ de Constantinople et des Juifz. Mesmement s'il pouvoit recouvrer des dicts juifz l'Avicenne traduict en hébrieu,² et imprimé en Tessaloniki. Je tasche de l'avoir en Arabiq³ par le moien de Monsieur l'ambassadeur d'Abain. Sur tout je vous prie, s'il est possible, qu'il recouvre le dict Avicenne en Hébrieu, et je paierai bien ce qu'il coustera. Davantage je désire que par vostre moien il sache et soit asseuré que je lui suis bien affectionné serviteur, m'asseurant qu'estant aimé de vous il ne peut manquer de tesmognage pour m'estre recommandé. Quant au Nouveau-Testament arménien de M. Pithou, il s'est offert plusieurs fois de sa propre voulonté de me le donner, et je lui ai dict que je me contentois qu'il me le prestast seullement. Je vous supplie de rechef de lui en faire souvenir, car quoiqu'il die, il ne m'en a poinct escrit. Patisson n'a point voulonté de faire rien pour

---

comparant à ce Titus Pomponius qui fut surnommé l'Attique, le proclamant également remarquable par son savoir, par sa vertu, par sa générosité et par l'affection qu'il témoignait aux gens de lettres. Voir divers autres éloges dans le recueil d'Antoine Teissier (t. IV, p. 377-383).

¹ On trouve la forme *traffique* dans l'*Institution Chrestienne* de Calvin (1541) et dans les *Essais* de Michel de Montaigne (1580).

² Le *Manuel du libraire* mentionne seulement la traduction suivante : *Avicenæ Canon, ab anonymo hebraice translatus*, Naples, 1491, 3 vol. in fol. Cette traduction est d'une excessive rareté, selon feu Brunet qui cite à ce sujet DE ROSSI, *Annales hebr. typ.*, p. 86. Voir dans le *Prima Scaligerana* ce que l'on fait dire à Scaliger sur Avicenne (p. 25).

³ Quelques années plus tard, parut à Rome le texte arabe du grand ouvrage d'Avicenne : *Libri V canonis medicinæ, arabice* (1593, in-fol.).

moi. Je lui escris qu'il me renvoie mon *Computus*, car je le ferai imprimer à Genève, avec d'aultres choses que j'y envoierai avecques. Encores un petit mot de vostre bouche lui pourroit esveiller la voulonté. S'il vous semble [1] lui en parler, il vous plaira le faire pour une fois, *postea verbum non amplius addam*.[2]

Monsieur, je vous présente mes très humbles recommandations, priant Dieu vous maintenir en sa grâce.

Vostre serviteur,

JOSEPH DE LA SCALA.

De Bourges, ce 15 fevrier 1580.

---

[1] Peut-être le mot bon a été oublié ; peut-être aussi a-t-on là un latinisme qui n'est pas étonnant dans Scaliger.

[2] Citation tirée du dernier vers de la Satire I d'Horace :

Compilasse putes, verbum non amplius addam.

XXXIII

A CLAUDE DU PUY.[1]

Monsieur,

J'ai receu *Spicilegia Palmerii*[2] par le moyen de Patisson, de quoi je vous remercie très humblement, et vouldrois avoir quelque chose de bon pour vous en faire participant. Je n'ai encores guieres leu ces *Spicilegia*, sauf quelques choses au commencement, où je n'ai trouvé ni rime ni raison,[3] sauf une témérité de jeune homme fort oultre cuidée.[4] Il pense que tout ce qu'il a leu ès vieux grammariens, pour si peu qu'il ressemble au texte qu'il entreprend corriger,

---

[1] *Ibid.* folio 35.

[2] Palmerius est le nom latinisé de Jean Mellor, critique allemand qui mourut jeune en 1582. Ses *Spicilegia* furent imprimés d'abord en 1580. Jean Gruter les réimprima dans le tome IV de son *Thesaurus criticus* (Francfort, 1604, in-8°, p. 613-887). On y trouve, disent les auteurs du *Moréri* (au mot *Palmier*), un grand nombre d'observations sur les comédies de Plaute et de Térence, sur Properce, sur Salluste, etc.

[3] M. Littré n'a trouvé l'expression ni *rime ni raison* dans aucun auteur du xvie siècle. Il ne cite, pour l'emploi de ces deux mots, que des écrivains du siècle suivant, Balzac, le cardinal de Retz Molière, Mme de Sévigné.

[4] *Outrecuidé*, qui est déjà, au xiie siècle, dans la *Chanson de Roland*, est encore dans Corneille (*La Veuve*), et a été même employé, de nos jours, par Chateaubriand qui parfois sacrifia trop à l'archaïsme.

que c'est cella mesmes.[1] De mesmes en faict Monsieur du Bois en beaucoup de passages grecs, qu'il a, si lui semble, restitués es Epistres *ad Atticum*. Combien qu'il est un homme très docte, et exercé ès bonnes lettres, si lui manque il tant de jugement, que quand on aura espluché ces *anxias notas*, on y trouvera beaucoup à redire. Mais de ceci nous en parlerons peust estre quelque jour ensemble. Seullement je vous prie que ceci demeure entre nous deux, car au contraire je ne dois parler de lui qu'avec respect, tant pour sa doctrine que pour sa probité, et aussi pour le reng qu'il tient.[2] Puisque tant de gens se meslent de ce mestier il ne fault poinct que ceux qui l'ont exercé si amusent plus. Aussi ne ferons-nous plus, car cella en va comme d'une tricherie de la Rota, ou un Rabbinisme.[3] Certainement je prévois que les petitz grammatics [4] seront cause que non seullement les critiques, mais aussi la critique mesmes sera

---

[1] Le futur adversaire de Scaliger, Scioppius, a dit, *De arte critica*, que si Palmerius avait vécu plus longtemps, il aurait, sans doute, rabattu un peu de ce feu excessif et indiscret qui l'emportait souvent, et qu'il aurait été plus modéré et plus sage dans ses corrections.

[2] Pourquoi Scaliger n'a-t-il pas toujours apporté autant de mesure et de convenance dans ses observations sur les travaux des érudits de son temps ?

[3] Il faut, sans doute, entendre par cette expression *tricherie de la Rota*, une interprétation forcée ou torturée à la façon des entorses que les tribunaux font parfois subir aux lois pour les plier à l'esprit du moment. *Rabbinisme* est une allusion aux sens éloignés que les Rabbins savent trouver dans les textes sacrés.

[4] *Grammatic* (de *Grammaticus*) est dit ici par dénigrement, comme nous disons aujourd'hui *grammatiste*. Le mot sérieux au XVIe siècle était déjà *grammairien* que l'on trouve dans les *Essais* de Montaigne. *Grammatic* manque à tous nos recueils lexicographiques anciens et modernes.

exposée en risée. Et quoiqu'il tarde, vous verrés que ces faiseurs de discours et Académies en feront leurs souppers et disners avec les dames qui manient l'Astrolabe, pensants que ceux qui se sont portés heureusement en cest affaire soient semblables à ces grateurs de Priscian.[1] Je commence moi mesmes à me moquer d'eux. Quant à ce Palmerius, il peust estre âgé d'un trente ans environ, je l'ai veu à Genève. Son livre, à mon avis, est semblable partout. Quand au commencement, que j'ai seullement leu, je vous en ai dit mon avis sans fard, je le parlirai[2] pour l'amour de vous et vous en escrirai succinctement. Paulus Melissus[3] m'a envoié de Venize les *Notæ in Fastos Ovidii* d'un Hercules Ciofanus,[4] il n'est pas homme,

---

[1] Ne trouve-t-on pas que la verve de Scaliger étincelle singulièrement dans cette tirade contre ceux qui déshonoraient la critique? La pittoresque expression : *Grateurs de Priscian* couronne bien cette vive et spirituelle protestation.

[2] *Parlire*, pour lire d'un bout à l'autre. Tel est le sens du latin. *parlegere* que Scaliger décalque.

[3] Le véritable nom de Melissus était Paul Schedius. Fils de Balthasar Schedius et d'Otilia Melissa, il naquit en Franconie le 20 décembre 1539 et mourut à Heidelberg le 3 février 1602. Il passait pour un des meilleurs poètes latins de l'Allemagne et on lui fit l'extrême honneur de le surnommer le *Pindare latin*. A. *Teissier* cite (t. IV, p. 410-412) les éloges qui lui ont été donnés par Théodore de Bèze, S. de Sainte-Marthe, J. Scaliger, etc. Notons que ce dernier, tout en vantant beaucoup le poète, a maltraité l'homme, duquel il reproche (*Secunda Scaligerana*, p. 450) d'avoir été un gardien jaloux des trésors qui lui étaient confiés : « Melissus qui estoit Bibliothécaire de la Bibliothèque palatine, n'y laissoit entrer personne. »

[4] Hercule Ciofani ou Ciofano, né à Sulmone on ne sait trop en quelle année, se rendit célèbre par ses Commentaires sur les *Métamorphoses* d'Ovide, lesquels furent imprimés à Venise, en 1575, par Alde le jeune, in-8°, et furent suivis de ses Commentaires sur les œuvres complètes de l'élégant poète ;Anvers, Plantin, 1583, in-8°,

de grand esprit,[1] mais encores son labeur sera pris en bonne part pour les *variæ lectiones*. Il est fort nouveau au mestier. Souvienne vous, s'il vous plaist, d'escrire de rechef au seigneur Pinelli touchant les livres en Ethiopic et Arabic. Je désirerois fort un Avicenne en Arabic et des livres Ethiopiques de quelque sorte et faculté que ce fust. Nous paierons touts les frais qu'on y fera. Je n'estudie guieres, car je n'ai poinct de livres. Toutesfois quand je suis à Bourges, Monsieur Cujas[2] de sa grace me preste les siens, joint aussi que je ne me trouve guieres disposé de mon corps, comme je soullois. Si est-ce qu'avec cella nous esbauchons quelques petites διατριβαί pour joindre au petit *Computus*. Je vous supplie de m'escrire de voz nouvelles, lesquelles j'attens

---

réimprimés en 1601 à Francfort, in-folio, et en 1707 dans l'édition de Burmann, in-4°.

[1] Scaliger se montre ici bien sévère. D'autres critiques ont été plus indulgents pour le Commentateur d'Ovide, notamment Paul Manuce, Marc Antoine de Muret et Scioppius. Scaliger lui-même a été plus juste pour le savant italien, si l'on en croit cette citation du *Secunda Scaligerana* (p. 269): « Ciofanus honneste homme. Il a bien escrit sur Ovide; il estoit sulmonensis comme lui. »

[2] Cujas qui avait professé à Bourges, une première fois de 1555 à 1557, une seconde fois en 1575, y était revenu vers la fin de 1576 pour y passer le reste de sa vie. Il y perdit son fils unique en 1581 et c'est ici l'occasion de citer, puisque nous en sommes au séjour de Scaliger auprès de son ami, ce fragment d'une lettre écrite par le malheureux père et que j'emprunte à l'article de M. Rapetti (*Nouvelle Biographie générale*, t. XII, col. 600): « Je suis seul, isolé, privé de tout ce qui m'estoit cher... Je vous prie de m'aimer du moins tousjours, puisque je n'ai plus à aimer que vous, vos parens, M. de la Scala et quelques autres. (A M. de la Guesle). » Il faut rapprocher de ce passage un passage d'une autre lettre de Cujas sur la consolante amitié de Scaliger, passage que j'ai déjà cité dans la note 4 de la lettre X.

d'aussi bon cœur que je vous baise très humblement les mains, priant Dieu, etc.

Vostre humble serviteur,

Joseph de La Scala.

De Jussi,[1] ce 7 juillet 1580.

Je ne sai si Carrio est encores à Paris. Vous le pouvés hardiment mettre avec les composeurs[2] des *Spicilegia.*[3]

---

[1] Jussy-Champagne, commune du département du Cher, arrondissement de Bourges, canton de Baugy, à vingt-cinq kilomètres de Bourges.

[2] *Composeur* a été trouvé par M. Littré dans le *Plutarque* d'Amyot et dans l'*Histoire universelle* d'Agrippa d'Aubigné.

[3] On doit à J. Carrion : *Antiquarum lectionum libri tres* (Anvers, 1576, in-8) ; *Emendationum et observationum libri duo* (Paris, in-4°). Le premier des deux livres des *Emendationum* est précisément dédié à Claude Du Puy, conseiller du roi au Parlement de Paris. Gruter a réimprimé dans son *Thesaurus criticus* les travaux philologiques de Carrion.

XXXIV

A CLAUDE DU PUY.[1]

Monsieur,

Je vous ai escrit ces jours passés par un homme de ce pais, qui a un procés à Paris, et croiés que si j'avois plus grande commodité de vous escrire plus souvent, je n'y fauldrois point. Si vous avés donques receu ma dernière lettre, vous y avés peu voir comment je suis en peine d'un livre qui est en forme de correction de cronique. C'est comme un instruction *corrigendi epochas temporum* et cellui qui l'a faict est Alleman. Le livre imprimé à Basle, si je ne m'abuse, in-folio parvo. Il peust estre environ de deux alphabetz et demi. Je vous le marque du doit, comme font les muetz, ne me pouvant souvenir du nom de l'auteur. Et d'autant que j'en ai à faire, il vous plaira me faire tant de bien que de me l'envoier, si vous pouvés deviner quel auteur c'est,[2] dont je vous en supplie bien humblement. Je voi bien que Monsieur Pinelli nous a oubliés, et ne se souvient plus des livres que vous lui aviés escrit nous faire recouvrer de Constantinople. Si le danger n'est à Paris, comm' on dict toutesfois estre,[3] je vous

---

[1] *Ibid.* f° 39.

[2] Je ne sais si Claude Du Puy devina quel auteur c'était, mais moi, je regrette de le dire, je ne l'ai pas deviné.

[3] La peste avait commencé à sévir dans Paris en mars 1580. Voir les *Mémoires-Journaux* de Pierre de l'Estoile, édition Jouaust, t. I, 1875, p. 356.

verrai cest automne, ou plustost. Cependent je vous baise
bien humblement les mains, priant Dieu vous donner en
santé bonne et longue vie.

Vostre serviteur à jamais,

Joseph de La Scala.

De Chantemille, en la Marche de Limousin, ce 23 mai 1581.

J'entends que le rapporteur du procès de Bleré est mort.
Je croi que ce procès donnera de la peine à M. d'Abain.

XXXV

A CLAUDE DU PUY.[1]

Monsieur,

Je vous ai escrit par deux fois peu de temps en ça, et vous priois de me faire venir un livre de Chroniques, lequel je ne pouvois nommer. Despuis M^r de La Vau m'en a faict tenir un *de Scrupulis Chronologorum*,[2] qui semble bien à la marge de cellui que je voullois dire, mais je suis si hebeté pour le peu de conte que j'en feis pour lors, que je ne me puis asseurer si c'est le mesme, et me semble qu'il faisoit mention *epocharum*. Si vous en savés quelque chose de plus, je vous supplie très humblement m'en avertir. Quant au livre *de Scrupulis Chronologorum* que M^r de La Vau m'a envoié, je n'y plains que le temps qu'on y peut employer pour le lire, car il n'y a rien de meilleur qu'aulx aultres. Je vouldrois avoir ce bien que d'avoir de voz nouvelles. On nous a dict que Censorinus a esté reimprimé à Venize par Alde Manuce avec un traicté *de Senatu*.[3] Je croi qu'il faict beau voir cella,

---

[1] *Ibid.* f° 40.

[2] Je n'ai rien trouvé sur ce traité dans les volumes du *Cours d'études historiques* de Daunou relatifs à l'histoire de la Chronologie, et où sont analysés et appréciés les travaux de tant de chronologues français et étrangers (tomes III, IV, V).

[3] *Censorini de die natali liber ab Aldo Mannuccio, Pauli F. Aldi N emendatus et notis illustr.* (Venet. apud Aldum, 1581, in-8 .

car j'ai cognu par expérience que Censorin est le plus diligent auteur, qui soit aujourd'hui en nature.[1] Quand il vous plaira me faire cet honneur que de m'escrire, M. d'Abain me fera venir voz lettres, lesquelles attendant je vous baise très humblement les mains, priant Dieu vous donner en santé bonne et longue vie.

Vostre serviteur,

Joseph de La Scala.

De Chantemille, ce 8 juillet 1581.[2]

---

[1] Daunou, dans le grand ouvrage que je viens de citer, après avoir rappelé que Joseph Scaliger appelle le *De Die Natali* un petit livre d'or, *libellum aureolum*, ajoute (t. IV, p. 29) : « Scaliger a eu surtout en vue les neuf derniers chapitres, qui, à la vérité ne se recommandent ni par l'élégance du style ni par la profondeur de la science, mais qui sont extrêmement précieux aux chronologistes, en ce qu'ils se composent de notions positives qui ne sont aussi complètement rassemblées en aucun autre ancien livre. »

[2] Je néglige (même volume, f° 206), la copie d'une longue lettre adressée par Scaliger « de Chantemille *in Arabia deserta* le 4 septembre 1581 » à Florent Chrestien, l'ancien précepteur du futur Henri IV. Scaliger plaisantant, dès les premières lignes de sa lettre, comme à la fin, au sujet du pays qu'il habitait, se sert de cette expression : *depuis que je suis en ces déserts du Limosin*. Il parle très affectueusement à son savant coreligionnaire, lui disant, par exemple, qu'il est aussi affamé de voir un ami tel que lui, que *pauvre fébricitant de boire vin*. Signalons (*Ibid*, f° 207), la copie d'une autre lettre de Scaliger, adressée d'*Abain le 10 septembre* d'une année non indiquée, à celui qui, dans le *Prima Scaligerana*, est vanté comme poète (*excellentissimus poëta Græcus, Latinus, Gallus*), mais déprécié comme homme (*Vitæ parum probatæ est*), et enfin est appelé *un folastre*. Conférez *Secunda Scaligerana*, p. 266-267.

XXXVI

A CLAUDE DU PUY.[1]

Monsieur,

Je vous remercie très humblement du livre *de epochis* qu'il vous a pleu m'envoier, lequel est fort bon, et ai esté bien aise de l'avoir leu, lequel je vous renvoierai avec mon livre mesmes. Je vous supplie aussi bien humblement si vous savés rien de semblable matière de me l'envoier. Je vouldrois aussi qu'il vous pleust à vostre loisir d'escrire au Signor Pinelli de recouvrer un nouveau testament arménien de ceux qui ont esté imprimés à Venise, ce qu'il peust avoir aisément, puisqu'il a un ami juif, comme vous m'escrivés, à Constantinople.[2] Il seroit bon qu'il lui escrivit de recouvrer des Samaritains leur *Computus* et la manière qu'ils usent en leurs mois lunaires, car ils ne sont pas du tout semblables aux Juifs. J'en ai bien quelque chose et vous assure que par ce moien on descouvre merveilles. Aussi par le mesme juif on pourroit recouvrer quelque chose des Chrestiens coptes, qui sont Chrestiens ægyptiens fort anciens, usans de l'an-

---

[1] *Ibid*, f. 36.

[2] Vincent Pinelli, comme plus tard son jeune ami Nicolas Claude Fabri de Peiresc, avait un peu partout des correspondants qui lui annonçaient les nouvelles littéraires et scientifiques et qui lui procuraient des livres, des manuscrits, des médailles, etc.

cienne langue ægyptienne,[1] et il en y a un' église en Pera de Constantinople.[2] J'ai bien leur *Computus* et kalendrier, mais il est en arabic. Je vouldrais quelque evangile en leur langue, et si le Seigneur Pinelli veult, il ne peust estre qu'il ne le recouvre par ledict médecin juif. Ne vous esbahissés poinct si je coquine[3] ainsi les livres, car ceste caimanderie[4] m'a servi beaucoup. Je confesserai tousjours mes bienfacteurs,[5] et ceux qui m'ont aidé à ma picorée.[6] Vous estes le chef et premier de toutz, et pouvés encores m'aider davan-

---

[1] Scaliger avait reconnu, dès la seconde moitié du XVIe siècle, ce qui n'est devenu incontestable pour tous qu'après les travaux de l'abbé Renaudot, de Jablonski, de l'abbé Barthélemy, et surtout de nos grands orientalistes contemporains, S. de Sacy, Ed. Quatremère et Champollion, la parfaite identité de la langue copte avec la langue des Pharaon. Les Egyptologues doivent donc saluer en Scaliger un de leurs maîtres les plus illustres, un de leurs plus vénérés initiateurs.

[2] C'est-à-dire dans le faubourg de Constantinople appelé *Péra*.

[3] *Coquiner*, dans le vieux sens de mendier. Tous les exemples empruntés par M. Littré aux textes du XVe et du XVIe siècle font de *Coquiner* un verbe neutre. La phrase de Scaliger mérite d'autant plus d'être signalée aux philologues.

[4] Nos Lexiques, qui donnent les mots *Caimand*, *Caimander*, *Caimandeur*, ne donnent pas le mot *caimanderie*.

[5] Du temps de Vaugelas et de Chifflet, comme le rappelle M. Littré, l'usage hésitait encore entre *bienfaiteur*, *bienfaicteur* et *bienfacteur*, et le P. Bouhours déclare qu'il a entendu, toute sa vie, dire *bienfacteur* à des gens qui parlaient bien. Notons, en passant, que le savant auteur du *Dictionnaire de la langue française* a tort d'ajouter que *bienfaiteur* est dans Malherbe, car on lit *bienfacteur* dans le *Lexique de la langue de Malherbe* (t. V des *Œuvres complètes* de l'édition des *Grands écrivains de la France*, p. 68).

[6] Le mot *Picorée*, au sens militaire, est dans les *Mémoires* de Lanoue. Pris métaphoriquement, comme ici, il n'a été rencontré que dans des écrivains postérieurs.

tage, quand il vous plaira. Et en ceste bonne voulonté je vous baise très humblement les mains, priant Dieu, Monsieur, vous donner en santé bonne et longue vie.

Vostre très humble serviteur,

Joseph de La Scala.

De Chantemille, ce 4 septembre 1581.

M. Portus et M. Du Bois, lieutenant de Limoges, sont décédés. J'ai perdu là deux bons et doctes amis.[1]

---

[1] Nous avons déjà rencontré le nom de *M. du Bois* (lettre XXX). Quant à *M. Portus*, on lit dans le *Secunda Scaligerana* (p. 505) : « *F. Portus.* Monsieur de Beze avoit un livre grec en characteres Hébreux, et c'estoit du Grec commun. Portus ne l'entendoit point : C'est grand cas, il avoit oublié son langage, et ne parloit qu'italien. » François Portus, né à Candie, était professeur de Grec à Genève quand il y mourut âgé de 70 ans.

XXXVII

A PIERRE PITHOU.[1]

Monsieur,

Je ne pouvois rencontrer plus propre messager que madamoiselle Pithou,[2] pour vous dire de mes nouvelles, et vous porter la présente, car son arrivée et la mienne a esté en mesme jour. Au reste j'espère vous voir bientost avec Monsieur Cujas, pour le moins s'il persevere en la mesme voulonté qu'il est encores.[3] Quoique ce soit, je me fie vous voir bientost. Je pense qu'aiés veu le Festus de Fulvius Ursinus[4] qui n'est pas fort different du nostre quant aux corrections. Il n'y a rien aultre de nouveau qui mérite estre seu. Cependent,

---

[1] *Ibid* f° 182.

[2] P. Pithou avait épousé, en 1570, Catherine Paluau, fille de Jean Paluau, secrétaire du roi et conseiller en l'hôtel de ville de Paris, laquelle lui donna quatre garçons et trois filles. Voir sur *Mademoiselle Pithou* Grosley, *Vie de P. Pithou*, t. I, p. 180.

[3] Cujas, comme nous le verrons dans la lettre suivante, devait se rendre de Bourges à Toulouse, en passant par Bordeaux où se trouvait Pithou nommé procureur général en la chambre de justice de Guyenne qui tint à Bordeaux sa première session (26 janvier 1582, 22 août 1582).

[4] Il a été déjà question de Fulvius Ursinus dans la lettre I et du *Festus* de Scaliger dans la lettre VI. Le *Festus* de Fulvio Orsini a été mentionné dans la note 4 de cette dernière lettre (Rome, 1585, in-8). Scaliger en parle plus amplement dans la lettre suivante.

Monsieur, je vous baise bien humblement les mains, priant Dieu vous donner sa grâce.

Vostre très affectionné à vous faire service,

JOSEPH DE LA SCALA.

De Poitiers, ce 21 juing 1582.

Monsieur, vous ne trouverés mauvais si je vous prie de salluer Monsieur Loisel[1] de ma part, Monsieur de Tumeri,[2] et du Drac.[3]

---

[1] Antoine Loisel (né à Beauvais en 1536, mort en 1617) avait été nommé avocat général en la chambre de justice de Guyenne en même temps que Pithou, son intime ami, avait été nommé procureur général. *Nous acceptâmes ces commissions,* dit Loisel, *l'un pour l'amour de l'autre;* il ajoute avec une touchante modestie que Pithou *gouvernoit toute la barque.* Voir *La Guyenne d'Antoine Loisel, avocat au parlement de Paris, c'est-à-dire huit remontrances faites en la chambre de Guyenne sur le sujet des édits de pacification,* etc. (Paris, 1605, in-8°). Voir sur Loisel, sur Pithou, sur les magistrats qui les accompagnaient et sur leur séjour à Bordeaux, l'excellent travail de M. E. Brives-Cazes, aujourd'hui vice-président du tribunal de Bordeaux, travail qui a d'abord paru dans les *Actes* de l'Académie de cette ville 1865-1866 et qui a été tiré à part à un trop petit nombre d'exemplaires : *Le Parlement de Bordeaux et la chambre de justice de Guyenne en* 1582, in-8° 1866.

[2] Jean de Thumery de Boissise. Il est question de ce conseiller au Parlement de Paris dans les *lettres françaises de A. de Thou* déjà citées, notamment dans la lettre du 4 octobre 1582 adressée à Pithou.

[3] Voir sur Adrien du Drac, seigneur de Marcuil-sur-Ay, conseiller au Parlement de Paris depuis 1500, une note tirée par M. P. Paris des *Eloges des premiers présidents du Parlement de Paris* par Blanchard, et mise, dans le très intéressant recueil que je viens de mentionner, sous une lettre à Pithou du 20 novembre 1582.

XXXVIII

A MONSIEUR DU PUI

CONSEILLER DU ROI EN LA COURT DE PARLEMENT DE PARIS,

Estant à present en la chambre de justice de Guienne, à Bourdeaux.[1]

Monsieur,

J'ai receu vostre lettre par Monsieur de La Vau et suit marri que le pais de la Marche, reculé de toute conversation d'hommes, où j'ai demeuré jusques à présent, m'aist osté le moien de vous faire entendre de mes nouvelles. L'espérance que Monsieur d'Abain me donnoit tousjours de son retour de la court, et la prière qu'il me faisoit si souvent de demeurer au dict pais de la Marche, m'a empêché d'exécuter mon voiage de Gascogne, lequel il me convenoit faire pour un affaire de mon frère.[2] C'est bien pis, car cella mesmes a re-

---

[1] *Ibid.* folio 41.

[2] Il s'agit là du frère aîné de Joseph, d'Etienne Sylve César de Lescale, né en 1530, à Agen, élève au collége de Navarre, à Paris, de 1545 à 1550, mort en 1585. Ce fut pour Sylve que Jules César Scaliger composa le traité : *De causis linguæ latinæ, lib. XIII* (Lyon, 1540, in-4°), et aussi sa Poétique (*Poetices libri-septim, ad Sylvium filium* (Lyon, 1561, in-folio). Voir *Jules-César de Lascale. Etude biographique*, par M. Jules de Bourrousse de Laffore, p. 28 et suiv. J.-A. de Thou (*Mémoires*) a parlé de Sylve « homme fort doux et assez savant » qu'il vit à Agen, en 1581, chez M. de Roques, parent par alliance de Jules-César Scaliger.

tardé le voiage de Monsieur Cujas à Toulose, pour ses affaires, car il ne l'a voulu faire sans moi. Maintenant j'ai gaigné et faict tant avec Monsieur d'Abain, que cependent qu'il s'en va servir son quartier à la court,¹ je m'en irai en Gascogne, et non sans vous voir, soit en passant, ou expressement de nostre païs d'Agenois à Bourdeaux.

Je pense que vous n'avés poinct encores veu le Festus de Fulvio Ursino tel qu'il l'a faict imprimer. C'est tousjours le mien, sauf quelque peu de ses devinations, lesquelles il a entremeslé parmi les miennes, pour deguiser mon labeur et se l'attribuer. Aux annotations, il y a faict de mesmes. Bref il se fait très bien aider *d'itravaigli di Huguenoti, et Tramontani*,² sans les nommer toutesfois. Je suis bien aise que ce peu que je fais soit si bon, que nos adversaires mesmes s'en servent.³ De mesmes en feront-ils de l'œuvre que j'envoie à Patisson, qui sont set gros livres *de emendatione temporum*,⁴ car en ce païs d'Italie il n'y a pas un seul qui

---

[1] Rappelons que Louis de Chasteigner, qui était gentilhomme ordinaire de la Chambre du roi avant le voyage de Pologne (1773), était devenu membre du Conseil privé en 1576 et Conseiller d'Etat en 1582.

[2] Des travaux des Huguenots et des Ultramontains. — Il faudrait *travagli* ; mais Scaliger a pu orthographier ce mot à la Française.

[3] Pouvait-on plus spirituellement se venger des audacieux plagiats du nouvel éditeur de Festus ?

[4] *Iosephi Scaligeri Jul. Cæsaris F. Opus novum de emendatione temporum in octo libros tributum*, etc. (Paris, en 1583, in-folio). La seconde édition est de Leyde (*ex officina Plantiniana Francisci Rhaphelengii*, in-folio, 1598, et la huitième de Genève (*typis Roverianis*), in-folio, 1629. Sur l'immense et admirable travail de Scaliger on consultera, outre M. Ch. Nisard (207-213) et M. Bernays (p. 167-169), le *Cours d'études historiques* de M. Daunou (t. III, p. 365-392).

entende cette matière, comme monstrent assés bien les œuvres qui en viennent tous les jours, comme cellui de Josepho Zarlino,[1] lequel il vous a pleu m'envoier. Certainement cès Messieurs entendent mieulx tout' aultre chose que celle là. J'eusse voulu donner beaucoup et que mes dictz livres fussent desja imprimés pour en apporter moi mesmes à toute la compagnie nostre, laquelle faict si bien son devoir que la barbarie naturelle de la nation en est chastiée, et celle des juges civilisée.[2] Pour le moins ils pourront apprendre que c'est que de faire justice, et rendre le droict à un chascun, lequel ils ont si souvent perverti à leur grand'infamie, et ruine du pouvre peuple.[3]

Monsieur d'Abain jamais ne fust si affamé des bonnes lettres[4] qu'il est à présent, et tout le loisir qu'il peust derober

---

[1] Joseph Zarlino, né à Chioggia en 15 9, mourut en 1590. Il fut surtout célèbre pour avoir écrit sur la théorie de la musique de nombreux ouvrages qui ont été réunis en 2 vol. in-folio (Venise, 1602). Voir à ce sujet le *Manuel du Libraire*, t. V, col. 1528. Le président de Thou a loué le savoir musical du maître de chapelle de Saint-Marc (Livre CXXII), et aussi le P. Mersenne cité par Teissier (t. IV, p. 358). Le chronologue a été moins vanté. L'ouvrage que dédaigne Scaliger était celui-ci : *De vera anni forma sive de recta ejus emendatione* (Venise, 1580, in-4°).

[2] Cet éloge de la Chambre de justice est à rapprocher de celui que Loisel donne à cette compagnie (*La Guyenne, Préface*) et de celui que lui donne le président de Thou (*Mémoires*, 1581-1582).

[3] Cette sévère condamnation de certains magistrats se retrouve dans les *Mémoires* de J.-A. de Thou (*Ibid.*). Conférez *le Parlement de Bordeaux et la Chambre de justice de Guienne*, par M. E. Brives-Cazes (*Actes* de 1865, p. 366).

[4] Le mot *affamé* qui, pris dans le sens métaphorique, a été si

de ses affaires, il l'emploie tout à l'estude. Toutz les bons livres grecs et latins, que Monsieur Muret, lui a leu, sont toutz pleins de belles corrections, comme le Plutarque, Démosthène, Senèque, Thucydide et ahltres anciens auteurs. Je vous puis asseurer qu'il est très docte en la langue grecque. J'ai bien à vous conter des choses que je ne vous escrirai pour le présent περὶ τοῦ Μυρήτου Ce sera entre nous deux.[1] Si j'ai grand désir de voir mon frère, pour le long temps qu'il y a que je ne l'ai veu, si n'ai je moins de vous voir, et asseurés vous, Monsieur, que je m'en aquiterai bien tost. Cependent je prierai Dieu qu'il lui plaise vous maintenir en sa grace et vous inspirer tout comm' il a faict jusques à présent pour faire justice à nostre pauvre Guienne désolée, vous baisant, Monsieur, très humblement les mains.

Vostre serviteur à jamais,

JOSEPH DE LA SCALA.

De Poitiers, ce 21 juing 1582.

Je vous envoie une petite response que j'ai faicte à la stu-

---

heureusement employé par Racine et par Mme de Sévigné, me semble ici bien énergique et bien expressif, et j'aime à citer, tout auprès, la phrase si frappante qu'allait dire, quelques années plus tard, Henri IV à ceux qui voulaient écarter le peuple qui se pressait sur son passage : *Laissez-les s'approcher; ils sont affamés de voir un roi.*

[1] Quel dommage que nous n'ayons pas eu connaissance des anecdotes sur Muret dont Scaliger voulait régaler son ami Du Puy! Les articles du *Prima* et du *Secunda Scaligerana* (p. 126 et 463) ne nous dédommagent pas de ce que nous a fait perdre la trop scrupuleuse discrétion du confident de M. d'Abain.

pidité de l'Isle procureur en vostre Cour de Parlement.[1] Elle ne vault guieres. Aussi le personnage n'en méritoit pas de plus exquise.

---

[1] On fait dire à Scaliger sous le mot *Insulanus* (*Secunda Scaligerana*, p. 397) : « Ce meschant homme qui s'appelle de l'Isle a escrit contre moy pour du Chastellet qui avoit escrit pour Lucain, » et l'annotateur renvoi aux *Poëmata Scaligeri*. La petite réponse dont parle l'adversaire de Lucain (Voir *Prima* et *Secunda Scaligerana*, p. 116 et 434) est intitulé : *Epistola adversus barbarum, ineptum et indoctum poema Insulani patroclinientis Lucani* (Paris, Patisson, in-8°, 1582). Cette lettre a été réimprimée bien souvent, notamment dans les *Opuscula varia antehac non edita* (édition de Paris, 1610, in-4°, p. 364-382), dans le même recueil (édition de Francfort, 1612, in-8°, p. 221-240), et, comme nous l'avons déjà remarqué (note 7 de la lettre XVIII), dans les *Epistolæ* de 1627 (p. 69-86). Voir sur la querelle de Scaliger avec François de l'Isle, auteur du poëme intitulé : *Mathematica pro Lucano apologia, autore Insulano Parisino procuratore* 1582), les pages 204-206 de l'ouvrage de M. Nisard, pages qui ont été utilisées et citées par M. Bernays (p. 282).

XXXIX

A CLAUDE DU PUY.[1]

Monsieur,

Je ne sai qui me conduit. Je sai bien que ce n'est moi, ains *quædam vis major*. Car estant sur le poinct de partir pour aller en Guienne, j'ai esté contrainct de conduire Monsieur Cujas à Paris.[2] La j'ai trouvé Monsieur d'Abain, qui veult que je le suive jusques en Provence en son voiage, où il est député pour ouïr les plaintes du païs. De la je vous assure bien que je vous irai voir quelque temps qu'il face. J'ai laissé mes chevaux à Jussi chés Monsieur de Gamache,[3] et suis si bien resollu de mon faict, que je ne sai, ni Monsieur d'Abain, quand il faut que nous partions. Toutesfois dans quatre jours nous en aurons pleine resolution. S'il plaisoit à Dieu que ce voiage ne se feist poinct, vous m'auriés tost de par dela. Monsieur de Montellon vostre collegue[4] me dict derniè-

---

[1] *Ibid.* f° 45.

[2] Appelons l'attention des biographes de Cujas et de Scaliger sur ce voyage à Paris des deux amis, voyage qui, du reste, paraît avoir été de très courte durée.

[3] François de Gamaches, seigneur de Jussy, vicomte de Remond en Berry, était un beau-frère de Louis de Chasteigner : Il avait épousé Philippe Du Puy, sœur de Mme de Chasteigner (*Histoire généalogique de la maison des Chasteigners*, déjà plusieurs fois citée, page 399).

[4] Jérôme de Montholon, seigneur de Perronseaux et de Cuterel-

rement à Chastelherault que vous alliés asseoir vostre Chambre en nostre ville d'Agen.¹ J'en suis aise pour le bien que vous ferés à ce pouvre pais. D'aultre part je suis marri des incommodités que vous y aurés au prix de Bourdeaux. Car encores que je n'y aye guieres demeuré, si sai je le mérite du peuple et de la terre,² et les commodités qui y sont, n'estant telles, qui conviennent à nous. La première feuille

---

les, conseiller au parlement de Paris, était le second fils de François de Montholon, président au parlement de Paris et garde des sceaux de France en 1588. Jérôme devint conseiller d'Etat, intendant de justice à Orléans, et mourut en 1618.

¹ Deux jours après, les Consuls de la ville d'Agen reçurent une lettre du roi qui leur annonçait la nouvelle de la prochaine arrivée de la chambre de justice. Le premier président Séguier et ses collègues firent leur entrée solennelle à Agen le 15 septembre. La session fut ouverte à l'Hôtel-de-Ville le 11 octobre suivant et elle fut clôturée le 26 mai 1583. Voir à ce sujet le discours prononcé à l'audience de rentrée de la Cour d'appel d'Agen, le 3 novembre 1875, par M. Henri de Groussou, substitut du procureur-général : *La Chambre de Justice de Guyenne et sa session d'Agen*, 1582-1583 (Agen, 1875, grand in-8° de 54 p.). A côté de cette intéressante étude, je signalerai plusieurs lettres écrites d'Agen par Pierre Pithou « à M. de Thou, seigneur d'Emery, conseiller du Roy en sa cour de parlement à Paris, » lettres conservées dans le volume 838 de la collection Du Puy, f° 108, 117, 119, 121, 127, 131), et où l'auteur des *Remarques sur les Antiquités de la ville d'Agen* (Œuvres, Paris, 1609, in-4°, p. 880) donne de curieux renseignements sur ses travaux et sur ceux des autres membres de la Cour de justice, travaux qui ne furent pas seulement judiciaires, mais parfois littéraires.

² Ici Scaliger se montre bien rigoureux pour les habitants et le pays d'Agen, et il ressemble un peu trop en ce passage à son père qui lui aussi dénigra, en un jour de mauvaise humeur, ses nouveaux concitoyens. Voir les piquantes citations empruntées par M. R. Dezeimeris aux *Poemata* de Jules César Scaliger (Notes à la suite des *Lettres grecques de J. C. Scaliger à Imbert*, p. 36 du tirage à part).

de mon livre[1] fust tirée le jour que je partis de Paris. Patisson l'imprime à regret. Je ne sai pour quoi. Si m'eust-il faict grand plaisir de s'en deporter. Je vous annonce de rechef que si je ne fais le voiage de Provence, qu'*ego improvisus adero.*[2] Cependent

Monsieur, je vous baise très humblement les mains, etc.

Vostre humble serviteur,
JOSEPH DE LA SCALA.

D'Abain, ce 9 septembre 1582.

---

[1] Le *De emendatione temporum* qui, imprimé par Mamert Patisson, allait être mis en vente, un an plus tard, chez le libraire de la rue Jacob, Sébastien Nivelle, à l'enseigne des Cigognes.

[2] Allusion au mot de Virgile : *Improvisi aderunt* (*Æneid.* II, 182).

XL

A JACQUES AUGUSTE DE THOU.[1]

Monsieur,

Encores que vous soiés maintenant bien loing de moi, si ai-je encores en mon entendement le goust que m'avés laissé de la doulceur de vostre conversation, tellement qu'onques je ne fus si amoureus de vous, que je suis maintenant, et ne desire sinon ou que j'aie le moien de vous déclairer la puissance que vous avés sur moi, ou de le vous persuader. Tant

---

[1] Collection Du Puy, vol. 838, f° 4.

y a qu'il n'y a aujourd'hui homme qui aist plus acquis de droit sur moi que vous. Si vous puis-je aussi asseurer que M. d'Abain et moi sommes concurrens [1] en mesme affection et volonté. Je vous supplie ne regarder le Ιεραχοσόφιον [2] de la Reine,[3] et si vous le trouvés digne d'estre leu, le faire transcrire. La dicte dame aussi a un petit traicté d'Aristarchus Samius en astrologie. Cella nous serviroit bien quelque jour si vous aviez le moien de le faire transcrire. Cependent il ne sera jamais, que suivant ces Alpes de Daulfiné et de Provence, il ne me souvienne de vous, et vous escrirai nostre

---

[1] M. Littré n'a trouvé le mot que dans cette citation empruntée par Lacurne de Sainte-Palaye à une traduction de xvi⁰ siècle du *Prince* de Machiavel : « *Tous les occurens qui peuvent advenir.* Dans le passage de Scaliger auquel se réfère la présente note, ce mot est pris adjectivement et signifie *qui se rencontrent* dans la même affection ou volonté.

[2] Art de la fauconnerie. Il sera reparlé de ce traité dans les lettres suivantes.

[3] C'est-à-dire de la collection de Catherine de Médicis. Voir Le Roux de Lincy, *Notice sur la Bibliothèque de Catherine de Médicis*, dans le *Bulletin du Bibliophile*, 13⁰ série, p. 915-941, et M. Léopold Delisle, *le Cabinet des Manuscrits* (1868, in-f⁰, t. I, p. 207-212). Au début de l'intéressant chapitre sur *les Manuscrits de Catherine de Médicis*, le savant administrateur général de la Bibliothèque nationale rappelle que le président de Thou signala son entrée dans l'exercice de la charge de maître de la librairie en proposant à Henri IV d'unir à la bibliothèque de Sa Majesté la belle bibliothèque de Catherine de Médicis composée de près de huit cents manuscrits, la plupart grecs, rares, anciens, et par conséquent de grand prix.

Itinerarium, quoi attendant, Monsieur, je vous baise très humblement les mains, priant Dieu vous donner sa grâce.

Vostre serviteur à vous servir,

Joseph de La Scala.

De Lion, ce 9 novembre 1582.

XLI

A JACQUES AUGUSTE DE THOU.[1]

Monsieur,

Je vous demande pardon pour deux raisons. Premierement pour n'auoir si tost faict ce que me demandies, qui est l'Epicedion[2] de feu Mons' le President;[3] secondement, parce que je n'ai rien faict qui vaille, de quoi j'ai un extreme regret, et plustost honte. Car je cognois bien maintenant, que *Omnia fert œtas, animum quoque*.[4] Toutesfois tels quels je vous ennoie mes vers indignes de porter le tiltre de cellui, pour lequel ils ont esté faicts.[5] Je ne vous ai peu nier cella.

---

[1] Collection du Puy, vol. 838, fo 6.
[2] Pièce de vers sur des funérailles. Voir le *Dictionnaire de Trévoux* au mot *Epicède*. On y renvoie à la *Poétique* de Jules César Scaliger (*lib.* 1, *cap.* 50).
[3] Christophe de Thou, seigneur de Bonnœil, de Céli, etc., avait été nommé premier président du parlement de Paris en 1562. Il était mort le 1·r novembre 1582, à l'âge de 74 ans.
[4] C'est une citation tirée de Virgile, *Bucoliques*, Eglogue IX, vers 51.
[5] Dans le recueil intitulé *V. amplissimi Christophori Thuani Tumulus in Jac. Aug. Thuani Æmerii pietatem* (*Lutetiæ apud Mamertum Patissonium, typographum regium, in officina Rob. Stephani. 1583, in-4o*),

Mais je vous proteste deuant Dieu, qu'il n'y a aujourd'hui homme soubz le ciel qui m'eust peu contraindre d'en faire autant. Despuis Grenoble jusques ici, j'ai esté tourmenté de morfondemens,[1] pour l'extreme froid qu'il a faict et encores dure dans ce pais, ce qu'homme viuant n'a veu. Oultre cella je n'ai jamais peu avoir un petit coing pour me retirer, et à mon aise, faire quelque chose de mieulx, que ce que je vous envoie. Tellement que j'ai esté contraint de faire ces meschants vers à la cheminée au milieu du caquet des femmes, varlets, laquais et pages. Et ce que je vous dis est vrai. Il vous plaira prendre cella en gré aussi bien que s'il le méritoit. Au reste si vous aues quelque cognoissance avec quelcun, qui aist prattiqué les juifz de Venize, je vous supplie très humblement de recouvrer par son moyen un Bréviaire des Juifs nommé par eux Siddur Zephilloth,[2] imprimé à Venize l'an 5331 sellon leur conte.[3] Car j'en ai bien un de plus vielle impression.

---

on trouvera les vers de Joseph Scaliger (*Elegia*), f° 22-25. Ces vers sont précédés de ceux de Dorat, de Muret, de Passerat; ils sont suivis de ceux de Florent Chrestien, du Conseiller Gillot, de Henri Estienne, de Pierre Pithou, d'Antoine Loisel (ces derniers ainsi datés: *Agenno Nitiobrigum mense decembri 1582*), du bordelais Mart. Monier, de Guillaume de Saluste, seigneur du Bartas, de Scévolle de Sainte-Marthe, trésorier-général de France, de Robert Estienne (qui a payé sa dette à la mémoire de Christophe de Thou, en stances françaises, en vers grecs et en vers latins), du Périgourdin Pierre Campagne (*Petrus Campanus petrocor.*), de Nic. Rapin, de Binet. J'ai publié dans la *Revue critique* du 22 juin 1872 (*Variétés. De quelques sonnets peu connus*, p. 398), le sonnet de du Bartas, qui n'avait pas été recueilli dans les *Œuvres complètes* du grand poète gascon.

[1] Je ne trouve *morfondemens* dans aucun de mes vieux dictionnaires.

[2] Plutôt *Sèdèr Zephilloth*, c'est-à-dire suite de prières, en d'autres termes *livre d'heures*, l'équivalent de nos *paroissiens*.

[3] Cette édition est indiquée par J. Christ. Wolf, l'auteur de la

Mais cestui ci est plus ample, et a les explications des mots plus difficiles. Le dict liure est fort aisé à recouvrer. Item un liure nommé Sepher ben hammelec vehannazir,[1] un aultre nommé Iggereth baale haiim,[2] item un aultre nommé Mislé Suhalim.[3] Ces trois sont trois petits liures imprimés a Padoue. Vous auez bien le moyen de les recouurer, de Padoue, ou de Venize, de quoi je vous supplie très humblement. Et feres beaucoup pour moi, s'il vous plaist d'en prendre la peine. Il me souuient bien que vous me promistes dernie-

---

Bibliotheca hebræa (Hambourg, 1715-1733, 4 vol. in-4º, t. II, p. 456), comme ayant paru l'an 1574 de J. C. à Venise *apud Jo. de Gara*, in-12.

[1] *Sèphér ben hammélekh vehannázir*, c'est-à-dire le *livre du fils du roi et du Nazaréen*. L'auteur Abraham Bar Hasdaï, était grand rabbin de Barcelone, à la fin du XIIe siècle. Ce traité de morale, composé de dialogues et plein de paraboles, fut traduit par lui de l'Arabe en Hébreu élégamment versifié; il avait été primitivement écrit en grec. La première édition est de Ferrare (sans date), et il y en a une de Mantoue (1557, in-8), dont Wolf dit ceci (t. I, p. 58) : « *Posterior editio inter impressos Scaligeri Codd. in Catal. Bibl. Lugdunens. Bat. p. 257.* »

[2] *Igghereth baalè haiim*, c'est-à-dire *lettre des animaux*. C'est une traduction en vers élégants de l'arabe en hébreu, faite par Kalonymus, juif vénitien ou mantouan du milieu du XVIe siècle. Buxtorf a cru que l'arabe était traduit du grec. On y voit discourir les principales espèces d'animaux de la terre et de l'air, énumérant chacune ses qualité propres et finissant par accorder la prééminence à l'homme. La première édition mentionnée est de Mantoue (1542, in-8). Voir Wolf, t. I, p. 1005.

[3] *Mischlè Schuàllim*, c'est-à-dire les *fables des Renards*. Ce sont 180 apologues, la plupart empruntés à Esope par Rabbi Berakhia, lequel vivait vers 1400 de Jésus-Christ. Son livre parut en 1557, in-8º, à Mantoue, selon les uns, à Padoue, selon les autres. Cette dernière origine est indiquée par le Catalogue de la Bodléienne (p. 80). Une seconde édition est incontestablement de Mantoue (1559, in-8º). Voir *Bibliotheca hebræa*, t. I, p. 272.

rement d'estudier en Hebrieu. Et quant il ne tiendra qu'a vous seruir de moi, et cella et en tout'aultre chose, il ne fault poinct que vous departies d'une si louable entreprinse; de laquelle jamais vous ne vous repentires. Et vous promes qu'à mon retour de Gascogne il n'y a rien qui me face aimer Paris que vostre conuersation.

Monsieur, je vous baise trés humblement les mains, priant Dieu vous maintenir en sa garde. D'Aix en Prouence,[1] ce 24 fevrier 1583.

Vostre tres affectionné, à vous faire tres humbles seruices,

JOSEPH DE LA SCALA.

Je vous supplie de m'auertir si aures receu la présente et les vers. Je serai en peine jusques à ce quand j'en soie asseuré.

---

[1] J. A. de Thou (*Choix de lettres françaises inédites*, p. 16), écrivait à P. Pithou, le 13 février 1583 : « J'attens ceux (les vers) de Monsieur de la Scala qui m'a dernièrement escrit d'Aix, où il est maintenant. Il a envoié son huictiesme livre *de Emendatione temporum* ; je pense que tout sera imprimé à ceste mi-caresme ; ce sera un grand œuvre et dont les doctes ont conceu grande expectation. Et desja par ce qui est imprimé connoissent qu'il surmontera leur espérance. » Voir sur le *De emendatione* la note (p. 18) du savant éditeur des *Lettres françaises de J.-A. de Thou.*

XLII

A CLAUDE DU PUY.[1]

Monsieur,

Encores que je n'aie rien de nouueau ni qui merite vous estre escrit, toutesfois je vous escris ce mot, pour salluer vos bonnes graces, et vous asseurer que je ne fauldrai à vous enuoyer le Probus, lequel me doit estre enuoyé bientost com' on m'a promis. Nous partons bien tost pour aller à Gouhaz[2] et de là à Toulouze. Cependent, Monsieur, je vous baise très humblement les mains, priant Dieu vous donner sa grâce.

D'Agen, ce 3 juillet 1583.[3]

Il vous plaira vous souuenir du procès de Mons' de Roques,[4]

---

[1] Collection Du Puy, vol. 496, folio 48.

[2] Le château de Gohas était situé non loin de Fleurance, aujourd'hui chef-lieu de canton de l'arrondissement de Lectoure, département du Gers. Voir dans les *Documents sur Jules-César Scaliger et sa famille* publiés par M. Ad. Magen, le document intitulé : *Contrat de mariage de Silve de Lescale avec Catherine de Biran de Gohas*, du 30 mars 1575 (p. 60). Dans ce contrat, comme dans la plupart des documents gascons du xvɪe siècle, Gohas est écrit *Gouhas*.

[3] On connaissait déjà une autre lettre écrite par Scaliger, « d'Agen en haste, ce 10e apvril 1561 » à *Monsieur Dalechamps, docteur en médecine à Lyon*, lettre publiée par M. J. Bernays à la suite de son étude biographique, p. 308.

[4] Voir la note 2 de la lettre XXXII.

et s'il vous plaist enuoyer mon paquet à Patisson, où il y a des lettres pour Mons' d'Abain. Si vous auies commodité de l'enuoyer à Poitiers, fauldroit tirer la lettre de Patisson et de Mons' d'Emeric, et le reste enuoier à Poitiers.

Vostre seruiteur,

Joseph de La Scala.

XLIII

A PIERRE PITHOU.[1]

Monsieur,

J'ai receu vostre lettre, laquelle vous a pleu m'escrire de Perigueus.[2] Je ne serai guieres en ceste ville, esperant bien tost estre à Gouhaz, et de la à Toulouze. Il fauldra tousjours adresser vos lettres à Mada^{elle} de Roques,[3] ou à Monsr d'Arasse.[4] Monsr d'Emeric m'escrit comment il a presenté mon

---

[1] Collection Du Puy, vol. 496, folio 183.

[2] Sur la chambre de justice dans la capitale du Périgord, voir (*Actes de l'Académie des Sciences, Belles-Lettres et Arts de Bordeaux*), l'étude intitulée : *La chambre de justice de Guyenne en 1583-1584*, par M. E. Brives-Cazes (p. 272-380).

[3] Eléonore de Brénieu, fille de Cibaud de Brénieu, écuyer d'honneur de la reine Eléonore d'Autriche, seconde femme de François Ier, et de Marguerite de La Pôle-Suffolck, avait épousé, le 28 juillet 1564, Jean de Secondat, seigneur de Roques. Elle mourut en 1606, à l'âge de 63 ans.

[4] Probablement noble Jehan de Godailh, fils de Robert de Godailh. Ce personnage fut receveur des tailles dans le pays d'Agenais. Diane de Poitiers lui vendit, ainsi qu'à son frère Loys de Godailh, par acte passé à Paris par devant Pierre Portrain et son collègue Legendre, le 14 décembre 1564, et moyennant la somme de cinq mille livres tournois, la maison noble de Fontirou, la maison noble de Carluset, la métairie du Forez, etc., etc. « a elle donnes par feu de bonne mémoire le Roi Henry dernier. » *(Archives de la famille de Sevin.)*

Epistre à Mons' du Harlai,[1] de quoi j'ai esté bien aise, car le précepteur des enfants de Monsieur de Roques escriuant de Paris du dixiesme juing m'avoit donné l'alarme disant que Patisson n'auoit encores receu ma preface comm' ainsi soit qu'il l'eust receuc dès le commencement du mois. Je ne fauldrai à vous escrire à toutes nos commodités. Cependent, Monsieur, je vous baise très humblement les mains, priant Dieu vous maintenir en sa garde. D'Agen, ce 4 juillet 1583.

Je vous supplie vous souuenir du Probus, et du procès de Mons' de Roques, qui est entre les mains de Mons' du Pui.

Vostre tres affectionné seruiteur,
JOSEPH DE LA SCALA.

A Mons' de Pithou Procureur du Roi en sa chambre de Justice establie en Guienne, à Perigueux.

---

[1] Achille de Harlay, comte de Beaumont, né le 7 mars 1536, avait été nommé président à mortier au Parlement de Paris en 1572, son père, Christophe de Harlay, s'étant démis de cette charge en sa faveur. Il était devenu premier président en novembre 1582, après la mort de Christophe de Thou, dont il avait épousé la fille (Catherine), le 30 mai 1568. Achille de Harlay mourut, non en octobre 1619, comme on l'a si souvent répété, mais bien le 23 octobre 1616, comme l'a fort bien établi M. C. Defréméry dans une note *sur la véritable date de la mort d'Achille I*" *de Harlay* (Revue critique du 1er mars 1879, p. 172-173), note qui complète un article du savant académicien sur les *Mélanges de littérature et d'histoire recueillis et publiés par la Société des bibliophiles français* (Même Revue, n° du 17 août 1878, p. 97-105). Scaliger fut sans doute mécontent d'avoir dédié le plus considérable de ses travaux au beau-frère de Jacques-Auguste de Thou, car on lit dans le *Secunda Scaligerana* (p. 365), que tous les membres de cette famille sont avares, *omnes avari*.

XLIV

A PIERRE PITHOU.[1]

Monsieur,

Je vous remercie très humblement du Rabbi Mose ben Maimon,[2] qu'il vous a pleu m'enuoier, lequel j'espère receuoir sur la fin de cette sepmaine.[3] Car la charrette du Messager n'est encores arriuée. Je croi qu'on me pourra appeler fol, de ce qu'en si malheureux temps je cherche des liures, la ou il fauldroit plus tost faire prouision de viaticum[4] pour passer la mer, si ces fureurs de guerre durent.[5]

---

[1] Collection Du Puy, vol. 496, folio 184.

[2] Moïse Maïmonide, un des plus célèbres de tous les philosophes juifs, naquit à Cordoue, le 30 mars 1135, et mourut le 13 décembre 1204. Voir, dans le *Moniteur universel* du 12 janvier 1857, l'article que lui a consacré M. Ad. Franck (de l'Institut), à propos de la traduction faite par M. S. Munk du *Guide des égarés*, article reproduit dans les *Etudes orientales* du savant critique (1861, in-8º) sous ce titre : *Maïmonide, sa vie et sa doctrine*.

[3] On ne peut risquer aucune supposition quant au point de savoir lequel des ouvrages du grand exégète juif avait été envoyé à Scaliger par Pithou. Wolf (*Bibliotheca Hebræa*, t. I, p. 834-869) n'énumére pas moins d'une trentaine de livres de Maïmonide.

[4] *Viaticum* est pris ici dans le sens de argent dont on fait provision pour payer les frais d'un voyage.

[5] Voir, au sujet de ce dernier membre de phrase et au sujet de de la phrase suivante, la dernière note de la présente lettre.

Je suis ici attendant quelque faveur du ciel pour réconcilier nos princes, le debat desquels ne se peust passer sans que les pouvres et petitz, du nombre desquels je suis, ne s'en resentent plus qu'eux. Toutesfois je me console auec celui qui peut tout appaiser. J'atten en bonne devotion vostre Juvenal[1] et le Gellius et Macrobius de Carrio.[2] Je croi que le Seneca de feu Monsr Muret qui s'imprime à Romme,[3] et celui de Schacon Espagnol,[4] qui s'imprime à Lion,[5] seront publiés

---

[1] Le *Juvénal* de Pithou ne parut qu'en 1586 (*In Juvenalis et Persii Satiras variæ sectiones et notæ* (Paris, in-8°). Voir ce qu'en dit Grosley dans sa *Vie de Pierre Pithou* (t. I, p. 220, 221).

[2] Louis Carrion, né à Bruges vers 1547, mort à Louvain, le 23 juin 1595, fit paraître, à Paris (1585, in-8°), *Auli Gellii Noctes atticæ*. Aucun de ses biographes, pas même le dernier de tous, M. Roulez (*Biographie nationale publiée par l'Académie royale des sciences, des lettres et des beaux-arts de Belgique*, t. III, 1870, col. 523-536), ne cite son *Macrobe*. Scaliger, s'il faut en croire le *Secunda Scaligerana* (p. 257), reconnaissait qu'il était docte, mais lui attribuait des mœurs infâmes, et le proclamait, en outre, insigne voleur de livres, *Summus fur librorum*, ajoutant : « Ce b..... larron de Carrio m'a escrit une lettre, par laquelle il me confesse le larcin qu'il avoit fait en deschirant quelques cahiers du *Gellius* de mon père. Lipse l'appelle *Stellio*. »

[3] *L'Ann. Seneca a M. Ant. Mureto correctus et notis illustratus* (Rome, 1585, in-folio), édition reproduite à Paris dans le même format en 1587 et en 1598.

[4] Pierre Ciaconius ou Chacon naquit à Tolède en 1525, fut chanoine à Séville et mourut à Rome, le 24 octobre 1581. Le *Moréri* ui décerne cet éloge : « C'étoit son génie de corriger les anciens auteurs, de rétablir les passages tronqués, d'expliquer les difficiles, et de leur donner enfin un nouveau jour. Il composa des notes sur Arnobe, sur Tertullien, sur Cassien, sur Pompeius-Festus, sur les Commentaires de César, sur Pline, sur Térence, sur Sénèque, sur les origines d'Isidore, etc. » Mais déjà, Ciaconius avait obtenu du président de Thou cet éloge bien plus magnifique : « Il fut remarquable par un savoir universel et par la connaissance de l'antiquité

bien tost.¹ Mons⁰ Dallechamps n'attend que ces deux éditions, après lesquelles doit venir la sienne.² Je lui ai presté

---

et de la belle littérature, et c'est le seul de tous les savants qui ont fleuri en notre siècle, que l'on puisse comparer à notre Aimar Ranconnet, car il n'a rien mis au jour pendant sa vie, et ses amis ont publié un petit nombre de ses œuvres après sa mort. » Voir d'autres bien flatteurs témoignages sur ce *trésor de toute sorte de doctrine,* sur ce *Varron de son siècle,* dans le recueil d'A. Teissier (t. III, p. 222-226). Je n'y trouve pas cette enthousiaste exagération d'André Schott, rapportée par A. Baillet (*Jugemens des savans,* t, II, p. 320) : « Son érudition tenait quelque chose du miracle, et il semblait né, ou plutôt tombé du ciel pour corriger et rétablir les auteurs dans leur premier état. » J. Scaliger, qui joue si souvent en ces occasions le rôle de celui qui, à Rome, insultait le vainqueur au milieu des enivrantes joies des fêtes triomphales, l'appelle (*Secunda Scaligerana,* p. 268) « honnête espagnol, *doctus.* » mais remarque avec malice qu'il « a bien failly neantmoins dans son livre de *Triclinio.* »

¹ Nous avons déjà vu (lettre XL) que Scaliger était en novembre 1582, à Lyon, où l'on dut l'entretenir de l'édition projetée. M. A. Péricaud (*Notes et documents pour servir à l'histoire de Lyon sous le règne de Henri III,* in-8°, 1843, p. 89), mentionnant le séjour à Lyon de Jos. Scaliger, en 1582 (sans indication de mois), rappelle que ce fut alors que Du Verdier communiqua au grand érudit son projet de publication de la *Bibliothèque françoise.*

¹ Le *Sénèque* de Chacon ne tarda pas à paraître, comme on s'en assurera en lisant, un peu plus loin, un extrait d'une lettre de Scaliger, du 30 juin 1586 (note 10 de la lettre LXXIII).

² Jacques Dalechamp, célèbre, à la fois, comme médecin, comme botaniste, comme critique, et auquel on doit un traité de chirurgie, l'Histoire générale des plantes, des traductions d'Athénée, de Galien, de Paul d'Egine et surtout la mémorable édition de Pline l'Ancien, ne publia jamais le Sénèque dont il est ici question. On trouvera plus loin quelques renseignements biographiques sur cet érudit. Il est parlé de lui dans le *Prima Scaligera* (p. 76, 77), où justice est rendue à son mérite (*vir alioqui bene doctus*), mais où on lui reproche une trop grande audace dans les corrections du texte de Pline.

mon Seneque escrit à la main non *bonæ notæ*.[1] Il est tout entier, mais c'est tout.

Monsieur, je vous baise très humblement les mains, priant Dieu vous donner sa grace. D'Abain, ce 23 juillet.[2]

Vostre

JOSEPH DE LA SCALA.

---

[1] Voir, sur le manuscrit de Sénèque prêté par Scaliger à Dalechamp, les lettres à ce dernier publiées par M. Bernays (p. 309-313). Dans une de ces lettres, du 6 janvier 1587, il est fait mention du Sénèque de Muret.

[2] L'année n'étant pas indiquée, je me demande s'il faut rapporter cette lettre à l'année 1583, ce que semblerait autoriser la place occupée par l'autographe entre un document du 4 juillet de cette année et un document du 31 août de la même année. Mais, d'autre part, la lettre fut écrite à Abain ; or, le 23 juillet 1583, Scaliger ne pouvait être aussi éloigné de la Gascogne, où nous le trouvons le 4 du même mois (lettre XLIII) et le retrouvons à la fin d'août (lettres XLV et XLVI). Quand bien même on admettrait que le nom d'*Abain* a été mis par inadvertance pour le nom d'*Agen*, il resterait encore à expliquer les phrases relatives aux *fureurs de la guerre* et à la si désirable *réconciliation des princes*. En 1583, rien dans la situation politique n'aurait donné raison aux plaintes de Scaliger, et la date la plus probable de la lettre, à en juger par les événements, serait la date de 1585, car, après le manifeste du roi de Navarre (10 juin), le duc de Montpensier défit les Ligueurs en Poitou et la guerre civile dite des *trois Henri* ne tarda pas à répandre ses *fureurs* dans plusieurs autres provinces. En somme, je laisse prudemment la date indécise, tout en conservant à la lettre, en mon recueil, une place qui correspond à celle qui lui est assignée dans le manuscrit.

[XLV

A CLAUDE DU PUY.[1]

Monsieur,

Je n'eusse differé à vous escrire, n'eust esté que j'ai esté tousjours en Gascogne, hors de tout commerce d'hommes, pour le moins de ceux qui vous peussent faire tenir mes lettres. Car demeurant en ce pais je n'eusse eu faulte de moiens pour vous faire entendre de mes nouuelles, jacoit que partant de ce pais je vous escriuis et adressai un paquet pour faire tenir à Monsr d'Abain. J'ai esté ces jours passés à Toulouse, où j'ai receu beaucoup d'honneur, mesmement de Monsr le premier president[2] et aultres de mes bons Seigneurs de la Court de Parlement. *Nunquam inveni tantam fidem in Israel.*[3] Au reste je sai bien, que le venerable Insulanus[4] a fait et publié un poeme diffamatoire contre moi, de quoi j'estois auerti il y a un an. Mais c'est la coustume que les putains mesdisent des femmes de bien. Je m'asseure qu'il n'a pas mieux dict en ceste derniere badinerie

---

[1] Collection Du Puy, vol. 496, fol. 46.
[2] Jean-Etienne Duranti, nommé premier président au parlement de Toulouse en 1581, périt à l'âge de 55 ans, massacré par les Ligueurs, le 11 février 1589. Voir, sur ce grand magistrat et sur sa déplorable fin, l'*Histoire générale de Languedoc* (t. V. p. 430 et suiv. et 645 et suiv).
[3] *Evangile selon saint Luc,* chap. VII, verset 9.
[4] François de l'Isle. Voir le *Post-Scriptum* de la lettre XXXVIII.

qu'en sa première, par laquelle il a assez descouuert sa barbarie. Le médecin Duret[1] l'a fort instigué à publier cette farce, ce qu'il n'eust faict sans la suasion[2] du dict personage. C'est le moindre de mes soulcis. Et à la mienne voulonté que jamais ne m'en advint de pires!

Monsieur, je vous baise les mains très humblement, priant Dieu vous donner sa grace.

De Guillot[3] ce dernier Aoust 1583.

Vostre tres humble seruiteur,

Joseph de La Scala.

---

[1] Louis Duret, fut premier médecin de Charles IX et de Henri III, professeur de médecine au collège Royal. Il mourut le 22 janviers 1586, âgé de 59 ans. Voir sur ce commentateur d'Hippocrate, le *Mémoire historique et littéraire sur le Collège royal de France*, par l'abbé Goujet (t. III, 1758, p. 32-36). Ce biographe rappelle que Joseph Scaliger a parlé de Duret dans une de ses lettres latines, (Liv. I, Ep. 2, p. 64), mais en l'injuriant, parce que Duret avait blâmé ses notes sur Celse et Hippocrate. Il aurait pu citer encore cette épigramme du *Prima Scaligerana* (p. 83) : « *Duretus jejunus in docendo, nam græcam linguam exacte non navit.* »

[2] Les rédacteurs du *Dictionnaire de Trévoux*, qui disent de l'adjectif *suasoire*, autrefois synonyme de persuasif : « C'est dommage d'avoir laissé perdre un mot si doux à l'oreille, » ne donnent pas *suasion*. Nous trouvons, en revanche, ce dernier mot dans le *Dictionnaire* de M. Littré, qui en signale la présence dans l'*Ethique* de N. Oresme, dans les *Essais* de Montaigne et jusque dans la *Mélite* du grand Corneille.

[3] Ce petit château, qui appartenait en 1589 à Jean de Secondat, seigneur de Roques, est situé à six kilomètres au nord d'Agen. Légué, il y a quelques années, par Mlle de Secondat-Roquefort, baronne de Lonjon, à son neveu M. Gaston de Montesquieu, descendant direct de l'auteur de l'*Esprit des Lois*, il est sorti récemment, par une vente, des mains de la famille.

XLVI

A PIERRE PITHOU.[1]

Monsieur,

Je n'ai point receu de voz nouuelles despuis celles qu'il vous pleust m'escrire à vostre arriuée à Perrigueus,[2] auxquelles j'ai despuis escrist. Je ne fais qu'arriver en ceste maison. Aultrement vous eussiez eu souvent de mes nouuelles, si j'eusse tousjours desmeuré en ces quartiers. J'ai ouï parler du poeme diffamatoire du Procureur de l'Isle contre moi. Mais je ne l'ai voulu regarder, me contentant qu'n ase[3] a escrit contre un qui sait plus que lui, et un meschant contre un homme de bien. Je desire grandement sauoir de vos nouuelles, n'en aiant entendu il y a si long tems.

Monsieur, je vous baise très humblement les mains, priant Dieu vous donner sa grâce.

De Guillot, ce dernier Aoust 1583.

Vostre tres affectionné à vous seruir,

Joseph de La Scala.

A Monsieur de Pithou, Procureur général en la Chambre de justice establie en Guienne, à Perigueu.

---

[1] Collection Du Puy, vol. 496, f° 185.
[2] Pithou était arrivé à Périgueux le mois précédent. La Chambre de Justice se réunit, pour la première fois, en chambre du Conseil, dans la maison commune de cette ville, le 27 juin, et en séance solennelle le 4 juillet. Voir la notice déjà citée, de M. Brives-Cazes sur *La Chambre de Justice de Guyenne en 1583-1584*, p. 282-284.
[3] Scaliger n'a pas écrit *asne*, mais bien *ase*, forme gasconne du mot.

XLVII

A CLAUDE DU PUY.[1]

Monsieur,

Encores que je vous aie escrit amplement par mon aultre lettre, si est ce que le porteur ne partant si tost, que j'auoie pensé, j'ai adjousté la presente tant seullement pour vous salluer encores un aultre fois, et recompenser[2] la faulte que j'ai faicte de ce que je ne vous ai escrit si souuent que j'eusse voullu. Je vous recommande bien fort le procès de Monsieur de Roques, lequel vous baise les mains bien humblement. Despuis que ie suis en ce pais je n'ai receu lettres de Monsʳ d'Abain qu'une fois, de quoi je suis aulcunement en doute. Quant à mon liure je n'en ai receu aulcune nouuelle despuis le temps qu'il pourra auoir esté imprimé.[3]

---

[1] Collection Du Puy, vol. 496, fol. 47.

[2] *Récompenser* est là pour *compenser, dédommager*. Ce sens s'est conservé pendant tout le xviiᵉ siècle, et on le trouve aussi bien dans les *Mondes* de Fontenelle (1686), que dans les *Fables* de La Fontaine, les *Mémoires* du cardinal de Retz et les *Lettres* de Mᵐᵉ de Sévigné.

[3] Le *De emendatione temporum*. L'impression en avait été terminée le 1ᵉʳ août.

A mon retour en France [1] je pense vous voir soit que vous soiés à Perigueus,[2] soit ailleurs. Cependant,

Monsieur, je vous baise les mains très humblement, priant Dieu vous donner sa grace.

De Guillot, ce 3 septembre 1583.

Vostre tres humble seruiteur,

JOSEPH DE LA SCALA.

A Monsieur du Pui, Conseiller du Roi en sa Court du Parlement de Paris estant de présent la Chambre de justice establie en Guienne, à Perigueus.

---

[1] Pour tous les méridionaux, la France ne commençait alors que là où finissait le pays d'*adiousias*.

[2] Je ne sais si Scaliger alla rejoindre ses amis Du Puy et Pithou, à Périgueux, mais il est certain qu'il a séjourné dans cette ville, comme le montre assez ce souvenir de ses impressions de voyages consigné dans le *Secunda Scaligerana* (p. 497) : « *Périgueux*. On y traite fort bien, et à Agen, mieux qu'à Bordeaux et à Tholose, mais, à Périgueux on est mal servy de linge. »

XLVIII

A CLAUDE DU PUY.[1]

Monsieur,

J'ai receu vostre lettre du VIII septembre avec la lettre de Monsieur d'Emeric, lequel m'escrit que mon livre a esté presenté par lui à Mons⁺ le premier président[2] et m'esbahis fort comment Patisson a tant retardé à publier mon livre, veu le temps qu'il y a qu'il avoit receu ma preface. Je ne sai si aures veu un livre intitulé : *M. Tullii Ciceronis Consolatio*,[3] qui est une fourbe d'Italien [4] comme touts ceux qui sont

---

[1] Collection Du Puy, vol. 496, f⁰ 50.

[2] Achille de Harlay, premier président du Parlement de Paris, comme nous l'avons déjà dit.

[3] *M. T. Ciceronis consolatio, quo se ipsum de filiæ morte consolatus est, nunc primum repertus et in lucem editus, cùm privilegio Senatus Veneti ad XXX annos, apud Hieronymum Polum* (Venise, 1583, petit in 8°.

[4] Scaliger avait bien deviné. Voici comment M. J.-V. Le Clerc parle de ce traité (*Introduction* à la *Consolation*), dans le tome XXVIII des *Œuvres complètes de Cicéron*, in-8°, 1821, p. 346) : « Mercurialis et Riccoboni contestèrent les premiers l'authenticité de la découverte, et Riccoboni, l'année même de la publication, exprima ses doutes dans une lettre critique. Un des éditeurs des fragments, Sigonius de Modène (*Carlo Sigone*), professeur célèbre, qui devait jouer un grand rôle dans cette dispute, et dont les nombreux ouvrages ont été réunis à Milan, de 1732 à 1734, en plusieurs

exercés en la lecture de Cicéron le peuvent juger. Bien est vrai que c'est un excellent homme en ce stile quiconques est celluí qui a composé ce livre.[1] Mais *aliud sus aliud catuli olent*. Je trouve l'invention fort belle. Je suis en ceste ville pour me purger à cause de ma galle,[2] et demain je dois

---

volumes in-folio, s'était empressé, dès le premier moment, de reconnaître dans ce traité la main de Cicéron, et il appuya son avis de deux discours polémiques. Riccoboni répliqua en 1584 ; il démontra la supposition par de nouvelles preuves ; et déjà les meilleurs juges, Muret, Victorius, étaient de cette opinion, que Sigonius ne parvint jamais à détruire par deux nouvelles réponses. On peut voir dans une longue préface de Morabin (*Consolation*, Paris, 1753), l'ordre et la date de toutes ces dissertations où l'on trouve presque toujours autant d'injures que de raisons ; c'étaient là les brochures du XVIe siècle. Le dernier assaut que Sigonius eut à essuyer, fut le livre de Gutielmius, de Lubeck, dont les travaux ont été si utiles au texte de Cicéron. Cette critique était victorieuse. On dit que Sigonius en mourut de chagrin. Bien des probabilités se réunissent pour faire croire qu'il était l'auteur de la *Consolation*... » Il est fâcheux que J.-V. Le Clerc n'ait pas eu connaissance de la lettre où Scaliger révèle la *fourberie* italienne. Le *premier* (de toute façon), des critiques qui s'occupèrent du traité fabriqué par Sigonius, méritait de n'être pas oublié dans la liste de ceux que le pastiche ne put tromper.

[1] Sigonius, selon la remarque de M. Le Clerc (*Ibid*. p. 347), « à l'exemple de tous les Cicéroniens de ce siècle, Bembo, Sadolet, Longueil, avait pris une telle habitude de la période cicéronienne, qu'on la retrouve même dans ses traités purement didactiques, comme les *Fastes consulaires*. » Scaliger rend hommage (*Secunda Scaligerana*, p. 573), à la pureté de la latinité du mystificateur : « Sigonius et P. Manutius ont bien écrit en toutes leurs œuvres. » Ajoutant : « *Etiam voluit dare consolationem Ciceronis, sed Itali restiterunt.* »

[2] Nous avons vu (Lettre VII, p. 35) que, déjà en 1575, Scaliger parlait au même ami d'une maladie qui l'avait laissé *plein de galle*.

prendre un baing par trois jours continuz pour m'oster ceste scabies κακοήθης. Je pense que ne demeureres guieres en ce pais des Laestrigones de Vesuna[1] et à la mienne voulonté fussies vous touts demeurés en ceste ville *ubi mirum vestri desiderium reliquistis*. J'ai receu tout maintenant le Probus in Juvenalem. Je pense partir dans peu de jours pour m'en aller en Poitou et de la je le vous envoierai tout transcrit. Si je suis contraint demeurer ici un mois, soies seur que vous l'aures *bona fide*. Cependant,

Monsieur, je vous baise très humblement les mains, priant Dieu vous donner sa grace.

D'Agen, ce 17 septembre 1583.

Je vous recommande le procés de Monsr de Roques.

Vostre tres humble serviteur,

JOSEPH DE LA SCALA.

---

[1] On sait que les Lestrigons étaient les sauvages habitants de la Sicile orientale, et que, selon l'auteur de l'*Odyssée* (chant X), ainsi que selon Pline le naturaliste (livre VII, chap. II), ils étaient anthropophages.

XLIX

A MONSIEUR DE PITHOU,

Procureur général en la Chambre de justice establie en Guienne, à Périgeus.[1]

Monsieur,

J'ai receu deux lettres de vous en divers temps, comme aussi elles estoient de diverse datte. En la premiére, qui estoit datée du VI Aoust, il y avoit des inscriptions de *Vesuna*,[2] de quoi j'ai esté fort joyeus, et vous en remercie fort, comme aussi je fais de la lettre de Monsieur d'Emeric, laquelle j'ai receu avec la vostre. Quant au livre de Cicero inscrit *de exilio*, je ne sai que c'est.[3] Mais bien sai-je qu'on en faict courir un souz ce titre : *M. Tullii Ciceronis consolatio*. Le bon homme M. Vinet,[4] me l'a envoié de Bourdeaus,

---

[1] *Ibid.* fo 186.

[2] Voir sur les inscriptions de Périgueux les *Remontrances* déjà citées d'Antoine Loisel (Paris, 1605, in-8º), un mémoire de l'abbé Lebeuf dans le Recueil de l'Académie des Inscriptions et Belles-Lettres (t. XXIII, p. 201), surtout l'ouvrage du comte de Taillefer (*Antiquités de Vésonne*, Paris. 1821, in-4º), et aussi (*passim*) le *Bulletin de la Société historique et archéologique du Périgord* (1874-1879, 6 vol. grand in-8o).

[3] Ni moi non plus. Pithou confondait probablement un imaginaire traité *de exilio* avec le traité *Consolatio* dont il avait vaguement entendu parler.

[4] Elie Vinet était alors âgé de 74 ans, et c'était un *bon homme*, c'est-à-dire un vieillard, pour Scaliger, qui n'en avait que 43. Sur les relations de Vinet et de Scaliger, on consultera avec fruit l'*Histoire du collége de Guyenne*, par M. Ernest Gaullieur, archiviste de la ville de Bordeaux (Paris, 1874, grand in-8º). Rappelons ici le bel éloge donné à Vinet dans le *Prima Scaligerana*, p. 166 : « *Nullum novi doctiorem in bonis litteris ipso Vineto...* »

et je l'avois desja veu à Toulouse. Mais la fourbe *etiam cæco apparet*.[1] Car c'est un livre forgé par un italien dédié du tout à la lecture de Cicero, mais non si bien, qu'on ne cognoisse l'affectation et imitation du langage, et façon d'escrire de Cicero[2] aussi clairement que le nez au visage. Au reste, c'est bien un grand homme et diligent qui l'a faict, mais ce n'est toutefois Cicero, comme il a voullu faire croire. Et si c'est un homme qui vive encores, c'est sans doute un qui est à Romme, et y estoit desja de mon tems, lequel ne s'estudioit à aultre chose qu'à imiter Cicero, et le faict fort heureusement. J'ai oublié son nom, mais Monsieur d'Abain le cognoist bien.[3] Si c'est un homme du temps de noz peres, il ny a homme qui puisse avoir faict ce livre que Johanes Casa.[4] Si nous estions ensemble je vous montrerois ce que

---

[1] Quoique la falsification pût être reconnue par un aveugle lui-même, il s'est trouvé de notre temps un érudit anglais assez original pour ne pas tenir compte de l'évidence. « Il est permis de s'étonner, »lit-on dans les *Supercheries littéraires dévoilées* (t. II, fol. 729), « que parmi les critiques modernes, Blacklock ait essayé encore de maintenir une attribution unanimement rejetée aujourd'hui. »

[2] M. J.-V. Le Clerc est d'accord, sur ce point, avec Scaliger (*Introduction* à la *Consolation*, p. 349): « On ne peut dissimuler, dit le judicieux critique, malgré des fautes qu'un œil exercé découvrira sans peine, que le faussaire ne se montre souvent très habile imitateur, du moins pour le style. »

[3] On voit que Scaliger ne soupçonnait pas le moins du monde, à ce moment, Charles Sigonius.

[4] Scaliger veut parler de Jean della Casa, archevêque de Florence, né en 1503, mort à Rome en 1557, l'élégant et ingénieux auteur du *Galateo* (1558) et des *Capitoli* (Venise, 1538). Ce qui me décide à le croire, outre la ressemblance des noms, et l'impossibilité de substituer un autre personnage à celui-là, c'est le culte qu'avait Jean della Casa, comme son ami le cardinal Bembo, dont il a écrit la

j'en ai marqué, où il n'a sceu bien jouer son rolle pour nous faire croire que c'est Cicero. Or, vous en jugerés mieux que moi, et par ce je ne vous en dirai rien dadvantage. J'aimerois beaucoup mieus avoir veu l'*Arnobius* de Fulvius,[1] combien que je m'asseure qu'il n'y a plus que moi qui ai la collation de celui du Roi. Voilà quant à vostre premiere lettre. L'aultre dattée du XI de septembre je l'ai receue avant hier, avec le Juvenal, dont je vous remercie bien humblement. Quant au *Computus* je vous remercie, et n'est besoing me l'envoier. Car tous les Computus des anciens latins ce n'est que Beda,[2] ou recueil de Beda.[3] Je ne sai que c'est que CCR en l'inscription de Perigueus qui est chrestienne. Monsieur Duranti premier president et beaucoup d'aultres de la Court de Parlement de Toulouse m'ont faict plus d'honneur et de bon receuil,[4] que je ne merite. Le dict sieur President me parla de vous et de Monsieur Du Puy fort honorablement. Le bon

---

vie, pour les écrivains de la vieille Rome en général et pour Cicéron en particulier.

[1] L'édition d'Arnobe et du Dialogue de Minucius Félix, intitulé : *Octavius*, donnée à Rome par Fulvio Orsini (1583, in-4o), est dédiée au pape Grégoire XIII.

[2] On sait que Bède le Vénérable (673-735), est le premier chronologiste qui ait partagé l'histoire du monde en six âges.

[3] La pittoresque expression de Scaliger peut être rapprochée de la spirituelle plaisanterie de Mme de Sévigné sur l'impromptu *réchauffé* du chevalier de Châtillon (Lettre du 23 décembre 1671, p. 446 du tome II de l'édition des *Grands écrivains de la France*, 1872).

[4] Le *Dictionnaire de Trévoux* nous rappelle que *Recueil* s'est dit autrefois pour *accueil* et cite cette phrase de Philippe de Commynes : « Je ne séjournai que deux ou trois jours avec Madame de Savoie, qui me fit bien bon *recueil*. » Voir d'autres citations dans le *Dictionnaire* de M. Littré, notamment une citation tirée des *Essais* de Montaigne.

homme Roaldès [1] est tousjours gaillard et garçon comme de coustume, et espère le voir encores ou à Toulouse ou à Marsillac, lieu de sa naissance.[2] Celui qui avoit promis à mon frère et à moi de tirer les pourtraictz de nostre pere [3] nous trompa à tous deux. Mais nous tascherons de le fair tirer à un aultre et suis marri que par la faulte d'autrui *ego non potui exolvere fidem nostram*. Je suis venu en ceste ville pour me faire purger, saigner et baigner à cause de la galle qui m'est venue, et demain je commencerai à prendre

---

[1] François Roaldès, un des plus savants jurisconsultes du xvie siècle, professa le droit à Cahors, à Valence et enfin à Toulouse, où l'avait attiré le premier président Duranti. Roaldès était, alors, presque septuagénaire, et c'est pourquoi Scaliger l'appelle le *bon homme*, comme il vient d'appeler Vinet. Roaldès, tant loué par le président de Thou, par Sainte-Marthe, par Scaliger (*Magnus jurisconsultus, totius antiquitatis eximie peritus*, dans *Prima Scaligerana*, p. 144), mériterait d'être moins oublié. Il n'est pas nommé dans le *Dictionnaire historique de la France*, de M. Ludovic Lalanne. Je publierai bientôt quelques lettres inédites de lui, précédées d'une notice où je chercherai de mon mieux à faire connaître le digne émule et le digne ami de Cujas.

[2] Marcillac est aujourd'hui un chef-lieu de canton du département de l'Aveyron, dans l'arrondissement de Rodez, à 20 kilomètres de cette ville. Sainte-Marthe s'était trompé en donnant la capitale du Rouergue pour berceau à Roaldès. Le président de Thou, mieux informé en sa qualité de disciple de Roaldès (à Valence), affirme, comme Scaliger, qu'il naquit dans *une petite ville nommée Marcillac* (Livre XCVI, à l'année 1589).

[3] Voir dans la *Liste des portraits illustres* (t. IV de la *Bibliothèque historique de la France* p. 266), l'indication de quatre portraits de Jules-César Scaliger et d'un portrait de Joseph-Juste Scaliger (ce dernier gravé par Edelinck, in-folio). M. Emile Montégut a très bien décrit (*Impressions de voyage et d'art*, dans la *Revue des Deux-Mondes* du 1er juin 1869, p. 564) le portrait de Scaliger qui orne, à l'Académie de Leyde, la salle du Sénat.

mon baing ; aultrement je demeurerois ladre. Monsieur et Madamoiselle de Roques qui sont venus en ceste ville ce-jourdhui [1] vous baisent les mains. Ainsi faict bien Pappon mon hoste.[2]

Monsieur, je vous baise tres humblement les mains, et à Madamoiselle Pithou avec son petit-fils qu'elle a faict,[3] priant Dieu vous donner à tous deux sa grace.

D'Agen ce 17 septembre 1583.

Vostre tres obéissant serviteur et ami,

Joseph de La Scala.

Je vous supplie faire publier vostre Juvenal. Il y a long temps que livre ne fust si bien receu que sera celluy la.

---

[1] M. et Mme de Roques habitaient probablement, en ce temps de vendanges, quelqu'une de leurs terres des environs d'Agen, soit Clermont-Dessous, qui est à 10 kilomètres de cette ville, soit Roquefort, qui est à 17 kilomètres de la même ville, soit Sérignac, qui n'en est séparé que par 13 kilomètres, soit Montesquieu, qui est à la même distance d'Agen que Roquefort, soit Guillot, dont il a été parlé à la page 140.

[2] Ceux de mes bons amis d'Agen qui ont le mieux étudié les vieux livres et les vieux papiers relatifs à l'histoire de cette ville, n'ont pu rien me dire de l'*hoste* Pappon.

[3] Le fils que Catherine Palluau donna, en 1583, à Pierre Pithou mourut en bas âge, comme ses frères. Voir sur cet enfant une note de M. P. Paris (*Choix de lettres françoises inédites,* par J.-A. de Thou, p. 36). Rappelons que, l'année précédente, Claude Sanguin avait donné à Claude Du Puy, à Agen, le 27 novembre, un fils qui, sous le nom de Pierre Du Puy, fut un des plus admirables travailleurs du xviie siècle. J.-Auguste de Thou, cousin germain de Claude Sanguin, écrivait à Claude Du Puy, le 30 mai 1583 (Recueil de M. P. Paris, p. 25) : « Je vous baise les mains et à Mademoiselle et vostre petit héritier gascon. »

Monsieur,[1] après ma premiere escrite, il m'est souvenu d'un procès que Monsieur de Roques a en la Chambre de Justice duquel Monsieur Du Pui est rapporteur. Il y a long temps que le dict procès traisne, et n'a tenu qu'au dit sieur rapporteur qu'il n'est esté expedié. Pourquoi, Monsieur, si vous savés quelque expedient pour le faire vuider, je vous supplie tres humblement pour l'amitié qu'il vous a pleu tousjours me porter, de faire de sorte qu'il soit despeché. La proximité du sang, qui est entre Monsieur de Roques et moi[2] m'a poussé à vous prier de ceci, et la bonne voulonté que je sai que me portés me donne esperance d'impetrer cella de vous. Il n'y a chose en ce monde que je desire de vous plus que cella, et d'autant que je me fie que vostre bonté ne permettra qu'en vain je vous aie prié de ceci, je mettrai fin à la presente, vous baisant tres humblement les mains, et priant Dieu etc.

D'Agen, ce 17 septembre 1583.

Vostre affectionné serviteur,

JOSEPH DE LA SCALA.[3]

---

[1] *Ibid.*, folio 187.

[2] Pierre de Secondat, le père de M. de Roques (Jean de Secondat), était fils d'une demoiselle de La Roque de Loubejac, tante, selon les uns, sœur, selon les autres, notamment selon J.-A. de Thou (*Mémoires*, Liv. II, à l'année 1581), d'Andiette de La Roque de Loubejac, mère de Joseph Scaliger. Ce dernier pouvait donc à bon droit invoquer sa proche parenté avec M. de Roques.

[3] Je néglige une insignifiante petite lettre (*Ibid.*, folio 188) écrite d'Abain, le 22 octobre 1583, à « Mr Pithou, substitut de Mr le Procureur général à Trois en Champagne. »

I.

A CLAUDE DU PUY.[1]

Monsieur,

Je ne sai si aurés receu les lettres que je vous escrivi de Touffou au mois de decembre[2] avant mon voyage de Berri, où j'ai demeuré jusques à present, et la plus part du temps ai demeuré avecques Monsieur Cujas.[3] J'ai eu le bon loisir de

---

[1] *Ibid.*, folio 52.

[2] Je ne vois pas, dans la collection d'où cette lettre est tirée, les lettres écrites en décembre 1583 à Claude Du Puy. J'y trouve en revanche (volume 496, folio 51) une courte lettre à Pierre Pithou, datée de Touffou, le 12 décembre de cette année. En voici les premières lignes : « Monsieur, estant arrivé en ce païs je n'ai trouvé Monsieur d'Abain. Toutesfois d'autant qu'il pense retourner incontinent après avoir receu l'ordre du Saint-Esprit, je n'ai voullu aller à Paris, joint aussi que le Roi et toute la Court est à Saint-Germain. » M. Teulet (*Liste chronologique des chevaliers de l'ordre du Saint-Esprit depuis son origne jusqu'à son extinction*, dans l'*Annuaire-Bulletin de la Société de l'histoire de France* pour 1863) mentionne (p. 39) comme ayant été reçu le 31 décembre 1583, en l'église des Grands-Augustins de Paris, « Louis Chasteigner, seigneur de la Rocheposay gouverneur de la Marche. »

[3] Dans une lettre à Pithou, du 22 février 1584 (vol. 496, folio 189), Scaliger indique d'une façon plus précise la durée de son séjour auprès de son ami : « J'ai demeuré cinq semaines à Bourges avecques Mr Cujas... »

lire le livre que Fregeville[1] a escrit contre moi, et contre mon livre *De Emendatione*,[2] car non seulement il s'attaque

---

[1] On ne trouve rien sur cet adversaire de Scaliger, ni dans le livre de M. Nisard, ni dans celui de M. Bernays, ni dans Moréri, ni dans Bayle, ni dans la *Biographie Michaud*, ni dans la *Biographie Didot*. Une fatalité trop persistante réduit à une seule ligne sans valeur ce qui en est dit dans le *Secunda Scaligerana* (p. 334) : *Fregeville non magni fit à Scaligero.* » Heureusement que La Croix du Maine (*Bibliothèque française*, édition de 1772, t. I, p. 500), et Du Verdier (t. IV, p. 417) nous apprennent que Jean de *Fregeville* était « natif de Réalmont en Albigeois, homme docte ès-mathématiques, et surtout en la chronologie, issu de la maison du Gault, » et nous donnent ainsi le titre de ses deux ouvrages :

Chronologie... contenant la generale durée du monde, démontré par la parole de Dieu (Paris, in-4°, 1582).

Traité chronologique, contenant plusieurs lettres recherchées et restitution des anciennes supputations des Ægyptiens, Assyriens Mèdes et Perses, conformes à l'Histoire Sainte, avec une Appologie du calcul de sa chronologie, que quelques-uns recentement ont voulu taxer (Paris, in-4°, 1583).

[2] Déjà dans la lettre à Pithou mentionnée plus haut (note 2), Scaliger disait : « Je n'ai encores veu le livre de ce fol de Fregeville, lequel toutesfois Monsieur de S. Marthe vous avoit adressé du temps que j'estois à Perigueus. » Scaliger ayant dû aller à Périgueux vers la fin de l'automne de 1583, le livre de Fregeville avait donc paru vers cette époque. Scaliger dit qu'il sait bien « qu'il n'y a rien qui vaille » et que Fregeville confesse, comme on le lui a rapporté, qu'il n'a été incité à écrire contre lui que parce que l'auteur du *De emendatione* l'aurait maltraité. « Et toutefois, » déclare Scaliger, « mon livre estoit presque imprimé avant que je visse le sien. » C'est à peu près comme dans la fable de La Fontaine :

Et je sais que de moi tu médis l'an passé. —
Comment l'aurais-je fait ? *Mon livre n'était né.*

Scaliger ajoute bien dédaigneusement : « Je le laisse là tel qu'il est, ignorant en toute bonne discipline en langue grecque et latine. »

à mon dit livre, ains à ma personne mesmes. Je ne vcis jamais livre si impertinent que celui-là, car il n'y a nul poinct de verité. C'est un home qui n'estudia jamais qu'en françois, et en sa Bible, laquelle toutesfois il entend comme moi l'Alchymie. Il ne pretend aultre occasion d'avoir escrit contre moi, que d'autant que je l'ai taxé en mon livre, comme il dit. Et toutesfois cela est faux, car je n'ai parlé contre âme vivante, que contre l'imposteur moine Annius,[1] lequel tout le monde suit encores en la chronologie. Mais le galand[2]

Dans une autre lettre à Pithou déjà indiquée (note 3), Scaliger s'exprime ainsi : « Et ai leu l'inepte livre que Fregeville a fait contre moi... Il n'y a rien qui vaille depuis le commencement jusqu'à la fin. »

[1] Annius de Viterbe (Jean Nanni), né à Viterbe, vers 1432, maître du sacré palais en 1499, mourut à Rome en 1492. Ce dominicain dut une fâcheuse renommée à la publication du recueil apocryphe intitulé : *Antiquitatum variarum volumina XVIII*, Rome, in-folio, 1498). On lit dans le *Secunda Scaligerana* (p. 195) : « *Annius Viterbiensis a esté veu par un homme qui me l'a dit, il estait fou, et talis habebatur. Dedit falsum Berosum... sed fuit deprehensum esse supposititium.* » « Quoique l'imposture fût grossière, » dit M. Daunou (*Cours d'études historiques*, t. XI, p. 39), « la plupart des érudits du xvie siècle en ont été dupes. » On voit que Scaliger, du moins, ne fut pas plus trompé par Annius de Viterbe que par le pseudo-Cicéron.

[2] *Galand*, c'est-à-dire, comme l'expliquent les auteurs du *Dictionnaire de Trévoux*, « homme à qui il ne faut pas trop se fier. » La Fontaine, dans sa délicieuse fable : *Conseil tenu par les rats*, s'est souvenu de ce sens :

> Or, un jour qu'au haut et au loin
> Le galant alla chercher femme.

voiant qu'en sa première chronologie il n'avoit rien dit qui
vaille, et que cela estoit descouvert par mes raisons, il a
voulu faire une seconde chronologie pour defendre ses erreurs, et n'aiant aultre pretexte d'escrire contre mes raisons
pour defendre les siennes, il s'est couvert de ce sac mouillé,[1]
come j'ai dit. Despuis, quelques-uns de ses familiers lui ont
remonstré l'incivilité de laquelle il a usé envers moi. Il a
respondu qu'il s'en repentoit fort, et qu'il l'a faict à la susci-
tation d'aucuns, qui lui avoient persuadé que j'avois parlé de
lui en mon livre. Vous voiés, Monsieur, que je suis un
σκμπὸν ἀντιλεγόμενον,[2] et un but contre lequel toute la populace
des ignorans et meschans tire. Je ne sai si Patisson aura
fait son devoir en vous envoiant de mes livres,[3] come je lui
ai escrit plusieurs fois. Je n'en ai encores eu et n'ai veû mon
dit livre que par emprunt à Bourges. Je serai à nostre païs
vers la fin d'avril, pour donner quelque fin à mes affaires si
je puis. Si ma cause vient devant vous, je vous supplie tres
humblement de me faire justice, et non aultre. Monsieur
d'Abain sera ici bientost, lequel j'attends. Cependent

---

[1] Ce proverbe, selon le *Dictionnaire* de Nicod, « convient à ceux
qui ne veulent jamais avouer leurs fautes ou qui se servent d'excuses aussi frivoles que si quelqu'un, pour se garantir de la pluye,
mettoit sur sa teste un sac mouillé. »

[2] Littéralement une cible à contradiction. Nous dirions familièrement aujourd'hui une *tête de Turc*.

[3] Des exemplaires du *De emendatione*. Patisson, en toute cette
correspondance, paraît avoir été un homme singulièrement né-
gligent.

Monsieur je vous baise tres humblemet les mains priant Dieu, etc.

De Chantemille en la Marche auprès d'Ahun[1] ce 22 fevrier 1584.

Vostre humble seruiteur,
Joseph de La Scala.

---

[1] *Ahun* est un chef-lieu du canton du département de la Creuse, dans l'arrondissement de Guéret et à 20 kilomètres de cette ville. M. Ad. Joanne (*Dictionnaire des communes de la France*) nous apprend qu'il existe encore au hameau de Chantemille des inscriptions romaines, dont quelques-unes ont été publiées par Gruter. Scaliger, à qui il avait été bien facile de recueillir ces inscriptions pendant ses divers et longs séjours à Chantemille, les communiqua libéralement, avec une foule d'autres, au savant épigraphiste d'Anvers.

LI

A JACQUES-AUGUSTE DE THOU.[1]

Monsieur,

J'eusse esté bien aise que le livre d'Antoni La Coste eust esté imprimé pour les belles choses qui sont disputées la dedans, et non pour le regard de la beste prophétique.[2] Mais d'autant qu'on a faict le long à l'imprimer, et que tout le monde en est abreuvé[3] et en a eu le vent,[4] j'escris à Patisson, qu'il me le renvoie. Car je suis du tout refroidi et ne me soulcie rien de tout les ignorans du monde. Ils m'ont enseigné de m'endurcir à leurs aboiemens.[5] Je ne me tourmente poinct qu'on die de moi bien ou mal. Ce m'est tout un. Vous avés peu ouir dire que *apud Lemanum*[6] quelques

---

[1] Collection Du Puy, vol. 838, fol. 11.

[2] Le livre que Scaliger avait écrit sous le pseudonyme d'*Antoni La Coste*, était probablement un traité où, à propos de chronologie, il s'occupait de la bête de l'Apocalypse et aussi, comme on va le voir, des misérables adversaires du *De emendatione temporum*.

[3] C'est dans le même sens que Montaigne a employé ce mot à l'occasion d'un récit trop répété « chascun en ayant esté abbruvé cent fois... »

[4] M. Littré n'a trouvé l'expression *en avoir le vent* que dans des écrivains du xviie siècle (La Fontaine, Thomas, Corneille, Hamilton).

[5] Ne reprochons pas trop à Scaliger cette irrévérencieuse métaphore, car je me souviens d'avoir vu la même expression appliquée par le grand philosophe Descartes à de hargneux adversaires.

[6] Au Léman, c'est-à-dire sur le bord du lac de ce nom, en d'autres termes, à Genève.

miens amis doctes et hommes d'honneur ont trouvé quelque chose à reprendre en mon *de emendatione temporum*. Je vous prie que quand vous orrés tenir tels propos, de dire qu'il est vrai qu'on y a repris je ne sais quoi. Mais on c'est trompé de 108 ans. Vous pouvés penser s'il y a de quoi me reprendre en cela. Il n'y a homme en cette ville la qui entende une page de mon livre de suite, et toutesfois ils sont mes grands amis, *et doctissimi, et probissimi*. Avant qu'il soit long temps nous monstrerons qu'ils s'abusent plus que ceux du parti contraire, qui commencent à recognoistre la peine que j'ai prise, et le but de la verité que j'ai touché. Les lettres que Monsieur Cujas a receu de Romme vous en pourront faire preuve suffisante. Que dirés vous, que ceux qui n'estudient qu'en la Bible, sont les plus ignorants en icelle? Si vous avés faict honneur à Antoni La Coste que de lire son livre, vostre gentil et bel entendement pourra bien juger que le dit La Coste est de mon advis,[1] et croi que vous aussi en rendrés pareil tesmognage. Quant au livre, il me suffist que vous l'aiés veu. Tant y a qu'il ne s'imprimera poinct. J'avois prié le sieur Estienne[2] de corriger les gasconismes, s'il y en a, comme il y en peust avoir,[3] mais il allègue merveilles. Ce-

---

[1] Scaliger plaisante en ayant l'air de n'être pas le même que Antoni La Coste et, pour ainsi dire, en se dédoublant.

[2] Henri Estienne, alors âgé de 56 ans, était à Genève depuis plusieurs années. Voir le savant article de M. Ambroise-Firmin Didot dans le tome XVI de la *Nouvelle Biographie générale* (col. 517-553).

[3] On est touché de l'humilité avec laquelle Scaliger daigne ne pas regarder comme chose improbable la présence en son livre de quelques *gasconismes* (M. Littré n'a donné sous ce mot aucun exemple. En voici un qui va bientôt avoir 300 ans !) Combien il est regrettable que l'on ne possède pas les pages écrites par Scaliger en français (on devine avec quelle verve et quels éclairs) contre ceux qui avaient attaqué son admirable travail chronologique ! En soumettant son manuscrit à la révision de Henri Estienne, Scaliger

pendant *me ne son cavata la voglia.*[1] Et toutes fois combien de livres sont aujourd'hui en lumiere qui ont plus mal parlé que la suffisance d'Antoni La Coste !

Monsieur, Je vous baise tres humblement les mains, priant Dieu vous donner en santé bonne et longue vie.

De Chantemille, ce vi avril 1584.

Vostre tres humble serviteur,

Joseph de La Scala.[2]

---

ne s'inclinait pas seulement devant les douze années que son ami avait de plus que lui, il s'inclinait surtout devant l'incontestable supériorité de l'écrivain de tant de goût et de finesse, auquel on devait déjà les *deux Dialogues du Nouveau Français-Italien* (1578), et l'*Essai sur la précellence du langage français* (1579). N'oublions pas que l'abbé d'Olivet — qui était lui-même un habile grammairien — regardait H. Estienne comme le meilleur grammairien du xvi⁰ siècle. A quel critique Scaliger aurait-il donc pu demander avec plus de confiance la correction de *gasconismes* dont nous serions si heureux de nous régaler aujourd'hui ?

[1] Je m'en suis fait passer l'envie.

[2] Le 27 avril 1589, Scaliger écrivit, « de Maleval en la Marche, » à J.-A. de Thou (vol. 838, fol. 12), au sujet d'un procès qu'avait M. d'Abain à Paris, contre M. de la Poupardière, seigneur de l'Aubressai, touchant le moulin et écluse de Touffou « pour lequel procès, » disait-il, « je vous supplie tres humblement faire ce qu'il vous sera possible en tant que vous jugerés qu'un homme de bien et de vertu comme vous estes peust faire pour son ami tel que je m'assure que M. d'Abain est envers vous. Je ne vous en ose importuner autrement, estant tres asseuré que vous ne vous y espargnerés en ce que vous congnoistrés estre juste et équitable. » Scaliger ajoute : « J'attends les doultes que MM. de Genève veulent envoier touchant mon livre, *item* ce que la Court de Rome pretend y reformer, ayant faict cas de mon œuvre. Le tout sera mis dans une apologie que je dresserai en Gascogne, qui vauldra mieulx que le livre d'Antoni La Coste, combien qu'il y ait de fort bonnes choses. »

LII

A JACQUES-AUGUSTE DE THOU.[1]

Monsieur,

Je suis retourné *ad Nitiobriges*,[2] pour veoir si je pourrai mettre quelque fin à mes affaires que j'ai par deça, et après m'en retourner en Poitou, là où je trouverai Monsieur d'Abain, qui m'attend pour aller à Paris vers la fin d'Aoust, où j'espère vous voir. Cependant, Monsieur, je vous recommande tres affectueusement le present porteur Monsieur de Roques,[3] lequel espere quelque faveur de vous, pour l'amitié qu'il sait que vous me portés de vostre grace. De ma part je m'asseure que vous aurés pour recomandé tout ce dont je vous prierai. Quant au livre d'Antoni La Coste, puisque vous l'aimés tant, que vous le voulés retenir devers vous, je vous l'apporterai à Paris, pour en faire ce que bon vous semblera. S'il n'a eu cest heur, que de comparoistre devant les hom-

---

[1] *Ibid.*, fol. 14.

[2] On lit dans le *Secunda Scaligerana* (p. 474) : « *Nitiobriges* sont ceux d'Agen. » Cf. *Prima Scaligerana* (p. 5), au mot *Aginum*, article qui, comme l'a fait remarquer Des Maizeaux, est tiré de la *Notitia Galliæ* insérée dans les *Opuscula varia* que publia Casaubon (1610, in-4°, p. 114-115).

[3] C'est toujours le même personnage dont il a été déjà si souvent question en ces lettres.

mes, ce lui sera plus grand honneur d'estre receu de vous, qui m'estes plus que tous les hommes ensemble.[1]

Monsieur, je vous baise tres humblement les mains, priant Dieu vous donner en santé bonne et longue vie.

D'Agen, ce 2 juing 1584.

Vostre tres humble serviteur,

Joseph de La Scala.

---

[1] Un collectionneur aussi zélé que le président de Thou, et un admirateur aussi fervent de Joseph Scaliger, n'aurait-il pas gardé copie du manuscrit d'Antoni La Coste? Et n'y aurait-il pas dans cette phrase un motif d'espérer que l'opuscule tant goûté par le futur *Maître de la librairie* pourrait n'être pas définitivement perdu? J'appelle l'attention de tous les chercheurs sur cet important problème d'histoire littéraire.

LIII

A CLAUDE DU PUY.[1]

Monsieur,

Il n'y a que quatre jours que je suis arrivé en ceste maison de Touffou, aiant demeuré trois mois environ en nostre pais d'Agenois, où il estoit de besoing que je donnasse ordre aus affaires, qui ne se pouvoient despecher sans ma presence.[2] Je suis maintenant hors de toute facherie et chicanerie, la la grace à Dieu, et encores que ce qui m'est demeuré ne monte pas le tiers de mon contract, si est ce qu'il vault mieus cela, que rien. Je confesse bien qu'un aultre frere n'eust pas faict ce que j'ai faict au mien. Mais j'aime mieus que ce blasme me demeure, que non pas que mon frere eust ceste prise sur moi. Je pensoie avoir cest heur de vous voir à ce mois de Septembre. Mais ce ne sera que quand le Roi

---

[1] Vol. 496, fol. 53.
[2] Ces affaires étaient celles dont il est question dans ce passage de l'étude biographique sur *Jules César de Lescale*, par M. J. de Laffore (p. 43), affaires qui n'avaient pas été entièrement réglées l'année précédente : « Joseph, que l'on trouve d'abord qualifié noble Joseph de Lescale, écuyer, seigneur du Colombier, dans les actes publics, devint seigneur de Vivès, en 1583, par suite d'un arrangement avec Sylve de Lescale, seigneur de Gohas, son frère aîné. » Le petit domaine de Vivès, situé dans le vallon dit de Vérone en souvenir de la ville italienne d'où les *La Scala* étaient originaires, avait appartenu à Andiette de La Roque Loubéjac, mère de Sylve et de Joseph. Voir dans les *Documents* sur *J. C. Scaliger et sa famille* publiés par M. Ad. Magen, une bien agréable et pittoresque note sur le *Vivès* d'autrefois et celui d'aujourd'hui (p. 32).

sera retourné à Paris,[1] où j'y pense demeurer jusques à la fin de janvier. Cependant je suis tout entièrement à vostre service, et fault que je vous confesse que je parti de vous à Perigueus avec tel regret, que je demeurai plus de quinze jours après mal content, ne me pouvant appaiser qu'en me souvenant de vous.[2] J'espere en Dieu qu'il me fera la grace que j'aurai le moien de suppléer à ce mien désir par vostre presence de laquelle esperant en brief jouir, je vous baiserai tres humblement les mains, priant Dieu, etc.

De Touffou, ce 27 août 1584.

JOSEPH DE LA SCALA.

---

[1] Henri III, le jour même où Scaliger écrivait cette lettre, quittait Lyon où il avait fait son entrée le dimanche 12 août (*Notes et documents pour servir à l'histoire de Lyon sous le règne de Henri III*, par A. PÉRICAUD (1843, in-8°, p. 102-104). Le roi que l'on retrouve ensuite à Moulins, à Blois, à Fontainebleau, à Vincennes, à Saint-Germain, ne vint à Paris que le 18 décembre suivant et encore ne fut-ce que pour quelques jours, puisqu'il passa les fêtes de Noël à Vincennes (*Mémoires-Journaux de Pierre de l'Estoile*, 1875, tome I, p. 165-176.)

[2] Phrase touchante et comme seule peut en inspirer une affection vraiment fraternelle.

LIV

A MONSIEUR D'EMERY,[1]

Maistre des Requestes ordinaire de l'Hostel du Roi.

Monsieur,

Il y a quatre jours que je suis arrivé en ce lieu, aiant demeuré trois mois en nostre païs de Gascogne, pendant lequel temps je n'ai eu aulcune nouvelle de vous, sinon que vous estiés griefvement malade,[2] et ç'a esté après le partement de M. de Roques auquel je baillai une lettre que je vous escrivi.[3] Despuis j'ai esté adverti de vostre santé, et confirmé encores par Monsieur de Saincte Marthe, lequel m'a donné son poëme Παιδο τροφίας,[4] accompagné de vostre Ἱεραχοσόφιον, que j'estime

---

[1] Vol. 838, fol. 15. J.-A. de Thou, qui jusqu'alors avait été conseiller-clerc au Parlement de Paris, s'était décidé, à la prière de sa mère, à prendre (10 avril) une charge de Maître des Requêtes. Voir les *Mémoires de la vie de J.-A. de Thou*, livre III, à l'an 1584.

[2] On ne trouve aucune mention de cette maladie soit dans les *Mémoires* que je viens de citer, soit dans les lettres publiées par M. P. Paris.

[3] C'est la lettre que l'on vient de lire, datée du 2 juin 1580.

[4] *Éducation des enfants*. Voici le titre du poème, titre que Scaliger s'est amusé à mettre en grec [: *Pædotrophiæ libri tres ad Henricum Galliæ et Poloniæ regem* (Paris, Mamert Patisson, 1584, in-4°.) L'auteur du *Manuel du Libraire* nous apprend que cette belle édition du poëme de Scèvole de Sainte-Marthe « se trouve assez ordinairement réunie à l'*Hieracosophion* de J.-A. de Thou, imprimé dans la même année et par le même typographe. »

present de deus perles transparentes. Mais il y a une tache, qui offusque leur belle et claire eau, qui est la mention faicte de moi, qui ne merite rien moins que cela. Mais la gloire, qui part de telles personnes que vous, retourne à eus, quand ceus à qui elle est attribuée, en sont indignes. Je ne puis dire, sinon que l'immortalité de mon nom, qui m'est asseurée sur voz beaus tesmoignages, est conjoincte avec celle de voz poëmes, qui vivront tant que les bonnes lettres fleuriront.[1] Je pensois vous voir à ce septembre mais ce ne peust estre qu'au retour du Roi à Paris, où je ne prétends aller pour aultre occasion, que pour vous voir, et faire la reverence à Monsieur le Premier Président, auquel cependent et à vous aussi je baise tres humblement les mains, priant Dieu

Monsieur vous donner en santé bonne et longue vie.

De Touffou, ce 27 aoust 1584.

Vostre tres humble serviteur,
Joseph de La Scala.

---

[1] Tout ce passage n'est-il pas remarquablement écrit ?

LV

A JACQUES AUGUSTE DE THOU.[1]

Monsieur,

Je vous escrivi à mon retour de Gascogne estant à Touffou. Despuis j'ai receu un pacquet qui venoit de Gascogne dans lequel il y avoit deus lettres, que vous m'escriviès de mois de juing, touchant les commentaires de mon père *in decimo* περὶ ζώων ἱστορίας.[2] J'en parlai quelque fois à mon frère : et lui demandai le livre pour le transcrire. Mais il me respondit qu'il les vouloit transcrire lui mesmes. Et n'en ai peu avoir aultre chose, car je ne demeurai guieres avecques lui. Et si me dit qu'il faisoit imprimer le dixiesme livre seulement avec le commentaire, et l'avoit dedié au president Duranti de Toulouse.[3] Je vous en dirai dadvantage, quand je vous verrai qui sera bientost. J'ai receu quelques quaiers[4] que

---

[1] *Ibid.*, fol. 16.

[2] Dans le Xe des livres d'Aristote touchant l'histoire naturelle des animaux.

[3] Le président de Thou (*Mémoires*, livre II, à l'année 1581) nous apprend qu'après la mort de Sylve de Lescale, le reste des notes de Jules César sur l'ouvrage d'Aristote vint entre les mains de Joseph qui l'emporta en Hollande et qui le laissa, en mourant, à son disciple Heinsius, mais en un si grand désordre, comme ce dernier l'écrivit à Casaubon, qu'il n'y avait nul espoir d'en faire jouir le monde savant.

[4] Scaliger donne au mot *cahier* la forme que lui donnait Rutebœuf, au XIIIe siecle, et Chastelain, au XVe, forme qui semble favoriser l'opinion des étymologistes qui font venir le mot du bas-latin *quaternum*, assemblage de quatre feuilles.

Messieurs de Genève m'ont envoié cottés des faultes qu'ils disent avoir trouvé dens mon livre. Je leur respons, et leur monstre leur peu d'intelligence en ceste matière, car en cinq quaiers je n'y ay trouvé que deux choses qui fussent vraies, et si sont de nulle importance. Ce qu'ils en ont faict, c'est *amice, non malevolentia ulla*. Aussi leur respon-je de mesmes : qui eust jamais pensé que les hommes fussent les uns si envieus, les aultres si ignorants? Je ferai bientost une seconde edition plus ample, et plus méthodique.[1] Je monstrerai bien au doigt l'ignorance de telles gens. Je voi bien que Monsieur de Malassise[2] ne se souvient plus de nous, touchant ses livres hebraiques, dont je vous ai escrit si souvent. Je chercherai un aultre moien pour les recouvrer. Cependent Monsieur, je vous baise très humblement les mains, priant Dieu vous donner en santé bonne et longue vie.

D'Abain, le 2 novembre 1584.

Vostre tres humble serviteur,

JOSEPH DE LA SCALA.

---

[1] Ce *bientost* ne fut pas justifié. La seconde édition, corrigée et augmentée, ne parut que 14 ans plus tard (Leyde, 1598).

[2] Henri de Mesmes, seigneur de Malasisse et de Roissy, était alors âgé de 52 ans. Comme il avait longtemps habité l'Italie, et qu'il avait gardé des relations avec les savants de ce pays, Scaliger l'avait fait prier de lui procurer les livres en langue hébraïque imprimés à Padoue et à Venise. Il avait le droit d'attendre un tel service de la part du condisciple de Lambin et de Turnèbe, du protecteur de Dorat et de Passerat, de l'ami de Paul de Foix et de Guy du Faur de Pibrac.

LVI

A CLAUDE DU PUY.[1]

Monsieur,

Je suis en peine si avés receu la lettre, que je vous escrivis à mon retour de Gascogne,[2] car je serois marri si vous pensiés que je ne feisse mon devoir, et ne me souleiasse de vous escrire. Je respon à Messieurs de Genève sur les articles qu'ils m'ont dressé touchant mon livre. S'ils ne sont aveugles, ils verront de combien ils se trompent. Peu s'en fault qu'ils n'aient faict comme Fregeville,[3] faust qu'ils m'escrivent amiablement, et l'aultre est furieux. Je ne puis trouver une *Isagoge chronologica Bucolleri*, faicte en l'an 1580,[4] de laquelle de Beze[5] faict un grand cas. Si homme

---

[1] Vol. 496, fol. 54.
[2] La lettre du 27 avril 1584, n. LIII.
[3] Voir les notes 4 et 5 de la lettre L.
[4] Abraham-Bucholcer, selon Moréri, Bucholtzer, selon Teissier, ministre protestant, né près de Wittemberg en 1529, mourut en 1584. Son *Isagoge chronologica*, qui va du commencement du monde à l'an 1580, a eu cinq ou six éditions. Cet érudit, dont M. Daunou ne s'est pas occupé dans ses leçons sur les chronologistes (*Cours d'études historiques*), a obtenu quatre lignes dans l'histoire universelle du président de Thou (Liv. LXXX, à l'année 1584) et plus de quatre pages dans les *Eloges des hommes savants* (T. III, p. 314-319). D'après le *Secunda Scaligerana* (p. 245), « Bucholtzems estoit un bon homme, mais il fait les jubilez de 50 ans entiers. »
[5] Théodore de Bèze, alors âgé de 65 ans, avait obtenu dès 1558, le droit de bourgeoisie à Genève. Il était un de ceux qui avaient adressé des observations à Scaliger au sujet du *De emendatione*

l'a, c'est vous.[1] Je vous supplie tres humblement, Monsieur, de me l'envoier, si l'avés, ou si la pouvés recouvrer. Je ne la demande que pour deux jours, et puis je vous la renvoierai. Je suis ici en un bout du monde où je ne voi rien, ni n'ai le moien de voir. J'ai veu Othomann *in Observationem Cujacii*.[2] Nous en parlerons ensemble bientost, s'il plaist à Dieu,[3] lequel, Monsieur, après vous avoir baisé tres humble-

---

temporum. Dans le *Prima Scaligerana* (p. 28), il est proclamé « *magnus vir procul dubio.* » Dans le *Secunda Scaligerana* (p. 230-231), les épines se mêlent aux roses, et parmi de singuliers détails sur les infirmités du successeur de Calvin, sur celles de sa femme dont il est dit : *ô la sotte femme !* on rencontre des appréciations comme celles-ci : « Il n'estoit pas docte en hébreu. Bèze reprend souvent et à tort Érasme ; il s'amuse et s'abuse à le reprendre, il n'a pas bien entendu les langues. M. de Bèze n'est pas de trop grande lecture. Il ne m'a pas voulu croire en beaucoup de choses. Il y a bien des Gallicismes dans ses vers. »

[1] Pouvait-on dire quelque chose de plus flatteur et de plus séduisant à un collectionneur, à un bibliophile tel que Claude Du Puy ?

[2] François Hotman, aussi savant jurisconsulte que vigoureux écrivain, était alors âgé de 60 ans. Ce Parisien allait mourir à Bâle six ans plus tard (1590). On trouvera les acerbes *Responsiones ad Cujacium* dans le recueil publié à Genève (1586, in-fol.) sous le titre d'*Observationum et Emendationum libri* xiii, recueil dont plusieurs parties avaient déjà paru séparément, et entr'autres celle dont Scaliger avait déjà eu connaissance en 1584. M. Dareste, auquel nous devions un si curieux *Essai sur Hotman* (Paris, 1850), a très-heureusement complété son premier travail en publiant, dans la *Revue historique* de 1876, un travail rédigé d'après des documents inédits : *François Hotman, sa vie et sa correspondance.*

[3] Scaliger en aurait parlé bien sévèrement à son ami, s'il l'avait jugé, l'ayant lu, comme il le jugeait avant de l'avoir vu, le 24 octobre 1584, jour où il écrivait à Dalechamps (dans le livre de M. Bernard, p. 313) : « Le pauvre homme [Hotman] a esté tousjours fol dans sa jeunesse ; il seroit marri, qu'il ne s'y tinst jusque à sa vieillesse. »

ment les mains, je prierai vous donner en santé bonne et longue vie.

D'Abain, ce 2 novembre 1584.

Vostre tres humble serviteur,

JOSEPH DE LA SCALA.

LVII

A CLAUDE DU PUY.[1]

Monsieur,

J'ai receu la vostre, et vous remercie tres humblement de la bonne souvenance qu'il vous plaist avoir de moi. Je n'ai encores veu la Chronologie de Bucolcerus. Mais je pense que ce sera ceste sepmaine que je la recevrai. Ce n'est pas la première honnesteté et courtoisie que j'ai receu de vous. Aussi ne vous en puis je remercier comme vous merités n'aiant encores paié mes premières debtes. Quant à la responsse que j'ai faict à Messieurs de Geneve, je n'en ai retenu copie aulcune pour deux raisons. L'une, pour ce que la chose ne le valoit pas tant pour mon respect,[2] que pour les propositions[3] que Monsieur Cornelius[4] m'a faict qui ne vallent pas

---

[1] *Ibid.*, fol: 55.
[2] Pour ce qui me regarde, de *respectus*, venu de *respicio*.
[3] C'est-à-dire observations, objections.
[4] Cornelius ne figure dans aucun de nos recueils biographiques et le *Scaligerana*, qui m'est venu si souvent en aide, n'a pas le plus petit mot sur ce personnage. Je le trouvé seulement mentionné sous un triple nom (*Bonaventura Cornelius Bertramus*) à la page 151 du *Scaliger* de M. Bernays, sous un double nom (*Cornelius Bertramus*) à la page 167 du même ouvrage, et enfin dans ce passage d'une lettre à Delechamps du 29 octobre 1584 (*Ibid.*, p. 312) : « Monsieur Cornelius et ses collègues avoient censuré mon livre et pensoient avoir trouvée la febve au gasteau : je leur repondis et monstre combien ils se trompent. Jusqu'à present, la grâce à Dieu, personne ne s'est attaqué à moy qui n'y ait laissé non seulement le poil, mais les dents. »

un clou,[1] d'autant qu'il ne sait ce qu'il dit. L'aultre parce que j'estois malade d'une demi coqueluche[2] qui court en ce pais. Mais les dits Messieurs de Geneve me doivent renvoier mes responses, d'autant que je les en prie, comme aussi je leur ai renvoié les miennes à leur requeste. Si tost que je les aurai recceues je vous les envoierai, et donnerai. Et si j'ai loisir je vous ferai un recueil des faultes que j'ai trouvées dans la version et commentaires de Monsieur de Beze sur le Nouveau Testament[3] qui sont en grand nombre, et peuvent faire juste volume.[4] Mais c'est entre vous et moi que je di ceci, et

---

[1] Un des personnages de Molière, s'exprime ainsi (*Précieuses ridicules*) : « Si l'on ignore ces choses, je ne donnerais pas un clou de tout l'esprit qu'on peut avoir. » Le *Dictionnaire de Trévoux*, où se trouve cet exemple, redonné par M. Littré, rappelle qu'on dit d'une chose sans valeur qu'on n'en donnerait pas un clou à soufflet, ou simplement un clou.

[2] *Coqueluche* est déjà dans la *Chronique* de Monstrelet (xv⁰ siècle.) La coqueluche était une maladie épidémique, une sorte de grippe, pour laquelle les malades se couvraient la tête d'un capuchon appelé *coqueluche*, d'où lui vint son nom. Je trouve dans le *Catalogue des livres rares et précieux de la bibliothèque* de M. Desbarreaux-Bernard (Paris, Labitte, 1879, n° 182), le *Traité de la merveilleuse prodigieuse maladie épidémique et contagieuse appellée coqueluche, très docte et très utile, faict et composé en forme de dialogue par maistre Jean Suan, natif de la ville de Nymes, en Languedoc* (Paris, 1536, petit in-8°), ouvrage non mentionné dans la *Bibliographie des sciences médicales* de M. A. Pauly (Paris, 1874).

[3] Ce fut en 1556 que Th. de Bèze publia sa traduction et son commentaire du *Nouveau-Testament* (Genève).

[4] Volume de moyenne étendue. Paul Colomiès cite cette édition posthume des observations de Scaliger : *Manipulus notarum in Novum Testamentum Genevæ editum* (1620, in-4°). Chauffepié, de son côté, cite *un Novum Testamentum græce, cum Jos. Scalig. in locos difficiliores notis* (Genève, 1619, in-4°), réimprimé avec des notes de Robert Estienne, d'Isaac Casaubon et d'autres érudits (Leyde,

je ne vouldroie pour rien que personne le sceust. Car j'ai
deliberé de les envoier au dit de Beze affin qu'il corrige tout
s'il faict une seconde edition.[1] Le present porteur Monsieur
Constans[2] est nepveu de Monsieur de la Borderie,[3] jeune
homme qui merite beaucoup pour sa vertu, et pour la bonne
part qu'il a aux lettres *quas vocamus humaniores*. Il m'a
prié que je lui donnasse entrée à vostre cognoisance parce

Elzevier, 1641, in-8o), et aussi dans les *Critici sacri*. De ces observations générales il faut rapprocher ce travail particulier : *Animadversiones in Bezæ Novum Testamentum* (dans les *Acta litteraria Henrici Leonardi Schurzfleischii* (Wittemberg, 1714, in-8o). On conserve à la Bibliothèque Nationale (Fonds latin, n° 17283), une copie des *Observationes in quædam Novi Testamentum loca*. En tête de ce recueil, qui provient de la bibliothèque du président Bouhier, on voit une copie du testament de Jos. Scaliger, pièce que l'on retrouve dans diverses autres collections du département des manuscrits, notamment dans la collection Du Puy (vol 663, fol. 1-8), et qui a été publiée, avec le testament de Jules-César Scaliger, d'après les dossiers des Archives départementales de Lot-et-Garonne, par M. Ad. Magen (*Documents sur Jules-César Scaliger et sa famille*, p. 75-81).

[1] La version de Th. de Bèze eut non seulement une seconde édition, mais plusieurs autres encore, et la meilleure de toutes est, dit-on, celle de Cambridge (1642, in-folio).

[2] C'était « *Constant, ministre de Montauban* » qui, dans le *Secunda Scaligerana* (p. 274-275) a un article où l'on trouve diverses choses curieuses sur les Albigeois (Constant possédait un poème, à leur sujet, du xiiie siècle) et sur l'Apocalypse, dont ce ministre s'était occupé avec plus de zèle que de succès). Le *Constans* dont parle ici Scaliger, reparaîtra dans une autre lettre.

[3] Jean Boisseau, sieur de la Borderie, avocat, fut un des premiers calvinistes de Poitiers. Florimond de Raymond le mentionne, comme un des plus fervents compagnons du jurisconsulte et poète Albert Babinet, un des apôtres de la Réforme en France (*La Naissance, progrès et décadence de l'hérésie de ce siècle*, liv. vii, chap. xi).

que lui et son oncle Monsieur de la Borderie se sont persuadez que vous me faictes cest honneur, que de m'aimer. Il desire donques, Monsieur, d'avoir accès à Vostre amitié, et parler quelquefois et apprendre de vous. S'il vous plaist donques de l'honnorer tant et moi aussi, que de l'estimer digne de vostre cognoissance, vous trouverez que non sans cause je vous le recommande. Et d'autant que je me fie de l'amitié qu'il vous plaist me porter je ne vous en parlerai plus avant, vous baisant cependant les mains, et priant Dieu, Monsieur,

Vous donner en santé bonne et longue vie.

De Poitiers, ce seisiesme novembre 1584.

Vostre tres humble serviteur,
Joseph de la Scala.

LVIII
A CLAUDE DU PUY.[1]

Monsieur,

Je vous remercie tres humblement de la Chronologie de Bucolcerus, laquelle je viens de recevoir tout maintenant. Ce n'est pas le premier article de mes comptes que j'ai à vous rendre, par lesquels je vous demeure tres obligé de si long temps mesmement estant reduit là que je ne vous puis paier que de remerciement. Je ferai mon proffit de ce livre aussi bien que de son *Isagoge*.[2] Car je voi bien sa methode par la Chronologie, mais ce n'est pas l'homme que Monsieur de Beze me preschoit tant par sa lettre, le faisant si excellent.[3] Il n'a rien faict que ce que les aultres ont faict, et a glosé la Chronologie et suite des temps des sermons et homélies des docteurs anciens. Et voilà tout. Je suis marri du décès de Janus Gulielmius,[4] et Carolus Sigonius,[5] et plus le

---

[1] *Ibid.*, fol. 56.

[2] Voir la note 4 de la lettre LVI.

[3] A-t-on conservé cette lettre de Théodore de Bèze à Scaliger ?

[4] Nous lisons dans le *Secunda Scaligerana* (p. 361) : « Guilelmius très docte jeune homme mourut à Bourges de fièvre ardente; il trouva dans les jours caniculaires un pot de vin qu'il but tout plein, et sur l'heure il mourut. » On trouvera, dans l'article *Guilelme* (Jean) du *Moréri* de 1759, d'abondants détails sur ce critique né à Lubeck en 1555, mort n'ayant pas encore trente ans accomplis. Seulement l'auteur de l'article ne parle pas du pot de vin du *Scaligerana* et se contente de dire : « Il alla à Bourges, dans le dessein de prendre les leçons de Cujas, mais à peine fut-il arrivé dans cette ville, que les chaleurs excessives qu'il avait essuyées lui causèrent une maladie, dont il mourut au mois de juin, d'autres disent de juillet 1584. » Aux citations tirées par le *Moréri* de l'*Histoire* de J.-A. de Thou, d'une lettre de Juste Lipse, du 1er décembre 1584, des *Jugements des savans* d'Adrien Baillet, je joindrai l'indication de deux autres citations non moins louangeuses empruntées par Ant. Teissier au *Polyhistor* de Morhof et à une page de Jérôme Groslot (de Lille).

[5] Nous avons déjà vu que Sigonio (Carlo) était mort le 12 août 1584.

serois-je si le bon Lipsius les suivoit.¹ Monsieur Cujas a failly les accompagner. Mais il se porte mieux à présent.² *Audieras et fama fuit.* Si vous saviès de nouvelles plus certaines du dit Lipsius, je vous supplie de nous en departir. J'ai respondu aux lettres qu'il m'escrivoit du mois de mars lesquelles je ne receus qu'après mon arrivée ici. Il m'advertissoit qu'il avoit envoié *Amphitheatralia* à Anvers pour imprimer.³ Je n'ai veu *Commentarii patris in decimo* περὶ ιστορίας ζώων.⁴ Mon frere se pouvoit bien passer de cela aussi bien que de me mettre en peine, comme il a faict.⁵ Je ne peux avoir de lui les aultres livres. Toutesfois il fauldra tascher de les avoir.⁶

---

¹ Juste Lipse ne devait mourir que 22 ans plus tard. Un de ses meilleurs biographes, M. J.-J. Thonissen (de Louvain), parle, à propos d'une maladie héréditaire dont souffrait Juste Lipse, d'un séjour du fécond érudit à Spa. C'était sans doute cette maladie qui avait inspiré à Scaliger la crainte de perdre son ami.

² Cujas se porta tellement mieux que, deux ans plus tard (22 novembre 1586), il se maria en secondes noces, étant âgé de 64 ans, avec Gabrielle Hervé dont naquit cette Suzanne qui n'eut rien hélas ! de la chasteté de la Suzanne biblique.

³ Cet ouvrage allait paraître en cette même année sous ce titre : *De Amphitheatro Liber, in quo forma ipsa loci expressa et ratio spectandi, cum figuris aeneis* (Anvers, in-4°).

⁴ Il est étrange que Joseph Scaliger n'ait pas eu connaissance un des premiers, sinon le premier, de l'édition des commentaires paternels donnée en 1584 par son frère aîné.

⁵ On voit que les deux frères n'étaient pas bien ensemble. Il y avait eu du refroidissement dans leur amitié à la suite du règlement des affaires d'intérêt en 1583. On retrouve dans l'article du *Secunda Scaligerana* sur Sylve (p. 560-561), quelques traces de l'amertume laissée par ce souvenir au cadet lésé, comme l'a déjà remarqué M. Ad. Magen *(Documents sur Jules-César Scaliger et sa famille,* p. 43 du tirage à part),

⁶ Scaliger les eut, en effet, mais seulement à la mort de son frère, comme je l'ai déjà rappelé dans une note que je complète ici en

Je n'ai retenu copie de mes responses à Messieurs de Geneve, d'autant que je leur ai respondu en haste, n'estant aidé d'un seul livre, mes livres estant tous à Touffou. *Item* j'estois malade. Tiercement je leur ai escrit qu'ils me les renvoient quand ils s'en seront servis, comme ils m'ont prié que je leur renvoiasse les leurs. Sitost que je les aurai receues, vous les aurés, et ne vous soulciés de leurs articles. Car il n'est besoing de les avoir, veu qu'ils sont assés evident par les constatations que j'en fai. Je suis marri qu'eux, qui sont mes amis, aient esvanté que j'eusse faict tant d'erreurs, comme ils ont donné entendre à plusieurs, veu qu'au contraire voiant nos responses, on verra qui tiendra plus du Fregeville, eux ou moi. Quand j'aurai loisir je vous escrirai toutes les matieres que j'ai faict sur les Commentaires de Monsieur de Beze *in Novum Testamentum.* C'est bien aultre chose et d'aultre importance que les animadversions de Monsieur Cornelius. Je fai ceci affin de les envoyer à Monsieur de Beze, si jamais il faict une seconde édition de ses Commentaires. Mais je m'asseure que vous n'en dirés rien à homme

---

mentionnant le passage de son testament par lequel il laisse à son fidèle disciple Heinsius le soin de les publier : « Et dans mon pulpitre verd sur lequel j'ay acoustumé d'escrire, j'ay mis à part les escriptures de mon père, ensemble les Commentaires *in Aristotelem de historia animalium*, lesquels Commentaires je prie le sieur Heynsius de vouloir tirer soigneusement et recognoistre, et après avoir corrigé l'escriture, les mettre en lumière, munis de tels prolegomenes ou preface que bon luy semblera ; et advenant que le sieur Heynsius ne les puisse faire imprimer, je veux qu'ils soient gardés dans la librairie de la ville de Leydem jusques à ce qu'il se trouve homme adonné pour s'aquiter de ceste charge. »

du monde. Ce n'est toutesfois encores besogne preste. Car j'ai aultre chose à faire. Cependent,

Monsieur, Je vous baise tres humblement les mains, priant Dieu vous donner en santé bonne et longue vie.

D'Abain, ce 3 décembre 1586.

Vostre tres humble et tres obéissant serviteur,
Joseph de La Scala.

LIX

A CLAUDE DU PUY.[1]

MONSIEUR,

Encores que j'aie les oreilles toutes *personatas rumore belli*,[2] si fault il que pour cela je ne reste à vous saluer, n'estant seur de vous voir si tost, que j'esperois, si la guerre dure.[3] Car si cela est ainsi, je n'irai poinct à Paris à ces Pasques, comme j'avoie deliberé, pour vous apporter mon

---

[1] *Ibid.*, fol. 60.

[2] Si les oreilles de Scaliger retentissaient du bruit de la guerre, c'est que les ligueurs avaient commencé les hostilités dès le mois de février 1585, que le duc de Guise s'était emparé de Châlons-sur-Marne le 21 mars, qu'une tentative sur Marseille avait été faite, le 7 avril, par ceux-là mêmes qui allaient se rendre maîtres de Lyon le 5 mai suivant, et qu'enfin de toutes parts on voyait courir aux armes (*Quique arma secuti impia*), pour s'entredéchirer, royalistes, huguenots et ligueurs.

[3] L'horrible fléau de la guerre civile, dépeint d'une façon si saisissante dans les *Tragiques* de d'Aubigné, devait durer pendant dix années encore presque sans interruption.

Elenchus anni Liliani.[1] Si Clavius[2] est refroidi de respondre

---

[1] Le *Lilio* dont il est question ici n'est point le célèbre *Lilio Gregorio Giraldi*, né en 1479 à Ferrare, et mort en 1552, l'auteur du *De annis et mensibus cœteris que temporis partibus dissertatio* (Bâle, 1541, in-8°), mais le Calabrois Louis Lilio *(Aloysius Lilias)*, qui, avant de mourir (1576), avait achevé son travail sur la réforme du calendrier, travail que son frère, Antoine Lilio, présenta au pape Grégoire XIII et qui fut approuvé (1582) par les savants chargés d'examiner les divers projets soumis au souverain Pontife. Voir Daunou, *Cours d'études historiques*, t. III, p. 215. Les *Tables des Epactes* dressées par Lilio avaient été insérées dans le recueil de P. Christophe Clavius : *Calendarii romani Gregoriani explicatio, jussu Clementis VIII* (1603, in-folio). On trouvera dans le tome V et dernier des œuvres complètes de Clavius (Mayence, 1611-1612, in-folio), avec cette très-savante étude sur le calendrier romain, diverses réponses aux attaques dirigées contre la réforme grégorienne, notamment aux violentes attaques de Scaliger. De même, on trouvera les attaques et les ripostes de ce dernier dans le recueil intitulé : *Hippolyti episcopi canon paschalis cum Josephi Scaligeri commentario. Excerpta ex computo græco Isaaci Argyri de correctione Paschalis. Josephi Scaligeri Elenchus et castigatio anni gregoriani* (Leyde, 1695, in-4°).

[2] Christophe Clavius, surnommé l'Euclide de son siècle, né à Bamberg en 1538, entra dans la compagnie de Jésus en 1555 et mourut à Rome le 6 février 1612. Clavius est fort maltraité dans le *Secunda Scaligerana* (p. 269-270). Voici un échantillon des aménités groupées en son article : « *Teuto est, bene bibit. — Tota res emendandi calendarium Clavio commissa, Asino qui præter Euclidem nihil scit.* — Clavius qu'on m'avoit dit estre un grand personnage et que j'ay trop loué est une beste. — C'est un gros ventre d'Aleman… etc. » Les indécentes injures de Scaliger n'ont pas empêché Clavius de garder la réputation d'un des plus grands mathématiciens de son temps. Voir Daunou, *Cours d'études historiques*, t. IV, p. 341. Les P. P. de Backer et Sommervogel ont publié l'analyse des immenses travaux de Clavius dans la *Bibliothèque des écrivains de la Compagnie de Jésus* (t. I, 1869, in-folio, coll. 1291-1296).

à moi et à François Monsieur de Candale,[1] comme je pense qu'il est, j'en suis très marri.[2] Car il falloit attendre cela avant que publier mon livre. Mais s'il est ainsi, qu'il se soit departi de ceste entreprise, je ferai imprimer mon livre. Car il fault descouvrir de trop lourdes et puériles faultes qu'a faict ce Lilius, tant pour advertir qu'on les corrige, que pour faire despit à je ne sais quels ignorans, qui disent que je suis un téméraire de m'estre attaqué à un si grand personnage, que Lilius. Je ne sai s'il estoit grand personnage ou petit. Bien sai je, qu'il n'entendoit rien en ceste matière, et moins ceux qui l'adorent. Le bon homme Vinet m'a escrit comment il a receu *Amphitheatrum Lipsii*.[3] Et je suis ici au bout du

---

[1] Je demande la permission de renvoyer mon lecteur aux *Notes et documents inédits pour servir à la biographie de Christophe et de François de Foix-Candalle, évêques d'Aire*, 1877, in-8°). J'ai mentionné dans cet opuscule (p. 10 et 11) le concours donné en 1574 par J. Scaliger à l'éditeur des livres attribués à Hermès Trismégiste et au traducteur de ces mêmes livres, et (p. 17) les objections adressées par le docte prélat au système soutenu par Clavius.

[2] Clavius répondit à l'évêque d'Aire dans des lettres particulières dont les originaux étaient possédés, un peu plus tard, ainsi que les répliques de *François, Monsieur de Candale*, par Florimond de Raymond, un des plus fervents collectionneurs du XVIe siècle (*Anti-Christ*, édition de 1697, in-8°, p. 765). Quant aux réponses à son plus ardent adversaire, les voici : *Josephi Scaligeri elenchus, et castigatio Calendarii Gregoriani a Christophoro Clavio Bambergensi societatis Jesu castigata* (Rome, 1595, in-8° de 144 p.) et : *Responsio ad convicia et calumnias Josephi Scaligeri, in Calendrium Gregorianum*, etc. Mayence, 1609, in-4° de 84 p.). L'auteur du *De emendatione Temporum* ne connut que la première, la mort ne lui ayant pas donné le temps de voir l'autre, mais il fut sans doute plus *marri* de la riposte de 1595 qu'il ne prétendait l'être ici du silence de 1585.

[3] Voir la note 4 de la lettre précédente. On voudrait bien avoir cette lettre de Vinet à Scaliger, ainsi que les autres lettres du *bon*

monde, qui n'en sai encores nouvelles, que celes que l'auteur m'en escrivit, à sçavoir qu'il avoit envoié ce livre à l'imprimeur.[1] Je pense qu'il y a de belles choses. Je manderai à Patisson, qu'il m'en envoie. Cependent,

Monsieur, je vous baise tres humblement les mains, priant Dieu vous donner en santé bonne et longue vie.

D'Abain, ce xiii avril 1585.

Vostre tres humble serviteur,

JOSEPH DE LA SCALA.

---

homme aux savants de son temps. M. R. Dezeimeris en a publié trois dans les *Archives historiques du département de la Gironde* (t. XII, 1870, p. 358-363). La collection Du Puy en renfermait d'autres qui ont été enlevées par un sacrilège voleur.

[1] Voir la lettre du 3 décembre 1584, n° LVIII.

LX

A CLAUDE DU PUY.[1]

Monsieur,

J'ai différé à vous escrire d'autant que je m'attendois tousjours de vous voir. Ce que ne pouvant faire qu'à Quasimodo, cependent je vous envoie *Metatoriam*,[2] pour vous advertir, que ce sera sans doute que je vous verrai incontinent après Pasques. Cependent je vouldrois savoir de vous, si auriés oui parler du livre qu'on a faict contre moi pour la défense *Anni Liliani* à Rome. J'entens que c'est Clavius jesuite de quoi je serai très aise s'il est ainsi,[3] tant pour le personnage, qui est bon homme, que parce que je m'asseure qu'il n'y a que lui à Romme, qui s'entende en ce mestier.[4] Je vous apporterai mon *Elenchus anni Liliani*, et ne demande aultre juge que vous, touchant les erreurs du dict Lilius, lesquelles

---

[1] *Ibid.*, p. 61.

[2] Sous-entendu *paginam*, c'est-à-dire une lettre qui sert à préparer le logement, qui annonce l'arrivée d'un hôte.

[3] Si c'eût été Clavius, les auteurs de la *Bibliothèque des écrivains de la Compagnie de Jésus*, qui n'ont rien laissé échapper, en auraient dit quelque chose. Ils n'indiquent aucun opuscule de leur confrère contre Scaliger antérieurement à 1595.

[4] C'étaient des paroles de ce genre que Scaliger regrettait, plus tard, quand il s'accusait, dans le dépit de la défaite, d'avoir trop loué son adversaire.

un homme peu versé en ces choses peust aisemment comprendre, après avoir esté disputées par demonstrations logistiques.[1] Au reste, Monsieur, il me souvient vous avoir escrit austresfois touchant un procés que Monsieur de La Clielle de Poitiers[2] a il a assez longtemps contre un surnommé Jacques. Le pere et les enfans sont de mes plus grands amis et familiers, et je ne puis moins faire que de m'employer pour eux de telle affection, que je m'asseure ils s'emploieroient pour moi. Et d'autant que le dict procez est par devant vous en la chambre de L'Edit, je vous supplie tres humblement d'avoir le dit de La Clielle et son droit pour recommandé. Je vous supplie de cela comme si c'estoit pour mon faict propre. Aussi de ma part je me fie tant de l'amitié qu'il vous a plu toujours me porter, que vous ne m'esconduirés de ma priere, et partant ne vous en importunerai plus, reservant encore vous en parler un mot à nostre première veue, ce qui ne sera si tost que je desire.

Monsieur, je vous baise très humblement les mains, priant Dieu vous donner en santé bonne et longue vie.

D'Abain, ce 19 avril 1585.

Vostre tres humble serviteur,

Joseph de La Scala.

---

[1] Ancien terme de mathématique, nom que l'on donnait à la partie de l'algèbre qui regarde les quatre premières règles.

[2] Je ne sais si c'est à la même famille qu'appartenait, au siècle suivant, le sieur de la Clielle, conseiller d'Etat et maître d'hôtel ordinaire du roi mentionné dans *Louis XIII à Bordeaux* (1876, in-8°, p. 16).

LXI

« A MONSIEUR PITHOU

« Substitut de Monsieur le Procureur général en la Court de Parlement, à Paris.[1] »

Monsieur,

Si ce bruit de guerre n'eust prevenu mon dessein, à l'heure que vous recevrés la presente, moi mesmes eusse faict ce qu'il fault qu'elle face, puis qu'ainsi est, que je suis contrainct de vous salluer par papier, ne me pouvant representer moi mesmes, comme j'avois deliberé, et le reservant à meilleure commodité, que celle que le malheur du temps nous appreste, si Dieu n'y met la main. J'avois quelque chose à vous communiquer pour le contrat passé entre mon frère et moi,[2] et estoit de besoing, que nous en eussions parlé un peu ensemble. Toutesfois les difficultés qu'y sont, desquelles estoit question, n'importent pas de beaucoup, et aime mieux les reserver à nostre premiere veue, que de vous en importuner d'avantage. Tant y a que si je n'eusse faict un second voiage,[3] c'estoit faict de nostre contract, qui eust esté peust estre mieus pour moi. Car on s'estoit si bien persuadé, qu'il

---

[1] *Ibid.*, fol. 190.

[2] Le contrat relatif au *boriage* de Vivès, dont il a été question dans la lettre LIII.

[3] Le second voyage de Scaliger en Agenais s'effectua, comme nous l'avons vu, dans l'été de 1584. Le premier voyage s'était effectué l'année précédente (juillet-septembre).

y avoit collusion¹ entre mon frere et moi, que les juges estans abreuvés de ceste opinion² ne se pouvoient tenir d'en dire à la volée quelque chose. Mais j'ai si bien solicité, que j'ai chassé tout le monde. Mesme que le plus fort crediteur,³ qui avoit faict sequestrer Vives, est content, et le tout m'est demeuré selon la teneur de mon contract. Maintenant j'ai si bien donné à cognoistre que je suis *dominus, et pro domino me gessi*, que j'ai déboursé près de 300 ▽⁴ pour réparations, frais de justice, et paié toutes les réparations des chemins,⁵ qui ont esté faictes despuis la commission du Roi, qui feust signifier au pais d'Agenois il y a maintenant un an. Car il y a un tres long chemin, lequel j'ai tout paié d'autant que mes prés et vignes sont de ce costé.⁶ Tellement qu'un qui aura deus mille livres de rente n'aura paié presque rien d'autant que son bien n'est sur le chemin public, comme j'ai paié, qui n'ai rien presque. Et tout ceci m'est tombé sur les bras lorsque j'ai commencé à estre maistre d'un bien lequel

---

¹ « Intelligence secrète dans les affaires, » selon la définition du *Dictionnaire de Trévoux*, « pour tromper un tiers. » (de *cum*, avec, *ludere*, jouer).

² *Abreuvés* pour *imbus*. Nous avons déjà rencontré cette expression.

³ Le *crediteur* était le *créancier* du xvi⁰ siècle. M. Littré a cité sous ce mot une phrase de Montaigne.

⁴ Signe abréviatif pour écus.

⁵ Ces détails donnés par le seigneur de Vivès sont d'autant plus curieux, que Scaliger, propriétaire, nous était moins connu.

⁶ Les prés et vignes dont il est ici question étaient situés dans la paroisse de Monbran, comprise aujourd'hui dans la commune d'Agen. Il en est fait mention dans l'*Etat de la fortune immobilière de Jules César Scaliger, d'après le rôle des tailles du cadastre de 1556* publié par M. Ad. Magen (*Documents sur Jules-César Scaliger et sa famille*, p. 68).

jamais ne vauldra ce que j'y ai emploié. Et expressement je vous escri ceci d'autant, que mon frère dit partout que je lui ai faict tort. Vous qui de vostre grace avés dressé nostre contrac, serés toujours tesmoing du contraire. Je lui ai escrit dernièrement et l'ai prié qu'il m'alleguast les causes dont il se sent intéressé, affin que je lui monstre que c'est lui qui a le tort, ou aultrement je confesserai que c'est moi. Cependent il me menace d'un coup, lequel je recevrai tousjours *pectore aperto*, c'est qu'à ces Pasques il me doit sommer de prendre mon argent. Pensés si je ne suis pas tout prest à tendre mon manteau[1] pour le recevoir. Si cela est ainsi, comme beaucoup m'advertissent, j'attend de pied quoi[2] la sommation qu'il me fera, car desja ma belle sœur[3] m'en a menacé en barbe.[4] Il faudra bien que vous me faciez ce bien, s'il vous plaist, quand je vous en escrirai, de me conseiller comment je me doi gouverner en cela. Les réparations que

---

[1] L'expression métaphorique *tendre le manteau* employée pour *recevoir de l'argent*, n'est citée ni dans le *Dictionnaire de Trévoux*, ni dans le *Dictionnaire* de M. Littré.

[2] C'est-à-dire de pied tranquille, de pied ferme. On écrivait autrefois *quoi* pour *coi*, comme *quaier* pour *cahier*. On lit dans le plus beau poëme du moyen-âge, dans la *Chanson de Roland*, *quei* pour *calme*, et, deux siècles plus tard, *quai* dans le roman de *Berthe* et dans l'*Histoire de Saint-Louis*, par Joinville. Montaigne a dit : Si les ennemis vous courent sus, attendez les de *pied coy*.

[3] Catherine de Biran de Gohas. Voir dans les documents sur J.-César Scaliger et sa famille de M. Ad. Magen (p. 69-74) le contrat de mariage déjà cité, de Silvo de Lescale avec Mademoiselle de Biran, contrat de mariage signé au château de Cuq, en Bruilhois, le 30 mars 1575.

[4] *En barbe* pour *à ma barbe*. L'expression *en barbe* est dans Calvin, dans Rabelais, dans La Noue, etc.

j'ai faictes pour les chemins ne se peuvent compter, je le
sai bien. Mais je ne sai que dire touchant celles de la maison,
pour lesquelles il y a pour un item 120 et tantost dis, tantost
plus, tantost moins. Cela n'est pas exprimé au contract, et
veu que vous avés donné terme de dix ans à rachat, il n'y a
rien toutesfois de spécifié pour les réparations. Quand nous
en serons là, je vous en essrirai. Je ne sai si ceste guerre
empeschera ce coup de poignard, dont mon frère me menace,
lequel j'ai grand peur qu'il ne m'advienne. Au reste, j'avois
grande envie de vous monstrer mon *Elenchus Anni Liliani*,
car jamais chose ne me succeda mieus[1] à mon gré, je
n'atten si non l'Apologie que Pater Clavius Jesuite faict à
moi, et à François Monsieur de Candale. Car il lui a esté
enjoinct du Consistoire de respondre à tous deus, nonobstant
que ce bon homme l'ait refusé. Mais ça esté en vain.
Je ne demande que trois jours pour respondre tant pour le
dit Seigneur de Candale que pour moi, et joindrai cela avec
mon Elenchus. Vous verrés puis après le tout. Mais selon ce
que j'ai peu cognoistre par ceus qui ont escrit et escrivent
souvent de Romme à Monsieur d'Abain, il n'est nulle nouvelle
de ceste Apologie. Quoique ce soit, mon livre est tout
prest, et sera imprimé, et vous sera communiqué auparavant.
Monsieur Maulé[2] a un procès de Monsieur d'Abain, pour en
estre rapporteur, et il vous doit estre communiqué en vostre
parquet, comme il nous a été enjoinct par la Cour. Je vous
supplie, Monsieur, de le voir et l'expédier le plustost qu'il
vous sera possible, et faire cela tant pour l'amour du

---

[1] *Succéder* pour réussir. *Tout lui succédait*, a dit Bossuet. *Tout leur rit, tout leur succède*, a dit La Bruyère.

[2] Edouard Molé, alors conseiller au Parlement de Paris, devint président à mortier en 1602 et mourut en 1619. Ce fut le père de l'illustre premier président Mathieu Molé.

dit Seigneur qui le mérite, et vous en supplie, que pour l'amour de moi, qui vous en serai obligé tout le temps de ma vie. Si vous pouviez trouver un homme propre pour les enfans du dict seigneur, docte en la langue grecque et latine, et philosophe, vous le tireriés d'une grand'peine. Il vous plaira d'espier ou les moiens d'où chercher, ou l'occasion qui se pourra offrir. Cependent,

Monsieur, je vous baise bien humblement les mains priant Dieu vous donner sa grâce.

D'Abain, ce 23 avril 1585.

Vostre tres affectionné à vous faire service,
JOSEPH DE LA SCALA.

LXII

A CLAUDE DU PUY.[1]

Monsieur,

J'ai receu premièrement vos lettres, en après les *Critica Lipsii*,[2] de quoi je vous remercie tres humblement, et vouldrois avoir le moien de m'en pouvoir revencher par quelque bon service. Je suis ici confiné en un coing du monde où je n'ai nulles nouvelles de livres : Comme je m'asseure que beaucoup ont esté imprimés, dont je n'en sai rien. Monsieur d'Abain a receu ces jours passés de Rome la Harangue que Monsieur Muret a faicte sur la délibération de créer un Pape au lieu du defunct,[3] laquelle harangue m'a semblé une des meilleures que le dit Muret ait faict.[4] Mais il n'y a nulles

---

[1] *Ibid.*, fol. 62.
[2] Je ne trouve aucun ouvrage publié sous ce titre par Juste Lipse soit en 1585, soit dans les années précédentes. Scaliger voudrait-il parler des notes critiques de Juste Lipse sur Valère-Maxime, lesquelles parurent en 1585 (*Valerii Maximi Dictorum factorum que memorabilium libri* ix. *Accedunt animadversiones et brevæ notæ Justi Lipsi ad eundem* (Anvers, in-8°)?
[3] Grégoire XIII était mort le 10 avril 1585 et avait eu pour successeur, le 24 du même mois, Sixte V.
[4] Le président de Thou (*Histoire*, livre LXXXII) a fait une mention particulière de cette belle harangue que l'on retrouve dans toutes les éditions des œuvres du grand humaniste : « Au bout

nouvelles de *Anno Liliano*, ni de Clavius; *ac suspicor rem omnino tepuisse*. Tant y a que je supprimerai l'édition de mon livre, en attendant ce qu'on fera,[1] mais surtout m'en rapportant à vostre jugement, sans lequel je ne ferai rien. Jay reçeu *ex finibus Allobrogum*[2] *Fr. Othomanni de re nummaria* envoié par l'auteur mesmes.[3] Il a assemblé tout ce qui estoit espars ès auteurs modernes, qui ont traicté ceste matière. Nous en parlerons ensemble quelque jour, si Dieu nous faict la grâce d'avoir quelque respit de ceste guerre, pour le moins, si nous n'en avons aultre asseurance de paix. Cependent

Monsieur, je vous baise tres humblement les mains, priant Dieu vous donner sa grace.

D'Abain, ce 4 juing 1585.

Vostre tres obeissant à vous servir,

Joseph de La Scala.

---

des neuf jours qui suivirent la mort de Grégoire XIII, dit-il, Marc-Antoine Muret fit à l'assemblée des cardinaux une harangue fort éloquente, par laquelle il les exhorta à donner à l'Eglise un chef qui eut en même temps et la piété de Pie V et la prudence du dernier Pontife. » L'habile orateur mourut un mois et demi après, le 4 juin 1585, c'est-à-dire le jour même où Scaliger lui rendait un si juste hommage.

[1] Nous avons vu que Scaliger devait attendre jusqu'en 1595.
[2] C'est-à-dire de Genève.
[3] Scaliger veut sans doute parler du traité de François Hotman : *Disputatio de aureo Justinianeo* (Genève, 1585, in-8°).

LXIII

A CLAUDE DU PUY.[1]

Monsieur,

Ce n'est que dès maintenant que j'ai entendu vostre maladie, mais je loue Dieu que j'ai entendu plus tost la guerison que le mal. Je n'ai encore receu l'epistre *ad Galatas*,[2] car la charrette du messager n'est encore arrivée. Cependant je vous remercie tres humblement de la bonne souvenance qu'il vous plaist avoir de moi, laquelle je recognoistrai toujours *etiam publico testimonio*. Monsieur de La Vau m'a escrit qu'il vous donne tout loisir de ces papiers dont m'avés escrit. Si c'est quelque chose du mien, cela ne merite poinct qu'y emploiés vos heures. Je ne sai si vous entendés de quelques paroenesis[3] grecques que j'ay rangées par genre de vers. Je croi que j'en ai retenu une copie, mais elle est à Touffou où je ne vai pas encores. Mais j'ai moien de les faire chercher dans ma librairie, et pour l'amour de vous je les repeterai et corrigerai. J'ai seulement choisi les paroenesis ἐμμέτρους, sans en adjouster rien du mien affin que la

---

[1] *Ibid.*, fol. 63.
[2] Il s'agissait sans doute de quelque commentaire de l'Epître de Saint-Paul aux Galates.
[3] *Parénèse*, exhortation à la vertu. Michel Néandre donna le titre de *Parénèses* aux homélies qu'il composa sous le nom de Saint-Nil.

jeunesse les apprenne mieux d'autant que ce sont des vers. Il y a assés bone pièce que j'ai entendu le décès de Muret, duquel aussi j'ai veu une harangue qu'il feist le lendemain de Pasques[1] sur la deliberation de créer le nouveau Pape, laquelle harangue me semble très excellente, et peut estre la meilleure, et la moins contrainte qui ce (sic) soit veu depuis cinquante ans en çà. Elle m'a fort pleu. C'est domage de la mort de un tel homme. Car il n'y a aujourd'hui italien qui approche de sa valeur.[2] Quoique ce soit, il est mort riche,[4] là où il n'eust esté qu'un pauvre regent s'il fust demeuré en France. Or,

Monsieur, je prie Dieu qu'il lui plaise vous donner parfaite guerison et vous maintenir en sa garde.

D'Abain, ce 23 juillet [1585.]

Vostre très humble serviteur,

Joseph de La Scala.

---

[1] La fête de Pâques fut célébrée, en 1585, le 21 avril.

[2] L'oraison funèbre est courte, mais elle est bonne, bonne surtout si l'on considère l'habituelle sévérité de Scaliger. Rapprochons cela du passage suivant du *Secunda Scaligerana* : « Il faut lire tout ce qu'a fait Muret ; il a parlé mieux latin qu'aucun autre qui soit ; les Italiens l'ont admiré. C'estoit un très grand homme que Muret. Après Cicéron, il n'y a personne qui parle mieux latin que Muret. »

[3] Les Italiens eux-mêmes, par l'organe de Victor Rossi, cité par Teissier (t. III, p. 328) ont reconnu qu'il fut le prince des orateurs de son temps. Il est sûr, ajoute l'auteur des *Eloges des Hommes savans* (p. 330), que ce Muret, tout Limousin qu'il était, s'est fait admirer à toute l'Italie. »

[4] Voir sur ce point le *Scaligerana Secunda* (p. 464 et 465). On lit dans l[5] *Naudœana*, p. 41) qu'à Rome Muret amassa beaucoup de bien par la libéralité de Grégoire XIII.

LXIV

A CLAUDE DU PUY.[1]

Monsieur,

Il y a assés longtemps que je n'ai eu de vos nouvelles, et que je ne vous ai escrit des miennes pour autant que je n'ai rien digne de vous. Toutesfois il me souvient tousjours de vous, et de mon devoir, et n'ignore poinct que c'est à moi de rechercher tousjours les occasions pour me ramentevoir [2] en vostre bonne grace, quelque fortune que je doive courir, come à la verité le temps s'est offert, auquel s'il ne nous estoit commandé de bouger, toutesfois il nous fauldroit tenir bagage troussé pour prevenir tout comandement. Mais ce sera quand il plaira à Dieu, et non à la discretion des hommes. Au reste je ne desiste pour cela de me resjouir, et quelques fois visiter nos livres. Mais c'est avec telle moderation, que nous ne preferons nos estudes à nostre santé, come peust estre nous avons aultres fois faict, et en faisons come du dessert, au lieu qu'aultresfois c'a esté nostre prin-

---

[1] *Ibid.*, fol. 66.
[2] *Ramentevoir*, remettre en mémoire, rappeler au souvenir, est encore dans le *Dictionnaire de l'Académie française* (édition de 1878). C'est un mot du xiie siècle qu'au xviiie Voltaire a souvent employé.

cipal banquet.¹ Aussi suis-je ici cǫme relegué et confiné en lieu, où je ne hante presque personne, la peste nous aiant assiegés de toutz costés. Car je ne sai ville ici auş environs, qui soit exempte de ce fleau. A Bourdeaux il y est mort de bon compte seize mil personnes.² Le président La Lane et aultres de la court y ont laissé et la peau, et le gaing, et la conscience.³ A Agen on commence de faire de mesmes.⁴ Ici

---

¹ Scaliger n'avait que 45 ans quand il disait si agréablement que le travail n'était pour lui qu'une chose accessoire.

² Le chiffre était un peu exagéré. On lit dans la *Chronique Bourdeloise* de Gabriel de Lurbe (à l'année 1585) : « Puis le mois de juin la contagion est si grande à Bourdeaux jusques au mois de décembre, que 14,000 et quelques personnes de compte fait, en meurent. » Le chroniqueur Jean Darnal (supplément, 1666, p. 95) n'indique aucun chiffre et se contente de dire que « la contagion fut extrêmement grande à Bourdeaux. » Dom Devienne ne mentionne même pas la peste de 1585 (*Histoire de la ville de Bordeaux*, in-4o, 1771).

³ Il est question de ce président La Lane « seigneur d'Useste et Villandraut » dans la *Chronique bordeloise* de Jean de Gaufreteau, publiée par M. Jules Delpit pour la société des Bibliophiles de Guyenne (t. I, 1876, p. 180). Le président de Lalanne est plusieurs fois mentionné dans l'*Histoire du Parlement de Bordeaux* par M. Boscheron Des Portes (1878, t. I) et dans les *Archives historiques du département de la Gironde*. On trouvera sur lui une excellente note dans le *Journal de maître Jean de Solle*, publiée par l'abbé de Carsalade Du Pont (Auch, 1877, p. 19).

⁴ On a moins de renseignements sur la peste de 1585 que sur celle de 1628 dont M. Ad. Magen a exposé les principaux incidents dans *La ville d'Agen pendant l'épidémie de 1628 à 1631 d'après les registres consulaires* (Agen, P. Noubel, 1867, in-8o). Nous trouvons cependant la mention suivante dans un registre manuscrit des Archives municipales d'Agen, intitulé : *Testamens pour les Srs Consuls* (BB. 35). « Il a pleu a Dieu entre autres fleaus viziter ceste année les habitans de la presant ville et jurisdiction, de la malladye

nous avons Mirebeau,[1] où il n'y demeure rien.[2] Le bon homme Vinet est enserré dans son collège, à cause que quatre de ses regens ont suivi le bon président La Lane.[3] Toutesfois il est fort bien secouru et assisté de la maison de ville, come m'a escrit Monsieur de Presac.[4] Je m'asseure que

---

de peste dès et despuis le quinziesme d'aoust, à laquelle nous avons remedyé et pourveu le mieulx quil nous a esté poussible, de sorte qu a present par la grace et misericorde de la divine maiesté elle prent quelque fin, et ne reste que bien peu de mallades et infectz. »
Les Consuls ajoutent qu'il faut veiller activement à ce que les commissaires de quartier fassent soigneusement désinfecter les maisons pour que la contagion ne recommence pas au printemps prochain. La rédaction de ce document a été faite à la fin de l'année. On ignore le nombre de victimes que fit cette cruelle maladie dans la juridiction d'Agen.

[1] Mirebeau-en-Poitou, chef-lieu de canton de l'arrondissement de Poitiers, à 28 kilomètres de cette ville.

[2] Savait-on que la ville de Mirebeau eût été aussi cruellement dépeuplée par l'épidémie de 1585 ?

[3] *Le bon homme* Vinet ne resta pas, aussi *enserré* que veut bien le dire ici Scaliger. M. E. Gaullieur (*Histoire du collège de Guyenne*, 1874, gr. in-8°, p. 366), s'exprime ainsi : « Le collège de Guyenne fut frappé tout des premiers : le régent chargé de la classe des *secundani* fut emporté après quelques jours de maladie ; mais la perte la plus regrettable fut celle de Jehan Hervé, sous-principal du collège et recteur de l'Université de Bordeaux. Sa mort fut un rude coup pour Elie Vinet. L'épouvante était générale, chacun fuyait en toute hâte une ville désolée ; dès les premiers jours du mois d'août, le collège en fut réduit à fermer ses portes ; le Parlement même, pressé par une ordonnance royale, prit le parti de se réfugier à Libourne. Après avoir renvoyé dans leur famille la plupart de ses écoliers, Elie Vinet se rendit à la campagne, aux portes mêmes de Bordeaux... »

[4] Geoffroy de la Chassaigne, sieur de Pressac, né à Bordeaux, gentilhomme ordinaire de la chambre du roi Henri III, auteur du

vostre climat de Seine n'aura pas meilleure vendange, que cestui-ci, où dès l'heure que je vous escrivois ceci, il n'y avoit auscun raisin meur, à cause des grandes pluies. Je ne sais si les foires de Francfort n'apportent meilleure vendanges de livres, et si nostre *pater* Clavius aura faict imprimer son Apologie, car on ne nous en escrit rien de Romme. Je desire fort en savoir des nouvelles, si en aurés apris quelque chose, *item* si on a faict imprimer en Allemagne je ne sai quoi sur le Talmud, comme l'on m'a donné entendre, *item* qu'est devenu le Gellius et Macrobius de Carrio; veu qu'on m'a dit qu'ils s'imprimoient. Mais surtout je serai bien aise d'entendre comment vous vous portés depuis vostre grande maladie, de laquelle je n'avois rien entendu auparavant vostre dernière lettre. Cependent, Monsieur, je vous baise tres humblement les mains, priant Dieu vous donner en santé bonne et longue vie.

D'Abain, ce 9 octobre 1585.

Vostre tres humble serviteur,

Joseph de La Scala.

Cléandre, traducteur des épîtres de Sénèque, etc. Voir sur ce docte fils du non moins docte président au Parlement de Bordeaux, Isaac de la Chassaigne, la *Bibliothèque françoise* de La Croix du Maine (1773, t. I, p. 279).

LXV

A CLAUDE DU PUY.[1]

Monsieur,

J'ai receu vostre lettre, mais encores je n'ai pas les diverses leçons de ce glorieux Robertus Titius.[2] Je croi qu'il y doit avoir et de l'ignorance et de la presomption, toute presque cette nation estant tombée en ceste maladie, et la nostre aussi s'y laisse aller, si Dieu n'y remedie. Je suis ici attendant ce qu'il me fault faire et me semble que je suis comme Cicero escrivant à Atticus du temps de la proscription, et aussi du temps de la guerre civile. Car les deliberations que nous lisons en ses epistres, se peuvent toutes approprier à nous, et prens plaisir de les lire quelques fois. Car changeant les noms, nous pouvons prendre ces epistres comme si elles estoient faictes pour nous. Je vous remercie tres humblement de l'offre qu'il vous plaist me faire de voz moiens,

---

[1] *Ibid.*, fol. 67.
[2] R. Titi était un critique italien qu'ont négligé les rédacteurs des dictionnaires biographiques anciens et modernes, mais dont il est ainsi fait mention dans le *Secunda Scaligerana* (p. 599) : « Rob. Titius vit encore. *Profitetur Bononiæ*. Le livre de Titius est gros, à l'imitation de Victorius, lequel il reprend à tort. » Ce livre était intitulé : *Locorum controversorum libri decem, in quibus plurimi veterum scriptorum loci conferuntur, explicantur et emendantur multo aliter quam hactenus a quoquam factum sit.* (Florence, 1583, in-4°).

desquelz jamais je n'ai douté, m'asseurant tousjours de vostre sincerité, καὶ τῆς ἀνυποκρίτου φιλοκαλίας. Je ne puis, di je, pour cest heure sinon vous en remercier, et tenir l'offre, comme si l'effet s'en estoit en *suivi*, me ressentant autant de la promesse que de l'execution. Je ne fauldrai à vous dire à Dieu par escrit, s'il fault quitter le Roiaulme,[1] à quoi je n'aurai aultre regret, que de m'esloigner de vous, aiant esté frustré de vostre veue il y a desjà un an.

Toutesfois je me fie, quelque orage qui tombe sur nous aultres pauvres φυγάδες, quelque exil qu'il nous faille subir, de vous voir en vostre maison. Je tien cela comme tant seur, quoiqu'il tarde. Je n'ai sceu que dernièrement que Monsieur Groullart fust premier president en la cour de Parlement de Rouan, de quoi j'ai esté bien aise.[2] Et desirerois que tous ceux que j'aime et cognois estre capables de semblable dignité, y fussent receus. Mais cela ne peust arriver que sa vertu ne soit recognue des grands. Dieu y mette la main, lequel je prie,

Monsieur, vous donner en santé bonne et longue vie et vous baise tres humblement les mains.

D'Abain, ce 4 novembre 1585.

Vostre tres humble serviteur,

JOSEPH DE LA SCALA.

---

[1] On était alors au milieu des plus grandes fureurs de la guerre civile, et Henri III, quelques semaines auparavant, avait révoqué tous les édits de pacification accordés aux huguenots.

[2] Groulart n'avait que 34 ans quand il fût nommé (1585) premier président du Parlement de Normandie.

LXVI

A CLAUDE DU PUY.[1]

Monsieur,

La presente sera encores pour vous remercier bien humblement un aultre fois du livre de Robertus Titius, lequel j'ai leu non sans grand admiration, non seulement qu'un homme si ignorant et si presonteueus se soit trouvé en Italie, qui aie voulu mettre en lumiere un livre plein de tels fatras, mais encores qu'il soit si depourveu d'amis, que nul ne l'aie adverti de son erreur, et detourné de publier sa honte par son œuvre. Il y peust avoir demi douzaine de chapitres tolerables en ce livre : comme il n'y a personne de si deplorée ignorance, auquel verité ne lui eschape quelques fois. Mais quant au reste, ce n'est qu'ignorance, vanité, vanterie, calomnie. Je vous l'aurois tost deschifré si j'estois auprès de vous. Ce n'est qu'un asne. Il en veult à moi plus qu'à aultre, qui est signe qu'il a trouvé en moi naturel dissemblable au sien. Je suis marri que je ne vous puis tracer maintenant en peu de papier des ses follies, pour les monstrer à ceux de sa nation, qui peut estre l'admirent, comme c'est une nation qui admire plus tost une mouche de dela les Mons, qu'un beuf de deça. Mais peut estre que ceus qui ont interest en ceci, ne le laisseront pas ainsi sans lui mettre la pulce à l'oreille.[2] Quant à moi, il y a long temps que j'ai

---

[1] *Ibid.*, fol. 69.
[2] Ce fut Scaliger lui-même qui, l'année suivante, se chargea de *mettre la puce à l'oreille* de l'outrecuidant italien, comme nous allons le voir. A-t-on remarqué combien Scaliger aime à employer

dit à Dieu à Titius, Carrio, et telz babouins,[1] et souillons de cuisine, lesquelz je mez tout en un sac avec Fregeville, et le procureur Llsle. Le Roi en faveur de Monsieur d'Abain m'a faist grace de l'Edit[2] jusqu'à Pasques ce que j'estime beaucoup pour moi, *ne cogar aquilonibus ire per altum*,[3] ce qu'il me convenoit faire. Au printemps je ne me souleierai poinct de cela, et s'il s'en fault aller, je suis tout prest. Cependent,

Monsieur, je vous demeurerai tousjours tres humble serviteur, et, vous baisant bien humblement les mains, je prierai Dieu vous donner en santé bonne et longue vie.

D'Abain, ce 18 decembre 1585.

Vostre tres humble serviteur,

JOSEPH DE LA SCALA.

---

dans sa correspondance, les expressions proverbiales? Que d'articles nouveaux cette correspondance n'aurait-elle pu fournir au savant recueil de M. Le Roux de Lincy (*Le livre des proverbes français*, 1859, 2 vol. in-12, seconde édition)? Pour *puce à l'oreille*, par exemple, M. Le Roux de Lincy aurait eu à rapprocher la phrase de Scaliger d'une citation empruntée à la *Comédie des proverbes* (1633) d'Adrien de Monluc, le badin petit-fils du terrible Blaise de Monluc.

[1] *Babouin*, employé par Marot dans le sens de couard, de lâche, est ici pris dans le sens que s'est amusé à lui donner Rabelais, quand il a imaginé un traité *De Babouinis et Singis*.

[2] L'édit du mois de Juillet 1585 par lequel étaient révoquées toutes les concessions précédemment accordées aux coreligionnaires de Scaliger.

[3] C'est un souvenir du vers de Virgile :

Et mediis properas Aquilonibus ire per altum (*Œneid.* IV, 310).

LXVII

A PIERRE PITHOU.[1]

Monsieur,

J'ai receu ces jours passés vostre lettre et vous remercie bien humblement de la bonne souvenance qu'il vous plaist avoir de moi. Vous savès comment le Roi m'a prolongé mon terme jusques à Pasques, ce que n'aiant signifié à mes Agenois, j'ai esté adverti comment ils m'ont couché sur le rolle de ceus qui n'ont satisfait à l'Edit,[2] en bonne intention de vendre tout le bestial[3] et meubles qu'ils trouveront à Vivès. Cela me fasche un petit et suis après pour avoir attestation des magistrats de Poitiers comment ils ont veu le prolongement que Sa Magesté m'a faict. Craignant aussi que cela ne suffise, je prie M. d'Abain que tout ainsi qu'il a impetré ce terme pour moi, il me face autant de grâce, pour demander des lettres de commandement à cer gens pour me

---

[1] *Ibid*, fol. 192.

[2] L'édit déjà mentionné de juillet 1585, qui, cent ans plus tard (20 octobre 1685), devait être suivi d'un autre arrêt de proscription dont les conséquences furent si désastreuses. Pourquoi Louis XIV n'aima-t-il pas mieux ressembler à Henri IV qu'à Henri III?

[3] *Bestiale* est, au xiiie siècle, dans la *chanson d'Antioche*. Au xvie siècle, on disait à la fois *bestial* et *bestail*.

faire rendre ce qu'ils m'auront prins. S'il vous plaisoit de me donner quelque bon conseil sur ceci, et en communiquer à Monsieur d'Abain, qui est à présent à la Cour, je vous serai beaucoup redevable. Je voi bien que *regnum meum non est de hoc mundo*.[1] Aussi ne m'atten je jamais avoir repos ni aise ; j'y suis tout resollu.

Monsieur, je vous baise tres humblement les mains, priant Dieu vous maintenir en sa garde.

D'Abain, ce dernier décembre 1585.

Vostre tres affectionné serviteur,
Joseph de La Scala.

---

[1] *Evangile selon saint Jean*, chap. xviii, verset 36.

LXVIII

A CLAUDE DE PUY.[1]

Monsieur,

Je n'avoie poinct esté encores adverti de la mort de Mademoiselle Du Puy vostre mere[2] avant la reception de vostre lettre. Je ne doute poinct que vous n'ayes eu affaire de la consolation de vos amis en telle perte, quelque sagesse qu'il y ait en vous, car tousjours il en fault venir là, qu'outre ce que nous sommes hommes, et aussi bien sujez à sentir les plaies qu'à les recevoir, si sommes nous tousjours meilleurs medecins d'aultrui que de nous mesmes. D'aultre part neantmoins je m'asseure que comme vous avez cognu que nul ne se peust exempter d'estre visité de Dieu,[3] vous vous estes maintenant resollu et rangé à sa bonne voulonté. Or laissons cella. Je vous advertis qu'il y a tantost quinze jours, qu'il y a ceans un livre, qui vous attend, composé par un Breton

---

[1] *Ibid.*, fol. 70.

[2] La mère de Claude Du Puy s'appelait Philippe Poncet. Elle avait perdu de bonne heure son mari, le célèbre avocat Clément Du Puy, mort, âgé de 48 ans, le 22 août 1554, et elle avait élevé son fils avec un soin extrême, lui donnant les meilleurs de tous les professeurs, tels que Dorat, Lambin et Turnèbe.

[3] M. Littré ne cite, sous le mot *visiter*, terme, dit-il, emprunté à l'Ecriture-Sainte, que deux phrases de Massillon.

contre les *Controversi loci* de ce vaillant champion Titius.[1]
Vous l'eussiez desja receu n'eust esté que je ne trouve homme
seur à qui le bailler. Car il y a des troupes de volleurs, entre
Poitiers et Orléans, qui prennent prisonniers de quelque
religion ou parti qu'ils soient. Par ce je ne l'ai osé bailler au
messager de Poitiers, qui n'est guieres seur, et fault qu'il
marche à la desrobée. Mais sitost que j'aurai le moien de le
vous envoier seurement, je le hazarderai. Vous prendrés
plaisir à lire le dit livre, tant pour les beaux lieus des
anciens auteurs, qui sont expliqués et corrigés par l'auteur du livre, que pour l'incroiable stupidité et asnerie de ce
misérable italien. Je vous en escrirai davantage quand je

---

[1] Le prétendu Breton n'était autre que Scaliger. Voici le titre de son opuscule, un de ceux où il a déployé le plus de verve mordante et d'esprit étincelant : *Yvonis Villiomari Aremorici in Locos controversos Roberti Titii Animadversorum Liber. Ad Nobilissimum Virum Andream Oessentum Quinpentonii et Burentelli dominum, Mæcenatem suum.* (Paris, Mamert Patisson, 1586, in-8°). L'ouvrage reparut en 1597 (Amsterdam, in-8°). On trouvera de nombreux extraits du volume de Scaliger dans l'ouvrage de M. Bernays (p. 251-266). L'érudit allemand a reproduit (p. 260-261), après Paul Colomiès *Gallia Orientalis*, au chapitre : *qui Scaligerum laudarunt*, p. 118 et suiv.), les cris d'admiration poussés par Justo Lipso dans deux lettres de 1587, la première à Cujas, l'autre à J. Mercier : « *Vidi nuper Ivonis in misellum Titium. Periit infelicissimus hominum, hoc uno tamen felix quod ab illi manu : tua ne an Scaligeri, an utriusque? Nam præter vos fallor aut nemo sic scribat.* » — « *...Non videor Scriptum bellius legisse a multis annis. Noen decima illa musa, Plautus, possit aliquid n...gis Musaeum. ... Scaliger noster est, lumen illud et columen litterarium. Non Divinavi?* » Y a-t-il une réponse au passage où Justo Lipse hésite entre Cujas et Scaliger dans cette assertion du *Secunda Scaligerana* (p. 615, au mot *Yvo Villiomaru*) ? « Monsieur Cujas n'eust sceu escrire comme luy. »

vous envoierai le livre. Cependent je n'ai voulu vous cacher la diligence que je voudrois avoir faict pour vous l'envoier, si j'eusse peu, et vous advertir aussi que ce Breton vous est fort serviteur et pour l'amour de vous a entrepris ce labeur, ce qu'il ne feroit pour les plus grands signeurs quelz qu'ils soient. Je vous baise tres humblement les mains de sa part, en priant Dieu.

Monsieur, vous donner en santé bonne et longue vie.

D'Abain, ce 28 janvier 1586.

Vostre tres affectionné serviteur,

Joseph de La Scala.

LXIX

A CLAUDE DU PUY.[1]

Monsieur,

Je n'attendois qu'une commodité plus seure, que celle qui s'offroit du dernier messager de Poitiers pour vous envoïer le present livre par moi promis par mes dernieres lettres. Mais j'ai tousjours craingt certains picoreurs, qui prennent prisoniers de quelque parti que ce soit. Je l'ai hazardé à ce voiage, m'aiant semblé plus seur que les aultres, le chemin estant plus net de brigandaille[2] qu'il n'estoit. Ce livre a esté faict fort prontement, comme le stile le demonstre assés[3] Vous mesmes pourrez estre juge, s'il y a italien qui avec telle impudence et ignorance ait mis la main à la plume, qu'a faict ce pouvre Titius. Le Breton le gourmande, et tallonne de près, ce qu'il ne fault trouver estrange, attendu qu'il est évident que c'est un personnage de la qualité et calibre de Fregeville, et pense qu'ils hont touz deus un mesme

---

[1] *Ibid.*, fol. 71.
[2] *Brigandaille* n'est dans aucun de nos dictionnaires, mais le mot appartient au patois de l'Agenais.
[3] C'est précisément ce style vif, impétueux, ce style *à la diable*, qui a fait la fortune du livre tant vanté par Juste-Lipse et que, de nos jours, on a présenté comme un « chef-d'œuvre d'ironie incisive. »

horoscope. A la mienne volonté que le livre fust mis en lumière tant pour chastier le galland, que pour faire souvenir à ces Messers de parler plus sobrement de nous, veu qu'ils ne vallent pas tant que nous au temps qui court, et n'ont homme, qui merite le nom de scavant! Je m'asseure qu'il n'y a homme en leur pais, qui soit capable du livre que je vous envoie, et moins de cognoistre les faultes de Titius, si non celles qui sont par trop grossières, desquelles il y en a bon nombre. Or le Breton ayant receu le Titius de vous, il vous a voulu gratiffier de ce petit labeur, pour vous donner du plaisir en ce chef, *quo animus mœrore confictus in hoc ludicrum diverteret.* Car il n'y a chose que l'auteur dudit livre n'entreprenne pour l'amour de vous au moins qui soit en sa puissance. Lisés, je vous prie, vous y aurés du plaisir, et m'advertirés, s'il vous plaist, de la reception du livre, affin que je n'en soie en peine. Il vous plaira aussy le communiquer à Monsieur d'Emery, et Monsieur Pithou, si vous le trouvés bon, pour leur donner du plaisir. Vous en ferés ce qu'il vous plaira. Cependent,

Monsieur, je vous baise bien humblement les mains, priant Dieu vous donner sa grace.

D'Abain, ce 3 février 1506.

Vostre affectionné serviteur,

Joseph de La Scala.

Je vous supplie, *ut taceatur verus auctor libri, quantum fieri poterit.*[1]

---

[1] Le secret fut bien gardé, puisque, un an plus tard, Juste-Lipse ignorait encore le véritable nom d'*Yvo Villiomarus.*

LXX

A CLAUDE DU PUY.[1]

Monsieur,

Je vous envoie παροιμίας ἐμμέτρους et vous supplie les garder pour l'amour de moi, car je vous les donne.[2] Je suis marri qu'elles ne soi[t] mieulx escrites.[3] Mais vous ne sauriés exiger bonne lettre d'un mauvais escrivain, tel que moi.[4] Je ne doute point que n'aiès receu *Yvo Villiomarus in Titium* dans la semaine passée. S'il ne peust servir au public, pour le moins il servira à vous faire rire quelques fois. Vous en ferés ce qu'il vous plaira, car ledit Villiomarus ne l'a faict à aultre intention, que pour vous contenter et à M. D'Emery, et non pour se vanger d'un si miserable escrivain que Titius. Aussi combien que vous soiés sage et bien advisé, si est-ce que vous ne pouvés tousjours vacquer à regarder nos combats grammatics tellement que souventes fois vous oyés blas-

---

[1] *Ibid.*, fol. 72.

[2] C'est de ce manuscrit que provint l'opuscule intitulé ΠΑΡΟΙΜΙΑΙ ΕΜΜΕΤΡΟΙ. *Proverbiales græcorum versus. Jos.-Just. Scaliger, Jul. Cæs. F. pridem collegit, composuit, digessit.* (Paris, Fed. Morel, 1594, in-8°.).

[3] C'est-à-dire les pages qui renfermaient les proverbes grecs.

[4] Scaliger calomniait son écriture. Sans être un admirable calligraphe comme son père, il a une écriture très régulière et très lisible.

mer ceux qui n'en peuvent mais, à faulte d'advocat qui puisse monstrer au doigt la calomnie, comme maintenant vous pouvés voir par le livre de Villiomarus. Et je vous dis ceci d'autant qu'il y a des brailleurs[1] de Cambray,[2] qui sont les oracles de telle manière d'escrire, qui suivent le train de Titius et ne pensent avoir aultre chemin frayé pour acquerir de la reputation, qu'en blasmant ceux desquelz ils apprennent tous les jours, s'ils veulent dire verité. Toutesfois s'ils mettoient la main à la plume, posé le cas qu'ils s'acquiteroient mieux que Titius, neantmoins si perdroient-ils la moitié de leur reputation. Mais il y a bien a dire de brailler en une chaire de Cambray, et publier ses opinions en papier, qui est débité par les foires de Francfort. Monsieur, vous dites très vrai en vostre lettre, que les sciences sont chassées à coups de baston, car je vous asseure qu'en Italie il n'y a homme (je n'en excepte pas un) qui sceust cognoistre la dixiesme partie des faultes de Titius, comme a faict Villiomarus. Et en France, jaçoit qu'il y en a qui le puissent faire, toutesfois ceux ne le feroient pas, qu'on pense qui le pourroient faire et lesquels on estime avoir l'ame d'Aristarchus. J'ai receu cejourd'hui lettres du bon homme Vinet, lequel Dieu a preservé au millieu de la peste, son college aiant esté tout infecté, ses regens et plusieurs aultres mortz dans le dit college. Nostre Guienne est affligée de peste, guerre et famine. Mon terme s'approche, car il ne va que jusques au mercrdi de Pasques. Entre ci et la vous aurés tousjours nouvelles de moi.

---

[1] M. Littré ne cite, sous le mot de *brailleur*, que deux phrases de Molière. L'exemple que nous fournit Scaliger nous permet de remonter de 75 à 80 ans plus haut.

[2] Le collége de Cambrai ou collége Royal (aujourd'hui collége de France), a eu trop de célébrité pour que toute note à ce sujet ne soit pas superflue.

Cependant, Monsieur, je vous baise bien humblement les mains, priant Dieu vous donner en santé bonne et longue vie.

D'Abain, ce 18 fevrier 1586.

Vostre, etc.

Joseph de La Scala.[1]

---

[1] Je ne crois pas devoir reproduire *in extenso* trois autres petites lettres à Claude Du Puy (*Ibid.*, fol. 75, 77, 78). La première, du 2 mars 1586, renferme diverses corrections pour l'opuscule contre Titius. Scaliger dit : « Puisque le sieur Patisson est resoleu d'imprimer le livre de Villiomarus, il fault prendre garde diligemment... Mais je vous prie que le nom vrai de Villiomarus ne soit point sceu, et de retirer les feuilles de la copie et ne les laisser entre les mains de l'imprimeur. Puisque Monsieur Chrestien a deliberé d'y mettre de ses vers, ce sera bien faict. Mais il n'en fault pas ramasser de tant de pars, que le livre semblast plustost à une invective, qu'à une censure critique... Si la harangue de Monsieur Du Perron [voir la lettre LXXI] a esté recueillie, je seroie bien aise de la voir, car il ne peult estre qu'elle ne soit excellente sortant de telle boutique. » La seconde lettre, du 2 avril, qui débute par un accusé de réception de *Epistres de Lipsius*, contient de nouvelles corrections du *Villiomarus*. On est touché d'y voir un huguenot tel que Scaliger protéger en ces termes la cause des bons moines de Nantueil : « Monsieur d'Abain vous escrit touchant les moines de Nantueil, qui ont un procès en vostre chambre. J'adjouste mes prières aux siennes, qu'il vous plaise d'avoir leur droict pour recommandé, et leur faire brève expédition. Je vous en escris comme m'asseurant que vous ne m'esconduirés poinct de ma prière, pour l'honneur que vous me faictes de m'aimer. » Scaliger ajoute : « Paulus Melissus m'escrit de Paris, et dit s'en aller à Bourges pour voir M. Cujas. Vous ne m'avés poinct adverti de la mort de M. Manfoldus, evesque de Reggio, vostre ami. Il est mort il y a plus de trois mois. Ainsi *annus hic est fatalis bonis ingeniis*. Il me vouloit envoier recommendations fort souvent. » La troisième lettre, écrite le même jour que la précédente, est une nouvelle très pressante lettre de recommandation en faveur des « relligieux de l'Abbaie de Nantueil en Angousmois, » abbaie qui, comme le rappelle Scaliger, appartient à M. d'Abain.

LXXI

A CLAUDE DU PUY.[1]

Monsieur,

J'ai receu la harangue du Perron,[2] et vous en remercie bien humblement. Il en y a au Parquet de vostre Court qui eussent mieulx dict, qu'il ne feist, et mieulx escrit, que cela. Toutesfois je ne reste pour cela de recognoistre en l'auteur les dons et graces qui sont en lui.[3] On dit qu'il souloit es-

---

[1] *Ibid.*, fol. 79.

[2] Jacques Davy Du Perron, était alors âgé de 30 ans. Fils d'un ministre calviniste, il avait embrassé la religion catholique en 1578, et était devenu lecteur du roi Henri III, aussitôt après s'être converti. On sait qu'il fut nommé évêque d'Evreux en 1595, cardinal en 1604, archevêque de Sens en 1606 et qu'il mourut à Paris en 1618. La harangue dont parle Scaliger est l'oraison funèbre de Ronsard, prononcée dans la chapelle du collége de Boncourt, le 24 février 1586. Voir sur cette oraison funèbre, qui obtint un immense succès, et qui fut imprimée deux fois, à Paris, en 1586, l'excellente étude de M. l'abbé P. Feret, intitulée : *Le cardinal Du Perron, orateur, controversiste, écrivain* (Paris, Didier, 1877, in-8°, p. 77-82).

[3] Scaliger connaissait de *visu* l'orateur. Il s'était trouvé avec lui ainsi qu'avec Cujas, Baïf et Philippe Desportes, à Paris, au collége de Boncourt, quand Mathieu Bossulus y prononça, en 1585, un discours que, malgré sa longueur extrême, le futur cardinal récita mot à mot trois jours après (*Bibliothèque françoise* de La Croix du Maine, édition de 1772, t. i, p. 405). Si l'on en croyait le *Secunda Scaligerana* (p. 498), Scaliger aurait eu à se plaindre de l'indiscrétion du jeune Du Perron : « Lorsque j'estois à Paris, Du Perron estoit mon ombre, il me suivoit tousjourz lorsque j'allois chez les Grands : il ne le niera pas. » Tout le reste de l'article est empreint d'une grande malveillance, et on y trouve, par exemple, ce paragraphe : « Ce cardinal d'Evreux a une grande ambition; il n'est pas docte, *locutulejus*, il plaist aux dames. »

crire fort obscurement, et qu'il s'y plaisoit beaucoup tant s'en fault que sa harengue tienne de ce vice, que plustost elle m'a semblé trop familière,[1] et presque pedance,[2] mesmes en son exorde, qui est du tout indigne de lui. Ce[3] que nous en pourrions dire sauf l'honneur de l'auteur, lequel je respecte beaucoup, qui se peust comprendre en ce peu de papier. Mais si nous estions ensemble, nous pourrions monstrer, que ceus qui ne se meslent de discourir, et lesquels on tient au rang de Grammatics, peuvent bien descouvrir les faultes des discoureurs, voire és principaux poincts de leur profession. J'ai receu trois quaiers de Villiomarus. J'estois d'avis qu'on ne se penast point pour envoier des quaiers. Mais d'autant qu'il y a des faultes d'imprimerie, qui sont d'importance, il sera bon de continuer d'en envoier, pour cotter les dictes faultes et les mettre *in erratis*.[4] Je remercie bien humblement Monsieur d'Elbène[5] de la bonne souvenance qu'il lui

---

[1] M. l'abbé Feret, malgré toute son admiration pour Du Perron, reconnaît (p. 80) qu'il y a dans l'oraison funèbre de Ronsard « certains détails trop bas. »

[2] *Pedance*, c'est-à-dire qui sent le village. Le mot pedance se disait d'un juge de village qui n'avait point de siége pour tenir la justice, qui jugeait debout sous l'orme, *judex pedaneus*. Voir le *Dictionnaire de Trévoux* et celui de M. Littré. Dans ce dernier, on cite cette phrase des *Recherches de la France* de Et. Pasquier : « Tant à l'endroit des juges royaux qu'autres juges, guestrez et pedanez. »

[3] Sous entendu sans doute : *C'est là* ce que nous en pourrions dire.

[4] On voit par ce passage et par d'autres passages des lettres suivantes que l'on a eu raison de dire (*Secunda Scaligerana*, p. 615, article *Yvo Villiomarus*) : « C'est Monsieur Du Puy qui l'a fait imprimer. »

[5] C'était Pierre d'Elbène, fils d'Albisse d'Elbène et de Lucrèce Cavalcanti, une des dames d'honneur de Catherine de Médicis. Pierre d'Elbène avait été nommé aumônier de Charles IX en 1558. Il obtint les abbayes d'Eu, de Bellozane. Nous retrouverons son nom dans plusieurs des lettres suivantes.

plaist avoir de moi. Je lui suis serviteur, et l'aime beaucoup pour son mérite et vertu. Il fauldra voir, s'il vous plaist, *in nundinis francfordiensibus*, si mon Alleman de Heidelberg[1] a faict imprimer ses Actes des Apostres en Arabic, desquelz je vous escrivis l'automne passé. Car s'il n'a faict imprimer son livre, ça esté qu'il s'est refroidi à cause de l'Advertissement que je lui feis par ma lettre.

Monsieur, je vous baise tres humblement les mains, priant Dieu vous donner en santé bonne et longue vie.

D'Abain, ce 8 avril 1586.

Vostre bien humble serviteur,
Joseph de La Scala.[2]

---

[1] J'ai le regret de ne pouvoir dire quel était le savant que Scaliger appelait *mon Allemand de Heidelberg*.

[2] Dans un billet adressé à Claude Du Puy (fol. 80), d'Abain, le 26 avril 1586, Scaliger accuse réception de trois nouveaux cahiers du *Villomarus*, et il ajoute : « Je vous escrivis dernièrement comment nous nous acheminions à La Marche, et pour ces fins estions venus ceans. Cependant si vous estiés pressé de m'envoier quelque chose, comme des quahiers, il fauldra adresser le tout à Monsieur Cujas à Bourges.... » Scaliger remercie avec effusion Claude Du Puy, au nom de M. d'Abain et aussi pour son propre compte, « du bon soing qu'il vous plaist avoir du procés des Relligieux de Nantueil et du sieur de la Cliello... Et me suis asseuré, » dit-il, « que je ne vous aurois recommandé leur bon droict en vain. Car je ne vous fais requeste laquelle je ne tienne pour obtenue, ce que je ne me pourrois promettre de guieres d'aultres. Aussi hommes de vostre mérite, vertu et preud'homie sont fort rares, car je suis tesmoing de ceci autant qu'homme qui vive pourroit estre. Encores que peut-estre les gens de bien auront à souffrir beaucoup pour ces malheurs de guerre civile, si est-ce que moi estant un membre de la troupe, qui peust participer à ces maux, je me console d'avoir un tel ami que vous, et me semble que je suis armé contre tout évènement, quand il me souvient de vous et de Monsieur d'Emery. Je n'avois entendu la mort de Duret que despuis quelques jours en ça... »

LXXII

A CLAUDE DU PUY.[1]

Monsieur,

Il y a bien quinze jours, qu'estant à Maleval je receus quatre quaiers de Villiomarus, mais 8 y manquoit et je pense que c'est à cause du numisma peinct dedens la copie. Je n'ai receu aulcunes lettres ni nouvelles de vous, despuis que je partis du Poitou où je n'y vouldrois estre maintenant, à cause de l'armée, et de la pauvreté qui pend à l'oreille[2] à ce pouvre peuple ruiné desja par l'aultre armée[3] et qui pis est, par la famine. On a escrit de Romme à Monsieur et Madame d'Abain l'excessif hiver qu'on a enduré en ces quartiers, tellement que non-seulement les orangiers, oliviers sont gelés, mais les deux tiers des vignes. La famine est plus grande par l'Italie qu'en France. Les mesmes lettres racomptent comment à Peruse[4] un pouvre artisan apres avoir vendu

---

[1] *Ibid.*, fol. 76.

[2] La familière expression est relevée par un accent de pitié qui lui donne quelque chose de touchant.

[3] L'armée catholique et l'armée protestante continuèrent à ravager le Poitou jusqu'au mois de juillet, où le roi de Navarre et le maréchal de Biron signèrent une trêve dont tout le monde avait besoin. Voir J.-A. de Thou, liv. LXXXV.

[4] Pérouse, à 136 kilomètres de Rome.

tous ses meubles pour avoir du pain, enfin il fust contrainct de vendre ses outils ou ferramens de son mestier. Ce qu'aiant faict il alla achepter du pain. Mais d'autant qu'il en avoit prins plus que l'ordonnance du podesta porte, son pain fust confisqué, de quoi le pouvre homme desesperé retourne en sa maison, trouvant sa femme et enfans crians à la faim. De rage il print sa femme et la jette dans un puis, puis ses enfans, enfin lui mesme le dernier. Le peuple esmeu de ce faict courut pour massacrer le cardinal Dandino[1] pour lors envoié leur gouverneur par le Pape. Mais par le moien de quelques gentilhommes il se sauva, et lui mesme apporta à Romme la nouvelle. Je vous ai escrit ceste tragedie,[2] afin de vous mettre devant les yeux la furie de nostre nation, qui avons entrepris une guerre de gaieté de cœur[3] n'aians de quoi mettre entre les dens. Car la pouvreté est fort grande, de laquelle je suis tesmoing. Je vous supplie de m'escrire de vos nouvelles, et bailler vos lettres à Monsieur Vernelle,[4] ou Monsieur Petit,[5] qui me les fera venir. On a vendu tout

---

[1] Je ne vois, en tout le XVIe siècle, qu'un seul cardinal dont le nom se rapproche de celui-là, Jérome Dandini, mais il était déjà mort en 1559.

[2] L'émouvant récit de Scaliger se retrouve-t-il dans quelques-uns de nos vieux écrivains? Pour moi, je ne me souviens pas de l'avoir jamais encore rencontré.

[3] Les deux plus anciens auteurs qui, d'après les recherches de M. Littré, aient employé la vive et heureuse expression *gaieté de cœur*, sont Amyot (en son *Plutarque*) et d'Aubigné (en son *Histoire universelle*).

[4] Probablement le même que ce Claude Vernelle, auquel est adressée, dans les *Epistolæ* de 1627 (p. 102), la lettre XVI du livre I qui roule sur le passage relatif aux Druides, des *Commentaires* de Jules César.

[5] On lit dans le billet du 2 avril 1586 adressé par Scaliger à

mon bien, lequel j'avois recouvré avec tant de peine. Mais je ne m'en soucie point. Dieu aura pitié de moi.[1]

Monsieur, je vous baise tres humblement les mains, priant Dieu vous donner sa grace.

De Chantemille, ce 28 mai 1586.

Vostre tres humble serviteur,

Joseph de La Scala.

Cl. Du Puy et mentionné dans la dernière note de la lettre LXX : « Je vous ai escrit ce jourd'hui par le filz de Mons' Jonathas Petit. » Le prénom semble bien annoncer que ce Petit était un calviniste. En tout cas, il était grand avocat au Grand Conseil et demeurait auprès de la petite porte des Mathurins à Paris, comme nous l'apprend Scaliger lui-même dans une lettre à Dalechamps, du 6 janvier 1587 (*Apud* Bernays, p. 313). Voir une lettre *Jonathæ Petit* dans les *Epistolæ* de 1627 (p. 951), écrite par Scaliger peu de son temps après son retour de Gascogne, en 1584.

[1] On aime la fière résignation avec laquelle Scaliger supporte l'odieuse spoliation légale dont il était victime. On aime davantage encore la noble confiance qu'il met en Dieu.

LXXIII

A CLAUDE DU PUY.[1]

MONSIEUR.

J'ai maintenant tout Villiomarus sauff le premier ḥḤayer et le dernier de l'index, aiant receu K par ce voiage de Bourges avec vostre lettre. Je vous envoie *errata et omissa*. Il est temps que Monsieur l'Italien[2] reçoive le salaire de sa folle ignorance. M. Cujas m'escrit que Lipsius a composé un livre *De pronunciatione linguæ latinæ*[3] auquel il introduist Muret parlant avecques lui, et non obstant en l'epistre liminaire il le blasme grandement. Je vous supplie de me faire ce bien que je le voie. Quant au livre *Contra Kalendarium Gregorianum* je me fie bien que ou vous ou M. d'Emeri me l'envoierès. Vous savès qu'il y a un an que j'en tiens un tout prest contre le mesme sujet. Je n'ai non plus veu *Othomanum in bullam Xysti*.[4] Je suis bien aise que le Sénèque de Romme s'im-

---

[1] *Ibid.*, fol. 82.
[2] Rob. Titi.
[3] *De recta pronunciatione latinæ linguæ Dialogus*; Leyde, 1586, in-4º et in-8º. M. Ch. Nisard (*Le Triumvirat littéraire au xviᵉ siècle*, p. 70) rappelle qu'au rapport d'un biographe de Juste Lipse, Aubert le Mire, Priscien lui-même n'y eut pas trouvé un mot à ajouter ni à condamner. Ce jugement, ajoute le spirituel critique, pourrait donner lieu à quelques objections, mais le sujet n'en vaut pas la peine.
[4] C'est-à-dire contre la bulle de Sixte-Quint. Il s'agit là du fameux pamphlet intitulé : *Papæ Sixti V, brutum fulmen in Henri-*

primo,[1] avec les annotations de M. Faber,[2] *qui bene meritus est de Seneca.* Il me sera aisé d'en recouvrer puisqu'il s'imprime dens Paris. Je suis au bout du monde, parmi les bergers, bestes, rocs, saboz et truelles de Limosin, tellement que je ne puis estre adverti des livres nouveaulx que par vous, *qui versaris in luce hominum.* Je ne sais si avès entendu comment Saint-Bertrand de Comminges a esté pris.[3] On a bien butiné dans le tresor et relliquaire de la sacristie

---

cum Navarræ Regem, et Henricum Principem Condæum (1585, in-8°, sans nom de lieu, mais Genève; 1586, in-8°, Leyde). On lit dans le *Secunda Scaligerana* (p. 384) : « *Hotomanni Franco-Gallia* est bonne, j'y ai aidé [mot qui n'a pas été assez remarqué]... *Brutum fulmen,* s'il est de Genève, *volo.* S'il [n']est de cette ville, *ne emas Fulmen brutum. Liber mihi donatus ab ipso Hotomanno, est præclarus liber, multa bona dicit, sed multa addita sunt in editione Leydensi; præstat Genevensis.* » Scaliger (*Prima Scaligerana*, p. 101) a l'air de ne voir dans Hotman qu'un habile écrivain : « *Hotomannum sola dictio Latina commendat ac eloquentia. Cætera,* pauvre homme. »

[1] Le Sénèque de Rome, c'est-à-dire le Sénèque imprimé en 1585, in-fol. avec les corrections et les notes de Muret (*A M. Ant. Mureto correctus et notis illustratus*) fut reproduit à Paris en 1587, in-fol.

[2] Fabir, dit Colomiès dans une note du *Secunda Scaligerana* (p. 325), « c'est le grand Nicolas Le Fevre, précepteur de Louis XIII. » Nic. Le Fevre, qui avait passé un an et demi à Rome et qui s'y était lié avec Muret et avec Sigonius, devint, à son retour en France, l'ami et le commensal de Pierre Pithou. Son travail d'annotation, dans l'édition de 1587, roule principalement sur les pièces de Sénèque le rhétheur.

[3] « Les ligueurs reprirent aussi au mois de May Saint-Bertrand de Comminges, dont les religionnaires s'étoient emparés à la fin d'avril. » *Histoire générale du Languedoc* (édition des Bénédictins), tome V, page 413.

entr'autres nune belle alicorne de grand pris *ἐν κιμηλίοις ὑρχαϊκοῖς.*¹ L'evesque du lieu sollicite à Thoulouse pour avoir de l'artillerie et assieger la place.² Si on prend des bicoques au long de Garonne, se faict on bien de bonnes et grasses eveschés en Gascogne. Je ne sai comment on prétend chasser le huguenotisme par la ruine des eveschés. Quant au psaultier armenien, je vous supplie de m'escrire où il a esté imprimé, car j'en recouvrerai, et si c'est à Romme, j'espère que je le pourrai avoir aisement.³ Il fauldra toujours adresser vos

---

¹ On trouvera de curieux détails sur cette licorne « laquelle a de haulteur environ cinq pieds et qui est de fort grande valleur » dans une lettre de Catherine de Médicis à Henri III, du 7 décembre 1586, que j'ai eu le plaisir de donner à la *Revue de Gascogne* (décembre 1873, p. 569-570 du tome XIII de la collection). Comme je disais en une note : « Qui me donnera des nouvelles de la licorne de Saint-Bertrand de Comminges ? » un érudit très versé dans la connaissance de toutes les choses méridionales, M. le docteur Noulet, répondit, le 10 mars suivant, à ma question (*Bulletin de la Société archéologique du midi de la France*, 1874, n° 2, p. 5), en reproduisant la description de la fameuse licorne faite, en 1667, par M. de Froidour, commissaire député pour la réformation des forêts. M. le docteur Noulet ajoute, en témoin oculaire, que cette dent de narval (*Monodon monoceros*) est encore aujourd'hui conservée dans la sacristie de l'église de Saint-Bertrand de Comminges.

² Cet évêque était Urbain de Saint-Gelais, qui siégea de 1580 à 1613. La lettre de Catherine de Médicis que je viens de citer, parle de la reprise de Saint-Bertrand de Comminges sur les Huguenots par le belliqueux prélat. On peut voir dans la *Revue de Gascogne* (t. VIII, 1867, p. 42-49) trois lettres d'Urbain de Saint-Gelais, dont deux sont adressées à Henri IV.

³ Dans une lettre écrite à Cl. Du Puy, le 30 juin 1586, de Chantemille (*Ibid.*, fol. 83), Scaliger le remercie très humblement de l'envoi du *psaultier armenien*, lui disant qu'il lui est « plus obligé qu'à homme du monde. » Mal informé par son docte correspon-

lettres à M. Vernelle, qui nous faict tousjours tenir les paquetz et nouvelles de Paris et de la Court. Cependent,

Monsieur, je vous baise tres humblement les mains, priant Dieu vous donner en santé bonne et longue vie.

De Chantemille, ce 5 juing 1586.

Vostre humble serviteur,

JOSEPH DE LA SCALA.

---

dant des intentions de Nicolas Le Fèvre au sujet de l'édition dont ce philologue s'occupait avec ardeur, Scaliger s'exprime ainsi : « Je suis bien marri que Monsieur Le Fèvre n'a voulu mettre la main sur le Senèque. Car cest auteur est plus de lui, que de nul homme, qui se mesle de la critique. Toutesfois, sauf meilleur advis, d'autant que feu Muret n'a touché aux *Suasoria* estant prévenu de mort, puisque ceste partie est correcte et fournie des tesmoignages grecs qui manquoient en l'édition de Schacon, Espagnol, ne seroit-il pas bon de corriger ces *Suasoria* pour l'édition de Schacon ? Il me semble que ce seroit bien faict et vous y pouvés beaucoup, veu, comme j'ai peu comprendre parce qu'aultres fois n'en avés escrit, que Schacon n'a rien mis du sien, ains ce qu'il a trouvé aux vieux livres. Si ceste edition estoit ainsi composée de celle de Muret et de Schacon, elle en seroit mieux venue. »

LXXIV

A CLAUDE DU PUY.[1]

Monsieur,

La presente sera seulement pour vous remercier de l'Examen de l'an grégorien faict par Michael *Mœstlinus*, lequel je receus hier.[2] Mais vous verrés ceste matiere mieux deduicte, s'il plaist à Dieu, si je puis une fois voir ce que Clavius faict imprimer contre moi à Romme. Je m'esbahis que vous n'en voiés rien, veu que le livre estoit sur la presse dès Pasques. Nous avons bien pris nostre Lilius par un aultre endroict, que n'a faict ce bon Alleman. Je desire, s'il vous plaist, d'estre esclairci d'une chose qu'on m'a dite, il y a assés longtemps, c'est que Monsieur Grollart est premier président de Rouen.[3] Nous avons demeuré en ce pais plus long temps que nous n'espérions, mais en bref nous retournerons en Poictou. Cependent,

Monsieur, je vous baise tres humblement les mains, et prie Dieu vous donner en santé bonne et longue vie.

De Chantemille, ce 25 juillet 1586.

Vostre tres humble serviteur,

Joseph de La Scala.

---

[1] *Ibid.*, fol. 84.

[2] Michel Mœstlinus, fut, selon le *Moréri*, un célèbre mathématicien, mort en 1650, « qui enseigna publiquement les mathématiques à Heidelberg et qui découvrit la raison de cette faible lumière qui paroit sur tout le corps de la lune, un peu avant ou après qu'elle est renouvelée. »

[3] Nous avons déjà vu (Lettre LXV) que Claude Groulard avait été nommé premier président du Parlement de Normandie en 1585.

LXXV

A CLAUDE DU PUY.[1]

Monsieur,

Si je ne fusse arrivé en ceste ville, Monsieur Cujas vous eust porté mes lettres. Mais il a rompu son voiage pour l'amour de moi, lequel il avoit accordé à Monsieur de La Guesle[2] présent porteur. Cependent je jouirai de la compagnie du bon homme tant que je pourrai, lequel ne vieillist nullement, et a aussi bon courage d'estudier, qu'il eust jamais, comme aussi il s'en acquiste bien.[3] Le present porteur a envie de vous cognoistre, duquel j'ai conceu une grande esperance. Car il est tout sage et capable de quelque chose de grand. Vous n'aurés guieres parlé à lui, que vous l'aimerés, et cognoistrés que je suis bon juge.[4] Je m'atten bien

---

[1] *Ibid.*, folio 85.

[2] Probablement un des cinq fils de Jean de la Guesle, procureur général au Parlement de Paris en 1570, président à mortier dans le même Parlement en 1583. Voir son éloge dans l'*Histoire des presidents du parlement de Paris*, par Blanchard (1647, in-folio).

[3] Ces détails sur la verte vieillesse de Cujas, sur son ardeur pour le travail toujours la même et toujours heureuse, paraîtront bien précieux aux admirateurs du grand jurisconsulte. Les lettres suivantes leur réservent encore, à cet égard, plus d'une piquante surprise.

[4] D'après le *Moréri*, tous les enfants de Jean de la Guesle furent

tousjours que j'aurai le Senecque quand il sera imprimé auquel si on n'avoit mis le grec ès déclamations, je desirerois le recouvrer pour le remettre, en attendant que Monsieur Le Fevre, ou quelque aultre y mit la main. Je vous supplie de prendre garde si pourrés recouvrer le livre de Lipsius *de pronunciatione linguæ latinæ.*[1] Car sans doute on l'a veu en Angleterre. Il y a plus de six mois que le livre de Clavius contre moi est sur la presse à Romme. *Tamen nusquam comparet.* J'ai receu lettres du bon homme Vinet n'a guieres, lequel travaille sur Sidonius.[2] Mais il dit qu'il y trouve des choses qui le retardent, comme à la vérité il y en a. Mais aussi le bon homme se ressent des ans passés,[3] et ne peut faire ce qu'il a faict d'aultre fois. Quant à moi je blanchis bien, et pour ma barbe on me jugera *æqualem Vineto.*[4] Mais jamais je ne me sentis plus gaillard, et plus dispost[5] tant

---

« dignes héritiers des vertus d'un si illustre père. » Le *fils aîné,* Jacques, fut procureur général au Parlement de Paris, et le cadet, François, archevêque de Tours. Je suppose que Scaliger voulait parler d'un des plus jeunes fils du président.

[1] Voir la lettre LXXIII et la note 3.

[2] Elie Vinet avait déjà publié une édition des œuvres de Sidoine Apollinaire (*Sidonii Apollinaris opera, castigata, restituta et edita studio Eliæ Vineti;* Lyon, Jean de Tournes, 1552, in-8o). Le travail dont parle ici Scaliger était un Commentaire sur Sidoine qui n'a pas été mis au jour.

[3] Vinet allait mourir l'année suivante, le 14 mai, « âgé de plus de 78 ans, » comme l'atteste J.-A. de Thou (Liv. LXXXVIII).

[4] Scaliger n'avait alors que 46 ans.

[5] De *Dispostus,* contracté de *Dispositus,* bien disposé. On disait à la ... *Dispost* et *Dispos.*

de l'entendement que du corps,[1] lesquels tous deux j'ai voué à vostre service tant que je vivrai.

Monsieur, je vous baise tres humblement les mains, etc.

De Bourges, ce 24 Aoust 1586.

Vostre tres humble serviteur,
Joseph de La Scala.

---

[1] Phrase à rapprocher de cette autre phrase (lettre LXIV) où Scaliger, sous l'impression d'un accablement passager et se décourageant beaucoup trop vite, déclarait, un an plus tôt, qu'il rangeait parmi les choses accessoires, ces travaux qui avaient tenu jusqu'alors une place si importante dans sa vie.

LXXVI

A CLAUDE DU PUY.[1]

Monsieur,

Je vous escrivis dernièrement par le fiz de Monsieur le Président de La Guelle. Despuis son partement Dieu a visité le pouvre Monsieur Cujas, et a appellé à lui sa femme.[2] Elle est morte soudainement. Car elle n'a tenu le lit que trois fois 24 heures precisement. Ceste precipitation a donné souspçon de contagion. Mais je ne le pense poinct, et ne vous eusse osé escrire la presente, s'il y eust eu le moindre souspçon de contagion. J'ai eu et ai encores grand peine d'appaiser ce bon homme, qui ne faict que lamenter, et à tout propos se representer la perte qu'il a faict.[3] Il s'est laissé mener en ce lieu de Massai,[4] Abbaie appartenant à Monsieur

---

[1] *Ibid.*, folio 86.

[2] C'était la fille d'un médecin d'Avignon nommée Magdelène Roure dans le *Moréri* et *Madeleine du Roure* dans la *Biographie universelle* (article de M. Bernardi) et dans la *Nouvelle Biographie générale* (article déjà cité de M. Rapetti). L'orthographe adoptée par ces deux érudits semblerait rattacher la première femme de Cujas à la vieille maison du Roure, ce qui serait une grande erreur. Le mariage avait été célébré le 24 mai 1558.

[3] Cette violente et bruyante douleur ne dura guères, et nous avons déjà eu l'occasion de dire que le 22 novembre de cette même année (moins de trois mois après la mort de Madeleine!), Cujas épousa une jeune fille, Gabrielle Hervé.

[4] Massay est aujourd'hui une commune du département du Cher, arrondissement de Bourges, canton de Vierzon, à 10 kilomètres de cette dernière ville et à 38 kilomètres de Bourges. On y voit l'église de l'ancienne abbaye dont Scaliger va parler.

de L'Aubespine,[1] où il y a bon air, et commodité de tout ce qui est requis pour passer quelque temps. Je me tiendrai quelque peu avecques lui, pour lui faire office et devoir de bon disciple et serviteur.[2] J'ai receu ce jourd'hui pacquet de nostre païs d'Agenois, qui m'asseure et confirme de ce qu'on m'avoit adverti, à savoir de la vente de tous mes meubles en laquelle chose on a procédé fort animeusement,[3] car on ne m'a laissé une *affixu quidem*, qu'on n'aie tout descloué encores que le magistrat eust envie de me gratifier, et ne me traicter si rigoureusement. Mais ça esté à l'appétit de je ne sai quels commissaires.[4] Or, Monsieur, si vous me pouviès donner quelque conseil pour recouvrer a qui a esté vendu veu qu'on m'en donne esperance, je vous supplie très humblement de me l'escrire, ou bien si Monsieur Brisson,[5] qui a charge de ceci, comme j'enten, me pouvoit faire quelque fa-

---

[1] C'était Guillaume de L'Aubespine, baron de Châteauneuf-sur-Cher, chancelier des ordres du Roi, conseiller d'Etat, ambassadeur en Angleterre de 1585 à 1589, etc., né en 1547, mort en 1629. Son fils, Charles, marquis de Châteauneuf, le garde des sceaux, fut, après lui, abbé de Massai, ainsi que de Preaux et de Noirlac.

[2] Disons-le à la grande louange de Scaliger, en toute cette correspondance il se montre un parfait ami.

[3] *Animosité* est un de nos vieux mots (xive siècle), mais *animeusement* ne figure dans aucun des dictionnaires que j'ai sous la main (*Richelet*, *Trévoux* et *Littré*).

[4] *Appétit* dans le sens de vif désir d'avoir, *appetere*. Regnier a dit (satire IV), parlant du désir qu'ont les travailleurs d'obtenir de la réputation :

Pâlir dessus un livre à l'appétit d'un bruit.

[5] Barnabé Brisson, président à mortier au parlement de Paris, depuis 1583, était né à Fontenay-le-Comte, en 1531 ; il allait être pendu, le 15 novembre 1591, par les Ligueurs ; et ce crime fait penser à celui dont a été victime, le 24 mai 1871, un non moins savant et beaucoup plus ferme magistrat, M. le président Bonjean.

veur, je lui en escrirois, si j'estoie asseuré que cela ne lui deplairoit poinct. Car Monsieur Vernelle m'a asseuré qu'il pourroit faire pour moi ; ilz m'ont rendu inutile ma maison en tant qu'il leur a esté possible. Je vous supplie doncques, Monsieur, de lui en parler, et moienner quelque main levée en païant les frais quy auront esté faictz, si ainsi fault, et contraindre le receveur de telles ventes de rendre l'argent à ceus qui auront acheté mes meubles. Que si cela ne se peut faire, je ne demande poinct, ni n'entens que vous preniès la peine de l'en prier. Car vous savés bien comment je suis savant en telle grammatique. Le dit sieur president m'obligeroit fort à lui faire service, si lui plaisoit de me faire tant de bien. Mes amis on achetté ces meubles, et me les vendront quand je les rachèterai. Mais s'il lui plaist *me hoc acceptum ferre illius beneficio*, je lui en serai d'autant plus obligé. Je vous en escris en vous en demandant advis, et quant et quant aide, pour que je sache si j'ai raison de vous en prier ou non. Car je suis pupille[1] en tels affaires. Toutesfois je vous déclaire toutes mes affections. Cependent je tesmoignerai tousjours de combien je vous suis obligé, et serai tant que je vivrai, etc.

Cependant, Monsieur, je vous baise tres humblement les mains.

De Massaï, ce xi septembre 1586.

Vostre tres humble serviteur,

Joseph de La Scala.

---

[1] Nous dirions novice, inexpérimenté. L'expression métaphorique employée par Scaliger n'est pas citée dans le *Dictionnaire* de M. Littré.

LXXVII

A CLAUDE DU PUY.[1]

Monsieur,

Il n'y a que deux jours, que j'ai receu vostre lettre datée du 18 d'Octobre qui est la cause que je ne vous ai respondu si tost qu'il falloit. Or je ne vous puis assès remercier de l'honneur qu'il vous a pleu me faire d'avoir recommandé ma pouvreté à Monsieur le Président Brisson. Vous deux sérès cause que je ne serai pas despouillé du tout. Je n'ai pas ici les lettres de respit que le Roi me donna, car elles sont à Abain dans le cabinet de Madame. Mais nous avons escrit à Monsieur de Vernelles, qui vous baillera les dernieres que Sa Majesté m'a encores octroyé, lesquelles il vous plaira communiquer à mon dit sieur Président avecques la lettre que je lui escris, laquelle sera bon seullement lui bailler quand Monsieur de Vernelles vous aura donné celles du Roy. Icelles la suffiront autant que les premières d'autant qu'elles font mention des premières prolongations que Sa Majesté m'a donné. Quant aux tesmoignages grecs des controverses *Senecæ patris*,[2] je n'en puis bonnement resoudre qu'à tastons, d'autant que je n'ai ici le texte de l'auteur. Toutesfois je pense qu'ils sont vrais, et non supposés, et ne voi de quoi juger du contraire. Je ne m'esbahis qu'il ne s'en soit trouvé davantage, comme ainsi soit qu'il en manque

---

[1] *Ibid.*, folio 87.
[2] Sénèque le père ou le Rhéteur a laissé deux recueils, *Controversiarum Libri X* et *Suasoriarum liber* qui sont incomplets l'un et l'autre. Ajoutons que la perte n'est pas très regrettable.

tant. Il sera bon que Monsieur Le Fevre *in Prolegomenis* faisant mention de Senecque, comme il fault necessairement qu'il parle de son exil,[1] il n'oublie les vers dudit Senecque, qui sont publiés par nous en nos *Catalectes*,[2] où il faict mention de ce temps là, en l'épigramme *Corsica Phocæo tellus habita a colono*, et le suivant épigramme : *Item* celui-là *Corduba solve genus*, et aultres qui font mention de l'exil de Senecque *in Corsicam*, oultre ce qu'il en dit par son nepveu en la Tragœdie *Octavia*.[3] Car nostre livre des *Catalectes* ne fust si tost imprimé, que nous nous advisasmes que ces epigrammes estoient sans doute de Senecque. Il y en a, je pense, une douzaine de cet auteur. Mais il ne m'en souvient plus, n'aiant ici mon livre. Il vous plaira de nous departir des nouvelles de la foire de Francfort. Cependent,

Monsieur, je vous baise tres humblement les mains, etc.

JOSEPH DE LA SCALA.

De Chantemille, ce premier Novembre 1586.

Monsieur de La Court, premier Président de Rouen,[4] m'a desja escrit deux fois, et moi aussi à lui. Je n'ai le procès verbal de la vente de mes meubles, sauff que je sai qu'ils furent vendus le vi Juing passé.

---

[1] Sénèque le Philosophe fut exilé par Claude, l'an 41 de J.-C. et relégué en Corse où il devait passer près de huit années.

[2] Les *Catalecta*, comme nous l'avons déjà vu, parurent en 1573 (Lyon, in-8°).

[3] On ne sait pas d'une manière certaine quel est l'auteur des dix pièces mises sous le nom de Sénèque le Tragique. Si quelques-uns les donnent au Philosophe, plusieurs les attribuent à un autre Sénèque.

[4] Claude Groulart était seigneur de La Court et baron de Monville.

LXXVIII

A PIERRE PITHOU.[1]

Monsieur,

Demeurerai je tousjours sans avoir de vos nouvelles, et savoir ce que vous faictes ? Je vous prie de me faire ce bien de m'escrire un mot, puisque je ne vous puis voir car il n'y a rien que j'entende de si bon cœur que des bonnes nouvelles et de vous et de toute vostre famille, mesmement de Madlle Pithou. Il y a assés long temps que j'ai eu des nouvelles du pais telles que je pouvois attendre d'un si miserable temps pour le regard de mes affaires, qui est la cause que je ne m'en soulcie point, *quia mihi neque imparato neque incogitanti acciderunt*. Je ne fai rien, car je n'ai apporté ici aulcun livre ne pensant poinct y faire le sejour que j'ay esté contrainct y faire parquoi je fais bien le poultron,[2] puisque vous avés faict ce bien au public d'avoir donné le vieus interprete de Juvenal et Perse, ne voudriès vous pas faire de mesmes de l'Horace, et amasser tout Porphyrio[3]

---

[1] *Ibid.*, folio 193.
[2] La forme *poultron* se retrouve dans les *Mémoires* de Vieilleville rédigés (seconde moitié du xvie siècle), par Vincent Carloix et dans la *Sagesse* de Pierre Charron (1595).
[3] Scaliger ne veut point parler de Publilius Optatianus Porphy-

bien correct avec les expositions de ce vieil interprete que Crukius¹ a faict imprimer, où il y a de très bonnes choses ? *Item* y adjouster ce que pourrés trier de bon de l'*Acron* ?² Tous ces expositeurs mis ensemble à la façon du commentaire *in Terentium*, seroient une nouvelle édition de l'Horace. *Item* il fauldroit corriger le texte de l'Horace sur les dits interpretes, et y remettre les anciens tiltres des odes *parœnetice, epœnetice,* etc., et imprimer le texte à part, et les expositions à part, comme vous avés faict au Juvenal. Pensés y. Vous seul le pouvés mieux faire, que tous les aultres ensemble, et je vous prie de le faire. Je suis tout à vostre service et avés toute puissance sur moi. Je vous baise

---

rius, poète latin qui vivait au IV siècle de l'ère chrétienne et dont P. Pithou a publié un poème en acrostiches (*Panegyricus dictus Constantino Augusto*) dans ses *Epigrammata et poematia vetera* (Paris, 1590, in-12); mais bien d'un scoliaste nommé Porphyrion sur lequel on ne sait pas grand'chose.

¹ Adrien Baillet (*Jugemens des Savants*, in-4°, t. II, 1722, p. 400) mentionne un Jacques Crucquius, né en Flandre, dont les corrections et notes sur Horace sont assez estimées. Seulement, trompé sans doute par une réimpression (La Haye, in-4°, 1611), il n'a pas recherché l'édition signalée, 20 ans plus tôt, par Scaliger.

² Je trouve dans le plus ancien de tous nos dictionnaires historiques, celui de Charles Estienne (édition de Genève, 1638), cette notule sur Acron : « *Nobilis grammaticus, Horatium poetam enarravit.* » Le *Moréri* cite une édition de son Commentaire de Venise, 1490, in-folio, et une autre de Bâle, 1527, in-8°. Le *Manuel du Libraire* (t. I, col. 41-42) indique, comme première édition, celle de Milan (1474, in-4°). Acron et Porphyrion ont été édités, en 1858, à Prague, par F. Pauly (*Scholia horatiana quæ feruntur Achronis et Porphyrions*, etc.).

tres humblement les mains, et à Monsieur vostre frère, priant Dieu,

Monsieur, vous donner en santé bonne et longue vie. De Chantemile, ce 4 décembre 1586.[1]

Vostre serviteur,

Joseph de La Scala.

---

[1] Je donne ici presque *in extenso* deux billets à Cl. Du Puy, l'un écrit de Touffou, le 6 janvier 1587, l'autre écrit d'Abain, le 11 février de la même année (vol. 496, folio 88 et 89).

« Monsieur, Je vous remercie tres humblement et de l'expedition qu'il vous a pleu m'envoier touchant mes affaires d'Agenois, et du Paulus Alexandrinus, lequel j'ai receu, et en ferai bien mon proffit pour ma segonde edition de Manilius, s'il advient que j'aie le loisir de la poursuivre. Quant à Monsr le President Brisson, encores que je l'aie remercié par mon aultre lettre avant la despeche, je le remercierai encores plus amplement... car je ne puis ignorer que je lui suis tenu infiniment... Mais c'est vous qui en avès entamé le propos au dit sieur President, et recognoi vous estre plus obligé qu'à homme de ce monde. Aussi avès-vous telle puissance sur moi, qu'aultre ne se peult attribuer que vous seul... ».

« Monsieur, J'ai receu vostre lettre, et vous remercie de la bonne souvenance qu'il vous plaist avoir de moi. Il y a quelqu'un qui m'a dit comment Mr Daniel faict imprimer son Servius. Je le vouldrois savoir. Je sai bien que Fulvius Ursinus est après pour en faire imprimer d'autres fragmens, et il y travoilloit dès l'esté passé. Il s'en fera un bon livre des deux. Il court le bruit que nous aurons une tresve pour tout fevrier qui est signe de quelque chose de meilleur. Je vouldrois que nous en eussions une si bonne, si seure et si longue que je vous peusse voir après ces Pasques. »

LXXIX

A J.-A. DE THOU.[1]

MONSIEUR,

J'ai reveu encores vostre Job,[2] pour l'envie que j'ai de vous servir, et vous tesmoigner combien je desire me rendre digne de l'amitié qu'il vous plaist me porter, ou pour le moins non inutile envers elle. Je vous envoie donques ce qu'il m'a semblé digne de correction, non que je veuille ou pretende qu'il faille que cela soit ainsi, et que mes castigations soient κύριαι δόξαι mais seulement que cela tienne lieu de tesmoignage de ma diligence et bonne affection. Vous en ferés comme il vous plaira car peust estre que moi mesmes me puis abuser. Je n'ai voulu repeter ce que desja j'ai marqué ez aultres papiers que je vous ai envoiés me fiant que les aures encore gardés. Si Dieu nous donnoit une bonne paix, je vous irais voir, et ne vous abandonnerois poinct;

---

[1] *Ibid.*, folio 158.
[2] Le poème sur Job (*Jobus sive de constantia libri IV*) a paru dans le recueil antidaté, intitulé : *Metaphrasis poetica librorum aliquot sacrorum* (Tours, Jamet Mettayer, 1588, petit in-8). J'ai trouvé du poème corrigé par Scaliger un éloge bien peu connu dans le *Grand miroir du monde* du poète lectourois Joseph du Chesne, sieur de la Violette (Lyon, 1593, in-8°, seconde édition) :

De Thou qui a chanté d'un vers inimitable
De son Job affligé la constance admirable.

jusques à ce que je vous eusse persuadé de me donner une heure chasque jour, pour estudier en Hebrieu, et je vous promets que dens huict ou dix jours, vous seriés capable d'estudier de vous mesmes. La vacation que vous avés¹ vous donne respit d'estudier et n'estes si sujet, comme quand vous estiés en la Court de Parlement. Vous ne voudriés pour rien n'avoir estudié en ceste langue quand vous y aurés estudié quinze jours tant seulement. Elle a de quoi se faire aimer, la beauté et élégance, et la facilité de la traditive,² laquelle nous rendrons dix fois plus aisée. J'ai donques grand envie de vous servir en cela, et vous voir avant que me retirer en mon four d'Agen,³ où il fault que j'y aille, ma barbe commençant à se tascher⁴ de ceste vie precaire⁵ que

---

¹ C'est-à-dire la charge de Maître des requêtes.
² Scaliger est-il le seul qui ait employé le mot *traditive* pour *traduction*? Son contemporain et compatriote Michel de Montaigne a dit *traduction* comme les autres écrivains du XVIᵉ siècle. D'autre part, M. Littré a cité, sous le mot *traditif*, un passage d'une version du *Prince* de Machiavel, laquelle est de la même époque, où *traditive* a le sens de tradition, sens que lui conservait encore le docte Huet, au siècle suivant, selon le témoignage des rédacteurs du *Dictionnaire de Trévoux*.
³ Pourquoi donc Scaliger appelait-il Agen *un four?* Trouvait-il que sa vieille ville natale fût sombre, obscure, ou lui reprochait-il les étouffantes chaleurs de ses étés? Attachait-il au mot un autre sens? Quoi qu'il en soit, Scaliger ne devait pas se retirer en son *four d'Agen* et il aima mieux passer les seize dernières année de sa vie sous le ciel brumeux de la Hollande, que sous le ciel lumineux de la Gascogne.
⁴ Scaliger exagérait donc quand il comparait, le 24 août 1586, à la barbe neigeuse d'Elie Vinet, cette barbe qui *commençait seulement à se tacher*, le 23 février 1587?
⁵ M. Littré n'a cité, pour les mots *vie précaire*, aucun exemple antérieur à ceux que fournit l'*Histoire universelle* de d'Aubigné.

j'ai mené jusques à présent mal seante à mon aage, et à ma teste chenue. Aultrement s'il n'y a paix, me fauldra retirer à la frontiere vers l'Allemaigne, et me redemander à quelque prince d'Allemaigne, qui aie pitié de moi, et lui dire, ἐλέησον ἐλεήσαντα, δὸς διδώκοτι, ἄναξ ἄνακτι καὶ πένητι πλουσίῳ.[1] J'ai tousjours esperance en Dieu, qui *semper* me punit ἐπ ὀλίγων χρημάτων.

Monsieur je vous baise tres humblement les mains, priant Dieu vous donner en santé bonne et longue vie

D'Abain, ce 23 fevrier 1587

Vostre humble serviteur,
Joseph de La Scala.

A Monsieur Monsieur d'Emery, Maistre des requestes de l'hostel du Roi, à Paris.

---

[1] Aie pitié de celui qui a eu pitié, donne à qui a donné, roi à un roi, riche à un pauvre.

LXXX

A CLAUDE DU PUY.[1]

Monsieur,

J ai receu lettres par deux fois de Monsieur Dallechamps, qui m'a escrit particulierement touchant le Senecque imprimé à Genève.[2] Il dit entr'aultres choses, qu'un Chanoine Espagnol qui avoit pris sur le livre de Covarruvias[3] ce qu'il en avoit peu deschiffrer du Grec des controverses, le porta à Romme, où lui mort, le cardinal Ridolfi,[4] duquel sa copie a

---

[1] *Ibid.*, folio 93.

[2] Voir dans l'ouvrage de M. Bernays les huit lettres de Scaliger *A Monsieur Dalechamps, docteur en médecine à Lyon* (p. 308-314). Dans presque toutes ces lettres il est question du Sénèque.

[3] Je suppose qu'il s'agit là de Don Antonio Covarrubias, le savant humaniste appelé par Juste Lipse *Hispaniæ magnum lumen*, né en 1524, mort en janvier 1602 à Tolède, où il avait un canonicat. C'était le frère de Don Juan Covarrubias, évêque de Girgenti, auteur de divers ouvrages dont le plus célèbre est celui qui est consacré aux Emblèmes, et de Don Sebastian Covarrubias, auteur du *Tesoro de la lengua Castellana o Espanola* (Madrid, 1611, in-folio).

[4] Nicolas Ridolfi, neveu du pape Léon X, fut, tout jeune encore, nommé cardinal en 1517 et mourut en 1550. Il fut archevêque de Salerne et de Florence.

esté imprimée à Genève, et très mal, eust tout cela, et le fist
inserer en son edition si que ne fault douter que le Grec ne
soit *Genuinum*,[1] et non controuvé. Ainsi ledit sieur Dallechamps m'escrit qu'il a eu tout le Senecque entier de divers
lieux oultre un que je lui envoiai du temps que vous estiés
en la chambre de justice[2] lequel, entre tous les exemplaires
qu'il a, est entier, et dit avoir trouvé de bonnes choses, et
bien que ce mien livre soit assés recent car il est escrit du
temps des Papes d'Avignon, mais à la fin l'Escrivain adjouste
qu'après l'avoir escrit, il l'auroit conferé avec un très ancien
exemplaire d'Italie, qu'il nomme. Et de faict les marges sont
pleines de bonnes corrections. Il adjouste aussi qu'il attendoit de Marseille le Senecque de Covarruvias, si il n'avoit
long temps qu'il estoit arrivé d'Espagne avecques les Annotations dudit Covarruvias sur tout l'auteur, et principalement sur les Controverses et Suasoires. L'exemplaire est
estimé le plus vieil, le plus entier, et le meilleur qui se
trouve en l'Europe. Il eust faict desja imprimer son Senecque
n'eust esté l'attente de ceste cassette, laquelle il ne peust
avoir à cause de la peste qui est à Marseille. Il faict grand
cas d'un *exemplar suasorianum Augusto dunense*,[3] qui a tout
le Grec, mais, comme il dit, mal aisé à deschifrer. Il m'en a
envoié quelques fragments. Enri Estienne, auquel il avoit
communiqué l'Exemplaire, n'en sceust jamais rien deschifrer.

---

[1] Vrai, pur, non altéré, non falsifié.

[2] Voir sur ce manuscrit envoyé par Scaliger à Dalechamps
en août 1584, une des lettres à ce savant médecin plus haut
citées, lettre datée du 24 octobre 1584 (p. 312-313 du volume de
M. Bernays).

[3] Ce manuscrit d'Autun est-il encore en cette ville? Je ne le
vois pas mentionné dans le *Catalogue général des manuscrits des
Bibliothèques publiques des départements* (t. I, 1849, in-4°, *Manuscrits
de la Bibliothèque du Séminaire d'Autun*, p. 3-40).

Il m'a envoié un de ses Plines, imprimé en très villain papier.[1]

Monsieur, je suis tousjours vostre serviteur, et vous baise tres humblement les mains, priant Dieu, etc.

Joseph de La Scala.

D'Abain, ce 23 mars 1587.

---

[1] Scaliger, bibliophile raffiné, ressemblait sans doute à un bien aimable et bien savant collectionneur de notre temps, membre de l'Institut, auquel un spirituel ami disait : Vous, vous avez la faiblesse de tenir au papier fort. Scaliger, malgré le *très villain papier*, et le jour même où il s'en plaignait à son ami Du Puy, écrivit en ces termes à Dalechamps (p. 314 de l'ouvrage de M. Bernays) : « Je vous remercie tres humblement de vostre beau Pline, lequel je tiens cher et pour l'amour de vous, et aussi d'autant qu'il est meilleur qu'il n'estoit : et ne pense point qu'on puisse faire plus que vous y avés fait. (Cf. l'article *Plinius* du *Secunda Scaligerana*, où l'on trouve la même appréciation : *optimus-melior vix dari potest*.) N'eust esté cette maudite et meschante guerre, j'avoy le moien d'avoir celuy de l'Evesque de Montpellier et de le vous faire tenir seurement. » Scaliger ajoute : « Je recevray cette sepmaine le Senecque de M. Le Fèvre, car il est achevé seulement ces jours passés. »

LXXXI

A CLAUDE DU PUY.[1]

Monsieur,

J'ai receu vostre lettre en ma fievre recidive double tierce de laquelle maintenant je suis bien gueri, graces à Dieu. Despuis, j'ai receu vostre Senecque,[2] duquel je vous remercie tres humblement et l'ai renvoié à Poitiers pour le faire relier, pour puis après le lire à mon aise.[3] Incontinent Monsieur Dallechamps a deliberé de mettre le sien sur la presse, et ne tenoit qu'à cestui ci. Le bon homme est docte, mais il farcit trop ses annotations de je ne sai quelle fatraille[4] d'auteurs lesquels je serois marri tenir en mon estude au reng de ceus qui meritent d'estre plustost alleguez. Mais si nous voulions, nous ferions bien une aultre edition de Pline, et

---

[1] *Ibid.*, folio 94.

[2] C'est-à-dire le Sénèque de Nicolas Le Fèvre envoyé par Claude Du Puy.

[3] Scaliger faisait donc relier ses livres avant de les lire. Nous agissons aujourd'hui bien différemment. Un passage du *Secunda Scaligerana* (p. 605) explique l'empressement que mettait Scaliger à faire habiller ses volumes : « Turnebus n'a pas beaucoup de livres et quasi tous en blanc, ils se gastent ainsi ou se perdent. »

[4] *Fatraille* pour *Fatras*. Plusieurs des contemporains de Scaliger (Amyot, Calvin, Montaigne, etc.) ont employé le mot *fatras*, mais je ne trouve *fatraille* nulle part.

trouverions de quoi faire un juste volume d'annotations, dont chascune vauldroit bien un *locus controversus Rob. Titii.* Mais le peu de cas qu'on faict de telles lettres degoustent-les-gens-de-bien, et à la verité ce n'est plus le temps des bonnes lettres. Les discoureurs, sophistes et anagogiques [1] ont remis le siecle en l'estat qu'il estoit devant que les lettres fussent resuscitées du temps de mes bisayeulx,[2] et pour estre estimé savant aujourd'hui il ne fault prendre aultre juge qu'un courtisan ou une femme.

Monsieur, je suis tousjours à vostre service, et vous baise très humblement les mains, priant Dieu, etc.

D'Abain, ce 12 mai 1587.

Vostre humble serviteur,

Joseph de La Scala.

---

[1] Terme bien peu usité en dehors du domaine théologique. Scaliger détourne ici le sens d'*anagogique* (d'Ἀναγωγικός, qui porte en haut, qui élève) et en fait le synonyme de pédant.

[2] C'est-à-dire à cette glorieuse époque qui a été appelée la Renaissance et dont quelqu'un que je ne veux pas nommer ici prépare une histoire qui sera, sans contredit, un des plus beaux livres de notre temps.

LXXXII

A CLAUDE DU PUY.[1]

Monsieur,

Je m'attendois vous escrire par Monsieur d'Abain, lequel doit partir d'ici pour aller à Paris si tost qu'il aura eu response de Monsieur de Langres[2] duquel il veult retirer Pruilli[3] par droit de lignager, et l'a faict sommer il y'a long temps. Mais le dict sieur d'Abain n'aiant eu aulcune response de lui, il n'est peu partir d'ici si tost qu'il desiroit, et qu'il eust esté expedient pour le procès qu'il a contre le sieur de Lourdoi de La Marche pour la place de La Vau de Meane, duquel procès Monsieur le president Du Drac[4] est rapporteur, comme je pense que vous savès. Or d'autant que la partie est desja à Paris pour soliciter, et poursuivre l'expédition de ce procès et que Monsieur d'Abain n'y peust encores estre, lui et moi

---

[1] *Ibid.*, folio 93.
[2] L'évêque de Langres était alors Charles de Pérusse d'Escars, qui siégea de 1571 à 1614.
[3] L'abbaye de Preuilly (*Pruliacum*), de l'ordre de Saint-Benoît, appartenait au diocèse de Tours. Voir sur cette abbaye dite de Saint-Sauveur et Saint-Pierre et fondée en 1001 par Eefroy, seigneur de Preuilly, le tome XIV du *Gallia Christiana*, par M. B. Hauréau (de l'Institut), col. 302-306.
[4] Nous avons déjà rencontré le nom de ce magistrat dans la lettre XXXVII.

en son nom vous supplions bien humblement de savoir de Monsieur Du Drac s'il y auroit moien de prolonger un peu jusques à ce que mon dit sieur d'Abain y soit, lequel n'attent que ieure ce par ir, joinct aussi qu'il envoie encores des papiers à Paris, qui lui servent beaucoup pour son faict, comme desja il en a envoié d'aultres. Je n'ai pas accoustumé de vous importuner beaucoup, quand je pretens de vous prier de quelque chose, sachant bien et aussi m'asseurant que vous me faictes cest honneur de ne m'esconduire d'aulcune chose dont je vous aie prié. Et pour l'amitié que vous avés avec le sieur du Drac, il pourra avoir esgard par vostre prière à la venue de Monsieur d'Abain, et à ce que je vous ait dit ci dessus touchant les papiers qui servent beaucoup pour Monsieur d'Abain. Si j'avoi ce bien d'estre près de vous, nous parlerions de nos estudes. Car ce que j'ai à vous en communiquer ne se peust declairer ἀπὸ σὐμκλος. Une bonne paix nous peust faire jouir de ce bien.

Monsieur, je vous baise bien humblement les mains, priant Dieu vous donner sa grace.

D'Abain, ce 7 juing 1587.

Vostre tres humble serviteur,

JOSEPH DE LA SCALA.

J'avoi prié Monsieur d'Emeri de s'informer de ceux qui hantent l'ambassadeur d'Angleterre,[1] si on pourroit recou-

---

[1] Cet ambassadeur était le comte de Stafford qui avait été envoyé en France au mois de mai 1583 et qui résida auprès du roi Henri III jusqu'à la fin de l'année 1589. Le président de Thou, qui parle beaucoup de ce diplomate (Liv. XC, à la date de 1588), nous apprend qu'il demeurait un peu au-dessous de la place Maubert, sur le quai des Bernardins.

vrer les mémoires du voiage du capitaine Drac, Anglois,[1] ensemble la carte du dit voiage. Je ne m'en suis déclaré si bien à Monsieur d'Emery,[2] que je ne vous en veuille aussi prier, s'il vous plaist de me faire ce plaisir, s'il est en vostre puissance. A Geneve on imprime touz les fragmens des anciens jurisconsultes, y compris les Pandectes.[3]

---

[1] Francis Drake, né en 1540, dans le Devonshire, mourut en mer, le 9 janvier 1595. Le voyage dont veut parler Scaliger est celui qui a rendu si célèbre le nom du navigateur, voyage qui dura du mois de décembre 1577 jusqu'au 3 novembre 1580 et qui fut le premier voyage accompli par un Anglais autour du monde, car il ne faut pas prendre au mot la devise qu'adopta l'aventureux capitaine et qu'il plaça sous un globe terrestre : *Tu primus circumdedisti me*, devise qui supprime la gloire de Magellan, mort en 1521. Drake malheureusement ne retraça pas lui-même l'histoire de ses explorations. Mais Scaliger put lire, l'année suivante, une relation d'un autre voyage de Drake à Saint-Domingue, Carthagène, la Virginie et la Floride en 1585, relation intitulée : *Expeditio Francisci Draki equitis angli in Indias occidentales*, etc. (Leyde, 1588, brochure in-4.. de 21 pages). La traduction française qui parut (*ibid.* même année et même format) a pour titre : *Voyage du chevalier Fr. Drake aux Indes Occidentales*. Quant au récit du grand voyage de 1577-1580, il a été écrit par le capitaine portugais N. de Sylva et a été publié en 1600 (Londres, in-4°). C'est d'après cette première édition anglaise du *famous voyage*, que le sieur de Vauchelles donna en français le *Voyage de Francis Dracke à l'entour du monde* (Paris, 1613, in-8°).

[2] J.-A. de Thou s'est beaucoup occupé de Drake dans son *Histoire universelle*. Voir Livres LXXI, LXXXIV, LXXXVIII, CXV. C'est dans le livre LXXI, à l'année 1580, que le grand historien a raconté le voyage de circumnavigation auquel Scaliger s'intéressait tant.

[3] La première édition du *Corpus juris civilis*, donnée par Denis Godefroy, parut à Genève, 1583, in-4. L'édition si fort augmentée dont parle Scaliger doit être celle de Lyon, 1589, en 6 vol. in-folio.

LXXXIII

A CLAUDE DU PUY.[1]

Monsieur,

Je vous remercie tres humblement de l'histoire de la Chine, laquelle il vous a pleu m'envoier. Elle ne fust pas sitost imprimée à Romme,[2] qu'elle fust envoiée en ces quartiers par l'ordinaire, et j'eus loisir de la lire *raptim*. Mais il la fallust rendre tout incontinent. Je fus si espris de la lecture de ce livre, que j'avoi deliberé de le tourner.[3] Mais je n'eus ni la copie du livre, ni le moien de le traduire et despuis sont survenus des empeschemens qui m'ont faict changer d'advis, et affin que ce livre ne demeurast incognu à nos François j'avoi prié Monsieur de Pressac[4] de le traduire, ce qu'il n'a partie voulou partie peu. Ainsi il est

---

[1] *Ibid.*, folio 96.

[2] Scaliger veut parler de l'ouvrage de Fr. J. Gonçalez de Mendoza : *Historia de las cosas mas notables, ritos y costumbres del gran reyno de la China*, etc. (Rome, Accolti, 1585, in-8°). L'ouvrage, réimprimé à Madrid et à Barcelone en 1586, fut traduit en français par Luc de la Porte, sous le titre d'*Histoire du grand royaume de la Chine* (Paris, 1588, in-8°), et en latin par Marc Hennines, sous le titre de : *Nova et succincta historia de amplissimo reyno China* (Francfort, 1589, in-8°). Voir *Manuel du Libraire*, au mot *Gonçalez* (t. III, col. 1661-62).

[3] *Tourner*, dans le sens de traduire, a été employé par Bossuet et par Regnard. Les auteurs du *Trévoux* assuraient (1771) que le mot ne se disait plus que dans les collèges. Le *Dictionnaire de l'Académie française* (édition de 1878) maintient pourtant encore le mot *Tourner* avec la signification de traduire.

[4] C'est ce même M. de Pressac (Geoffroy de la Chassaigne) dont il a été question dans la lettre LXIV et dans la note 10 de ladite lettre.

demeuré la. Mais la France n'aura faulte de traducteurs,[1] si une fois on s'est advisé de l'utilité de ce livre, lequel ne peust faillir à servir à noz François, quand il ne feroit aultre chose que remonstrer qu'un si admirable empire, plein de si grandes villes, equippé de toutes choses qui servent à la vie humaine, et sans comparaison plus peuplé que Roiaulme du monde, se gouverne de telle façon, que non seulement il se rend admirable de sa bonne police, mais aussi nous condamne nous aultres François,[2] qui n'avons qu'un petit Roiaulme au pois d'eux, et nous ne pouvons compatir les uns avec les aultres, et nous coupons la gorge à credit,[3] là ou eus vivent en toute tranquillité, et une justice si reglee, qu'ils font honte à la chrestienté eus qui sont Δια Βολολατροι. Il y a peu d'hommes françois peut estre, qui puissent faire leur proffit d'une si belle histoire. Tant y a que maintenant en aiant une à ma devotion par vostre liberalité j'en pourrai tirer plus grande utilité que je n'ai faict par ci devant, et jamais ce ne sera sans me souvenir et de l'honneur et du bien qu'il vous plaist tousjours me faire avec tel remerciement que je puis faire à celui auquel je ne pourrai faire tant de service qu'il m'a faict de bien.

Monseigneur, je vous baise tres humblement les mains priant Dieu vous donner, etc.

D'Abain, ce 25 Aoust 1587.

Vostre humble serviteur,

Joseph de La Scala.

---

[1] La traduction déjà citée de Luc de la Porte eut un grand succès : on la réimprima en 1589, 1600, 1606.

[2] Toute cette tirade est d'un excellent style et ne fait pas moins honneur au grand sens de l'appréciateur qu'à la verve de l'écrivain.

[3] C'est-à-dire inutilement, gratuitement. Molière a plusieurs fois employé cette expression et La Fontaine aussi.

LXXXIV

A CLAUDE DU PUY.[1]

Monsieur,

Il ne fault poinct, s'il vous plaist, que je demeure si long temps sans savoir de vos nouvelles, lesquelles me contenteront plus, que ce que je voi, et oi touz les jours. Mes estudes ne se portent ni bien ni mal. Je fai tousjours quelque chose plustost pour n'estre point oisif, que pour promettre chose, qui puisse contenter les bons jugemens, et croi que Dieu me faict une grande grace de m'avoir imprimé quelque affection és lettres, pour me servir d'amusement, cependent qu'il se passe des choses, qui glisseroient en mon esprit non sans quelque passion, n'estoient ce doux empeschement que je trouve és lettres.[2] Je vous supplie que je sache de vos nouvelles, et ce pendent je vous baise tres humblement les mains, priant Dieu, Monsieur, vous donner, etc.

D'Abain, ce jour de Noël [1587].

Vostre humble serviteur,

Joseph de La Scala.

---

[1] *Ibid.*, folio 101.

[2] Est-il possible, je le demande, de mieux parler du charme de l'étude? Et n'y a-t-il pas dans ces simples et éloquentes paroles quelque reflet du beau passage de Cicéron? Rappelons que l'éloge du culte des lettres fait ici en deux mots par Scaliger a reçu un magnifique développement dans une page à jamais célèbre de M. Prévost-Paradol (*Nouveaux Essais de littérature*), page qui débute ainsi : « Salut, lettres chéries, douces et puissantes consolatrices! Vous avez comblé le monde de vos bienfaits, mais le plus grand de tous, c'est la paix que vous pouvez répandre dans nos âmes... »

LXXXV

A PIERRE PITHOU.[1]

Monsieur,

Vostre lettre m'a destourné de mes fascheuses pensées. Car je l'ai leue comme si vous me l'aviès escrite en aultre temps, qu'en cestui-ci, auquel je ne puis rien faire qui vaille. Il ne m'a pas toutesfois osté la memoire de ce que je doi à mes plus chers amis tels comme vous car ce temps n'a puissance sur moi si non en ce qui me touche priveement, et non pas à l'obligation que j'ai à mes amis. Car en cela ils sont maistres de moi, et non pas le temps. Je suis demeuré ici tout seul, le maistre et la maistresse estant allés en vos quartiers pour leurs affaires. Je ne sai quand je vous verrai. Si vous me pouviès veoir, vous trouvierez grand difference à la barbe que je porte aujourd'hui à celle que je portois n'a pas un an. *A tantis tanta est facta anima mea.*[2] Toutesfois s'il plaisoit à Dieu de nous donner une paix, je dirois que barbe n'est que poil, et me rengerois au dire d'Anacréon.[3] Mais ce sera quand il plaira à Dieu, lequel

---

[1] *Ibid.*, folio 194.

[2] Je suppose que Scaliger a voulu écrire : *tristis facta est*, etc.

[3] M. R. Dezeimeris, qui est aussi bon helléniste que bon ami,— ce qui est tout dire — répond ainsi à ma consultation sur ce point :

Monsieur, je prie vous donner en santé bonne et longue vie, et vous baise bien humblement les mains et à Mademoiselle Pithou.

D'Abain, ce 27 fevrier 1588.

Vostre humble et affectionné serviteur,

Joseph de La Scala.

« Je croirais volontiers que Scaliger fait allusion aux vers 4 et 5 de la 47ᵉ ode d'Anacréon (numération de Fischer) :

Τρίχας γέρων μὲν ἐστι,
Τὰς δὲ φρένας νεάζει.

Il est vieux par les cheveux, mais par le cœur il est jeune. »

LXXXVI

A CLAUDE DU PUY.[1]

Monsieur,

Je vous escrirois souvent, mais je n'ai de quoi, car je ne fais rien qui vaille, ni ne puis ni ne vouldrois qu'on sceut que je feisse rien. Si vous me commandiés faire quelque chose, pour l'amour de vous, je le ferois. Mais de mon propre mouvement pour le jourd'hui je ne puis rien. J'ai entendu que Monsieur Cujas est à Paris, et qu'il a esté pourveu d'un estat de Maistre des Requestes.[2] Mais ceste nouvelle ne m'attouche pas tant que les propos que j'enten qu'il tient de moi.[3] De quoi je suis fort estonné, ne lui aiant donné occasion. Ains au contraire m'estant, l'an passé, assujetti à lui d'une sugestion servile, lorsque sa femme mourust,[4] je pense que vous pourrés avoir entendu une partie de ses rancunes, qui

---

[1] *Ibid.*, folio 103.

[2] C'était une fausse nouvelle. Cujas ne quitta pas la ville de Bourges.

[3] On voudrait croire que c'était encore là une fausse nouvelle, malheureusement les détails si précis qui vont suivre ne permettent guère de douter de ce crime de lèse-amitié.

[4] Voir la lettre du 11 septembre 1586, n° LXXVI. Voir aussi la note 12 de la lettre XXXIII, où j'ai rappelé combien Cujas avait béni la consolante affection de Scaliger.

sont toutes fondées sur son naturel, et non sur moi, car ce qu'il dit de moi en mon absence, il n'oseroit en dire une seule parolle en ma presence. Je lui escris un petit mot, et vous supplie tres humblement de lui faire tenir ma lettre à Paris, ou à Bourges. S'il est à Paris, il vous plaira de lui toucher un mot du tort qu'il me faict, et vous me ferés beaucoup d'honneur. Touz ceux qui cognoissent son naturel et le mien, sans ouïr parties, le blasmeront de cela, car il n'y a homme de sa cognoissance, lequel il ne se soit rendu ennemi par je ne sai quelle bisarrerie qui est en lui. Mais son savoir m'a faict tousjours supporter *illa magna* ἐλαττώματα. Je vous supplie, Monsieur, de lui en toucher quelques mots, et si nous estions ensemble, je vous dirois des choses qui vous feroient juger de ma patience.[1] Mais je reserve cela à meilleur temps, que cestui ci. Cependent,

Monsieur, je vous, etc.

D'Abain, ce 25 Mars 1588.

Vostre humble serviteur,

Joseph de La Scala.

---

[1] Cujas, comme quelques autres grands hommes, aurait donc été mieux doué quant au génie que quant au caractère. Le témoignage de quelqu'un qui l'a aussi longtemps et aussi intimement connu que Scaliger, mérite toute l'attention de ceux qui s'occuperont désormais de lui.

LXXXVII

A CLAUDE DU PUY.[1]

Monsieur,

Je ne vous entretiendrai poinct des nouvelles que ce siècle apporte. Car oultre que vous n'en savés que trop, je m'asseure que vous vouldriés avoir donné beaucoup, et n'en savoir pas ce que vous en savés.[2] Je ne vous puis entretenir que de nostre gibier, qui sont les lettres, lesquelles chassées et malmenées par l'injure du temps[3] se réfugient chés vous, et aultres semblables à vous. J'aime mieux parler de cela, que des affaires d'Estat, qui vouloient jadis servir d'argu-

---

[1] *Ibid.*, folio 104.

[2] Scaliger veut parler de tous les troubles de Paris et surtout de la journée des Barricades (13 mai), de la fuite du roi (13 mai), et peut-être aussi de la toute récente prise de la ville de Troyes par les ligueurs (11 juin).

[3] L'expression *l'injure du temps* est dans le *Périclès* d'Amyot. Montaigne, en ses *Essais*, a parlé des *injures de la fortune*. Ces métaphores nous viennent de l'Antiquité. On les trouve notamment dans les écrits de Pline le naturaliste et de Columelle.

nent de discours ès escoles des declamateurs, et maintenant ce sont des sugetz ès cours des Princes, trop veritables. Je vous demande donques qu'y a il de nouveau ? J'ai veu Monsieur d'Elbene[1] à Champigni,[2] qui m'a monstré les foires dernieres de Francfort,[3] et aussi la preface que Lipsius lui a faict pour lui dedier le volume des inscriptions de l'Europe.[4] Je m'asseure que toutes celles des Gaules ni seront pas. Car j'en ai un tiers de celles de Lyon, qui ne sont imprimées, *item* toutes celles de Gascogne, de Languedoc, de Provence, de Daulfiné, qui sont tres belles. Je vouldrois bien qu'il les tinst. J'en ai aussi quelques unes fort belles de Portugal, qui n'ont poinct esté imprimées avec celles d'Espagne, ni ailleurs.[5] Le dit sieur d'Elbene m'a parlé de certains poissons escriz de characteres incognus, qu'on vous avoit envoié.[6] Je vouldrois bien en voir une copie, ou bien

---

[1] Nous avons déjà rencontré ce personnage (Lettre LXXI).

[2] Champigny-le-Sec, commune du département de la Vienne, arrondissement de Poitiers, canton de Mirebeau, à 21 kilomètres de Poitiers.

[3] C'est-à-dire le catalogue des livres apportés aux foires de Francfort.

[4] *Inscriptionum antiquarum quæ passim per Europam liber*, etc. (Leyde, 1588, in-folio).

[5] Conférez l'article *Inscriptions* du *Secunda Scaligerana*. On y trouve ceci : « J'avois recueilly un aussi gros livre d'Inscriptions qu'estoit celuy de Smetius : je le voulois dedier à l'Abbé d'Elbene ; Gruter les a eues, je les lui ai envoyées, et il en avoit eu quelques unes d'ailleurs, tellement que celles qu'il cite, il les ayme mieux citer d'autruy que de moy ; je ne sçay pourquoi on me fait ordinairement cela. »

[6] Voir sur des poissons de verre trouvés dans les catacombes par Boldetti et revêtus de signes mystérieux l'article *Poisson* (*symbole*) du *Dictionnaire des Antiquités Chrétiennes*, par M. l'abbé Martigny (Paris, 1877, grand in-8o). Mais les objets dont il est ici question

l'original en condition que je vous les rendrai et renvoierai incontinent. De mesmes je ferai de la Britannia d'un nommé Camdenus, si je ne me trompe.[1] Car je vous la renvoierai après en avoir faict. Monsieur d'Elbene m'en a faict grand cas.[2] Si vostre ami, qui vous presta une fois un Alcoran, estoit à Paris, je vous supplie de lui demander le dit Alcoran pour trois sepmaines. Car je n'en ai affaire pour plus long temps. Car j'ai bien des Alcorans. Mais je n'ai poinct la Sunna, qui est au bout de ce livre. Celui la mesme me la voulu prester d'aultres fois à Lion, si je l'eusse voulu, et quand il saura que j'en ai affaire, il ne fera nulle difficulté de le prester, oultre le credit que vous avès envers lui. Vous me ferès un singulier bien, s'il vous plaist, de recouvrer ce livre. J'ai veu des feuilles du Nouveau Testament Arabic qu'on imprime à Romme, et de l'Euclide aussi Arabic avec les Commentaires, qui est un chef d'œuvre. Monsieur Dalle-

---

avaient été fabriqués par un imposteur, comme on le verra dans la lettre LXXXIX.

[1] Scaliger ne se trompait pas. Le grand antiquaire Guillaume Camden (né à Londres en 1551, mort en 1623) venait de publier la première édition de son premier ouvrage : *Britannia, sive florentissimorum regnorum Angliæ, Scotiæ, Hiberniæ, etc. descriptio.* (Londres, 1586).

L'abbé d'Elbène se montrait un bon juge : l'ouvrage de Camden était vraiment remarquable, surtout pour ce qui concernait l'Angleterre proprement dite. Camden fut surnommé le Varron et le Strabon de la Grande-Bretagne.

champ est mort qui est dommage, encores qu'il eust septante un an.[1]

Monsieur, je prie Dieu vous donner sa grace.

D'Abain, ce 28 Juing 1588.

Vostre tres humble serviteur,
Joseph de La Scala.

---

[1] Les biographies sont pleines d'incertitudes au sujet de la date de la mort de l'illustre botaniste. M. Lud. Lalanne (*Dictionnaire historique de la France*, 1877) dit que Dalechamps mourut *vers 1588*. M. A. Fée, un botaniste qui aurait dû chercher avec zèle des renseignements sur son glorieux confrère, met sa mort en *1587 ou 1588*. Si l'on en croyait le *Moréri*, Dalechamps serait mort le 1ᵉʳ mars 1588, à 75 ans. La lettre de Scaliger semble le faire mourir plus tard et lui donne quatre ans de moins. Où est la vérité? — La vérité que je demandais, la voici telle que me la fournit, au dernier moment, une gracieuse communication de M. Aimé Vingtrinier. Le père de ce savant bibliophile, M. Artus Vingtrinier, eut l'intelligente générosité de donner, en 1823, au musée de la ville de Lyon une pierre tombale qui provenait de l'ancienne église des Jacobins et sur laquelle est gravée une inscription où l'on voit que Jacques Dalechamps, natif de Caen, médecin très célèbre, etc., autrefois vainqueur de la mort et enfin vaincu par elle, etc., mourut *âgé de 75 ans le 1ᵉʳ mars 1588*. Les rédacteurs du *Moréri* étaient donc bien informés, et ceci prouve une fois de plus combien on a eu tort, dans les dictionnaires biographiques de notre temps, de ne pas toujours assez tenir compte des indications du vénérable recueil. C'est par une singulière erreur que M. Comarmond, dans sa *Description du Musée lapidaire de la ville de Lyon* (1846-54, Lyon, in-4o) a mis *1578* pour *1588*, de même que c'est par une singulière inadvertance qu'il a dit du monument funéraire si noblement sauvé de la destruction par M. Artus Vingtrinier : « Nous ignorons comment il est entré au musée. » La même erreur et la même lacune se retrouvent dans *l'Histoire monumentale de Lyon* par M. Monfalcon, trop fidèle copiste de M. Comarmond (Paris, 1866, in-4o, t. II, p. 47).

LXXXVIII

A J.-A. DE THOU.[1]

Monsieur,

J'ai receu la vostre, que Monsieur le thrésorier de S. Marthe m'a faict tenir. Vous m'obligés grandement de vous souvenir de vostre pouvre ancien ami et serviteur qui estime vostre amitié un thésor. Car le temps est venu que telz thésors sont plus de requeste, que ceux que usuriers ammassent. Aussi ai je tousjours faict estat de vostre amitié que plus que de chose du monde. Je suis tousjours disposé à faire quelque chose de bon. Mais *recordatio imminentium malorum, et sensus presentium avocant animum meum ab ea cognitione.* Je ne dis pas que si j'avois ce bien de vous voir quelques fois, que cela ne me donnast courage de vous rendre compte de mes estudes. Car je crains que vous, qui avés toute puissance sur moi, n'exigiés de moi quelque attache, laquelle je ne vous pourrois refuser honnestement. Car dernièrement me trouvant avec M. l'abbé d'Elbène à Champigni,[2] je me senti tout renouvellé sitost que je veis celui que

---

[1] *Ibid.*, folio 159.
[2] J.-A. de Thou était très lié avec l'abbé d'Elbène et il lui a rendu (*Histoire universelle*, liv. XCIX, sous l'année 1590) ce gracieux hommage : « C'était un homme d'un génie aisé, d'une érudition profonde, et d'une expérience consommée. Il n'avait alors qu'environ quarante ans, et fut extrêmement regretté du roi et de ses amis. »

je n'avois veu il y avoit si long temps. Car les discours des lettres, que nous tinsmes ensemble me donnerent je ne sai quel enthousiasme de bonnes lettres, que je pense que si alors vous m'eussiés recherché *de liberalibus litteris*, vous ne m'eussiés pris *de Gallico*.[1] Retourné ceans je suis devenu plus rustique qu'auparavant. Si doncques avant que οἱ ζηλωται *misceant mare cœlo*;[2] je pouvois trouver moien de vous voir, peut estre que je serois plus honneste homme que je ne suis. Car vostre presence seule, l'amour que je vous porté meslée avec un respect de vostre singuliere vertu m'inciteroit à valoir plus que je ne vaus. Le dit sieur d'Elbene m'envoia dernierement le volume des inscriptions ramassé par un Smettius Flamman,[3] et augmenté par Lipsius.[4] Mais on y a

---

[1] Je renonce à expliquer ces mots, surtout après avoir vainement interrogé à ce sujet des amis dont la sagacité égale l'obligeance.

[2] Ces jaloux qui vont tout bouleverser, qui vont mêler la mer avec le ciel, suivant la si hardie expression Virgilienne, ne sont autres que les ligueurs également détestés de Scaliger et de J.-A. de Thou.

[3] Ce *Smettius* (Martin Smith) naquit près de Bruges, fut ministre protestant, parcourut pendant six ans l'Italie en voyageur curieux, y fit une ample moissons d'inscription anciennes, les mit en ordre avec le concours de Marc Laurinus, et périt misérablement dans les troubles de Flandre vers 1588, ayant été pendu par des soldats espagnols. Tel est le récit donné par Valère André (*Bibliotheca belgica*) et résumé dans le *Moréri*. Il ne faut le confondre ni avec Smetius (Henri Smith), né à Alost en Flandre en 1537, mort le 15 mars 1614, médecin calviniste, ni avec Smetius (Jean Smith), qui naquit à Nimègue, où il fut ministre protestant et professeur, et qui mourut en la même ville (1651). Les trois homonymes ont été antiquaires et tous les trois s'occupèrent également d'inscriptions, coïncidences qui rendent les méprises trop faciles.

[4] Dans le recueil déjà cité de Smetius (Leyde, 1588, in-folio), le travail fourni par Juste Lipse est intitulé : *Accessit auctarium a Justo Lipso*.

omis beaucoup de ce qui est dens Appianus[1] lequel je n'ai, et dens l'*orthographia Aldi*,[2] que je n'ai non plus. Mais il me souvient de quelques inscriptions que j'ai veues ès dits livres, qui ne sont en cestui ci, et qui plus est j'en ai beaucoup qui ne sont imprimées, et à mon premier loisir j'en ferai un troisiesme *auctarium* qui ne sera guiere moindre que celui de Lipsius. C'est un beau volume et duquel j'espère un jour faire mon proffit à bon escient *si modo per zelotas liceat*. Je vous baise tres humblement les mains.

D'Abain, ce xx Aoust 1588.

Vostre humble serviteur,
Joseph de La Scala.

---

[1] Voir la note 12 de la lettre XC.
[2] Voir la note 13 de la lettre XC.

LXXXIX

A CLAUDE DU PUY.[1]

Monsieur,

Je vous remercie bien humblement du Gulielmus Cambdenus, en la lecture duquel j'ai receu un singulier plaisir et contentement,[2] et vous le renvoie. Quant à l'élégie de de Corn. Gallus,[3] l'imposture est si manifeste, qu'oultre ce que vous en jugés tres sainement en vostre lettre, j'y ai marqué ce que verrés en la marge dont pourrés cognoistre que c'est un tel esprit, et telle érudition que de Robertus Titius, et n'y a rien plus semblable. Le malheur est qu'il se trouvera de ceus qu'on estime doctes en Italie, qui se persuaderont cela estre de Corn. Gallus, et ne se doubteront de l'imposture,

---

[1] *Ibid.*, folio 105.

[2] Éloge à joindre à tous ceux qui ont été donnés à Camden et à rapprocher surtout des éloges que lui prodigue Peiresc dans sa correspondance.

[3] On ne possède de Cornelius Gallus aucune pièce authentique. Les auteurs de l'*Histoire littéraire de la France* (t. I, p. 101-108) n'ont rien dit de l'élégie dont Scaliger, critique *emunctæ naris* s'il en fut jamais, flaira si vite la fausseté. Voir dans les *Opuscula varia* quæ publia Casaubon (1610, in-4°, p. 335-347) : *Asinii Cornelii Galli elegia et epigrammata tria, cum animadversionibus Josephi Justi Scaligeri Jul. Cæsar. fil. ad amplissimum virum Claudium Puteanum consiliarium Regium in suprema Curia Parisiensi.*

et toutesfois ce sont ceus qui appellent *i tramontani audaci*. J'ai marqué les faultes en la marge tout ainsi qu'il est contenu en vostre lettre. J'avois desja veu les caractères des poissons m'aians esté communiqués par Monsieur l'abbé d'Elbène. C'est une imposture laquelle encores je croi plus aisement, Fregeville estant auteur de l'interpretation. Monsieur Cujas m'a escrit dernierement qu'il n'avoit veu la lettre que je lui escrivois, et avois envoiée pour lui faire tenir. Il vous plaira de savoir de celui à qui vous l'aviés baillée ce qu'il en a faict, et s'il ne l'a envoiée, je vous prie de me la renvoier. Car il n'est besoing de la faire tenir au dit sieur Cujas. J'ai quelque esperance de voir Monsieur d'Emeri, car puisqu'il va aux Estats,[1] il sera plus proche de nos quartiers.

Je vous baise tres humblement les mains.

D'Abain, ce xiii Septembre 1588.[2]

Vostre tres humble serviteur,

Joseph de La Scala.

---

[1] Les États de Blois. Voir les *Mémoires* de J.A. de Thou, à l'an 1588, livre III. L'ami de Scaliger rencontra Michel de Montaigne à Blois et eut avec lui une conversation sur le roi de Navarre et le duc de Guise, dont le récit forme une des plus curieuses pages desdits Mémoires.

[2] Je ne ferai que mentionner (même volume, folio 106) une courte lettre écrite d'Abain à Du Puy, le 27 septembre 1588, et où Scaliger lui reparle du « Pseudo-Gallus. »

XC

A CLAUDE DU PUY.[1]

Monsieur,

Excusés moi si plustost je n'ai respondu à votre dernière. Ce n'a esté de paresse, ains ça esté que je m'attendois vous escrire par Monsr d'Abain qui avoit deliberé incontinent après la Saint-Martin s'en retourner à Paris poursuivre son procés contre Monsieur de Langres.[2] Mais la Reine-mère du Roi lui a escrit pour le faire venir à Blois, et l'accorder avec ledit sieur de Langres, auquel elle veult vendre le conté de Lauraguais.[3] Il y est maintenant. Je ne sai comment leur affaire ira. Je suis bien aise du lieu de Cœlius[4] que m'avès enseigné d'où ce beau Cor. Gallus a forgé son commencement, lequel lieu vault plus que tout le reste pour monstrer l'impudence et ignorance : *Deinde Seleuciam Arsacidum vocat. Seleucia erat in finibus imperii Ro.* [mani] *neque Parthis parebat.* Quant à la lettre de Mr Cujas, je

---

[1] *Ibid.*, folio 108.

[2] Nous avons déjà vu (lettre LXXXII) que c'était Charles de Pérusse d'Escars.

[3] Voir sur le Lauraguais et Catherine de Médicis un bon petit article du *Dictionnaire de Moréri* (t. VI, p. 198).

[4] Celius Rhodiginus (Lodovico Ricchieri), né à Rovigo (*Rhodigium*) vers 1450, mort en 1525, a laissé des extraits des auteurs anciens, accompagnés de discussions philologiques, qu'il intitula : *Antiquarum lectionum lib. XVI* (Venise, 1516, in-folio ; Paris, 1517, in-folio, et avec nombreuses additions, Bâle, 1550, in-folio).

pense à la verité qu'il l'a eue, quoi qu'il die, en laquelle il n'y avoit rien qu'une requeste voire tres humble que je lui faisois, de me dire l'occasion pour quoi il se plaignoit de moi devant tout le monde, affin que cognoissant la cause de l'offense, je lui en feisse telle satisfaction que son merite envers moi et ma loiale affection envers lui le requeroit. Et n'y avoit rien plus que cela dont il ne s'en peust non plus plaindre à bon droit que de ce qu'il dit lui avoir donné cause de se plaindre de moi. Sans aulcun doubte la cause de cela est le voiage que je lui feis faire à Massai, le retirant de sa maison pestiferée, en laquelle sa femme, un tres honneste jeune homme de Chartres estoient morts de contagion, la garde de sa femme, le laquais, la fille de la garde, et sa belle-sœur furent attainctz de la dite contagion. Il se plainct, dis-je, que je l'ai retiré de la mort. Dieu soit loué, ni lui ni homme du monde ne pourront jamais alleguer que je sois le premier à rompre le lien d'une longue amitié. Quant à mon serviteur je le tansai et appellai sot devant lui, pour l'amour de lui, à cause que lui commandant je ne sai quoi à mon homme, le coquin lui refusa devant ma presence, et je le tançai comme je devois. Et vous mesme ne trouverés mauvais si j'en usai ainsi. Voila toute la tragedie. χυτρα φακῆς τὴν φιλίαν ἡμῶν διλυσι. Non pas que nous desistions de nous escrire, pourtant, car je l'honorerai tousjours, quoiqu'il face ou die, mais tant y a qu'il est *multum mutatus ab illo*.[1] Comme tout de mesme il s'est porté envers Monsr Roaldès.[2] Je n'ay rien veu de ce garçon dont m'escrivés,

---

[1] Ici, comme en tant d'autres passages, Scaliger s'est souvenu de Virgile (*Æn.* lib. II, v. 74) :

    Hei mihi, qualis erat! quantum mutatus ab illo.

[2] Savait-on que Roaldès avait eu à se plaindre de Cujas?

nommé Casaubonus,[1] sauf qu'un jeune homme venant de ce quartier là me dit dernièrement qu'il estoit professeur audit lieu:[2] Je suis icy reculé de toute frequence et n'oi parler que de pillerie, de coupemens de bois, de venditions d'immeubles, etc. Je vous remercie tres humblement du Macrobius, où j'ai veu de bonnes choses. Je vous supplie à vostre première commodité de m'escrire si un Eugippus[3] *de Gestis Herulorum* que Lazius[4] dit avoir trouvé, a jamais esté mis

---

[1] Ce garçon était l'illustre Isaac Casaubon, alors âgé de 29 ans. On sait qu'il devint et resta jusqu'à la fin un des meilleurs amis de Scaliger, sans l'avoir jamais vu. Il y a bien des particularités sur Casaubon dans le *Secunda Scaligerana* (p. 258-260). Je n'en citerai que ce bel éloge : « C'est le plus grand homme que nous ayons en grec : je luy cede ; est *doctissimus omnium qui hodie vivunt*. Il sçait bien d'autres choses que Lipse. » De même que j'ai cité sur Scaliger le livre de M. Ch. Nisard et celui d'un savant étranger, je citerai sur Casaubon *le Triumvirat littéraire au* xvie *siècle* (p. 309-456) et une monographie publiée par un érudit anglais (*Isaac Casaubon, 1599-1614, by Marc* Pattison, *Rector of Lincoln College*. Londres, 1875, in-8°). Voir une excellente analyse et une très favorable appréciation de ce dernier travail dans un article de M. Charles Thurot (*Revue critique* du 5 août 1875, p. 88-93).

[2] Casaubon était professeur de langue grecque à Genève depuis le 5 juin 1582, époque où il avait succédé à son maître François Portus.

[3] Scaliger veut-il parler d'Eugipe (*Eugipius*), qui vivait au vi[e] siècle de l'ère chrétienne, qui fut abbé de Lucullano ou San Severino, près de Naples, que l'on a cru longtemps africain, et qui semble plutôt être né dans la Norique?

[4] Wolfgang Lazius, né à Vienne en Autriche, mourut en 1565, et non en 1555, comme l'a marqué J.-A. de Thou (liv. XVI). Il professa les belles-lettres, puis la médecine, et fut le médecin de l'empereur Ferdinand I. On a dit de lui qu'il avait beaucoup, mais mal travaillé. Le *Secunda Scaligerana*, qui donne de singuliers détails sur sa vie privée (p. 420), juge ainsi le critique : « C'estoit un grand ratisseur ; il faisoit tout imprimer sans jugement, comme Gruter. »

en lumière.[1] A mon advis que non. Aussi de me resouldre de ce que je doute touchant l'édition de Smettius des anciennes inscriptions. C'est que je voy à l'index des feuilles citées avec un'estoile comme P. Martius P.F. Sextianus C L * *Item:* Maria Tertia, CLXVIII. * I. Je voi bien que ce sont des fueilles adjoustées et despuis l'impression. Mais je vous demande si vous les avés en vostre livre, car au mien que Mons' l'Abbé del Bene m'a donné, il n'y a pas une de ces fueilles. Si les aultres les ont, mon livre est de beaucoup imparfaict. Le dit S' Abbé m'avoit prié que je lui baillasse ce que j'ai d'inscriptions. J'en ai de recueilli qui monte autant que la moitié du livre de Smettius y compris ce que j'ai ramassé de ce qui est imprimé ca et la. Mais d'autant que je n'ai peu recouvrer Petrus Appianus[2] et l'orthographia Aldi[3] j'ai esté contrainct de surseoir mon labeur jusques à un'aultre fois que je serai plus heureus à rencontrer ces livres. Tant y a que j'en ai beaucoup non imprimées de Lion, Provence, Gascogne, Vienne, Die, Portugal, Espagne, etc. La fin de vostre lettre m'oblige beaucoup. Que vous dirai-je sinon que vous estes le non pareil en amitié, comme en vertu, laquelle vous a faict beaucoup d'amis, et vous les a asservis, entre lesquels je suis le plus esclave de vostre loial et non

---

[1] Le correspondant de Scaliger dut lui répondre que le *De gestis Herulorum* n'avait pas paru et que Lazius s'était abusé ou avait abusé un trop crédule public.

[2] *Petri Apiani et Barthol Amantii Inscriptiones sacrosanctæ vetustatis.* Ingolstad, 1534, in-folio. Orelli (*inscr. latin. coll.*, t. I, p. 30) dit que ce recueil abonde en inscriptions apocryphes, sans mettre en doute la bonne foi du collecteur.

[3] *Aldi Manutii Paulli filii orthographiæ ratio.* Venetiis, 1566. Ce beau volume est loin d'être sûr au point de vue épigraphique. Voyez Orelli, *loc. cit.* p. 29; Bouhier, *Dissert. sur le grand pontifical,* page 37.

feint naturel et m'asseure que je ne crain poinct encourir
envers vous les rancunes que Mons' Cujas a trouvé en nostre
amitié. Mais je vous serai tousjours très affectionné, comme
celui qui ne sait que c'est que de la bizarrerie et d'incons-
tance. J'avois oublié de vous prier de vous emploier pour
avoir les inscriptions d'Autun et des environs, et je les
mettrai avec ce que j'ai, et vous envoierai le tout. Car ce
seroit dommage que cela se perdit, veu mesmement le peu
d'asseurance qu'il y a en mon faict, veu le temps qui court.
Je veulx clorre ma lettre d'un épitaphe Romain, qui est dane
Mazochius,[1] mais desguisé de façon qu'il n'est recognois-
sable et d'autant que je ne doute qu'il soit d'un comique
comm' Afranius ou Titinnius,[2] je vous le baille comme un'
eschantillon de mon recueil.

> Monumentum absolvi sumtu et impensa mea
> Amica tellus ut det hospitium ossibus
> Quod omnes optant, sed felices impetrant.
> Nanque quid egregium quidve cupiendum est magis
> Quam libertatis ubi tu lucem acceperis,
> Fessæ senectæ spiritum ibi deponere?

Je di que quelque pere de famille dit ces parolles en
quelque comedie et que jamais rimailleur de *Dis Manibus*

---

[1] *Jacobi Mazochii Epigrammata antiqua Urbis.* Romæ, 1521, in-fol.,
Voy. Orelli, *l. c.* p. 57. Mazochi était imprimeur à Rome, et, dit
Tiraboschi (VII, part. I, l. I, XXVII, note) « par la sua erudizione
degno di andar del paro cogli altri stampatori eruditi di quell' età. »

[2] Afranius est bien connu par ce qu'ont dit de lui Cicéron, Horace,
Quintilien et Suétone, mais j'ai vainement cherché des renseignements sur Titinnius. Je ne trouve en toute l'antiquité que quelques mots de Pline le Jeune sur un historien qui portait ce prénom,
Tintinnius Capiton, dont le temps a dévoré tous les ouvrages.

ne feit ces vers. Mais vous en serés juge. J'envoie *Commentariolum in Canonem Hippolyti* à Patisson ; voiés le s'il vous plaist et corrigés ce que sera de besoing. Je l'ai reveu à la haste. Je vous baise tres humblement les mains.

D'Abain, ce xvi Novembre 1588.

Vostre tres humble serviteur,

J. DE LA SCALA.[1]

---

[1] Scaliger, le 5 décembre suivant, écrivait d'Abain à C. Du Puy (*Ibid.*, folio 110) : « Je vous envoie une lettre que j'escris à Sylburgius, lequel pense que j'aie quelque opulente bibliotèque pleine de livres rares. Je l'oste d'erreur par ma dite lettre. Ceux qui savent mes moiens savent qu'il s'en fault beaucoup que je soie si riche jusques là, et ceux qui me cognoissent de plus pres, savent aussi que je n'ai ni le lieu, ni la commodité, ni la tranquillité d'esprit, pour l'aider à illustrer son edition des Auteurs de l'Histoire Romaine. » Et, le 15 décembre, il adressait d'Abain au même ami (*Ibid.*, folio 111), une lettre de recommandation en faveur de M. Hostager, citoyen de Marseille, lequel avait un procès à Paris. Scaliger, auquel Hostager avait procuré des livres arabes venus du Levant, demande que ce plaideur soit protégé par le conseiller au parlement, ajoutant : « Il le merite pour son honnesteté et vertu et aussi que je me fie que vous savès que je ne vous vouldrois importuner pour personne qui ne le meritast. Je vous supplie donques, Monsieur, de faire pour lui ce que vostre devoir vous permet et son bon droit le requiert. »

XCI

A J.-A. DE THOU.[1]

Monsieur,

Je croi qu'aurés receu ma response à la vostre dernière dattée du v Juillet, si Monsieur Falaiseau[2] a faict son devoir de la vous faire tenir comme lui mesmes s'y est offert. Vous aurés peu savoir par icelle comment despuis trois mois en ça je me suis retiré ici avec le seigneur du lieu pour nostre seurté d'autant qu'au lieu où nous estions on nous muguetoit[3] de trop pres. Mais je suis venu ici *aptis sarcinulis et expeditis*, n'aiant faict provision de livres pour m'accompagner en ce mien exil, qui est la cause que je ne vous ai rendu response touchant ὀλίξς Θεοκρίτου.[4] Mais si vous vouliés

---

[1] *Ibid*, folio 161.

[2] Charles Falaizeau était un médecin de la ville de Tours. On lit dans les *Mémoires* de la vie de J.-A. de Thou (Liv. V, à l'année 1592 que le grand historien, gravement malade, fut soigné, aussitôt qu'il fut arrivé à Tours, par Charles Falaizeau et François de Lavau, médecins célèbres et tous deux de ses amis.

[3] C'est dans le même sens que La Noue a dit en ses *Discours*: « Si nostre Roy sentoit qu'un prince voisin voulust venir mugueter la frontiere. » *Mugueter*, c'était donc, comme on le remarque dans le *Dictionnaire de Trévoux*, épier l'occasion de se rendre maître d'une chose souhaitée. Le même recueil nous fournit ces deux exemples : Tous les princes voisins de cette place la *muguettent* depuis longtemps. Il y a longtemps qu'il muguette cette maison qui est à sa bienséance.

[4] Ces notes sur Théocrite furent publiées sous le titre d'*Emendationes in Theocritum* dans l'édition de Commelin (Genève, 1596, in-8o) et réimprimées en 1603 (in-8o) et en 1604 (in-4o) par le même

que je vous en escrive ce qu'il m'en souviendra, non seulement je suis prest à vous obeir en cela, mais aussi touchant aultres plus difficiles lieus du dit autheur, comme aussi ὠδὴν Simmiæ Rhodii [1] ignoré de tout jusques à present pour l'estrange depravation de ce petit poëme. Et despuis que j'ai trouvé un meschant Theocrite en cette ville, je pense avoir à plus près recouvré ce que j'ai aultresfois escrit au mien que j'ai laissé à Abain. Quand (sic) à nos *THRENI*,[2] le malheur a esté si grand pour moi, que non seulement je ne les ai encores veus, mais aussi je ne les puis recouvrer, quoique j'en aie escrit à Monsieur Falaiseau. J'espère avec l'aide de Dieu que, devant la reception de la presente, Paris sera en l'obeissance du Roi,[3] et que vous pourrés voir en vostre

---

éditeur. Les notes de Scaliger relatives aussi à Moschus et à Bion, sont accompagnées de celles de Casaubon et de Daniel Heinsius. J.-J. Reiske a reproduit, dans ses *Theocriti reliquiæ* (1765-66, Vienne et Leipsick, 2 in-4º), les notes de Scaliger, avec celles de H. Estienne et de Casaubon.

[1] Les petits fragments de Simmias de Rhodes ont été publiés dans les éditions de Théocrite de 1596, 1603, 1604, énumérées en la précédente note. Déjà ils avaient été donnés par H. Estienne dans ses recueils de 1566 et 1579. Voir sur Simmias de Rhodes une notice de M. Dehèque dans le tome II de sa traduction de l'*Anthologie grecque* (1863, in-12, p. 422-423).

[2] On lit dans les *Mémoires de la vie de J.-A. de Thou* (Livr. IV, à l'année 1589) : « Il lui dédia [au cardinal François Morosini, légat du Pape], la paraphrase en vers latins des Lamentations de Jérémie qu'il fit en ce temps-là. Il cherchait, en travaillant sur ce prophète, quelque consolation dans la calamité publique, dont ce Prélat était témoin. » Les *Threni Jeremiæ* forment une des quatre parties du recueil intitulé *Metaphrasis poetica librorum aliquot sacrorum*.

[3] Vain espoir s'il en fut jamais ! *Devant la réception de la présente*, l'approche du duc de Parme avait lever le siége de Paris (30 août), et plus de trois années et demie devaient s'écouler avant l'entrée du roi dans la capitale de son royaume.

maison la diformité qu'on a faict aux nostres en Agenois, quoiqu'il n'y ait comparaison des nostres aux vostres. Toutesfois l'animosité est semblable et c'est un caractère que les gens de bien ont receu des meschans. Or quand Dieu vous aura fait la grace d'entrer en vostre maison, il vous plaira de nous departir de vos nouvelles et me maintenir tousjours en vos bonnes graces. Je voudrois aussi qu'il vous pleust de me mander des nouvelles de nostre ami M. l'abbé del Bène, car il y a longtemps que je n'ai eu de ses nouvelles,[1] qui est la cause que je ne lui puis escrire ne sachant où adresser mes lettres. Le seigneur et dame de ceans vous baisent les mains. Dieu vous maintienne en sa grace.

De Pruilli, ce 17 aoust 1590.

Vostre tres humble serviteur,

Joseph de La Scala.

---

[1] Était-ce par l'effet de quelque douloureux pressentiment que ces nouvelles étaient demandées par Scaligér avec tant d'insistance ? On verra dans la lettre suivante que l'abbé d'Elbène n'avait plus, à la date où Scaliger s'inquiétait ainsi du silence prolongé de son ami, que quelques jours à vivre.

XCII

A J.-A. DE THOU.[1]

MONSIEUR,

Je receus dernièrement deux de vos lettres, l'une datee du 24 Aoust, l'aultre du 13 septembre, lesquelles Monsieur Falaiseau me feict tenir toutes deux ensemble. J'ai grand occasion de remercier Dieu de vostre convalescence,[2] et de ce qu'il lui a pleu de vous garantir de ceste épidemie qui nous a privés de beaucoup de gens de bien noz bons amis, et entr'aultres de Monsieur Del Bene lequel je regrette et regretterai toujours, me souvenant que j'ai perdu en lui un singulier ami duquel non seulement j'estois aimé, mais aussi honnoré plus que je ne meritois.[3] La soudaine nouvelle

---

[1] Collection Du Puy, vol. 838, folio 23.

[2] Nous lisons dans les *Mémoires de la vie de J.-A. de Thou* (livre V) : « Dans ce temps-là, de Thou fut attaqué d'une fièvre violente au château de Nantouillet, dont le roi lui avait confié la garde avec une bonne garnison. Il y apprit la mort de l'abbé d'Elbène. Il entretenait un commerce journalier de lettres avec ce cher ami. Dans l'abattement que lui causèrent cette perte et sa fièvre, il composa les vers suivants... » On trouvera le texte (*In obitum Petri Delbenii*) parmi les poésies latines réunies à la suite des *Mémoires* (édition de 1734, p. 204-205, in-4º), et la traduction en vers français dans ces mêmes *Mémoires* (p. 197-198). Dans l'Histoire de son temps (Liv. XCIX), J.-A. de Thou a mentionné la fièvre violente qui l'avait attaqué durant la canicule de 1590, et qui pendant 21 jours qu'elle dura, mit plusieurs fois sa vie en danger.

[3] J.-A. de Thou, dans la même page de son *Histoire* où il parle de la maladie qui faillit l'emporter, dit qu'au moment où il commençait à se rétablir, l'abbé d'Elbène mourut de la même maladie à Saint-Denis.

que je reçeus de sa mort me contrista beaucoup, mais celle de vostre convalescence me le faict regretter non moins que je dois, mais moins que j'ai faict, tellement que *tu es, ut semper olim*, Ἰὰ πρῶτα τῶν φίλων. J'ai esté fort aise aiant entendu que vous esties arrivé à Tours[1] et vous prie de m'envoier, s'il vous plaist, *Threnos*, lesquelz je n'ai peu jamais recouvrer, y aiant emploié de mes amis, pour m'acquiter envers vous en ce que je suis sommé par vos lettres, et n'eust esté que j'esperois tousjours en recouvrer de Tours, plustost je vous en eusse prié, pour m'en faire tenir. Je suis ceans despuis le commencement de juing n'aiant apporté aulcun livre avec ques moi, parce que avant partir j'ai mis dans des tonneaux tous mes livres, et escritures, et ne sai quand je les verrai, non plus que ceus qui sont dens Agen, les restes de la bibliothéque de mon père qui sera un grand dommage s'ils sont dissipés, comme tout ce peu qui me restoit a couru la mesme fortune que voz facultés de vous aultres Messieurs de Paris. Car nostre petite ville ne cédé poinct à la vostre grande en toute espèce de cruaulté.[2] Nous

---

[1] Voir sur le voyage de M. et de Mᵐᵉ de Thou, de Senlis à Tours et sur l'enlèvement de Mᵐᵉ de Thou par un parti de la garnison de Beauvais, le livre V des *Mémoires* cités ci-dessus. On regrette d'y voir que la conduite de J.-A. de Thou ne fut pas des plus chevaleresques, et qu'abandonnant « une épouse qui lui était si chère, » il se soit sauvé à bride abattue.

[2] Voir un remarquable chapitre de l'histoire de la Ligue en Agenais, publié par M. Ad. Magen, sous ce titre : *Mémoire sur la ville d'Agen sous le sénéchalat de Pierre de Peyronenc, seigneur de Saint-Chamarand* (1866, grand in-8º). Voir encore la rare plaquette de 1590 (Lyon, Jean Patrasson) si richement et si curieusement annotée que vient de réimprimer le vaillant érudit : *Briefve narration de tout ce qui c'est passé en la ville d'Agen en Agenois depuis la declaration d'icelle au party de la Sainte union* (Bordeaux, Ch. Lefebvre, 1879).

sommes ici en bonne place, et quiconque y vouldra entrer, il faut qu'il parle à nous premièrement.[1] Vous me ferés un singulier bien, s'il vous plaist, de me mander des nouvelles de Monsieur du Pui, duquel jamais je n'ai peu savoir rien de certain. Je vous escrirai souvent, puisque Dieu vous a rendu sain et en seurté à Tours lequel je prierai, Monsieur, de vous maintenir en sa garde.

De Pruilli, ce ix novembre 1590.[2]

Vostre tres humble serviteur,

Joseph de La Scala.

---

[1] Scaliger, se fiant à l'épaisseur des murailles du château de Preuilly, *Arx Prulliacensis*, comme il l'appelle dans ses lettres latines, met une bien amusante fierté dans cette bravade inoffensive.

[2] Indiquons seulement une lettre à de Thou (de Preuilly, le 4 janvier 1591) qui est une sorte de dissertation sur le mot *Stapida*, vol. 838, folio 12). Dans une autre lettre *(Ibid.*, folio 25), datée encore de Preuilly, le 15 février suivant, Scaliger demande à J.-A. de Thou des nouvelles de ses Muses, « lesquelles, je m'assure, » dit-il, « ne sont oisives. Quant à moi, » ajoute-t-il, « je ne vaus rien, et ne me puis tant commander que de retourner à mes Heliconiades, lesquelles estans tousjours jeunes, comme les poètes disent, ont peur de ma barbe blanche. Et puis elles savent bien que tout ce qui sort de leur boutique ne peut guières plaire en ce temps. Je trouve fort à dire mes maîtres muets, que j'ai laissé à Abain [ses livres en futaille]. Je croi que là où vous estes [la lettre est adressée à M. d'Emery, Conseiller du Roi en son Conseil d'Estat à Tours], il n'y a guières d'aultres qui se meslent de ce mestier, si ce n'est un Alleman, qu'on dict avoir faict des vers sur la bataille d'Yvry. Je n'ai ici non plus nouvelles de toutes ces choses, que si j'estois hors de ce Roiaulme. »

XCIII

A J.-A. DE THOU.[1]

Monsieur,

J'ai receu vos deux lettres, qui estoient de diverse datte. Vous me faictes tousjours beaucoup d'honneur de vous souvenir de moi. Je pensois que l'auteur de *Ivriaca pugna* fust grand pöete,[2] parce que j'ai veu quelque chose de sa prose, qui montre qu'il a quelque stile, combien qu'il face profession de mespriser tous auteurs latins hormis Cicéron. Ce mespris me l'a rendu un peu suspect et pense que c'est quelque jeune homme. Mais il y en a un aultre de l'Isle en

---

[1] *Ibid.*, folio 26.

[2] Cet auteur est le même allemand dont il vient d'être question dans la note 7 de la précédente lettre. Son poème est conservé à la Bibliothèque nationale sous ce titre : *Pugna Ibriaca*. C'est un petit in-4° de 30 pages auquel, malheureusement, le titre manque. Le poème se compose d'un peu moins de six cents vers hexamètres. L'épître dédicatoire à du Plessis-Mornay remplit trois grandes pages ; elle est datée de Tours « *XII Calend. Septembr. XDXC* » et se termine par deux anagrammes sur le nom du roi et sur celui du *pape des huguenots*. L'enfant de la Germanie témoigne, en son épître, un mépris assez marqué pour la littérature française et il cherche à réfuter l'opinion de ceux qui prétendent que notre langue est plus éloquente que la langue latine. J'ai vainement cherché dans la correspondance de Phi de Mornay et dans divers autres ouvrages de la fin du XVIe siècle quel pouvait être le nom de l'auteur du *Pugna Ibriaca*. Je livre le petit problème aux grands connaisseurs des littératures comparées de l'un et de l'autre côté du Rhin.

Flandres nommé Baudius,[1] lequel j'ai prié de vous aller voir,[2] et monstrer ses poèmes,[3] entre lesquels il en y a de tres bons, et *Supra Captum Belgarum*. Vous verrés l'elegie qu'il a adressée à Monseigneur le cardinal de Bourbon,[4] et l'*Heroicum* à la Reine d'Angleterre. Je m'asseure que vous les admirerés tant pour l'eslite des paroles, que pour la majesté de la poésie.[5] C'est un jeune homme fort bien né, et

---

[1] Dominique Baudius était alors âgé de trente ans. Sur le jurisconsulte-poète on peut lire dans le *Dictionnaire critique* de Bayle un article excellent et dont la longueur (p. 172-191 du tome III, de l'édition Beuchot) n'a jamais effrayé que l'auteur lui-même (p. 174).

[2] Baudius, qui était alors à Tours, alla si bien voir J.-A. de Thou qu'il devint un de ses meilleurs amis. On trouvera dans le volume intitulé : *Dominici Baudi epistolæ* (j'ai sous les yeux l'édition de Leyde, 1650, petit in-12) diverses lettres très affectueuses adressées à de Thou (p. 17, 18, 34, 57, 64, 66, 67, 68, 69, 73, 74, 75, 76, 86, 125, etc.)

[3] Le *Manuel du Libraire* indique trois éditions des poésies latines de Baudius. (Leyde, 1607, petit in-8 ; *Ibid.*, 1616, même format ; Amsterdam, 1640, petit in-12.) Il y en a eu une autre, la première de toutes, qui est de 1587. Voir l'article déjà cité de Bayle, remarque *O*, p. 177.

[4] Baudius publia, en 1591, un petit recueil spécial dédié au cardinal de Bourbon. On a reproduit dans ses *Epistolæ* (1650, p. 23) l'épître dédicatoire : *Carolo Borbonio Regia stirpe indole Principi et Cardinali Dom. Baudius* [*præfixa Iamborum libro Cæsaronini Turonum edito anno 1591*].

[5] Je pense que les critiques les plus favorables au talent poétique de Baudius, sont ici dépassés de beaucoup. Baudius, du reste, ne fut pas ingrat envers la mémoire de son indulgent ami, comme l'atteste son discours sur la mort de Scaliger, *le plus grand des hommes* (*Dom. Baudi oratio in funere Maximi Virorum Josephi Justi Scaligeri*, à la suite des lettres, dans le recueil de 1650, p. 632-646). Ce discours fut prononcé, comme nous l'apprend une bien minutieuse note de l'éditeur, à Leyde, le 26 janvier 1609, *à 10 heures du matin*, le lendemain du jour où le corps du défunt avait été enseveli.

vous l'aimerés.[1] Si vostre Paris estoit reduit, comm'il lui est inevitable,[2] et que je feusse auprès de vous, que je ne veisse ny n'ouysse ce que je ne veux, vous avés tant de puissance sur ce pauvre esprit mien, que vous tireriés de l'eau de ceste pierre ponce. Et croiés, Monsieur, que si je puis faire quelque chose, que ce sera *afflatu amoris tui* ἠν πατέμχυδή ανα κζ τοι συμβίβηνος. Et certainement comme ça esté je ne sai quelle fatale necessité que tous les gens de bien se ressentent de ceste contagion de ligue en leurs biens, leurs esprits aussi en font de mesmes, pour le moins le mien. Et pense que la premiere chose qui m'eschappera de poésie, ce sera contre ceste peste. Car j'en suis en travail d'enfant. M. le Prmier Président de Rouen en sa lettre qu'il vous à pleu m'envoier se plainct que les lettres s'en vont perdues, et qu'en l'université où il est, il n'y a pas une seule trace de lettres. C'est bien un homme qui est bien suffisant pour juger des bonnes lettres, et qui a conjoinct la preud'homie avec le grand savoir,[3] ce que quelques-uns qui sont restés dans vostre Babylone[4] n'ont faict. Il vous plaira, Monsieur, lui faire tenir seurement ma lettre. Je vous baise tres humblement les mains.

De Pruilli, ce 9 mars 1591.

Vos Thrennes sont fort bien imprimés et bien corrigés par vous.

Vostre humble serviteur,

Joseph de La Scala.

---

[1] Sur les relations de Scaliger avec Baudius on consultera le recueil de 1650 où les lettres de l'un et de l'autre ont été réunies (p. 21, 38, 40, 42, 46, 47, 53, 54, 56, 58, 61, 64, 65, 70, 71, 77, etc.). La plupart de ces lettres furent échangées entre Tours et Preuilly.

[2] Ce fut seulement le 22 mars 1594 que le roi Henri IV put entrer dans sa bonne ville de Paris.

[3] Eloge de Claude Groulart à rapprocher de celui que Scaliger lui a déjà donné dans la lettre XXI.

[4] Scaliger est-il le premier qui ait vu dans Paris une nouvelle Babylone?

XCIV

A J.-A. DE THOU.[1]

Monsieur,

Je respondrai à vos deux lettres, lesquelles j'ai receues aujourd'hui avec vostre paraphrase d'Amos.[2] Je l'ai incontinent leue, et conferée avec le texte, et ai pris un singulier plaisir en la lecture d'icelle, et trouve le tout si bien faict, que je pense avoir rien à redire, sauf trois ou quatre passages, lesquels à mon advis se peuvent faire meilleurs. Voila ce que m'a semblé avoir besoing de consideration. Quant au Jonas n'a poinct besoing d'aultre correction. Vos vers seront les biens venus partout. Mais quand tout sera en un volume, il y fault mettre vostre nom. Aussi bien vous pouvés vous tenir seur que les Alemans imprimeront tout avec vostre nom, car ils sont curieus de tels poëmes... Vous moustrés que vous entendés le mestier en jugeant de Statius, comme vous m'en avés escrit. Car tous hommes de bon jugement en diront autant, et quant à moi je l'estime le premier poète *epicus* après Virgile,[3] et (il) ne déclame point

---

[1] Collection Du Puy, volume 395, folio 8.

[2] On trouvera cette paraphrase dans le recueil déjà cité qui porte le millésime de 1588, quoique la plupart des pièces dont il se compose soient postérieures à cette date : *Metaphrasis poetica librorum aliquot sacrorum*. C'est dans la 4e partie de ce recueil que sont réunies les traductions libres des œuvres des petits prophètes, *Vaticinia Joelis, Amosi, Abdiæ, Jonæ, Habacuci*. Rappelons que les trois autres parties du recueil sont consacrées à Job, à l'Ecclesiaste et à Jérémie.

[3] Il sera bon de rapprocher ce jugement et les jugements qui vont suivre, de ceux qui ont été formulés avec tant de goût et tant d'autorité par M. D. Nisard (de l'Académie française) dans ses *Etudes de mœurs et de critique sur les poètes latins de la décadence* (1834 et 1859).

comme Lucain qui tue le lecteur de ses longues comparaisons, antithèses, déclamations, philosophie, astrologie, et, pour mieux parler, de son immodestie.[1] Je ne nie point qu'il n'ait de bonnes choses, mais je nie qu'elles soient poétiques. Quant à Silius,[2] c'est un naquet de tripot,[3] et n'en dirai aultre chose. Mais après Statius, Valerius Flaccus peust tenir rang. Car il y' a de belles choses et aultres qu'en Lucain.[4] Or en lisant Statius à M. d'Abain, j'y avois marqué des choses que peut estre maintenant il me seroit malaisé deviner. Mais un larron m'a dérobé mon exemplaire comme assés d'aultres livrets marqués et corrigés de ma main. Les notes du Nouveau-Testament ne se peuvent faire sans mes livres, car il fault avoir le Talmud et plusieurs aultres livres. Mais si nous estions ensemble, en discours familiers je vous

---

[1] On lit dans le *Prima Scaligerana* (p. 116) ; « *Lucanus violentissimum et terribilissimum ingenium.* Il en avait trop, et ne se pouvant retenir, il n'a sceu que c'estoit que faire un poème. » Nous avons déjà vu que Scaliger s'était beaucoup occupé de Lucain — et avec une insigne sévérité — dans sa lettre à Patisson contre le sieur de l'Isle (1582).

[2] Il y a dans le *Prima Scaligerana* (p. 155) cet article cruel pour celui que l'on a surnommé le singe de Virgile : « *Silius Italicus*, cuisinier. *Dixit quod alii omnes et male ; non bonus auctor, legendus tamen ut vetus.* » A l'article *Ennius* (Ibid., p. 85), Scaliger confond dans le même dédain Lucain, Silius et ce Stace pour lequel il vient de se montrer si indulgent : « *Ennius poëta antiquus, magnifico ingenio. Utinam hunc haberemus integrum, et amisissemus Lucanum, Statium, Silium Italicum*, et tous ces garçons-là. »

[3] Vieux mot qui se disait, comme le rappelle le *Dictionnaire de Trévoux* (v° *Nacquet*) d'un valet, d'un laquais. M. Littré a cité cette phrase de Ronsard : « Les autres poètes latins ne sont que naquets de ce brave Virgile. »

[4] Plusieurs critiques, tout en reprochant à l'auteur des *Argonautiques* son affectation et son obscurité, ont signalé dans son poème d'admirables passages, et Quintilien, par exemple, est presque aussi favorable à Valerius Flaccus que Scaliger.

pourrois encores entretenir de beaucoup de choses sur ce, qui vous contenteroient à mon advis. A un aultre je ne le vouldrois ou oserois. Vous estes le seul de ce monde *qui habes imperium in animum meum*, et parce que vous savés que je hai mortellement le mensonge, je m'asseure que vous me croiés. Quant aux livres de la Bordeziere,[1] un mien ami et vostre m'advertit qu'il s'en estoit desja vendu beaucoup, et qu'un libraire en avoit vendu à grand prix ce qu'il avoit acheté à fort bon marché. Voila pourquoi je vous en avois adverti. Nous pourrons bien escrire à Lipsius ces jours prochains. Mais maintenant je n'ai point de loisir.

Monsieur, je vous baise tres humblement les mains.

De Pruilli, ce 13 avril 1591.[2]

Vostre tres humble serviteur,

Joseph de La Scala.

---

[1] Je ne trouve rien sur la bibliothèque de La Bordezière.

[2] Dans une lettre écrite de Preuilly le 27 avril 1591 (vol. 395, fol. 9), Scaliger dit à de Thou : « Vous aurés peu voir la response que j'ai faicte à la vostre dernière, laquelle j'accompagnai de celles que j'ai escrites à Mr le premier président de Rouen et à Justus Lipsius. Despuis j'ai receu la vostre par la voie d'Abain avec celle dudit sieur premier président. Je suis tres aise que vous aiès veu Baudius, et l'aiès trouvé tel que je le vous ai descrit, et ses vers aussi. » Scaliger aborde ensuite l'examen de l'authenticité des livres de Baruch, de Tobie, de Judith. J'appelle sur sa discussion — qui ne sauroit trouver place ici — l'attention des hébraïsans. La lettre se termine par cette demande : « Je vous prie de me dire que sont devenus Florent Chrestien, et Beloy, si vous le savès, et Passerat. » Le 28 mai suivant, Scaliger, toujours à Preuilly, donne à de Thou les nouvelles militaires que voici (vol. 838, folio 27) : « Le fort de Bellac est encores assiégé par les Mahométans (c'est-à-dire les ligueurs) de Poitiers, où ils y perdront non seulement leur peine et leur pouldre, comme ils ont faict, mais aussi leur credit, s'il plaist à Dieu, la place estant défendue par quatre vingts braves gentilshommes parmi lesquels sont les deux enfants du sieur de ceans (de Louis de Chasteigner), leur père n'espargnant rien pour le service de Sa Majesté. Si tous faisoient comme lui, le marranisme seroit tost morfondu en ce roiaulme... » Je néglige complètement un billet insignifiant écrit encore de Preuilly à de Thou, le 4 juin 1591 (*Ibid.*, folio 28).

XCV

A CLAUDE DU PUY.[1]

Monsieur,

Quelle nouvelle plus agreable pouvois-je recevoir que celle que Monsieur de la Vau m'a faict entendre par la dernière qu'il m'a escrite, de vostre venue à Tours, et de Mademoiselle vostre compagne. Bref il est advenu ce que non seulement j'avois desiré, mais aussi avois prié Dieu qu'il advint, que tous mes amis fussent hors de la grande Babylone. Il m'en a ottroié une bonne partie, quand il lui a pleu de vous en retirer, si ce n'est que vous estant *instar omnium*, il m'ait octroié tout à plein ce que je lui ai demandé. Qu'il soit loué doncques, que vous estes venu vous rendre à nostre compagnie, *ut expleas numerum bonorum*. Mais je vouldroie que Monsieur Pithou, Le Fevre, et Houllier y fussent. Car je m'asseure que la où ils sont, ils y sont leur corps defendant. Quant à moi je suis non pas plus riche que m'avés veu, mais plus content de ce que Dieu m'instruict tousjours par ses verges, et me fait semblable aux gens de bien et leur compagnon en affliction, qui leur suis dissemblable en merite. Pour le comble de ma joye et contentement, je desire, s'il vous plaist, savoir de vos nouvelles, par vous mesmes et vos lettres, qui est la compagnie que je vous tiendrai tousjours, tandis qu'aultre je ne vous puis tenir. Vostre *Appianus*, et *Ortographia Aldi* sont en un grand bahu à Abain entre les livres de M. d'Abain. Je tascherai à les avoir si faire se peust. Mais (*sic*) livres sont tous dans des pipes au dit lieu et m'a falu emprunter quelque peu de livres que j'ai ici, et les

---

[1] Collection Du Puy, vol. 496, folio 112.

mendier de mes amis. Mirebeau repris (comme j'espere qu'il sera bientost)[1] je pourrai recouvrer vos livres, et vous les envoierai. Monsieur de la Vau me fera tousjours tenir seurement vos lettres. Il est un tres bon homme, et digne de vostre amitié.

Monsieur, je vous baise tres humblement les mains, et à Madamoiselle vostre compagne, priant Dieu vous donner à tous deux sa grace.

De Pruilly, ce ix juillet 1591.

Vostre tres humble serviteur,

JOSEPH DE LA SCALA.[2]

---

[1] Mirebeau ne tarda pas, en effet, à être repris par le prince de Conti. Voir l'*Histoire* de J.-A. de Thou, livre CI; l'*Histoire de France* de Mézeray, tome III, in-folio, 1651, page 891.

[2] Cette lettre est adressée à « Monsieur Du Puy, conseiller du Roi nostre Sire en sa Court de Parlement à Tours. »

Trois courtes lettres écrites de ce château de Preuilly, où Scaliger résida presque toujours pendant que durèrent les troubles de la Ligue, sont sans grande importance (23, 24 et 29 juillet 1591). Dans la première (vol. 496, folio 113), Scaliger annonce à Claude Du Puy qu'il est impossible « de colloquer son fils à Preuilly pour l'instruire aux lettres, vu que le précepteur est septuagénaire et en terme de quitter son escole à cause de sa vieillesse. » J'y relève, en outre, ce cri de désespoir : « Comme je voi, les lettres s'en vont peu à peu. » Le second billet est adressé à de Thou (vol. 395, folio 29). Scaliger lui dit : « La cavalerie de Monseigneur le Prince se va loger cejourd'hui devant Poitiers, et faict-on tous les appareils pour battre la ville, car tous les refugiés ont fourni à l'appointement, *ut urgent negotium*. Le duc d'Espernon a promis toute sa cavallerie légère et ses harquebusiers à cheval, comme appert par la lettre qu'il escrit à mon dit seigneur... M^r d'Abain est parti dès ce jourdhuy pour aller en son gouvernement. Je n'ai plus alarme du siège. Toutesfois nous ne cessons pourtant de nous munir de tout ce qu'il fault. » Dans le dernier billet qui n'a que quelques lignes (vol. 496, folio 114), Scaliger donne à Cl. Du Puy des nouvelles du pays : « Le dit sieur d'Abain est allé en son gouvernement des Marches haulte et basse pour emmener des forces à Mgr le Prince devant Poitiers, lequel le dit seigneur Prince est deliberé de batre. »

XCVI

A CLAUDE DU PUY.[1]

Monsieur,

Aiant receu ces jours un petit bahu, où j'avois mis quelques livres ès langues estrangères, j'ai entr'aultres livres trouvé le recueil, que j'avois faict des inscriptions anciens pour adjouster au livre de Smettius,[2] lequel appendix n'est moindre que le voulume dudit Smettius, et y a beaucoup de beaus monumens qui jamais n'ont esté imprimés. Mais le plus beau de tous c'est un testament en langage dorique, que le seigneur Pinelli[3] donna à Monsieur d'Abain, pour me le bailler, lequel vous pouvès estimer le plus excellent de tout ce qui se trouve en pierre ou cuivre, soit pour la grandeur d'icelui contenant huict grandes pages, que pour la cognoissance des choses singulières y contenues. Vous me pourrés demander pourquoi je vous fais ce discours. C'est que tombant sur ce livre, je ne me suis peu contenir de regretter le malheur, qui est cause, qu'une si grande peine que j'ai prise, s'est trouvée vaine, et laquelle peust estre ne reuscira jamais. Mais et ce livre et quelques aultres seront mis à part pour vous les laisser, affin que si Dieu faict sa volunté de

---

[1] *Ibid.*, fol. 115.
[2] Voir la lettre LXXXVIII.
[3] Nous avons déjà rencontré le nom de Pinelli dans la lettre XXXII.

nous, ils ne se perdent. Mais il y a de la longueur à renger et mettre par ordre le tout. Quant à vostre *Orthographia Aldi*, et *Appian*, ils sont à Abain, et la dame du lieu les portera ici si elle peust à son retour, je di si elle peust seurement. Car jamais il ne fist si dangereus sur les chemins, ceux de Poictiers courans et ravageans tout ès environs. Je vous suplie que je sache que pourra estre devenu le pouvre Patisson. Je pense qu'on l'aura fort maltraicté et en suis en peine.[1]

Monsieur, je prie Dieu vous maintenir en sa garde.

A Pruilli, ce xxv Septembre 1591.

Vostre tres humble serviteur,
Joseph de La Scala.

---

[1] Scaliger s'inquiétait à tort : on ne voit pas que Patisson ait eu à souffrir des excès des Ligueurs. Du moins Pierre de l'Estoile, qui enregistre si exactement les plus petits incidents de cette époque, n'en fait aucune mention, et l'on sait que Patisson vécut encore plus de dix ans après que son illustre client lui eut donné ce témoignage de sympathie.

XCVII

A J.-A. DE THOU.[1]

Monsieur,

J'escris la presente à la volée[2] incertain si elle vous trouvera encores à Tours.[3] Certainement en quelque lieu qu'elle tombe en vos mains, vous vous pouvés asseurer que serai tousjours vostre serviteur, qui avés autant gaigné sur moi qu'homme qui vive. Aussi m'efforce je de le tesmoigner en toutes les façons, dont je me puis adviser. Vous savés comme Dieu a visité ceste pouvre famille, en aiant appellé à soi un bon baston de vieillesse, brave et vertu[eux] jeune homme,

---

[1] Vol. 838, folio 30.

[2] Au hasard, c'est dans ce sens que le mot a été employé par Molière : « Il faut procéder avec circonspection, et ne rien faire, comme on dit, à la volée. » *Trévoux* nous rappelle qu'*à la volée* a été aussi avec cette même acception employé par Pascal.

[3] La lettre de Scaliger dut trouver encore J.-A. de Thou à Tours, car son ami quitta cette ville seulement après que le roi fut arrivé sous les murs de Rouen. Or Henri IV n'arriva devant la capitale de la Normandie que dans les derniers jours de novembre.

regretté jusques à la populace mesmes du pais.[1] Mais Dieu ne se contente de cela, et nous veult esprouver d'aultres fléaus. Car le vicomte de la Guerche[2] aient appellé en Poictou grosses troupes et forces de Perigordins conduis par Bonne gouverneur de Perigord[3] a pris de force le chasteau de Touffou batu d'un canon et deux coulevrines, et a juré en faire autant à toutes les maisons du dit Seigneur et de faict la resolution est faicte au Conseil des Lestrygons de Poitiers[4] de se saisir de la ville de Pruilli, et s'y loger et faire bonne chère et bloquer le chasteau, lequel ils ne peuvent prendre de force, ni baterie, car il y fauldroit de plus grosses dens pour y mordre. *Nos sumus in procinctu*, et prenons bien garde à nostre faict. Cependant Dieu nous aidera auquel seul j'ai tousjours mon recours. Je vous supplie, Monsieur, ne nous oublier poinct, quand vous serés de par delà, et

---

[1] C'était l'aîné des enfants du seigneur d'Abain, Henri de Chasteigner, tué, dans sa vingt-troisième année, d'un coup d'arquebuse entre Champigny et Milly. Voir sur le jeune guerrier la note 2 de la lettre X et surtout les abondants détails que donne André du Chesne sur sa vie, sur sa mort et sur les éloges funèbres qui lui furent prodigués par Scaliger, par le président de Thou, par Scévole de Sainte-Marthe, par Pierre Joyeux « Lodunois, médecin du Roy, » etc. (*Histoire généalogique de la maison des Chasteigners*, p. 404-419).

[2] George de Villequier, vicomte de la Guierche, ancien gouverneur de la Marche, était gouverneur du Poitou pour la Ligue. Voir l'*Histoire* de J.-A. de Thou, livre CI ; l'*Histoire de France* de Mézeray, t. III, p. 889-890.

[3] Ce gouverneur du Périgord m'est inconnu. Je pourrais demander si Scaliger ne s'est pas trompé, mais j'aime mieux croire à l'insuffisance de mes recherches qu'à l'erreur de mon héros.

[4] Nous avons déjà vu (lettre XLVIII) les Périgourdins comparés à ces mêmes Lestrygons.

nous escrire de vos nouvelles. j'adresserai mes lettre à Monsieur Du Pui.

Monsieur, je vous baise bien humblement les mains, et prie Dieu vous donner sa grace.

De Pruilli, ce 3 novembre 1591.[1]

Vostre tres humble serviteur,
Joseph de La Scala.

---

[1] Le même jour, Scaliger écrivit à Claude Du Puy (volume 496, folio 118) pour le féliciter sur sa guérison et pour lui donner des nouvelles de la maladie de M. d'Abain. Il ajoute : « On lui a celé la mort de son pouvre fils, et si de nouveau aultre calamité est survenue à ceste pouvre famille. Car le vicomte de La Guierche a pris Touffou de baterie, et y tient garnison aiant faict venir grosses forces de Périgord, lesquelles nous donneront bien de l'affaire, car ils ne fauldront poinct à se venir loger en ceste ville, comme ils ont arresté en leur conseil cyclopique de Poitiers. Nous les salluerons de ce chasteau, s'il plaist à Dieu, qui n'est pas gibier pour eux, combien qu'ils soient plus de quinze cens. » Le 30 novembre suivant, Scaliger adresse à de Thou (vol. 838, folio 31) une lettre de recommandation en faveur du jeune Constans, neveu de M. de La Borderie, et il fait de ce Constans un très grand éloge.

XCVIII

A CLAUDE DU PUY.[1]

Monsieur,

Ce present porteur estoit venu ici de la part des Estatz de Hollande, du conte Maurice, et de l'Université de Leyden,[2] pour quester un homme docte,[3] digne de succéder à la place de Lipsius.[4] Et d'autant qu'il n'a pas eu de moi ce qu'il en esperoit,[5] je lui ai enseigné que Monsieur Passerat seroit fort

---

[1] Volume 496, folio 117.

[2] La *Lettre des Etats de Hollande et West-Frise* datée de La Haye, le 7 octobre 1591, a été plusieurs fois publiée, notamment (sous le n° CCCCLXXIX) à la suite des lettres latines de Scaliger (Leyde, 1627, p. 878-879). On trouvera dans le même recueil (n₀ CCCCLXXX) la *lettre de Son Excellence le prince Maurice, au Roy de France et de Navarre*, du 6 octobre 1591, pour lui demander la *cession* de Scaliger à la Hollande, et (n₀ CCCCLXXXI) la *Lettre des Estast de Hollande et West-Frise, au Roy Tres chrestien*, du 7 octobre 1591, pour lui demander la même faveur.

[3] Le prince Maurice parle ainsi à Henri IV de Scaliger : « qui par sa doctrine et autres bonnes qualités est tant renommé par toute l'Europe. » Les Etats en parlent mieux encore : « lequel s'est aisement acquis entre tous sçavants de ce temps le los du *Phœnix de l'Europe*. »

[4] La lettre du prince Maurice débute ainsi : « Le sieur Justus Lipsius, professeur de bonnes lettres en l'Université de Leyden, s'estoit retiré de ces pays vers les baings en Allemaigne, à cause de son indisposition, soubs promesse toutesfois, qu'il retourneroit en sa vocation et estat accoustumé. Mais d'autant que j'enten qu'il n'y a point d'espoir de son retour, etc. » La Lettre des Etats renferme l'éloge de Juste Lipse, « ornement fort beau, voire pilier unique » de l'Université de Leyde.

[5] Ce refus de Scaliger et la date des lettres dont il entretient son ami Cl. Du Puy, montrent l'anachronisme commis par ceux qui

propre pour ceste charge, et pour satisfaire aux auditeurs,[1] je l'ai adressé à vous pour savoir où le dit sieur Passerat est maintenant, et quel moien il y auroit de le tirer d'où il est. Je pense qu'il aimera mieux servir au public avec seurté, que d'estre inutile parmi les bourreaux.[2] Je vous supplie, Monsieur, de faciliter le moien de le trouver, et vous m'obligerés beaucoup et ce bon et honneste jeune homme.[3] Madame d'Abain a tousjours à part vos deux livres, lesquels

---

ont publié, dans le Recueil de 1627, sous le n° CCCCLXXVIII, une lettre du roi Henri IV à Scaliger, où il le félicite de sa résolution d'aller en Hollande, lettre qui aurait été écrite à *Mantes, le 20 avril 1591*. La date assignée à cette même lettre dans le Recueil de Jacques de Reves (1624) est la bonne: *20 avril 1593*. On peut voir en tête du Recueil de Jacques de Reves et aussi dans le Recueil de M. Berger de Xivrey (t. III, p. 530) la lettre qu'à la prière des *Estats de Hollande* Henri IV écrivit à Scaliger, le 3 décembre 1591, pour le presser d'accepter l'invitation que lui adressaient les dits Estats « soigneux de ne laisser esteindre les belles lumières de doctrine et vertu que leur Université de Leyden a produit jusques ici au proffict du public... »

[1] On voit avec satisfaction que Scaliger n'avait pas conservé contre Passerat l'animosité dont nous avons trouvé les traces dans quelques-unes des lettres précédentes.

[2] Scaliger donnait avec une légitime énergie le titre de *bourreaux* à ces ligueurs de Paris qui avaient, le 15 novembre précédent, fait pendre le président Brisson et les conseillers Larcher et Tardif.

[3] *Ce bon et honneste jeune homme* était, comme nous l'apprend le *Passeport* qui lui avait été *baillé par le roi très chrestien* (passeport imprimé, sous le n° CCCCLXXXIII, dans le Recueil de 1627), le docteur Gerard Tuning « s'en allant en Touraine, Poictou et autres lieux de ce Royaume. » On a quelque peu estropié le nom de l'envoyé des *Etats*, en l'imprimant ainsi dans les *Lettres missives de Henri IV* (t. III, p. 530) : « Le sieur Gherard Tunig, docteur et professeur en lois civiles. »

elle n'ose hasarder, et suis marri que ne les aiès desja receus. Je vous baise tres humblement les mains, priant Dieu,

Monsieur, vous maintenir en sa garde.

Du chasteau de Preuilli, ce xvi janvier 1592.[1]

Vostre serviteur,

Joseph de La Scala.

---

[1] La veille de ce jour, Scaliger avait exprimé au prince Maurice (Recueil de 1627, n° CCCCLXXXIV) le regret qu'il éprouvait de ne pouvoir accepter les propositions dont *Monsieur Tuning* était porteur. Voir encore (*Ibid.* n° CCCCLXXV et n° CCCCLXXVI) ses lettres latines aux curateurs de l'Académie de Leyde et à Jean Douza. Le 12 mars 1592, Scaliger, toujours à Preuilli, écrit à Cl. Du Puy (vol. 496, folio 149) : « Mr d'Abain est en son gouvernement, et attendoit de belles forces de Limosin et Bourbonnois, *item* il a faict venir un canon et trois coleuvrines pour battre la ville de Chénérailles [aujourd'hui chef-lieu de canton de la Creuse, arrondissement d'Aubusson], qui s'est révoltée depuis peu de jours. Si tous les Gouverneurs faisoient leur devoir aussi bien que lui, le Roi en seroit mieus servi, et la Ligue plus affoiblie. Et je m'estonne comment l'imprudence d'un certain Braso a esté si grande, que de s'attribuer l'honneur de la deffaite du Vicomte de La Guerche, et l'avoir ainsi faict imprimer. Là où tout le monde sait, qu'il n'y vouloit ppinct aller, et de honte voiant que Monsr d'Abain estoit monté à cheval, il le suivit, et je vous prie, quaifd vous en orrés parler, d'en dire la vérité. » C'est encore de Preuilli que sont adressées à J.-A. de Thou deux lettres, l'une du 25 mai, l'autre du 25 août 1592, auxquelles je n'emprunterai que quelques lignes : « Monsieur, je ne vous ai voulu escrire durant vostre maladie, car ce n'eust esté que vous importuner. Je loue Dieu et le remercie qu'il a exaucé les prières de tous ceux à qui vostre vie estoit aussi chere que la leur propre. Aussi Dieu vous réserve à quelque grand bien, quand il aura faict la grace à nostre bon Roi d'avoir raison de ses ennemis, comme je ne doute nullement qu'il n'advienne plustost que les meschans ne vouldroient. Quant à moi je ne desire sinon me maintenir en vostre amitié, de laquelle je fais estat, comme d'une possession très certaine. En quoi je recognois la

grande bonté de Dieu, qui ne m'a voulu priver d'un si grand bien, comme vostre grande maladie nous en menaçoit. Au reste vostre maladie vous a garanti d'une sotte epidemiale (*sic*) qui court, comme coqueluche et oripeaus.... (Ce dernier mot manque, en ce sens, au *Dictionnaire* de M. Littré. C'est un synonyme d'*Oreillons*. Voir *Trévoux*). Scaliger, en finissant, prie de Thou d'écrire au chancelier pour avoir de lui des renseignements sur une certaine terre de Pressy, près de la Charité, que voulait acheter Mlle de Monteilpedon, l'assurant de l'inaltérable reconnaissance qu'il gardera de ce nouveau service (volume 838, folio 32). L'autre lettre (*Ibid.*, folio 33) renferme l'éloge d'un travail manuscrit de M. Turquet. [Louis Turquet, sieur de Mayerne, né à Lyon vers 1550, mort en 1618, auteur d'une *Histoire générale d'Espagne*, 1586, in-folio, et de la *Monarchie aristodémocratique*, 1611, in-4°] : « Cet œuvre m'a semblé si savoureux à mon goust, que je pense que tous hommes de bon jugement le goustant comme j'ai faict, en seront aussi friands que moi. Parquoi j'ai exhorté le dit sieur Turquet de faire imprimer son œuvre, pour l'utilité et delectation qu'on en peust recueillir. Mais le dict sieur y faict le retif, disant que ce soit choses de cabale et non de publication. Toutesfois il s'arrestera volontiers aux sains jugemens, comme au vostre. »

XCIX

A PIERRE PITHOU.[1]

Monsieur,

Je vous ai escrit il y a deux jours, et ai donné ma lettre à Monsieur d'Emery, lequel vous a envoié un rolle de livres qu'il fault prendre de sa librairie, pour me les faire tenir, ce que je vous prie faire. Aussi je vous prie de m'envoier mon petit commentaire *in canonem Hippolyti Episcopi*[2] que Patisson vous a baillé. Ce que fault faire dens demain au soir, d'autant que mardi nous partirons. Vous feriés aussi beaucoup pour moi s'il vous plaisoit me faire transcrire les inscriptions d'Autun et de toute la Bourgogne notées dans le livre d'un certain Julien, qui a escrit les chroniques de Bourgoigne.[3] Par mon aultre lettre, je vous escris le regret

---

[1] Volume 496, folio 195.

[2] Voir sur cet ouvrage la note 4 de la lettre suivante.

[3] Scaliger veut parler du Recueil intitulé : *De l'origine des Bourguignons et Antiquités des Etats de Bourgogne, deux livres. Des Antiquités d'Autun, un livre*, etc., par Pierre de Saint-Julien, de la maison de Balleure, doyen de Châlon (Paris, 1581, in-folio). Sur l'ouvrage ainsi que sur l'auteur, mort en 1543, voir la *Bibliothèque historique de la France*, t. III, p. 439, n° 35836.

que j'ai de ne vous veoir. Je vous dirai à Dieu, et vous supplie tres humblement de m'aimer. Je prierai Dieu,

Monsieur, vous maintenir en sa garde.

Ce dimanche 25 du mois que le Roi est allé à la messe 1593.[1]

Vostre tres humble serviteur,

JOSEPH DE LA SCALA.

---

[1] On sait que le 25 juillet 1593 Henri IV entendit la messe à Saint-Denis. La protestation du calviniste contre l'abjuration de son auguste coreligionnaire pouvait-elle être faite avec plus de discrétion et de bon goût? La lettre qui suit celle-ci, dans le manuscrit 496 (folio 196), est datée de Leyde 6 septembre 1593. Scaliger y donne à son docte correspondant diverses nouvelles littéraires; il lui parle de Vulcanius qui soigne une édition d'Agathias, dont le texte est déjà imprimé et dont la version et les annotations sont en bon train. Il lui annonce que l'on a réimprimé à Francfort le *De emendatione temporum*, mais, assure-t-on, fort incorrectement; que Commelin « a imprimé à Heidelberg les inscriptions d'Espagne non pas en plus grand nombre que nous avons, ains quelques fois plus correctes, quelques fois aussi incorrectes. » Il ajoute : « Je suis fort content de l'honneur et bon accueil qu'on m'a fait ici. Si cela se continue, je n'ai poinct de regret à la France. » Il termine par ces multiples recommandations : « Honorés-nous de vos lettres, je vous prie, et cependant je vous baiserai les mains, et à Messieurs Houlier, Passerat, Le Fevre, Patisson, et principalement à Mademoiselle vostre femme. » Le même jour, Scaliger écrivait à Cl. Du Puy (*Ibid.* folio 121) : « Monsieur, je suis arrivé ici il y a quinze jours, où j'ai receu pareil accueil à celui qu'on me promettoit. Et n'ai de quoi jusques aujourd'hui me plaindre ni du pais, ni des hommes. L'Université commence à estre plus frequentée. Mesmes sur mon advenement il y est arrivé de France plus de vingt escoliers. Vulcanius faict imprimer Agathias grec... On a aussi imprimé à Francfort mon *De emendatione*, avec beaucoup de faultes ainsi qu'on m'a escrit dudit lieu. Mais j'ai deliberé avec l'aide de Dieu d'en faire une segonde édition... »

C

A PIERRE PITHOU.[1]

Monsieur,

J'espère que les affaires du Roi continuans, comme elles ont commencé,[2] nous aurons plus grande commodité de savoir de vos nouvelles, ce que je desire grandement. Despuis que je suis arrivé en ce païs, je n'ai guières bien employé mon temps, à cause de mil empechemens, qui me sont survenus, et principallement une langueur qui m'a duré quarante jours, et m'en a fallu autant pour me remettre. De quoi estant délivré par la grâce de Dieu, j'ai donné mon livre à imprimer à Rafelinjius[3] et le tout sera achevé environ le commencement de juing.[4] Je receus hier des lettres de

---

[1] *Ibid*, folio 197.

[2] Allusion à la soumission, dans le mois d'avril, de plusieurs villes importantes, parmi lesquelles je citerai seulement le Havre, Abbeville, Troyes, Sens et Riom, soumission qu'allait suivre, en juin, celle de la ville natale de Scaliger.

[3] François Raphelenge, dit l'excellent annotateur du *Choix de lettres françaises inédites de J.-A. de Thou* (p. 45), « originaire de Lanoy, près de Lille, mourut dans cette dernière ville, en 1597, à l'âge de 58 ans. Il était gendre de Christophe Plantin, et imprima lui-même sous la direction de son beau-père. C'était un savant orientaliste : on lui dut un premier dictionnaire de la langue arabe qui ne parut qu'après sa mort. » J'ajouterai seulement que *Raphelengius* est mentionné dans le *Secunda Scaligerana* (p. 527) pour son opinion sur le peu durable succès des ouvrages (moins un) de Juste-Lipse.

[4] Le livre dont il est question est l'*Hippolyti episcopi Cahon paschalis cum Josephi Scaligeri commentario*, etc. Ce livre, qui devait être achevé au commencement de juin 1594, ne parut qu'à la fin de 1594 pour les amis de Scaliger et qu'au commencement de 1595 pour le gros public.

Casaubon de Genève,[1] lequel m'advertit, qu'il faict imprimer *Suetonius*, où il dit avoir trouvé merveilles.[2] Hierosme Commelin doit aussi imprimer l'*Atheneus*, corrigé par le dit Casaubon, *infinitis locis*.[3] C'est un excellent esprit. Il me doit envoier le Strabon corrigé de sa main, et en aultre équipage, qu'il ne l'a faict imprimer.[4] On imprime ici Nilus episcopus Græcus in Pappæ romani tyrannidem.[5] Vous aurés le tout avec mon livre, et quelque aultre chose par dessus le mar-

---

[1] Le Suétone de Casaubon ne parut que douze ans plus tard: *Suetonii opera cum animadversionibus* (Paris, 1606, in-4.). L'auteur du *Manuel du Libraire* n'a pas mentionné cette remarquable édition des *Vies des douze Césars*, dont le commentaire surtout a eu tant de succès, comme le prouvent assez les nombreuses reproductions qui en ont été données en Allemagne, notamment dans l'édition de Fr. Aug. Wolf (Leipsick, 1802).

[2] Jérome Commelin, natif de Douai, était allé s'établir à Genève, d'où il se transporta à Heidelberg, où il mourut en 1597. Voir sur lui le *Secunda Scaligerana* (p. 274) et l'*Histoire* de J.-A. de Thou (Liv. CXIX, à l'annnée 1597).

[3] Le texte de l'*Athénée* de Casaubon fut publié par Commelin en 1597 (in-folio). Les notes ne parurent que huit ans plus tard (*Animadversiones in Athenæum*, Lyon, in-folio 1600).

[4] Casaubon avait donné son édition de Strabon en 1587 (Genève, in-folio). Il était alors bien jeune encore (n'ayant que 28 ans) et on ne doit pas être étonné que, sept ans plus tard, il ait pu offrir à Scaliger un texte fort amélioré, et comme le dit pittoresquement ce dernier, en *aultre équipage*.

[5] Scaliger cite mal le titre de l'ouvrage de Nil, dit Cabasilas, archevêque de Thessalonique. Cet ouvrage, composé au commencement du XIVe siècle, fut publié pour la première fois à Francfort, en 1555, sous le titre que voici : *Nili Thessalonicensis libellus de primatu romani pontificis, græce, conversione lat. Mat. Flacci Illyrici*. L'édition annoncée par Scaliger fut donnée d'après un manuscrit du Vatican, avec une nouvelle version latine de Bonav. Vulcanius. Leyde, 1595, petit in-8°).

ché. Je vous prie de faire souvenir M. d'Émery de m'envoier τὰ τοῦ Κτησιβίου Ἥρωνος καὶ Ἀθηκαίου καὶ τῶν ἄλλων μηχανικὴ. Monsieur le premier president de Rouen,[1] m'avoit promis m'envoier le *Diophantus*,[2] qui est parmi les livres de feu Gosselin,[3] que Monsieur Duperron lui avoit presté.[4] Mais le dit sieur President a trouvé que les livres de Gosselin estoient à Paris. Vous aurés donques moien de me le faire tenir, si vous pouvés

---

[1] Claude Groulart.

[2] Il s'agit là du mathématicien Diophante dont les Ἀριθμητικά parurent pour la première fois en 1575 (Bâle, in-folio) reparurent avec le commentaire de Bachet de Méziriac en 1621 (Paris, in-folio) et, de nouveau, avec les notes de cet homme de génie qui s'appelait Pierre de Fermat, en 1670 (Toulouse, in-folio).

[3] Les mots *feu Gosselin*, écrits en mai 1594, sembleraient convaincre d'erreur la plupart des biographes qui ont fait mourir Jean Gosselin « vers la fin de novembre 1604, âgé de près de cent ans. » Mais Scaliger, loin de la France, avait été trompé par quelque faux bruit, et le récit d'un parisien tel que Pierre de l'Estoile ne permet pas de douter que Gosselin n'ait vécu dix ans après le prétendu décès dont il est ici question. Voir dans le *Secunda Scaligerana* (p. 353) de curieux détails sur ce « gardien de la Bibliothèque du Roy mort tout bruslé, estant tombé dans son feu, et à cause de son aage ne s'estant peu relever, » et qui « ne laissait entrer personne dans la Bibliothèque. » On lira avec intérêt, dans le *Cabinet des manuscrits* (t. I, p. 197), les savantes notes où M. Léopold Delisle, à l'aide de renseignements tirés des lettres latines de Scaliger, de Casaubon, et de quelques lignes inédites de Gosselin, éclaire l'histoire de l'administration de son devancier. La reconnaissance veut que j'ajoute que, bien différent de Gosselin, l'administrateur actuel de la Bibliothèque nationale met à communiquer tous les trésors confiés à sa garde le plus libéral et le plus aimable empressement.

[4] Le futur cardinal Du Perron déjà mentionné dans la lettre LXXI.

savoir où sont ces livres. Ce que je vous prie bien fort faire.
Je prierai Dieu, Monsieur, vous maintenir en sa garde.

De Leyden en Hollande, ce v mai 1594 [1]

Vostre tres humble serviteur,
Joseph de La Scala.

A vostre permission je salluerai Mademoiselle vostre femme, Messieurs Houllier, Le Fevre, Passerat, tous mes aultres bons amis, mesmes Monsieur Loisel.

---

[1] Le même jour (*Ibid.* folio 122), Scaliger écrivait à Claude Du Puy: Monsieur, si le bruit qui court ici est vrai, je crois que la presente vous trouvera à Paris, de quoi je loue Dieu. Vous aurés bientost mon livre, lequel sera achevé d'imprimer vers le commencement de juing. Ma longue maladie et aultres empechemens qui me sont survenus, ont retardé l'édition de mon livre. Casaubon faict imprimer le Suetone à Genève, l'Atheneus à Heidelberg, corrigés et illustrés par lui. Il ne peust rien sortir de lui, qui ne soit excellent, et fault confesser qu'il est le premier du mestier. Commelin à Heidelberg imprime *Etymologicum magnum* corrigé par Sylburgius. »

CI

A CLAUDE DU PUY.[1]

Monsieur,

Je vous envoie un de mes *Cyclometrica*.[2] Pardonnés moi s'il n'est relié. Il m'en a fallu presenter aux députés des

---

[1] *Ibid.*, folio 123.

[2] *Cyclometrica elementa* (Leyde, 1594, in-4°). De tous les ouvrages de Scaliger, c'est celui qui lui fait le moins honneur. Voir les appréciations de ce malencontreux essai sur les quadratures du cercle qui ont été empruntées par Chauffepié au *Sylloge epistolarum* de Burmann, aux œuvres de G.-J. Vossius, au *Huétiana*. Il serait facile d'allonger la liste de ceux qui ont combattu les puériles théories, ou, pour mieux dire et en prenant le mot au vocabulaire même de Scaliger, les *rêveries* exposées dans les *Cyclometrica elementa*. On possède sur ce point force indications dans un travail spécial du futur auteur de l'*Histoire des mathématiques*, J.-E. Montucla (de l'Institut) : *Histoire des recherches sur la quadrature du cercle* (1754, in-12). M. Bernays n'a presque rien dit des combats qui se livrèrent autour des *Cyclometrica elementa* (p. 192, 193). M. Ch. Nisard, au contraire, a multiplié les piquants détails sur la polémique engagée, à cette occasion, entre Scaliger et divers savants français et italiens (p. 231, 235). J'y joindrai cette citation d'un passage peu connu d'une lettre de Ph. de Mornay, seigneur du Plessis, à M. de Buzenval, du 28 septembre 1594. (*Mémoires et correspondance*, t. VI, p. 93) : « J'omettois à vous dire que vous avés faict tort à vostre nation de laisser sortir la pretendeue quadrature de M. de La Scala. *In magnis vel errare laudabile* ; mais non certes avec tant de confiance de soi, tant de mespris des anciens et des modernes. Je crains la prochaine foire de Francfort pour lui ; et aimerois mieulx m'amender qu'attendre les censures. »

Estatz six douzaines de reliés. Je vous ai escrit par Monsieur Petit, duquel vous pourrés avoir receu maintenant ma lettre. Je recoi en ce pais bon traictement, mais l'air y est un peu rude, qui m'a investi d'un catarrhe, duquel je guerirai, quand il plaira à Dieu. Car les medecins n'y voient goutte.[1] C'est la cause que je ne vous puis entretenir de longue lettre et ce pendant je vous baise tres humblement les mains, et à Mademoiselle Du Puy, priant Dieu,

Monsieur, vous maintenir en sa garde.

De Leyden de Hollande, ce 20 juillet 1594.[2]

Vostre tres humble serviteur,

Joseph de La Scala.

---

[1] Est-ce une épigramme contre les médecins en général, ou seulement contre les médecins hollandais de ce temps là ?

[2] La correspondance de Scaliger avec Claude Du Puy, s'arrête à cette date. Le meilleur ami de Scaliger mourut quelques mois après (1er décembre 1594), et nous trouvons, dans diverses lettres adressées à ses fils, la preuve que le successeur de Juste-Lipse n'oublia jamais les services sans nombre qui lui avaient été rendus par un homme, dont le mérite de cœur et d'esprit n'a jamais autant apparu qu'en ce recueil. — Le 25 juillet 1594 (*Ibid.*, folio 222), Scaliger s'adressait en ces termes « A M. de Monantueil, professeur du Roi ès mathematiques à Paris » : « Messieurs, Dieu m'a faict la grâce de voir tous mes amis avant mon partement de France, comme s'ils s'estoient donnes rendés-vous pour me dire à Dieu, sauf vous et M. Goulu, combien que je demandasse de vos nouvelles à M. Pithou, et desirasse grandement de vous voir, estant amateur de vostre erudition, et surtout de vostre candeur, qui me faict croire que j'ai encores quelque place en vostre amitié, pour memoire et tesmoignage de laquelle je vous envoie un exemplaire de mon *Cyclometricon*, lequel je vous supplie prendre à gré comme de celui qui s'arrestera à vostre jugement en tout ce qu'il vous plaira de m'en escrire librement, ce que je vous supplie faire. Si j'ai failli, que je n'aie non plus le blasme que les anciens, qui en vain ont touché ceste corde. Si j'ai touché au but (et certes c'est

merveille, si je ne l'ai faict), qu'il vous plaise de me défendre envers une certaine manière d'algebristes, qui ne sachants rien en Euclide, estiment pouvoir tout confuter par l'algèbre. Endurer cela, c'est faire tort à la divine geometrie. J'estime tant vostre suffisance en ce mestier, que je vous croirai du tout, car vous-mesmes pourrés juger qu'en vain s'estudieront d'entendre mon livre ceux qui n'auront leu pour le moins soixante fois l'Euclide d'un bout jusques à l'autre, comme à plus pres je pense avoir faict... » Le même jour encore (*Ibid.*, folio 198), Scaliger écrit à Pithou qu'il ne doute point que « beaucoup de maroufles » ne veuillent attaquer son livre « comme sont les Algebristes, qui ne savent rien en geometrie, » et il ajoute : « M. de Monanteuil, qui entend bien le mestier, en sera le juge, s'il luy plaist. J'en croirai totalement ce qu'il en dira... Vous me ferés ce bien de m'escrire ce que diront de mon labeur *qua boni, qua malevoli.* » Le mois suivant, Scaliger (*Ibid.*, folio 199) annonce à Pithou qu'il envoie un exemplaire à Viete « qui m'a faict tant de mauvais tours qu'il a peu, mais j'ai oublié tout cela. Mon *Geometricon* faict parler beaucoup d'ignorants, voire des plus ineptes. Mais j'attens le jugement des doctes. Je reffuis tout mon livre *De emendatione*, et esperons avec l'aide de Dieu, que l'édition en sera bonne. » Sur les deux mathématiciens nommés ici, Henri de Monantheuil, né vers 1536 à Reims, mort en 1607 à Paris, et François Viete, né en 1540 à Fontenay-le-Comte, mort à Paris en février 1603, on peut voir d'excellentes choses dites par M. Aug. Poirson (*Histoire du règne de Henri IV*, 3ᵉ édition, 1866, t. IV, p. 217-219).

CII

A PIERRE PITHOU.[1]

Monsieur,

J'ai esté tres aise de la vostre, que j'ai receu il y a deux jours avec la censure du sieur Herart,[2] en quoi il a raison, car je confesse m'estre eschappé, en deux propositions, des erreurs qui sont plustost *hallucinatio quam inscitia*, et ne fault poinct d'aultre censeur pour les chastier que moimesme. Mais ledit sieur Herart se trompe bien fort, quand il pense que c'est faict de ma quadrature, et qu'il la fault pendre au croc. En quoi oultre l'indiscretion de laquelle il use, il s'abuse, comme j'ai dit, grandement en ce qu'il pense que ne pouvant prouver ce que je pretends en ces deux propositions, toute mon œuvre est inutile. Mais il est mieux versé ès fortifications qu'ès livres des anciens mathematiciens. Je

---

[1] *Ibid.*, folio 200.

[2] Je ne trouve rien sur ce censeur des *Cyclometrica elementa* qui, comme on le voit un peu plus loin, s'était beaucoup occupé de la science des fortifications. Il est probable que ses objections étaient et restèrent toujours manuscrites.

suis marri qu'en la cinquiesme et sixiesme du premier, j'aie resvé. Mais pour cela tout ce que j'ai voulu faire du cercle, est tres bien demonstré, et le demonstrerons encores mieus, s'il plaist à Dieu. Mais j'atten que ce qu'on escrit contre moi soit mis en lumière, τον τετραγωνισμόν. Nous ferons revivre ici les bonnes lettres, moienant la grâce de Dieu, puisque vous aultres les bannissés. Je vous envoie des exemplaires du *canon Hippolyti* pour vous, Messieurs d'Emeri, Viette, Du Puy, Servin,[1] Monantueil, Gosselin, garde de la librairie, et vous baise humblement [ce mot est en abrégé] les mains, priant Dieu, Monsieur, vous maintenir en sa garde et me permettre que je baise les mains à Mada^lle vostre compagne.

De Leyden en Hollande, ce ix novembre 1594.

---

[1]. Louis Servin fut avocat-général au parlement de Paris depuis 1589 jusqu'au 19 mars 1626, jour où il fut frappé de mort subite en adressant de courageuses remontrances à Louis XIII. Le savant magistrat avait d'excellentes relations avec Scaliger, et en a de lui notamment une lettre où il annonce à son ami, le 20 août 1598, qu'il avait entrepris de mettre le *Cantique des Cantiques* en vers phaleuques. Rappelons que l'on a imprimé à Agen (chez George de la Marinière, 1615, in-12 de 343 pages) un ouvrage de P. Richeome intitulé : *Advis et notes données sur quelques plaidoyez de maistre Louis Servin, advocat du Roy*, etc.

CIII

A H. DE MONANTUEIL.[1]

Monsieur,

Je suis tres marri de m'estre si hasté en l'édition de mes *Cyclometrica*, car si j'eusse un peu temporisé, je n'eusse donné de prise sur moi aus querelleurs qui sont plus disposés à reprehendre qu'à apprehendre.[2] J'ai trouvé la Quadrature, mais je ne l'ai sceu si bien demonstrer, qu'il n'y eust rien à redire. Je vous envoie un escrit, lequel à mon advis rompra le col aus medisans.[3] Je vous prie de le lire soigneu-

---

[1] *Ibid.*, folio 224.

[2] Les amateurs de jeux de mots seront flattés de voir que Scaliger n'a pas dédaigné ces bagatelles. Il a même été un récidiviste, car on retrouve la même plaisanterie dans une lettre qu'il adresse, le 16 janvier, à Ph. de Mornay. Voir à l'*Appendice*.

[3] Cet écrit qui ne devait pas du tout *rompre le col aux médisans*, mais bien leur fournir l'occasion de nouvelles railleries, était intitulé: *Appendix ad Cyclometrica sua : in qua asseritur Quadratio circuli contra oblatrationes quorundam et castigantur quædam errata in demonstrationibus Cyclometricis* (Leyde, chez Fr. Raphelengo, 1594).

sement. Vous ne doubterés plus de la vérité. Par cela je metz mon honneur entre vos mains. Il n'y fault qu'une grenouille pour faire crier les aultres. Mais aussi il ne fault qu'une petite pierre pour les faire taire.¹ Car vous, cognoissant la vérité (comme je m'asseure que ferés) la prescherés partout, et monstrerés vivement comment en ce siècle il a esté trouvé ce qu'en dix-huict siècles ou plus on a cherché en vain. Le paralogisme d'Archimedes est manifeste. L'abus qu'il a imprimé en la teste de la postérité est trop descouvert que *circulus est œqualis triangulo rectangulo, cujus altitudo æqualis semidiametro basis peripheris*. J'estime tant de vostre savoir, et, qui plus est, de vostre candeur, que vous défendrés la vérité. *Tu eris patronus non meus, sed veritatis.* Faictes cela, s'il vous plaist, et pour vostre honneur et pour le mien. Car vous l'aiant demonstré le premier, il y aura plus de gloire de vostre costé que du mien. Viète a escrit quelque chose, comme bien mesme par sa lettre m'en donne advis, prétendant que je l'ai picqué.² Ce n'est pas la

---

¹ La colère inspire heureusement Scaliger et toutes ces images sont bien vives et bien spirituelles.

² Scaliger a non moins outragé Viete dans plusieurs de ces lettres latines. S'il faut en croire le président de Thou, qui était leur commun ami, Scaliger regretta d'avoir mis tant d'aigreur dans sa dispute contre ce grand mathématicien et conserva toujours pour lui une vénération secrète. (Hist. Liv. CXXIX, à l'année 1603). Ne soyons pas dupes de cette vénération : J.-A. de Thou a charitablement prêté à Scaliger des sentiments plus honorables que ceux qu'éprouva le vaincu, et à la silencieuse vénération mentionnée par l'illustre historien, il faut substituer, je le crains, cette sourde et impitoyable rancune si bien définie par le poète : *Manet alta mente repostum.*

première mensonge qu'il a dict,[1] ni la première déloyauté qu'il a pratiquée. Je n'ai encore veu son livre.

Je vous baise les mains et prie Dieu, Monsieur, vous maintenir en sa garde.

De Leyden en Hollande, le 4 mars 1595.[2]

Vostre tres humble serviteur,
JOSEPH DE LA SCALA.

---

[1] Mensonge, comme l'a remarqué M. Littré, « féminin dans le début, a commencé à devenir indifféremment masculin et féminin dans le xvie siècle et même plus tard. » Guez de Balzac (Lettre du 28 octobre 1624) se moque des grammairiens qui — (ils étaient séduits sans doute par l'exemple de Rabelais et de Montaigne) — lui reprochent de ne point dire une mensonge.

[2] *Le jour de Pasques 1595*, c'est-à-dire le 26 mars, Scaliger (*Ibid.*, folio 225) écrit à Monantheuil : « Je me rapporte du tout à vostre erudition, grand jugement et candeur que j'estime surtout. Je m'asseure que vous les pourrés faire repentir des livres qu'ils escrivent contre moi. La pluspart d'eux n'ont jamais veu Archimedes. Ils n'en parlent que par ouir dire. Tesmoing le glorieux qui a faict l'*Elenchus*... Il est si asne qu'il se mocque de ce que les anciens ont dit devant moi. »

Mentionnons diverses petites lettres à P. Pithou (écrites de Leyde, le 26 mars), le 28 mai et le 13 septembre. (Vol. 496, folio 201, 202, 203.) Je n'en tire que ces lignes : « J'ai bien attizé le feu, comme je voi, mais, s'il plait à Dieu, ils s'y brusleront [ses adversaires] eux mesmes. » (folio 201.) — « J'ai trouvé de quoi faire enrager ceux qui me courent sus. Nostre livre *De emendatione temporum* est un homme régénéré. On procède lentement en l'impression, car c'est la coustume du païs. Clavius et plusieurs aultres escrivent contre moi. Pui j'escrirai contre eux et leur enseignerai ce qu'ils ne savent point. » (folio 202.) — « Il fault bien que j'aie bon courage, mesmement courant mon an climacterique. » (folio 203.)

CIV

« A MONSIEUR DE THOU,

Conseiller du Roi en son conseil privé, Président en la court de Parlement à Paris.[1] »

Monsieur,

Je vous remercie tres humblement de vostre Tragedie. Je la trouve bien gentile,[2] et l'argument et l'œconomie ingénieuse, où vous avez sceu trouver les personnes propres pour vostre argument à l'imitation d'Æschylus. Ceus qui auront leu diligemment le Promethée[3] prendront encore plus de plaisir en vostre invention, comme il en avient à ceux qui lisent Virgile, et savent les vers d'Homère et de Théocrite tournés par Virgile quelques fois plus heureusement qu'ils ne sont en leur langue. Vous pourriés bien faire le mesme en l'argument du sacrifice d'Isaac, là où la petite Tragedie

---

[1] Collection Du Puy, vol. 838, folio 34.

[2] Il semble que l'on se soit bien peu occupé de cette tragédie, malgré sa gentillesse, et il n'en est pas même question dans les *Mémoires de la vie* du poète-historien.

[3] M. Patin, qui pourtant avait composé un *Discours sur la vie et les ouvrages de J. A. de Thou*, couronné par l'Académie française en 1824, ne connaissait même pas l'existence de cette imitation libre du *Prométhée* d'Eschyle, car il n'en a pas fait la plus petite mention dans ses belles *Etudes sur les tragiques grecs* (2e édition revue et augmentée, Paris, 1858).

françoise de Bèze [1] vous aideroit beaucoup. Il ne fault que la paraphraser pour faire une tres belle Tragédie. Ceste tragédie, l'esté passé, fut jouée ici par quelques enfans sans souci de si bonne grace, et si naifvement, que touz les spectateurs en furent tous ravis, et y en eust qui pleurèrent.[2] Quant à Moïse, beaucoup d'anciens chrestiens et Juifs ont pensé qu'il avoit esté ravi en corps aus cieus, comme Elias et Enoch. Mais ce sont opinions qu'on peut tenir et laisser sans préjudice de vérité. Vous pouvés penser combien j'ai pris à cœur la mort de Monsieur Dabain.[3] Je n'ai aujourdhui chose qui me revienne tant au songe,[4] que faict celle la. Je ferai quelque chose pour lui, quand mon esprit sera rassis, qui est maintenant traversé de beaucoup de fantasies, Mon livre *de emendatione temporum* sera au contentement des hommes de bien, s'il plaist à Dieu. Mais ce n'est encore viande preste, tant les humeurs des hommes de ce païs sont lentz. On ne gaigne à les esguilboner non plus que qui frappe sur la pierre.[5] Par quoi je m'accommode à leur humeur. Beaucoup de gens oisifz et malins escrivent contre moi. Pa-

---

[1] *Abraham sacrifiant, tragédie françoise, autheur Theodore de Besze* (sic) *natif de Vezeclay en Bourgogne* (Genève, Conrad Badius, 1550, petit in-8º). Voir sur les autres éditions le *Manuel du Libraire*, t. I, col. 842-843.

[2] Le témoignage de Scaliger quant au succès qu'obtint en Hollande l'*Abraham*, mérite d'être désormais signalé dans l'histoire littéraire de Théodore de Bèze.

[3] Louis de Chasteigner était mort à Moulins le 29 septembre précédent.

[4] C'est-à-dire à la pensée.

[5] Le flegme hollandais, ce flegme qui résiste à tout entrainement, qui défie l'aiguillon, a-t-il été jamais mieux caractérisé?

tience. J'espère ma revenche avec l'aide de Dieu lequel je prierai,

        Monsieur, vous maintenir en sa saincte garde.

De Leyden, ce 13 decembre 1595.

          Vostre tres humble serviteur,
            Joseph de La Scala.

Le bruit que vous faictes courir que nous envoions quérir Casaubon est faux. Je le voudrais bien, et en ai cherché les moiens. Mais les hommes de ce païs ne sont pas si préhensibles qu'on pense.[1]

---

[1] Voir sur les démarches faites par Scaliger pour que Casaubon obtint une chaire à l'Université de Leyde, les *Epitres françoises à M. de La Scala* (N° CL, CLXXXIV, CCXXXVIII), citées déjà par M. Ch. Nisard (p. 334 du *Triumvirat littéraire*). — Le 17 décembre 1595, Scaliger écrivait à Monantheuil (Vol.496, folio 226): « En conçois un grand regret [d'avoir publié son livre sur la quadrature du cercle], pour avoir ouvert la fenestre non seulement aux habiles, mais aussi aux asnes de parler de moi. Il i a une chose qui me console, la justice de ma cause... Puisque *jacta est alea*, si ne fault-il jetter le manche après la cognée. » — Le même jour, Scaliger, après avoir dit à P. Pithou (*Ibid.*, folio 204) : « Je m'asseure que j'ai de quoi faire teste à mes aboieurs, » appelait Clavius *incivil et menteur* et, ce qui était à ses yeux une injure pire encore, ajoutait : « Il a monstré qu'il estoit vrai jésuite. » Scaliger continue ainsi : « Nous lui appresterons quelque jour son desjeuner. » Il parle ensuite fort modestement du recueil manuscrit des Lois attiques dont Pithou lui avait demandé des nouvelles : « C'est peu de chose. Il n'i a pas pour le desjeuner d'un délicat. » Le 1ᵉʳ juin 1596, Scaliger écrivait à de Thou. (Vol. 838, folio 36) : « Je vous envoie une copie de ce que j'ai faict sur Monsʳ d'Abain. Je pense que je n'aie rien faict qui vaille. Nul n'est bon juge de soi mesmes. Parquoi je vovs en demande vostre advis, afin que je change ce que vous trouverés mauvais. Car je ne fais plus de vers, et n'i a rien

qui me succede plus mal. On a voulu que j'aie farci l'inscription de toutes ses actions. Mais cela estant mal seant à une inscription, j'i ai mis ce que j'en ai tiré de plus plausible. On est ici fort troublé de la prise de Cales [Calais] et Ardres. La Fere couste bon... Mon livre *De emendatione* va un peu plus gaillardement que de coustume. » Le 8 juillet 1596, Scaliger reprenait ainsi sa causerie avec de Thou (*Ibid.*, folio 37) : « Je vous ai envoié *Epicedium Lud. Castanei* par Gilles, libraire de cette ville. Il vous plaira de m'en escrire librement vostre jugement. Si cela [critique du *De emendatione*] merite response, nous respondrons en un livret à part. Car nous ne voulons point souiller nostre grand œuvre du nom de telle canaille, non plus que du nom de Clavius lequel a escrit une sotte apologie de son an Lilien, je vous di si inepte que j'ai honte d'i respondre. Cela se fera à loisir. A la mesme volonté qu'il i eut ici quelque mathématicien [au sujet de la quadrature]. Mais il n'i a que des faquins. Sitost que le jeune Douza sera de retour, on imprimera *Phænomena Aratica Cæsaris Germanici* augmentés de plusieurs vers, et ornez d'excellentes figures. J'ai manié l'exemplaire un des plus beaux qui soit en nature, escrit en lettres capitales, avec les dictes figures tres bien peinctes, lesquelles ont esté cause de la conservation du livre qui aultrement eust servi de couverture à quelques rudimens de grammatique chés un libraire, dont il a esté rachepté. »

CV

A J.-A. DE THOU.[1]

Monsieur,

Ces jours j'ai receu la vostre, nonce de la mort de Monsieur Pithou, mon tres cher ami, et jaçoit que la dite vostre lettre soit tombée en mes mains deus mois après la date, si est ce que je l'estime trop recente pour la perte que j'ai faicte d'un si rare ami, laquelle ne pourra jamais vieillir en ma mémoire.[2] Mais un mal n'est pas seul, comme dit le commun proverbe, car je receus la vostre huict jours après le deces du jeune Douza,[3] qui est un aultre perte si grande, que

---

[1] *Ibid.*, folio 38.

[2] Pierre Pithou était né à Nogent-sur-Seine, « le 1ᵉʳ novembre, jour auquel il était né en 1539, » comme le rappelle Grosley (*Vie de M. Pithou*, t. I, p. 379). Voir dans le tome II de cet ouvrage (p. 13) la lettre qu'écrivit J.-A. de Thou, au sujet de la mort de cet intime ami, au conseiller Gillot (16 novembre 1596, d'Angers), (p. 17) un extrait de la lettre qu'il écrivit à Nicolas Lefebvre sur le même sujet (4 décembre 1596) et (p. 20) la lettre qu'il écrivit encore à Isaac Casaubon (Tours, 25 novembre 1596). On retrouve cette dernière lettre dans les *Mémoires de la vie de J.-A. de Thou* (édition de 1734, p. 234-236).

[3] Jean Dousa, fils d'un autre Jean Dousa qui fut surnommé le Varron de la Hollande, était mort le 21 décembre 1596, à 24 ans, selon J.-A. de Thou (*Hist.* Liv. CXVII), à un peu de moins de 26 ans, selon le *Moréri* et la plupart des autres recueils biographiques.

vous pouvés penser,[1] un si grand regret à moi, que je ne vous puis exprimer. Je n'eusse jamais creu qu'une personne, qui ne me touche rien de sang, me soit entrée si avant en mon pensement, qu'il n'est heure du jour, que je ne me le represente, et ce avec une tristesse si grande qu'elle me possède du tout.[2] Je desirois faire quelque chose sur ce suget. Mais il n'est possible que je puisse rien arracher de mon pouvre esprit, qui est si espuisé et du regret de la perte de mes amis, et du despit du mespris de la vertu, que je suis du tout inutile à faire chose qui vaille.[3] C'est la cause, Monsieur, que pour le present je ne vous puis rien donner de ce que vous demandés pour Monsieur Pithou. Le décès de Monsieur d'Abain a desbauché ce peu d'ordre qui pouvoit estre en mon entendement. Je me suis essayé de faire quelque chose sur sa mort. Vous aurés peu voir par la copie que je vous en envoiay, combien il meritoit mieus que cela. Car les vers que j'ai faictz sont plustost tesmoignage de la ruine de

---

[1] La mort précoce de Dousa attendrit les savants qui ne lui mesurèrent pas les éloges. C'est ainsi que J.-A. de Thou l'a proclamé jeune homme d'un esprit supérieur, d'un savoir extraordinaire et d'une admirable douceur de mœurs, et que Casaubon, dans la 466e de ses lettres, a déclaré qu'il ne connaissait aucun travailleur de son âge qu'il pût lui comparer.

[2] De ces paroles vraiment paternelles il faut rapprocher ce passage ému du *Secunda Scaligerana* (p. 298) : « Jamais je n'ai pleuré de mort que lui, mais je l'ay pleuré à bon escient. Le pauvre Janus estoit si bon et si simple. Je pleuray huict jours durant comme une vieille, lorsqu'il fut mort. »

[3] A Teissier (*Les éloges des hommes savans*, t. IV, p. 258) a cité quelques vers de Jos. Scaliger (*in Epiced. J. Duzæ*), vers d'où il résulterait que le jeune poète et érudit était l'ornement du monde et qu'il était monté, en la fleur de ses ans, à ce degré de science et de sagesse où d'autres atteignent à peine en un âge avancé.

mon esprit, que du décès d'un tel personnage. Toutesfois et pour l'honneur que je vous porte, et le merite du defunct, je m'essayerai quelque jours de faire quelque chose, *si possum eluctari hunc mœrorem*.[1] Et par ainsi ce n'est encores besogne preste. Aussi j'ai quelque chose à transcrire, qui me ruine, et n'y ay aulcun contentement, car c'est une chose fort servile, et fault quoique ce soit, que je l'achève. Quant aux notes sur le Nouveau Testament, je vous ai tant de fois testifié la fortune qu'il me fauldroit courre, si j'entreprenois cela, veu que vous voiés qu'on ne tache aujourdhui qu'à effacer le grand bien que j'ai faict au public. Il n'y a homme qui se puisse vanter d'avoir plus avancé les lettres, que j'ai faict. Je ne crain point de le dire, car il est vrai. On se sert fort bien du profit que j'ai faict au public, mais c'est en obscurcissant la mémoire de l'auteur, qui est peu de chose,[2] si avec cela on n'y adjoustoit de l'envie et de la mesdisance. A la mienne volonté que jamais je n'eusse mis la main à la plume, et qu'il me fust aussi aisé de revoquer le bien que j'ai faict, comme il est aisé à m'en repentir! Ce sera la cause que je ne m'advancerai plus à faire du bien pour en recevoir du reproche. Je tacherai tant seulement à corriger ce que j'ai mis en lumière, et mesmement de la quadratûre, en quoi j'ai, la grâce à Dieu, de quoi faire rougir mes ennemis, qui sont aussi meschans qu'ignorans. Ceste foire, je dois recevoir trois ou quatre livres contre moi. Patience. Mon tour viendra. Je monstrerai leur stupidité. Quant au Procope, le sieur Vulcanius[3] l'a il y a 18 mois. Mais il y a autant touché,

---

[1] Scaliger ne tint pas la demi-promesse qu'il faisait ici à de Thou.

[2] C'est-à-dire : ce qui est peu de chose, ce qui serait peu de chose.

[3] Le *Secunda Scaligerana* donne sur Vulcanius (p. 621) ces piquants détails: « Vulcanius est de la Religion des dez et des cartes ; il

que le premier jour que je lui ai baillé. C'est bien un bon homme, mais il ne peust pas estre oisif et travailler ensemble. Car ce sont deux mestiers contraires. Il ne le sera jamais. J'y donnerai ordre. Il faudra que ce soit vous. Cependent,

Monsieur, je vous baise très humblement les mains, priant Dieu vous maintenir en sa garde.

Ce xii fevrier 1597.

Vostre tres humble serviteur,

JOSEPH DE LA SCALA.

Vous pourrés maintenant estre adverti comment Monsieur Casaubon est à Mompelier appointé de 200 ▽ [écus] avec aultres commodités.[1] Monsieur le Président de Rouen m'escrit

---

ne sçait de quelle Religion il est. Il a une belle Bibliothèque, il a retenu beaucoup de livres d'autruy; il me donna dernièrement un Bazcepha tourné du Syriaque. Vulcanius a le Grec de Cyrille qu'il a tourné en latin à Tolede, il a esté censuré pour avoir parlé des Moynes. Il tourne fort heureusement ce qu'il traduit. » Des Maizeaux renvoie à l'article *Vulcanius* du *Dictionnaire* de Bayle et je ne puis mieux faire que d'y renvoyer à mon tour.

[1] Voir sur le séjour de Casaubon à Montpellier, une des *Causeries du lundi* de M. Sainte-Beuve (à propos du *Journal de Casaubon*), t. XIV, p. 385, et, si à côté d'un charmant passage on veut un savant mémoire. je mentionnerai le travail de M. le doyen A. Germain (de l'Institut) : *Isaac Casaubon à Montpellier* (1871, in-4°, Montpellier).

du deces de Monsieur Chrestien.[1] Je désire savoir si cela est vrai, car nul aultre ne me la escrit.[2]

---

[1] La nouvelle n'était que trop vraie : Florent Chrestien était mort le 3 octobre 1596, âgé de 56 ans seulement.

[2] Le 25 novembre 1597, Scaliger écrivait de Leyde à M. de La Vau « Quant à moi, je suis tousjours gaillard, la grace à Dieu, sauf que je perds les meules pour moudre. Et n'i a que huict jours que j'en fis saulter une sans douleur. C'est un apprentissage de mourir, que de perdre les dents. Nous avons fait ici feu de joie de la prise d'Amiens. » Voir (à l'Appendice) l'indication d'une autre lettre écrite, neuf ans plus tard, à M. de La Vau, et où Scaliger reparle ainsi de sa santé en général et de ses dents en particulier : « Je n'ai encores par la grace de Dieu rien que je puisse reprocher à ma vieillesse, qui dans un mois fournirai soixante-six ans. Il n'i a que mes dents, dont de sept qui me restoint, moi mesmes ces jours passés m'en arrachai deux, et en mange mieux à mon aise. Somme que j'ai tousjours bon appetit. »

CVI

A J.-A. DE THOU.[1]

Monsieur,

Despuis le temps que je vous envoiai mon livre *de emendatione temporum* avec une lettre, il ne s'est passé chose, de quoi je vous puisse entretenir, sauf que je travaille bien tousjours, mais je ne trouve imprimeur qui fournisse à mes travaux.[2] Car ils sont si occupés à imprimer des livres de peu d'importance, qu'ils ne peuvent avoir loisir de faire quelque chose pour moi. C'est pourquoi on ne voit, ni ne verra guieres doresnavant chose de ma part; aussi bien le mespris des lettres croist de jour à aultre, la presomption et ignorance accompagnée d'orgueil intolerable, et aultres telles traverses seront cause que les hommes de bien ne se rompront plus la teste après des choses qui demandent aultre siècle que celui ci. Nostre France en a bien sa part, et en monstre le chemin aux aultres pais. Je ne serai pour cela oisif, αὔχων ἐμαυτῷ ἢ ταῖς μύσαις.[3] Et certes si je n'avoi

---

[1] *Ibid.*, folio 39.

[2] C'était encore la même chose dix ans plus tard, comme on le voit dans une lettre latine de Scaliger (*Epistola CXLIII Marco Velscro*, 1608) : « *Si typographi nostram operam diligentia sua prosequerentur, millæ nundinæ Francfardienses sine aliqua nova ingenii nostri fœtura præterirent. Parimus quidem quotidie; sed qui partus nostros tollere velit, habemus neminem.* »

[3] C'était aussi la devise adoptée par Du Cange : *Mihi cano et Musis.*

que la moitié de mon âge, je ne me soulcierés non plus des
mespriseurs des lettres que des lettres mesmes, qui ne servent que de faire des ennemis. Monsieur Vulcanius n'a faict
encores rien sur le Procope, ni ne fera. Je lui osterai, et
verrai le plus expedient pour faire imprimer le grec, et corriger quelque peu la version de Volaterran.[1] L'exemplaire grec
est merveilleusement corrompu : et par ce il y fauldra penser
un peu. J'enten que vous voulies faire venir à Paris Monsieur Casaubon.[2] Il ne pourroit estre en lieu, où il y a plus de
gens litteres,[3] mais aussi il y a moins d'honneur et bien pour
eux. S'il m'en demande mon advis, je lui dirai librement,
qu'il ne quitte poinct ce peu d'asseuré qu'il a, pour mourir

---

[1] Raphael Maffei, né en 1451 dans la Toscane à Volterra (d'où son surnom de *Volaterranus*), mourut en 1522. Paul Jove (*Elogia*, n° CXVIII) prétend qu'il a traduit Procope (*De bello Persico et Vandalico*) avec plus de fidélité que d'élégance. Ad. Baillet (*Jugemens des Savans*, t. III, p. 35) n'admet pas plus la fidélité que l'élégance du traducteur, et assure que P. Jove, en se montrant juge si complaisant, « s'est fait siffler des habiles critiques. »

[2] Casaubon ne vint à Paris que l'année suivante. Il y fut appelé par une lettre de Henri IV, du 3 janvier 1599, (*Recueil des lettres missives*, t. V, 1850, p. 80 et non p. 47, comme on l'indique à la *Table générale des matières* du tome IX, p. 715. De cette lettre, adressée *A Mons' de Casaubon, professeur es lettres humaines*, il faut rapprocher une autre lettre, du 28 avril 1600 (*Ibid.*, p. 258), où Henri IV convoque le savant bibliothécaire à la conférence de Fontainebleau, et aussi un passage d'une lettre à Sully, du 29 septembre 1598 (t. VIII, p. 722), où le surintendant est invité à « donner au sieur de Casaubon les moyens pour s'entrenir à Paris et y faire amener sa famille, » car, ajoute le Roi, « je l'y ai faict venir pour remettre l'Université de Paris et la faire refleurir. » Casaubon arriva, le 28 février 1600, à Paris.

[3] Pour *littéraires*. Je ne crois pas qu'il existe un autre exemple de l'emploi du mot *littères*.

de faim en un si beau Theatre du monde.¹ O que c'est un grand heur λαθὼν ἔιω ἔχυζα, qui pourroit ainsi fournir son voiage. Ce petit coing du monde, où il est, est propre pour cela, et auquel je porte envie.² Ceste douleeur ne vient point à la cognoissance de vous autres Messieurs les grands, qui vous moqués autant de ceste vie, comme nous aultres sommes eslognés de la vostre. Au reste je jouis de quelque image de telle vie parmi ces bons *Cinctuti Cethegi*, qui ne se tourmentent guières la teste des grandeurs de ce monde. Ils ne m'ont encores donné aulcune occasion de mescontentement. Par ainsi je ne puis faillir à estre ensevelli en bourguemestre. Car il est temps de penser à trousser bagage, aiant parfourni LVIII ans. *Reliquum reputabimus in lucro.*³

Monsieur, je prierai Dieu vous maintenir en sa saincte garde.

De Leyden en Hollande, ce IX septembre 1598.⁴

Vostre tres humble et tres obeissant serviteur,

JOSEPH DE LA SCALA.

---

¹ Casaubon ne devait pas tarder à se débattre avec l'intraitable Sully, qui ne voulait jamais lui payer les appointements promis. Voir l'article déjà cité de la *Revue critique* du 7 août 1875, où M. Thurot mentionne les prédictions des lettres latines de Scaliger à Casaubon, les paroles de consolation qui, plus tard, furent adressées par le trop exact prophète à son ami, et les plaintes de Casaubon consignées dans ses *Ephemerides*.

² Teissier (*Les Eloges des hommes savans*, t. I, p. 360) traduit ainsi, quelque peu librement, une des lettres latines de Joseph Scaliger à Casaubon (n° XLI, p. 156 du recueil de 1627) : Si j'étois en état de vivre dans le lieu qui me seroit le plus agréable, je choisirois la ville de Montpellier, et j'en ferois le nid de ma vieillesse. Il n'y a point d'endroit où l'on puisse passer plus doucement ses jours, soit que l'on ait égard à la bonté de l'air, aux mœurs des habitans du païs, ou aux commoditez de la vie. »

³ C'est ce qui pourrait se traduire par notre expression familière : *Jouer sur le velours*.

⁴ Le 31 janvier 1599, Scaliger écrivait de Leyde à *M. de Thou*,

conseiller du roi en son conseil d'Estat, président en la cour de Parlement à Paris (Ibid. folio 40) : « Je vous remercie tres humblement de vos poemes. J'ai distribué à vos amis ceux que me mandiès leur bailler... Nous esperons que les heures que vous aurès peu desrober à ce chaos de negoce, nous auront enfanté de beaux labeurs, entre lesquels nous attendons avec devotion votre Histoire, œuvre digne autant de vostre esprit, que du reng que vous tenès. M⁰ de Nordwic faict imprimer dix livres *Annalium Hollandiæ stilo Fastorum Ovidianorum,* où il monstre son gentil esprit d'avoir peu renger une si rude matière en si beaus vers. Il s'imprime aussi un essai de l'Histoire des Comtes de Hollande, que son pouvre fu filz avoit commencé. Je ne chaume pas de ma part, mais les imprimeurs ne s'acquittent poinct de leur devoir. » — Nouvelle lettre à de Thou, le 27 mars 1599 *(Ibid.,* folio 41) : «... Georgius Douza a faict son proffit de l'excellente élégie *in Parricidas* [élégie composée par de Thou], par laquelle il combat le demoniacle Coster, Jesuito, comme je croi que vous verrès au livre de son *Itinerarium Constantinopolitanum,* que je pense vous recevrès bientost. Car il vous en veult envoier un. M⁰ de Nordwick son père faict imprimer *decem libros Annalium Batavicorum, carmine elegiaco,* charactère *Fastorum Ovidianorum.* Là on pourra veoir son bel esprit, d'avoir peu renger en vers une matiere assès fascheuse. Les Hollandois font une flotte de 60 bons vaisseaux pour aller ravager la coste d'Espagne. Jamais les Romains n'eurent raison des Carthaginois, qu'en les allant chercher dans leur fumier »

CVII

A J. A. DE THOU.[1]

Monsieur,

Je n'ignore poinct les affaires ausquelles vostre charge vous oblige Par ce je crains vous importuner. Je m'y comporterai toutes fois de telle façon, que vous n'aures occasion de vous plaindre de mon importunité, laquelle j'esviterai en faisant court. Je vous dis doncques, Monsieur, que Franciscus Douza, fils du seigneur de Nordwick,[2] a recouvré beaucoup d'epistres de feu mon père non imprimées, et je lui en ai aussi fourni quelques unes, tellement qu'il en peust faire un juste volume, et le donner à l'imprimeur.[3] Il nous manque tant seulement *Oratio pro Cicerone adversus dialogum Erasmi Ciceronianum, item ejusdem Oratio, qua se prioris auctorem asserit contra calumniam Erasmi*. Elles furent imprimées à Paris en l'an 1534.[4] Mais Erasme par ses amis feist presque brusler tous les exemplaires tellement, que

---

[1] *Ibid.*, folio 42.

[2] François Douza était un frère du Jean Douza dont nous avons vu Scaliger déplorer si vivement la mort prématurée. C'était le quatrième fils du seigneur de Noordwyck. Disciple de Juste Lipse et de Scaliger, il avait déjà publié, en 1597, âgé de vingt ans seulement, une excellente édition des fragments de Lucilius (*Lucilii Satyrarum quæ supersunt reliquæ*, Leyde in-4°).

[3] Ce volume est intitulé : *Julii Cæsaris epistolæ et orationes nunquam antehac excusæ, quarum seriem et ordinem pagina sequens indicabit* (*ex officina Plantiniana, apud Christophorum Raphalengium*, Leyde, 1600, in-8° de 475 p.). Le recueil est dédié par Fr. Douza à Paul Chouart de Buzanval, ambassadeur du roi de France auprès des Provinces-Unies.

[4] Scaliger se trompe (cf. l'article *Erasmus* du *Prima Scaligerana*, p. 87-88 et l'article *Erasme* du *Secunda Scaligerana*, p. 309-310). La première diatribe de son père contre Erasme est de 1531, Paris, in-8 ; la seconde de 1536, Paris, in-8°. Les deux diatribes furent

peu en restent aujourd'hui.[1] Toutesfois si Monsieur du Pui les avoit toutes deux et quelques autres de mes amis, si vous les avés, Monsieur, ou les pouvés recouvrer de vos amis, et nous les enviés, nous les transcrirons et renvoierons *bona fide*, et donnerons des exemplaires à ceux qui auront usé de telle libéralité envers nous,[2] ou plustost envers la memoire du bon homme à qui les lettres doivent tant. Je ne vous en importunerai davantage, sachant bien que ne tiendra en vous que nostre prière n'ait lieu envers vous,

Monsieur, je prierai Dieu vous maintenir en sa garde.

De Leyden, ce xxix avril 1599.

Vostre tres humble serviteur,
Joseph de La Scala.

---

réimprimées ensemble, en 1621, à Toulouse par les soins du savant Jacques-Philippe de Maussac qui avait publié, dans la même ville, trois ans auparavant, le texte grec et la version latine de l'*Histoire des animaux* d'Aristote avec les notes de Jules-César Scaliger. Voici le titre de l'édition de 1621 que j'ai sous les yeux : *Ivl. Cæs. Scaligeri adversus Desid. Erasmum Orationes duæ, eloquentiæ romanæ vindices*, etc. (*Tolosæ Tectosagum, Typis Raym. Colomerii*; in-4° (avec épître dédicatoire à Guillaume du Vair, chancelier de France).

[1] Avait-on entendu parler de l'*auto-da-fé* qu'Erasme aurait ordonné? Dans la version du *Secundæ Scaligerana* (p. 309), le mode d'exécution n'est pas indiqué : « Erasme sçachant qu'il la feroit imprimer, attitra de ses amis qui achetèrent tous les exemplaires qu'ils purent, pour les supprimer, tellement qu'aujourd'hui on n'en trouve plus. » Malgré l'extrême rareté des exemplaires de la 1re édition, le *Manuel du Libraire* n'a pas mentionné les Catilinaires de J.-C. Scaliger contre Erasme.

[2] En vain un aussi pressant appel fut adressé à de Thou et à Du Puy; en vain la piété filiale de Joseph Scaliger fit briller l'attrait de la prime offerte à ceux qui auraient communiqué les Opuscules de 1574 et de 1576. Les deux satires paternelles ne purent être retrouvées, car le recueil de 1600, que je viens d'examiner page à page, n'en renferme pas une ligne.

CVIII

A J.-A. DE THOU.[1]

Monsieur,

J'ai toujours attendu à vous escrire jusques à ce que je peusse accompagner la mienne de la nouvelle édition de mon Manile,[2] lequel je vous envoie maintenant. Je vous prie de le lire, quand vos affaires vous le permettront, d'autant qu'il merite d'estre manié par un qui sait que c'est bonne poésie, et restitution d'ancien auteur. Il y a tout ce qui estoit en la première édition, et en oultre deux livres de plus. Je croi que ce sera mon dernier escrit, car je commence desjà à me fascher de travailler pour un siècle si bisarre, si ingrat, si plein de mesdisance. Aussi me prépare je au voiage perpetuel, quand il plaira au maistre de nous appeler. Nous sommes touts prets. Cinquante neuf ans me commandent de trousser bagage. Toute la bonne disposition, que par la grâce de Dieu, nous jouissons jusques à present sans nous

---

[1] *Ibid.*, folio 43.
[2] *M. Manili Astronomicon A Josepho Scaligero. ex vetusto codice Gemblacensi infinitis mendis repurgatum. Ejusdem Josephi Scaligeri notæ, quibus auctoris prisca astrologia explicatur, castigationum caussæ redduntur,* etc. (*ex officina plantiniana, apud Raphelengium,* Leyde, 1599, in-4°).

resentir d'aucune incommodité d'age nous est rendue inutile par le regret que nous avons de veoir le monde si ennemi de la vertu. Dieu nous a faict une grande misericorde de nous avoir appellés ici, où nous n'avons aulcune occasion de nous fascher. Toutesfois j'estimerois beaucoup si je pouvois finir mes jours en mon petit nid de vieillesse.[1] Mais d'autant que les Loiolites et les Evesques espagnolisés[2] y commandent à baguette,[3] je quitte le parti, et atten la grace de Dieu en ce pais, lequel je prierai, Monsieur, vous maintenir en sa garde.

De Leyden, ce VIII octobre 1599.[4]

Vostre tres humble et tres obeissant serviteur,
JOSEPH DE LA SCALA.

---

[1] Le mot de Scaliger voulant mourir à Agen me rappelle le mot de son ami Pierre Pithou (Voir Grosley, t. I, p. 375), disant, peu de temps avant sa fin, à ses amis de Paris qu'il quittait pour se rendre à Troyes : « je vais mourrir dans mon terrier. »

[2] L'évêque du diocèse d'Agen en 1599 était Nicolas de Villars, que les *Registres-journaux* de P. de L'Estoile et la *Satire Menippée* rangent parmi les plus ardents ligueurs. Voir sur ce prélat les *Documents inédits pour servir à l'histoire de l'Agenais*, 1874, p. 196-197.

[3] Montaigne a dit: « Elles commandent à baguette. »

[4] On trouve (vol. 496, fol. 210) une lettre (à l'état de copie) écrite par Scaliger à Rigault, de Leyde le 17 janvier 1600. Je me contente de l'indiquer.

CIX

A J.-A. DE THOU.[1]

Monsieur,

J'ai esté souvent prié de mettre la main au Josephe.[2] Mais j'ai tousjours renvoié ces Messieurs m'excusant sur les faultes et defautz qu'il y a en cest auteur, lequel il est impossible remetre en son entier sans l'aide des livres manuscritz. Car Gelenius, qui l'a le dernier traduict,[3] ne va qu'à tastons, ne pouvant mieux faire, estant destitué de meilleur texte. Nous n'en avons que cellui qui a esté imprimé à Basle : [4] et en-

---

[1] *Ibid.*, folio 45.

[2] On trouve dans le *Secunda Scaligerana* (p. 398-399) cet éloge de l'historien des Juifs : « Josephe est un auteur tres veritable en son histoire, et plus veritable que pas un auteur, et très fidelle...» Voir dans les *Historiettes* de Tallemand des Réaux (t. I, 1854, p. 403) un singulier éloge de la véracité de Josèphe par l'archevêque de Tours Bertrand d'Echaus.

[3] Sigismond Ghelen, né à Prague, mort en 1554, traduisit du grec en latin, non seulement Josèphe, mais Appien, Denys d'Halicarnasse, Saint Justin, Philon, etc. Voir l'*Histoire* de J.-A. de Thou (liv. XIII), le *Dictionnaire critique* de Bayle, et les *Eloges des hommes savans* (t. I, p. 200-202), où l'on cite en faveur de Ghelen divers jugements très favorables d'Erasme, de Gesner et de Huet, mais aussi (principalement en ce qui concerne le Josèphe) quelques remarques fâcheuses de Vossius et de Galois, un des rédacteurs du *Journal des Savans* (n° du 10 juin 1667).

[4] C'est l'édition de J. Froben, 1544, in-folio. Cette édition *princeps* fut donnée par Arnoldus Peraxilus Arlenius, d'après les manuscrits

cores a il esté composé de deux divers exemplaires imparfaictz si que le premier finissoit là où l'aultre commençoit. C'est merveilles, qu'il y a des faultes si evidentes et aisées à corriger, lesquelles toutesfois l'ancien interprète Ruffin a retenues, et les retient, comme n'estant point faultes. De mesmes en faict Eusèbe, qui a les mesmes faultes que l'exemplaire imprimé à Basles. Or, Monsieur, encores que je soie fort importuné de plusieurs de mettre la main à cest excellent auteur, si est ce, que je ne le ferai poinct, si je ne suis secouru d'anciens exemplaires. J'ai veu qu'il y en avoit quatre dans la Bibliothèque du Roi, d'entre lesquels le plus beau avoit esté à fu mon père,[1] qu'un certain maistre des requestes lui emporta, lequel mon père avoit pensé d'une griefve maladie.[2] Il lui rendit ce grand mercis, que de lui emporter son livre, sans lui dire à Dieu. Despuis lui mort à Paris ses beaus livres qu'il laissa furent mis en la librairie du Roi. Si

---

de Diego Hurtado de Mendoza. La seconde édition des œuvres de Josèphe est de Genève (1611, in-folio, grec et latin ; le texte de cette édition avait été revu sur les manuscrits d'Heidelberg dont Scaliger ignorait l'existence, puisqu'il ne va parler que de ceux de Paris.

[1] On ne trouve sur les feuillets de gardes des copies de Josèphe, que possède le département des manuscrits de la Bibliothèque nationale, aucune note qui permette de reconnaître l'exemplaire qui aurait appartenu à Jules César Scaliger.

[2] On voudrait connaître, afin de le maudire, le nom de cet odieux maître des requêtes témoignant sa reconnaissance au médecin qui l'avait soigné en lui dérobant un de ses plus précieux manuscrits. Pour le châtiment de ce vol compliqué de la plus honteuse ingratitude, pour le châtiment de ce double crime, il aurait fallu, tout au moins, une note semblable à celle que Peireso, victime de l'indélicatesse d'un emprunteur, écrivit d'une main indignée sur un de ses chers manuscrits dépouillé de quelques-uns de ses feuillets. Voir *Le Cabinet des Manuscrits*, par M. Léopold Delisle (t. I, p. 284).

doncques quelcun avoit conferé un exemplaire de Basle sur ces quatre manuscripts, et nous aideroit d'icellui, nous lui rendrons dans deux mois. Car j'y travaillerai si bien, que je ne ferai aultre chose, que conferer le texte, pour après m'acheminer aux annotations et castigations. Que si personne ne le confère, ou ne nous le veult communiquer, pour le moins, Monsieur, je vous supplie tres humblement de faire regarder à quelcun dens les manuscripts, si ce qui deffault *secundo in Appionem*, page 942, se trouve dans les dictz manuscripts. Car il manque plus d'une page entière, laquelle se trouve en la version latine de Ruffinus. Je vous supplie tres humblement de nous faire ceste aumosne, et vous nous obligerés beaucoup, et la postérité avecques. Je ne vous en importunerai poinct d'advantage, ains prierai Dieu vous maintenir en sa garde.

De Leyden en Hollande, ce 2 aoust 1600.[1]

Vostre tres humble et tres obeissant serviteur,

Joseph de La Scala.

---

[1]. Le 17 novembre 1600, Scaliger reparle à de Thou (*Ibid.*, fol. 46) de l'édition du Josephe, disant que ses amis l'ont prié « de mettre la main au Josephe, qui est si gasté, qu'il n'i a nul, j'oserai bien dire, qui l'entende bien. Je ferois une belle édition, si j'estois aidé des manuscrits, et la langue hébraïque nous y aideroit beaucoup. Sans l'assistance des manuscrits je ne le veux entreprendre, combien qu'en lisant cest auteur par intervalles, j'ai corrigé d'estranges et lourdes faultes. J'ai travaillé sur le *Chronicon* d'Eusèbe, non pour l'amour du livre, car il n'est pas ce qu'on pense, mais pour les occasions qui s'entremettent de parler de choses, qui méritent d'estre mises en évidence. Mais je ne sai où je le ferai imprimer, car mon bon ami Christofle Rapheling est aus abois de la mort qui m'est un grand desplaisir. Je vieillis fort, mais j'ai encore bon courage. J'ai veu un gros pet qu'a faict Viete sur l'an Gregorien. J'ai bien ma revenche. Je savoi bien qu'il ne sait rien que sa geométrie, mais encores ne pensois-je poinct qu'il fust si ignorant. Il

a apris de moi à escrire son nom. Il s'appeloit *Vieteus* auparavant, et maintenant il se nomme Franciscus Vieta depuis qu'il a entendu que son anagramme faisoit *cur asinus faciet.* Je monstrerai bien combien il est fat et ignorant, et plus encores ceste piece d'Alleman Clavius qui n'a feist non plus rien qui vaille en son Apologie. Sachès, Monsieur, qu'il n'i a aujourd'hui nul qui entende ceste matiere. Et voila pourquoi ils nous veulent mal. Monsieur, Je vous supplierai tres humblement de vous souvenir du pouvre Jonathas Petit Bertigni, prevost de Saintonge, prisonnier au Fort-l'Evesque. Aiès, s'il vous plaict, son bon droict pour recommandé, et qu'en aiant briefve expédition il puisse cognoistre que ma recommandation lui a servi envers vous de quelque chose. » On trouve *(Ibid.,* folio 42) une nouvelle lettre de recommandation, du 23 avril 1601, en faveur du « pouvre Bertigni » qui « n'a aultre recours, après Dieu, qu'à vostre integrité. »

CX

A MESSIEURS DU PUY.[1]

Messieurs,[2]

Je vous rends graces infinies du soing qu'il vous a pleu avoir de chercher les livres que je demandois, dont j'ai receu tant seulement trois tomes de Philoponus,[3] et le Phrynicus.[4] Je vous supplie bien humblement de me faire recouvrer ceus, que je vous ai cotté dedens un catalogue que j'ai mis à part. Vous ne sauriés croire la peine, en laquelle je suis pour recouvrer des livres, et la tyrannie dont on use en nostre endroit en nous faisant paier dis fois une chose plus qu'elle ne vault. Et vous puis asseurer qu'un marchant de Paris, qui envoieroit ici des livres, il y feroit bien ses

---

[1] Volume 496, folio 125.

[2] Claude du Puy laissa quatre fils; l'aîné, Christophe, suivit le cardinal de Joyeuse à Rome, et revint, plus tard, habiter cette ville en qualité de procureur général de l'ordre des Chartreux. Le cadet s'appelait Augustin. Les deux autres fils, Pierre, le conseiller au parlement de Paris, et Jacques, le prieur de Saint-Sauveur, qui devinrent l'un et l'autre gardes de la Bibliothèque du Roi, furent les correspondants de Scaliger.

[3] Ces trois tomes du grammairien et philosophe alexandrin Jean Philoponus devaient être trois in-folio publiés à Venise en 1534-36 et dont on trouvera la description dans le *Manuel du Libraire*, au mot *Joannes Grammaticus* (t. III, col. 544-545).

[4] *Eclogæ nominum et verborum atticorum* (Rome, 1517, in-8°). Dans l'édition du recueil de Phrynichus donnée par Lobeck à Léipsick en 1820, on a publié les notes que J. Scaliger rédigea à l'aide de l'exemplaire qui lui avait été prêté par les frères Du Puy, qui étaient alors des jeunes gens, l'un de dix-huit ans, et l'autre de moins de quinze ans.

affaires. Je paierai loyallement tout ce qui sera dit, et baillerai l'argent à qui sera ordonné par vous, lequel argent je baillerai tout incontinent, qu'on m'aura livré la marchandise. Vous ferés beaucoup pour moi, Messieurs, s'il vous plaist de me secourir en ceci. Car à faulte de livres souventes fois je chaume. Il n'y a homme au monde plus malheureux en livres, que je suis. Car j'en ai perdu de beaux du reste de la librairie de mon père, dans la ville d'Agen,[1] et en me renvoiant ceus que j'avais en Touraine, on m'en a retenu beaucoup. Somme toute il n'y a si petit pedan, qui ne soit mieux garni de beaux livres, que moi. Je m'essaierai de faire quelque chose sur la mort de feu Monsieur du Pui vostre père,[2] combien que mon age n'est guiere propre à telles choses. Mais la grande amitié que je lui ai porté en son vivant, et continue en vous aultres, Messieurs, après sa mort, me pourra peust estre rendre plus habile, et faire reverdir en moi quelque vigueur que l'age me pourroit avoir ravi.

Messieurs, je prierai Dieu vous maintenir en sa garde.

De Leyden en Hollande, ce xxv decembre 1600.

Vostre tres humble et tres obeissant à vous servir,

Joseph de La Scala.

---

[1] On lit dans le *Scaligerana Secunda* (p. 555) : « Les Cordeliers m'ont desrobé mes meilleurs livres à Agen. Ils y ont remis de vieux volumes en droit. » La maison des Scaliger était située dans la même rue que le couvent des Cordeliers et juste en face.

[2] Les vers de Scaliger en l'honneur de Claude Du Puy sont réunis avec ceux de Jean Bonnefons, de Nicolas Bourbon, de Baudius, de Casaubon, de Janus Douza, de Grotius, de Daniel Heinsius, de Meursius, d'Etienne Pasquier, de Jean Passerat, de Nicolas Rapin, de Scévole de Sainte-Marthe, etc., dans un volume publié par Paul de Reneaulme en 1607 (Paris in-4°), sous le titre de : *Amplissimi viri Claudii Puteani tumulus.*

Je vous supplierai que les libraires mesmes empaquettent les livres, si bien qu'ils ne se gastent point, avec paille, foin et papiers, comme on a accoustumé de faire. Car les trois tomes de Philoponus sont dutout gastés de la pluye et moiteur, à faulte de les avoir bien empaquetés.[1]

---

[1] MM. Du Puy étaient presque encore des enfants quand ces fils d'un grand bibliophile méritèrent d'un autre grand bibliophile ce reproche d'étourderie. Plus tard, ils devinrent, au contraire, des hommes très prudents, même un peu méticuleux, et, quand ils firent voyager leurs livres, ce ne fut jamais sans prendre mille précautions. On peut voir dans le premier volume des *Lettres de Chapelain* quelles excessives recommandations étaient faites de leur part à J.-L. Guez de Balzac, quand ils lui envoyaient, par l'intermédiaire de leur commun ami, quelque précieux volume. — Le 24 mai 1601, Scaliger écrivit à de Thou (*Ibid.*, folio 48) pour lui recommander « deux jeunes hommes, fils de Mr de Monveron, advocat du roi de Bourges retournans de ceste ville [c'est-à-dire de Leyde]. » — Mentionnons une petite lettre à MM. Du Puy (vol. 496, folio 127) qui commence ainsi : « Le xiiii aoust, dernier jour de mon LXI an 1601. Messieurs, j'ai receu un pacquet de livres, qu'il vous a pleu me faire tenir... » Scaliger demande aux fils de son ami beaucoup d'autres livres; il réclame surtout les poèmes de Passerat, ajoutant : « Je restitue fidellement ce qu'on me preste. Je paie prontement ce qu'on me vend... Je suis pouvre en tout, mesmement en livres, que le reste des livres de feu mon père m'ont esté pillés dens Agen despuis le temps que je suis ici. Jamais à bon chien ne tomba bon os en gueule. *Hoc est meum fatum.* »

CXI

A J.-A. DE THOU.[1]

Monsieur,

Il y a long temps que mon Eusèbe est tout prest, n'attendant que le secours de l'imprimeur, qui faict refondre des lettres.[2] J'ai restitué si bien cet aucteur, qu'on peust dire qu'il est resuscité des morts, car mesmes je lui ai restitué la plus part du grec. On n'en pourroit plus faire, que ce que j'en ai faict.[3] Mais plus pourrois je faire, s'il vous plaisoit de me prester la main, en un si digne œuvre. Et c'est qu'en la Bibliothèquue de la fu Reine Katerine, il y a un chronologe nomé Georgius Monachus continué par Theophanes,[4]

---

[1] Volume 838, folio 49.

[2] L'*Eusèbe* ne devait paraître que cinq ans plus tard sous ce titre : *Thésaurus temporum. Eusebii Pamphili Cæsareæ Palæstinæ Episcopi Chronicorum canonum omni modœ historiæ libri duo, interprete Hieronymo, ex fide vetustissimorum codicum castigati*, etc. *Opera ac studio Josephi Justi Scaligeri Julii Cæsaris a Burden filii. Ejusdem Josephi Scaligeri Notæ et castigationes in Latinam Hieronymi interpretationem et Græca Eusebii. Ejusdem Josephi Scaligeri Isagogicorum Chronologiæ canonum libri tres ad Eusebii Chronica*, etc. (Leyde, 1606, in-folio).

[3] Voir l'article *Eusèbe* du *Secunda Scaligerana* (p. 321-323). Scaliger y dit, comme ici : « Mon Eusèbe sera bon : le chappon est bon, mais la saulce sera aussi bonne. » « Les canons de mon Eusèbe, » fait-on dire encore à Scaliger, « c'est ce que j'aime le mieux, c'est l'ame de mon Eusebe. »

[4] C'est George le Syncelle dont la *Chronographie*, qui va jusqu'à l'an 284 de J.-C., a été continuée par Théophane l'Isaurien jusqu'en

duquel faict mention Cedrenus au commencement de son son œuvre. En ce dit volume, en premier lieu il y a le chronicon Nicephori, puis Georgius, puis Theophanes, enfin le roman d'Alexandre. Or en Georgius tout le Chronicon d'Eusèbe y est presque. Faictes doncques, Monsieur, ce bien à la postérité, que de bailler le dit voulume[1] à Monsieur Casaubon, qui en tirera tout ce qui y est compris tiré d'Eusèbe. Cela sera despeché en quatre jours. Car le dit sieur Casaubon aiant un chronicon d'Eusèbe devant les yeux, pourra veoir ce que le moine Georgius en aura pris. Ce n'est pas chose qui ne se puisse faire aisement. Par quoi je vous supplie tres humblement, Monsieur, de nous aider en cela, affin que le livre vous soit dédié, et que la postérité voie si bien que vous vous lui aurés faict, et la reverence et amitié que je vous porte. C'est un livre des temps, qui durera avec le temps,[2] et conservera à perpetuité le tesmoignage que je ferai de vostre vertu. Je vous en somme au nom de Dieu, de l'utilité publique, de nostre amitié.[3] La difficulté, comme j'ai

---

813. Ces ouvrages ont été imprimés, ainsi que ceux de George Cédrène, dont il va être question plus loin, dans la belle collection du Louvre (*Bysantinæ historiæ scriptores varii*, 1652 et 1655) et réimprimés dans le *Corpus scriptorum historiæ Bysantinæ* (Bonn., 1829). Guillaume Dindorf a donné ses doctes soins, en cette dernière collection, à l'ouvrage de George le Syncelle et de son continuateur.

[1] Ce volume, qui est du XIIIe siècle, porte aujourd'hui, dans le fonds grec du département des manuscrits de la Bibliothèque nationale, le n° 1711.

[2] De ce jeu de mots je rapprocherai cet autre jeu de mots de Casaubon, appelant l'admirable travail de son ami *Thesaurum re et nomine*.

[3] N'y a-t-il pas une véritable éloquence dans les adjurations de Scaliger à de Thou? Et l'enthousiasme qu'inspire à son auteur une belle œuvre, n'éclate-t-il pas ici d'une façon qui nous touche autant encore qu'elle dut toucher le noble ami du merveilleux éditeur?

dit, n'est poinct grande. L'homme qui le fera, le fera volontiers. Par quoi il n'y a pas d'excuse. Mais il fauldroit que ce fust bientost. Et s'il vous plaist, que le chronicon de Nicephore y fust adjousté, qui ne demande pas le labeur de deux jours, je vous en prie de rechef tres humblement, faisant estat d'en porter grand regret, si j'en suis refusé. Aussi vous voiés que ma requeste est tres juste.

Monsieur, je prierai Dieu vous maintenir en sa garde.

De Leyden, ce xxi aoust 1601.[1]

Vostre tres humble et tres obeissant serviteur,
JOSEPH DE LA SCALA.

---

[1] Le 4 septembre 1601, Scaliger parle encore à de Thou (*Ibid.*, folio 50) du *Georgius* de Catherine de Médicis, demandant le prêt de ce manuscrit pour un mois, rappelant que « la chronique de ce Georgius est rappetassée des pièces d'Eusèbe mot à mot. » — « Vous pourriès, » continue-t-il, « bailler le livre à Madame la Princesse d'Orange, qui s'en vient en ce païs au mois d'octobre, et je vous le renvoierai par Mr de Busenval... et vous ose bien dire que jamais labeur ne fust mieux emploié, que sera celui-là. » Scaliger ajoute que si l'on ne veut lui faire tenir le livre, qu'on le donne à Casaubon, « qui me triera tout ce que ce moine a tiré d'Eusèbe, et vous supplie tres humblement de m'escrire le plus tost qu'il vous sera possible ce que j'en dois espérer, affin que soubz vaine espérance je ne retarde point l'édition, et frustre tant de gens de bien qui attendent après ce mien labeur. Vous pouvès estre cause d'un grand bien... » — Nouvelle lettre (*Ibid.*, folio 52), du 19 octobre 1601, sur le même sujet : « Monsieur, je vous ai escrit par trois fois comment mon Eusèbe cesse à faulte de secours, que vous seul lui pouvès donner... Il i a un an que la besogne chaume pour l'attente de ce secours. Ce sera la quatriesme et dernière fois dont je vous en parlerai. » Le 6 novembre 1601, Scaliger (vol. 497, folio 128) écrit aux jeunes Du Puy : « Vous ne sauriès croire la peine que j'ai à recouvrer des livres, et la despense que j'i ai faicte, tellement que j'en suis pouvre après aussi avoir esté desrobé de mes domestiques, ausquels j'avoi faict beaucoup de bien... Advisès, Messieurs, en quoi

je vous puis servir. Le bon homme est tout vostre..... » Suivent (folio 129, 130, etc.) divers petits billets pour demander des livres à Pierre et à Jacques Du Puy) — Le même jour où Scaliger se plaignait aux fils de son grand ami de la difficulté qu'il éprouvait à se procurer les livres qui lui étaient nécessaires, il oubliait la promesse faite à de Thou de ne plus lui parler du manuscrit tant de fois vainement réclamé, et il revenait ainsi à la charge (vol. 838, folio 53) : « Monsieur, ce sera la cinquiesme lettre que je vous escris pour vous suplier de m'envoier Georgius Monachus, qui est en la librairie du Roi, qui a compilé tout le *Chronicon* d'Eusèbe. Je vous promets que je ne le retiendrai pas deux mois. Nous ferons merveille si nous impetrons cela de vous, et vous ne le pouvès refuser. » Enfin, le 18 décembre 1601, Scaliger écrivait à son ami (*Ibid.*, 54) : « J'ai receu la lettre par laquelle j'ai cognu que le livre que je demandois, avoit esté desrobé. Je l'ai bien seu despuis et à prepos. Le docteur Boulenger l'a eu, et s'en est servi, et en allègue des passages dans ses *Circenses.* Peut estre qu'il l'a encores. Je vous advertis que le sieur Président Brisson avoit retiré une bonne partie des livres de la Bibliothèque du Roi, lesquels après sa mort ont esté vendus pour rien presque. J'en ai veu quelques-uns en ces quartiers. Si je n'ai ce Georgius Monachus, je ne ferai rien. »

CXII

A J.-A. DE THOU.[1]

MONSIEUR,

Vostre lettre, que j'ai receu ces jours passés, m'a donné advis comment le Geogius Monachus avoit esté trouvé, dont je suis tres aise, tant pour le proffit que j'espere apporter au public par le moien de cet auteur, que pour l'occasion, qui se presente de vous dedier mon labeur. Aultrement je ne l'eusse faict, voire je me fusse desisté de l'entreprise, et abandonné tout ce dessin, ne pouvant executer ma juste voulonté. Maintenant j'aurai le moien de testifier à la postérité combien je me sens honoré de vostre amitié, car cest œuvre vivra, et mon tesmoignage avecques, qui sera tousjours conjoinct avec le livre. Il ne fault poinct craindre d'envoier ici le livre. Il vous sera rendu fidellement et ne le garderai guieres. J'en attens un aultre, que la Republique d'Augsbourg m'a accordé sans difficulté, mais il est defectueus et semblable à celui de la Vaticane, là où celui que vous m'envoierés est plus parfaict. Je suis informé de tous ces trois exemplaires, et en ai certain advis. J'ai envoié vos

---

[1] *Ibid.*, fol. 55.

lettres à Meursius[1] et Grottius.[2] Heynsius[3] vous envoiera bientost sa Tragedie.[4] C'est un gentil esprit,[5] et duquel vous

---

[1] Jean de Meurs n'avait alors que vingt-deux ans. Le philologue hollandais, qui devait être si fécond (ses œuvres complètes remplissent douze volumes in-folio. Florence, 1741-1763), avait déjà publié, en 1599, ses *Exercitationes criticæ* (Leyde, in-8°). Il y a contre Meursius un article terrible dans le *Secunda Scaligerana* (p. 453) : « Meursius est un pedant, fils d'un moine ; il en tient encore... Meursius, lorsqu'il estoit jeune, donnoit bonne esperance, mais il est si superbe que les servantes de là où il demeure, se mocquent de lui à cause de son arrogance. C'est un ignorant..... C'est un autre Titius. »

[2] Hugo Grotius était, à cette époque, plus jeune encore que Meursius : il n'avait que dix-neuf ans et avait déjà publié, à seize ans, une bonne édition de Martius Capella, à dix-sept ans, une non moins bonne édition d'Aratus. Ses biographes rapportent que J. Scaliger, ayant remarqué ses heureuses dispositions pour l'étude, se plut à l'encourager et le diriger. Les mêmes biographes ont signalé l'actif et intime commerce épistolaire qui s'établit de bonne heure entre Grotius et de Thou et qui dura jusqu'à la mort de ce dernier. Grotius est beaucoup vanté dans le *Secunda Scaligerana* (p. 359), comme « *prudens politicus, optimus græcus, jurisconsultus modestus, præstantissimus in epigrammatibus.* »

[3] Daniel Heinsius était lui aussi un de ces jeunes gens dont il est dit (*Secunda Scaligerana*, p. 359, à l'article *Grotius*) : « *Incredibile est quam multi sint docti juvenes in his regionibus.* » Il avait, à ce moment, une vingtaine d'années, et était un des plus fervents auditeurs de Scaliger. Il venait de publier (Leyde, 1600, in-16) ses *Crepundia Siliana, notæ in Silium Italicum.*

[4] Etait-ce la pièce qui fut seulement publiée trente ans plus tard sous ce titre : *Herodes infanticida, tragœdia* (Leyde, chez les Elzevier, 1632, petit in-8°), et qui provoqua tant de brochures parmi lesquelles on remarqua celles de Balzac (1636) et de Saumaise (1644)?

[5] Scaliger a été moins gracieux pour Heinsius dans le *Secunda Scaligerana* (p. 368).

admirerés les poèmes, qui bientost seront mis sur la presse.[1]
Je prierai Dieu, Monsieur, vous maintenir en sa garde.

De Leyden en Hollande, ce xxii janvier 1602.[2]

Vostre tres humble et tres obeissant serviteur,
JOSEPH DE LA SCALA.

---

[1] Les *Poemata* de Daniel Heinsius ne parurent qu'en 1613 (Leyde, in-12) et on y trouve une pièce funéraire en l'honneur de Scaliger (*Manes Jos. Scaligeri*). Les poèmes furent réimprimés par les Elzevier en 1616, en 1621, en 1640, en 1649 (même format).

[2] Le 12 avril 1602, Scaliger demande des livres aux frères Du Puy (vol. 496, fol. 132) et ajoute fièrement : « Il n'est homme vivant, qui paie mieux que je fais. » Le 9 juin 1602, Il écrit à de Thou (vol. 838, fol. 56) : « Je vous ai donné advis par mes dernières comment j'avoie receu le Georgius, et combien que j'aie esté empesché après une fascheuse besogne l'espace de dix mois, et qu'il n'i a guières que j'en suis dehors, si est-ce que j'ai usé de toute diligence, que j'ai presqu'espluché tout mon moine, dont j'ai amassé de bonnes choses. Sans ce livre, je n'eusse jamais procédé à ceste besogne... » De nouveaux remercîments sont adressés à De Thou, le 3 juillet 1602 (*Ibid.*, folio 47). Le 4 août 1602, Scaliger (*Ibid.*, folio 58) donne à de Thou ces nouvelles : « Je travaille après mon Eusèbe, et ne l'abandonnerai que je n'en voie la fin. Vostre moine m'i a servi de beaucoup : en après le *Chronicon* grec que Mʳ Casaubon m'a communiqué, dont j'ai bien faict mon profit, combien que l'auteur estoit un homme idiot, et ridicule en beaucoup de façons. » Scaliger se flatte de donner « une telle édition d'Eusebius, qu'on n'attent poinct de moi, qui profitera beaucoup aux gens de bien. » Il s'étend sur l'extrême longueur des transcriptions, ajoutant : « Car je n'ai nul qui m'aide. Mais j'en viendrai à bout, s'il plaist à Dieu... » — Le même jour, Scaliger écrit aux frères Du Puy (vol. 496) fol. 137), leur demandant « Rondelet, *De Piscibus*, Belon, *des Oiseaux*, et se plaignant ainsi d'un vol domestique : « Un pendard de serviteur que j'avoie, lequel j'avoie instruit comme mon propre fiz, me desroba ledit exemplaire [un Plaute annoté par Scaliger], et il a esté plus de six mois entre les mains de quelques garnemens, qui m'ont gasté le livre de façon que je ne le puis lire en beaucoup d'endroiz, et si le dit marrault non content de cella m'a desrobé plus de 600 ▽ [écus] et réduit à pouvreté. »

CXIII

A M. DE BUYENVAL,

Gentilhomme ordinaire de la chambre du Roi et son Ambassadeur résidant aux Estats des provinces unies, à la Haye.[1]

Monsieur,

Je vous renvoie vos lettres : il n'y a rien de plus esgaré que la lettre du Président.[2] Quant au style, il n'y a rien de latin en la suitte du discours et en la structure. Malaisément trouvera on trois parolles liées qui sentent son latinisme. Bref il ne sçait ce qu'il dit soit en (son) langage, soit en son

---

[1] Collection Du Puy, vol. XVI, folio 29, *verso*. Paul Choart, seigneur de Grand-Champ, de la Grange-le-Roi, si connu sous le nom de M. de Buzenval, était fils de Robert Choart, seigneur de Buzenval, et de Françoise Grené. Les biographes (de Moréri à M. Lud. Lalanne) n'indiquent ni le lieu, ni la date de sa naissance. Il fut d'abord gentilhomme ordinaire du roi de Navarre et obtint toute sa confiance et toute son amitié. On trouvera sur ses ambassades, avant et après l'avènement de Henri IV, mille renseignements dans les neuf volumes des *Lettres missives* de ce roi publiées par M. Berger de Xivrey et par M. Guadet.

[2] Ce *président* était Philippe Canaye, sieur de Fresne, né à Paris en 1551, mort en 1610. Elevé dans la religion protestante, il fut chargé de diverses missions diplomatiques par Henri IV, avant et après son avènement, et il devint, en 1595, président de la chambre mi-partie de Castres. Sa conversion au catholicisme fut, assure-t-on, due à la célèbre conférence de Fontainebleau entre le cardinal du Perron et Ph. de Mornay, seigneur du Plessis.

hypothese.[1] Je vous prioi hier de me faire ce bien que de trouver moien de me faire tenir ce que Mons. Casaubon me veult envoier le tenant prest il y a si long-temps, et ne se pouvant envoier à faulte d'adresse. Les Gazettes dernières portent beaucoup de nouvelles, mais je ne scay que croire, que don Carlos est couronné roi de Suède.[2] Monsieur Goullard,[3] m'escrit de Genève que les officiers du roi qu'il a mis à Ges[4] font beaucoup de griefs et extorsions aux voisins qui ne s'osent plaindre. Il m'escrit beaucoup d'autre chose que je laisse. Le bon homme Monsieur de Beze est presque reduit en enfantillage se portant bien quant au reste.[5]

Je prierai Dieu, Monsieur, vous maintenir en sa garde.

De Leyden, ce xxvii octobre 1602.

Vostre tres humble et tres obeissannt serviteur,
JOSEPH DE LA SCALA.

---

[1] Citons ici le *Secunda Scaligerana* (p. 252) : « M. de Fresnes Canaye, ambassadeur à Venise. *Vidi epistolam quam scribit ad Casaubonum; nescio quid velit.* C'est du latin d'*Amphitheatrum*. Casaubon luy a bien escrit autrement. »

[2] Scaliger veut parler du duc Charles, frère de l'ancien roi Jean III, et oncle du prince alors régnant, Sigismond. Comme Sigismond, qui avait été d'abord roi de Pologne, était catholique, il y avait une grande mésintelligence entre lui et le duc Charles, qui était un zélé luthérien. Sigismond ne tarda pas à être déposé (6 février 1604) et il eut pour successeur Charles IX, troisième fils de Gustave Wasa.

[3] Simon Goulart, né à Senlis en 1543, mourut à Genève en 1628. La fécondité de ce polygraphe a quelque chose d'effrayant. Voir la liste de ses publications dans la *France protestante*. Le *Secunda Scaligerana* contient à la fois un éloge et un blâme pour Goulart (p. 354-355. Voici l'éloge : « C'est un gentil personnage qui a tout appris de soy-mesmo, et a commencé tard en latin, lorsque j'estois à Genève... » Voici maintenant le blâme : « Il a fait chastrer les œuvres de Montagne. *Quæ audacia in scripta aliena.* »

[4] Gex, aujourd'hui chef-lieu d'arrondissement du département de l'Ain, à quelques kilomètres de Genève.

[5] Bèze, alors âgé de quatre-vingt-deux ans, allait mourir trois ans

plus tard (13 octobre 1605). Il devait être remplacé, dans ses fonctions de président du Synode, par Simon Goulart, celui-là même dont nous venons de parler, et auquel Scaliger écrivait, « de Leyden ce xv novembre style Julien 1602 » une petite lettre dont je tirerai ceci (vol. 496, folio 216) : « ..... Quant à Mr Chamier, nous attendions son livre des Albigeois à la dernière foire. Ce sera peut-estre à la prochaine. Je suis après à descouvrir que pourroit estre devenu un excellent traicté de mesme argument escrit en françois qui estoit en la librairie de Pau en Béarn. J'en saurai peut-estre de nouvelles après longue recherche. Nous louons Dieu de ce que M. de Bezo se porte bien. La peste nous a emporté deux bons combatans Trescat et du Jonc.... Il me souvient que M. de Bezo avoit deux Targums imprimés en lettres hébraïques l'un en grec vulgaire, l'aultre en espagnol... » Scaliger prie son correspondant de les lui acheter.

CXIV

A J.-A. DE THOU.[1]

Monsieur,

J'ai mon texte d'Eusèbe tout prest. Je suis après les notes, qui me donnent beaucoup d'affaire. Je tasche à m'acquiter de cest œuvre, quand ce ne seroit pour aultre chose que pour l'amour de vostre nom, qui sera leu au frontispice de cest œdifice. Monsieur l'Evesque de Basas[2] aiant eu le vent de mon édition me veult devancer. De quoi je suis tres aise, et desire tant que cela advienne, que j'aie peur qu'il n'advienne.[3] Car j'ai advis pour quoi il a esventé sa première

---

[1] Vol. 838, fol. 59.

[2] C'était Arnauld de Pontac qui avait été nommé évêque de Bazas en 1572 et qui mourut, dans le château des Jaubertes, non le 4 février 1605, comme l'avancent les rédacteurs du *Gallia Christiana* (t. I, col. 1211), mais le 27 de ce mois. Le *Gallia* mentionne les notes sur la chronique d'Eusèbe dont il enrichit la république des lettres (*rempublicam litterariam ditavit*) et lui donne cet éloge si mérité : *Vir ævo suo probitate vitæ, eruditione, ac sollicitudinis pastoralis laude præstans.* Je ne m'étendrai pas ici sur la biographie du savant prélat, devant bientôt m'en occuper spécialement en réimprimant la remarquable remontrance qu'au nom du clergé de France il adressa, le 3 juillet 1579, au roi Henri III.

[3] Les souhaits de Scaliger furent exaucés. Le travail de son docte émule parut avant le sien sous ce titre : *Eusebii Pamphili, Episcopi Cæsariensis, S. Hieronimi et S. Prosperi Episc. Aquitanici chronica, ab Abraham ad ann. Christi 449. quorum illud Eusebii latine, tantum ex S. Hieronimi versione prodit. edente cum notis Arnaldo Pontaco* (Bordeaux, 1604, in-folio). Voici comment Pontac et son beau travail

fueille du Tiltre general. Comme il ne me peust advenir chose que je souhaitte le plus, aussi ne puis je recevoir plus grand mescontentement, si ce n'est qu'une fausse alarme. Car je sai bien qu'ils ne devineront jamais la moindre partie du bien que j'ai faict à cest auteur. Car de bailler deux mille corrections ou *variæ lectiones* des vieux exemplaires, ce n'est rien de tout ce que je veux dire. Je ne fai nulle mention de cela, ou bien peu. Les petis grimaus en vont à la moustarde.[1] Je sai bien qu'on a entrepris cela à l'envi de nous disans qu'il n'appartient à Scaliger de manier l'histoire ecclesiastique. C'est tout de mesmes comme disoient les braguetes[2] de ces lourdaus mathematiciens, que ce n'estoit mon mestier, que de mettre le nez au Manile. Et nul de ces pièces

---

sont très diversement jugés dans un article du *Secunda Scaligeraua* (p. 511 et 512) : « L'Evesque de Bazas a achevé de faire imprimer son Eusebe ; il sera bien imprimé, car c'est à Bordeaux : ses exemplaires seront plustost vendus que le mien, car il ne sortira de quinze mois. Il a fait de grandes fadaises dans ses Notes ; il n'en a esté envoyé quelque chose par Monsieur Bongars. Il est docte pour un Evesque, mais rien au prix des grands hommes. Il est Evesque et me porte envie ; il a esté mon compagnon d'Ecole ; il ne donnera de l'Eusèbe que ce que nous avions... » Voici maintenant la contre-partie : « Pontac a mis de belles choses en son Eusebe, il ne dit mal de personne, il cite Casaubon, Scaliger avec honneur, et mesme Musculus. »

[1] M. Littré cite la phrase proverbiale sous cette forme et avec cette explication : Les enfants en vont à la moutarde, se dit de quelque affaire qui est complètement ébruitée. Le savant philologue emprunte deux exemples à des écrivains venus, le second surtout, bien après Scaliger, à Charles Sorel, l'auteur de l'*Histoire comique de Francion* (1622) et à Dancourt, l'auteur du *Charivari*, lequel Dancourt mourut en 1726.

[2] L'expression, des plus rabelaisiennes, est aussi des plus méprisantes. M. Littré n'a pas connu l'injurieuse formule, que ne l'on trouve pas, du reste, dans les dictionnaires antérieurs au sien.

de chair¹ n'y entendent encores note. Je m'atten au livre *de anno Persico* grec, duquel Monsieur Casaubon m'a donné quelque esperance. Je vous prie, Monsieur, d'y tenir la main. Ce sera pour enrichir nostre labeur, qui desja nous rendroit amoureux de lui, tant il a de belles parties pour attirer les beaux espriz. Cependant,

Monsieur, je prierai Dieu vous maintenir en sa saincte garde.

De Leyden en Hollande, ce jour de Noel 1602.

Vostre tres humble et tres obeissant serviteur,

Joseph de La Scala.

Il manque trois feuilletz au Georgius *ab initio imp. Valeriani, ad finem probi*. J'ai prié le seigneur Marc Velser d'Augsbourg² de me faire transcrire ce defaut.³

---

¹ A ces *pièces de chair*, à ces êtres matériels et massifs, Scaliger oppose heureusement, à la fin de sa lettre, les *beaux espriz* dont il recherche les suffrages.

² Marc Velser ou Welser naquit le 20 juin 1558 à Augsbourg et mourut en cette ville le 13 juin 1614. Elève de Muret, il fut un des correspondants de Galilée et de Peiresc. Aussi bon citoyen que bon humaniste, il prit de 1592 jusqu'à sa mort une part importante aux affaires publiques d'abord comme sénateur, puis comme préteur et comme consul. On fait dire à Scaliger dans le *Secunda Scaligerana* (p. 606) : « Velserus a bien des lettres de moi. Il sera fasché de ce que j'ay escrit contre les Jésuites. Il ne m'escrit plus... »

³ Le 26 décembre 1602, Scaliger écrit aux Messieurs Du Puy (vol. 496, folio 139) : « Il me manque beaucoup de livres vulgaires, que je ne puis recouvrer en aulcune façon, et si par adventure quelcun me tombe en main, Dieu sait comment on me le sale. Tellement que ce peu de livres que j'ai amassé me couste tant, que je rougirois s'il me le falloit dire, de peur de n'estre creu. »

CXV

A J.-A. DE THOU.[1]

Monsieur,

Lorsque je receus la vostre avec celles de Monsieur Rascas Bagarris,[2] j'avoie desja despeché un paquet de lettres pour vous. Je ne puis adjouster aus precedentes aultre chose sinon ce que doibt estre respondu à la vostre. Je vous ai declaré la crainte que j'ai que l'Eusèbe de Bourdeaux ne soit poursuivi, et que la première feuille ne soit que μορμολυκεῖον. Mieux ne pourroit advenir à mon Eusèbe, que de voir courir ce laquais devant moi.[3] Je respon amplement au sieur Rascas. Le livre par moi publié nouvellement est né en la teste de cellui qui vous en a parlé. Il est grand de merite, comme de qualité, mais il y a long temps que je sai, qu'il y a de la

---

[1] *Ibid.*, fôl. 60.

[2] Pierre Antoine de Rascas, sieur de Bagarris, était un antiquaire provençal qui avait formé une très belle collection de médailles et de pierres gravées, laquelle se trouve aujourd'hui à la Bibliothèque nationale. Ce fut un des correspondants de Scaliger, comme on peut le voir par une lettre adressée au « maistre des cabinets des antiques du Roy, » et reproduite à la fin des *Opuscula varia*. Né à Aix en 1562, Rascas mourut en cette ville le 14 avril 1620. Gassendi (*N. Cl. Fabricii de Peiresc*, 1641, in-4°, p. 24) l'appelle *rei antiquariæ peritissimus*.

[3] Scaliger dut vivement regretter d'avoir si indignement parlé d'Arnauld de Pontac, quand il vit en quels termes le savant prélat salua le glorieux nom de celui qu'il devançait. L'insolente métaphore du *laquais courant devant* [son maître] est, du reste, effa-

vanité *in quella leggiadra anima*.[1] Je le di pour l'avoir experimenté. Que j'eusse mis en lumière un livre sans vous en faire participant ! En ce qui touche mes escris, nul n'en peust rien savoir, si vous ne le savés. La peste n'a esté si grande de quantité que de qualité en ceste ville, aiant emporté deux hommes fort necessaires à ceste Académie, Junius[2] et Trel-

---

cée par les éloges donnés, dans les lettres latines à l'estimable travail, comme aux courtois procédés, de l'évêque de Bazas (Voir *Epistolæ*, 1627, n° CIV, CV). Scaliger ne fit pas seulement amende honorable en latin, mais encore en français, et voici ce que nous lisons dans une lettre du 8 avril 1605 à de Thou (imprimée à la suite de l'*Histoire*, t. XV, p. 308) : « J'ai reçu ensemble avec la vostre le *Chronicon* de feu Monsieur de Bazas, où le dit sieur a employé une merveilleuse diligence, et peut estre quelquefois trop grande, à cause qu'il s'amuse par trop à représenter la variété des manuscripts là où il n'est point de besoin. Toutesfois je defère à son édition, en laquelle il s'est porté fort rudement, et ce que je loue le plus, fort modestement, sans se laisser eschapper aulcun mot qui puisse offenser personne; ce qui est fort rare en ce siècle, et mesmement ès hommes Ecclesiastiques... »

[1] Quel était donc ce personnage *grand de mérite et de qualité* dans l'âme *frivole* duquel entrait tant de *vanité?* Je n'ose mettre aucun nom sous ce portrait où les ombres se mêlent aux rayons.

[2] François Junius ou Du Jon, né à Bourges le 1ᵉʳ mai 1545, mourut, le 13 octobre 1602, à Leyde, où il professait la théologie depuis l'année 1592. C'était le beau-père de Gérard Vossius. Voir dans le *Secunda Scaligerana* (p. 410-413) un long article sur Junius où pétille la verve la plus malicieuse. En voici quelques extraits : « Dujon mesprisoit tout le monde, il pensoit estre le plus grand homme de son siècle, des precedens et des futurs. Junius n'avoit rien seu, et vouloit estre estimé sçavant en plusieurs langues... Les presches de Junius estoient des cercles, il ne faisoit que retourner et redire ce qu'il avoit dit... Dujon *meus simius et obtrectator simul* m'a voulu imiter en ses Annotations sur le premier chapitre de la Genèse. O les grandes badineries qu'il a mises dans sa Bible, la pauvre version! Je n'en sçaurois lire un chapitre... » J.-A. de Thou a parlé

cat.¹ Vulcanius et moi, qui estions mortz à Paris, vivons encores à Leyden par la grace de Dieu. Vostre Procopius s'imprime à Augsbourg au despens du seigneur Marco Velser. Vulcanius menace de faire imprimer περὶ κτισμάτων du mesme auteur, augmenté de moitié, ou plus qu'il n'a esté imprimé. Mais le bon homme est plus hardi de la bouche, que de la main. Touts les doctes attendent vostre histoire.² Vous faictes tres bien d'y mettre les hommes doctes, le lieu de leur nativité, le temps de leur mort.³ Et à la mienne voulonté que je vous seusse dire l'an du deces de Caninius ⁴

---

bien dédaigneusement de Junius (liv. CXXVII, à l'année 1602). Voir encore les *Additions* de Teissier (*Eloges des Scavans*, t. IV, p. 423-43), le *Dictionnaire critique* de Bayle (édition Beuchot, t. VIII, p. 481-492). etc.

¹ Les rédacteurs des Dictionnaires historiques, du moins en notre pays, ont oublié Trescat. Dans l'article *Junius* déjà cité du *Secunda Scaligerana*, on trouve cette particularité : « Après avoir esté au presche Flamand de Monsieur Trescat fils, je luy disois : Voila un gentil personnage, qui presche si bien en deux langues. Il respondit : Un homme ne sçauroit bien prescher en deux langues. Il portoit envie extremement de cela au jeune Trescat.... » Teissier (t. IV, p. 427), après avoir cité des vers composés par Scaliger en l'honneur de Junius, ajoute que : « c'étoit dans une triste conjoncture, la peste en un mois ayant emporté deux grands ornements de l'Académie de Leide, Junius et Trecaltius, et faisant de grands ravages en Hollande. »

² Les dix-huit premiers livres de l'Histoire de J.-A. de Thou (*Historiarum libri XVIII*) parurent chez la veuve de Mamert Patisson, à Paris, en 1604.

³ Scaliger se faisait ici d'avance l'interprète des sentiments de la plupart des lecteurs du grand ouvrage de son ami : ce que l'on y goûte le plus, ce sont les notices sur les hommes célèbres dans les sciences et dans les lettres.

⁴ Angelo Caninio, natif d'Anghiari en Toscane, fut un des plus savants philologues de la première moitié du XVI° siècle. Selon

aussi certainement, que je pourrois racompter ses vertus.
Postel ¹ m'a dict quelquefois qu'il estoit mort de trop estudier, si qu'on lui trouva *exta adhœrentia costis*. Le dit Postel
lui avoit baillé les commencemens de l'Arabisme.² Jamais
homme ne m'enseigna tant qu'a faict celui-la. Quelques Jesuistes qui ont escrit naguieres, le font de leur société. Monsieur de Harlai Doulot ³ l'avoit cognu, et vous en pourra informer plus asseurement. Maintenant il n'y a presque plus de
contagion en ce pais. Nous craignons un rengregement⁴

J.-A. de Thou (Liv. XIX, sous l'année 1557), il mourut à peu près
en ce temps-là et il possédait parfaitement, non seulement les langues grecque, latine, hébraïque, mais encore la syriaque et toutes
les langues orientales. L'historien ajoute que Caninio mourut en
Auvergne, dans la maison de Guillaume Duprat, évêque de Clermont.

¹ Guillaume Postel, né en Normandie à une époque incertaine,
mourut à Paris le 6 septembre 1581. Voir ce qui est dit de ce grand
érudit, qui fut aussi un grand visionnaire, dans le *Prima Scaligerana* (p. 140) et dans le *Secunda Scaligerana* (p. 515). J'ai donné
beaucoup d'indications sur ce singulier personnage dans diverses
notes de l'*Essai sur la vie et les ouvrages de Florimond de Raymond*
(1867, in-8°, p. 112-116).

² Scaliger passe pour avoir dit de Postel : *Invideo illi Arabicam
linguam* (*Prima Scaligerana*, p. 141).

³ Charles de Harlai, baron de Dolot, était fils de Christophe de
Harlai, seigneur de Beaumont, président à mortier au parlement
de Paris ; il fut employé en plusieurs négociations en Allemagne,
Pologne et Suisse, et mourut en 1617 sans avoir été marié.

⁴ Dans le *Dictionnaire de Trévoux*, on cite ce vieux mot, synonyme
d'augmentation de mal, d'après Molière. M. Littré reproduit la
citation prise à l'*Avare* par ses devanciers et y ajoute une citation
tirée du *Plutarque* d'Amyot.

cest esté, qui semble devoir estre humide, ni aiant eu aulcun froid encores jusques à present.

Monsieur, je prierai Dieu vous maintenir en sa garde.

De Leyden en Hollande, ce 12 janvier 1603.[1]

Vostre tres humble et tres obeissant serviteur,

JOSEPH DE LA SCALA.

---

[1] Voir à l'Appendice, n° II, divers extraits de quelques lettres suivantes, extraits qui auraient trop surchargé les présentes notes.

CXVI

A J.-A. DE THOU.[1]

Monsieur,

Je ne puis abandonner vostre histoire. Elle est tousjours auprès de moi. J'y apprens avec plaisir. Cela me faict vous supplier de nous donner l'autre partie.[2] L'ame de l'histoire, c'est à dire la vérité, qui reluit en icelle, la faict aimer de touts les gens de bien,[3] et ne se fault soulcier, si quelques loups garoux[4] s'en faschent, car ils ont haï la vérité avant que vostre histoire fust publiée. Touts les doctes et gens de bien de par deça me demandent quand est-ce que l'aultre partie sera imprimée. Je suis un des premiers, qui vous im-

---

[1] *Ibid.*, fol. 67.
[2] Cette seconde partie (jusqu'au livre LXXX inclusivement) commença à paraître trois ans plus tard (Paris, Drouart, 1607, in-folio). Le troisième volume vit le jour en 1609.
[3] L'ouvrage de J.-A. de Thou, qui a reçu tant d'éloges, en a-t-il jamais reçu de plus beaux?
[4] Scaliger devait se déchaîner plus d'une fois contre ces *loups garoux*, notamment dans une lettre au président de Thou, du 20 juin 1604 :« Laissez parler les ignorans et les malins, ils ne sçavent que japper, et non pas mordre. Vous avez obligé à vous la postérité d'un si bel œuvre... » (*Pièces concernant l'histoire de J.-A. de Thou*, à la suite de la traduction française de 1734, t. XV, p. 305). Voir (*Ibid.*), avec trois autres lettres françaises de Scaliger (p. 303, 307, 324), deux lettres de l'auteur à son ami, l'une du 4 janvier 1604 (p. 303), l'autre du 10 avril 1607.

portune de ceci.¹ Je sai que plusieurs aultres me suivront, et vous importuneront par mesme prière, que je vous en fai. Je suis marri, que mon Eusèbe ne court autant que mes souhaits, et pour beaucoup de raisons, et la principalle, par-cequ'il vous est dedié.² Je verrai si je pourrai tant faire avec Jehan Commelin,³ qu'on le puisse imprimer à deux presses. Aultrement la besogne trainera longtemps. Au reste, Monsieur, le present porteur Monsieur l'Abbé fils de Monsieur Monneron de Bourges, advocat du Roi au presidial, est envoié au barreau par son père. Il a besoing de recommandation. Je sai bien que celle que je ferai en vostre endroit, elle aura lieu.⁴ Je ne me desferois pas aussi de la bonne volonté de Monsieur le premier president. Mais jai mieux aimé vous le recommander, et vous supplier tres humblement de le presenter à Monsieur le premier. Le personage le merite tant pour ses bonnes mœurs, que pour sa doctrine,

---

¹ Scaliger ne cessa de réclamer la publication de la suite de l'histoire. Voir les lettres mentionnées dans la note précédente.

² J.-A. de Thou (le 14 janvier 1604) avait écrit à son ami : « Je croy que maintenant vos imprimeurs auront commencé à travailler à vostre Eusebe. Leur diligence n'acconsuivra jamais le desir que nous avons de le voir, pour le grand fruict que chascun en espere, et l'honneur que j'en attends, que j'estime plus que tous les honneurs que je peus penser avoir mérité de mes services. »

³ Il a été déjà question (Lettre C) de l'imprimeur Jérôme Commelin, mort en 1597 et si regretté par Scaliger (Voir Teissier, t. IV, p. 328). Le *Jean* Commelin ici nommé est un des fils de Jérôme.

⁴ Scaliger ne se trompait pas ; son protégé fut très bien accueilli par le président de Thou, comme le prouve ce passage d'une lettre déjà citée du 20 juin 1604 (p. 305 du tome XV de l'*Histoire*) : « Je vous remercie très humblement de la faveur qu'il vous a pleu prester à Monsieur L'Abbé, qui est un jeune homme, qui vous peut servir à vos estudes. Car il transcrit fort diligemment et fidellement, soit grec, soit latin : pour ses mœurs aussi il est digne d'être aimé. »

de laquelle il vous fera preuve par le laborieux œuvre qu'il vous veuct dédier. J'en parle assurément d'autant que je l'ai cognu ici l'espace d'un an. Je vous supplie tres humblement de le présenter à Monsieur le premier, auquel si je lui eusse escrit un mot de recommandation, je m'asseure tant de sa bonne volonté envers moi, qu'il eust e pour aggreable la priere que je lui en ferois. Mais il vault mieux qu'il soit recommandé de vostre parole, que de ma lettre. L'honneur qu'il vous plaist me faire de ne me refuser rien de tout ce dont je vous fait requeste, m'a faict prendre la hardiesse de vous importuner de ceci. Je prierai Dieu, Monsieur, vous maintenir en sa garde.

De Leyden, ce xxvii avril 1604.[1]

Vostre tres humble et tres obeissant serviteur,

JOSEPH DE LA SCALA.

---

[1] Le 20 juin 1604, Scaliger écrivit (vol. 496, folio 150), à Christophe du Puy « estant à la suitte de Mgr le cardinal de Joyeuse à Rome, » lui demandant de faire copier pour lui des ouvrages arabes conservés à Rome, ajoutant « dont je vous prie par l'amitié que j'ai porté à Monsieur du Pui vostre pere, le plus homme de bien et aimable que je hantai jamais de ma vie. » Le 19 octobre 1604, Scaliger annonçait à de Thou (vol. 838, folio 68) les nouvelles que voici : « Nous avons perdu le seigneur Douza de Nordwic qui est une grande perte à ceste Académie, à laquelle il estoit vrai pere. J'y ai perdu un bon ami, et le public un grand homme de bien, plein de vertu et d'érudition. J'ai faict cette perte, après avoir perdu mon pouvre cousin le sieur de Montesquiu (*sic*) de Rocques, qui commandoit aux neuf compagnies des François en la ville d'Ostende. Il a survesqu dix jours après avoir receu une arquebuzade au dessus de la cuisse. Au reste je haste mes imprimeurs qui ont mon Eusèbe. Mais s'ils estoient aussi diligens à executer mes remonstrances que je suis chauld à esveiller leur paresse, nous pourrions esperer l'issue de cette édition plustost que leur feneantise ne permet, mais je ne desisterai jamais à les fourgonner, car ainsi veulent estre traictés et menés les naturels des hommes de ce pais. *Gaudeo te auctum filiolo.* Ceste nouvelle m'a tout recréé. » Voir à l'*Appendice*, n° II, divers extraits de lettres écrites par Scaliger en 1605, 1606 et 1607.

CXVII

A J.-A. DE THOU.[1]

Monsieur,

Nous avons perdu nostre bon ami le sieur de Buzenval.[2] Il estoit sujet à un asthme, duquel je l'ay veu se plaindre il y a plus de six ans. Ceste maladie empirant tous les jours l'a à la fin emporté estant assis sur la chaire qui lui servoit de lict. Car il ne pouvoit dormir au lict. Sitost qu'il s'estoit couché il se sentoit suffoquer de sa δύσπνοια : Il est mort presque en parlant et lisant.[3] J'en eus hier la nouvelle fascheuse et aujourd'huy m'a esté confirmée par la lettre de M. le president Janin,[4] qui a perdu un bon collegue en ceste legation, d'autant qu'il estoit tres instruict aux affaires

---

[1] Vol. 838. folio 83.
[2] Nous avons déjà trouvé le nom de ce diplomate dans la lettre CXIII.
[3] Je n'ai vu nulle autre part des détails aussi précis et aussi étendus sur les derniers moments de Paul Choart de Buzenval.
[4] Pierre Jeannin, né à Autun en 1540, mourut en 1622. Ce fut un des meilleurs de tous nos hommes d'Etat. Un remarquable hommage lui a été rendu par feu M. Avenel, mon vénérable ami, dans un article (qui n'est pas assez connu) de l'*Encyclopédie des gens du monde*.

du païs. Il deceda le vendredi septiesme du present mois.[1] Ses funerailles seront mercredy prochain. Les estats generaux deliberent de rendre au mort l'honneur qu'il merite, car il sera enterré *pompa regia*.[2] Je croi que je m'y trouverai, car je ne lui puis denier *extremum hoc officium*. Le pouvre gentilhomme avoit delibéré de venir passer six ou sept jours avec moi, et ainsi que son carroce estoit prest, l'asthme le surprist, et fust contrainct de se retirer, n'aiant vescu après que 30 heures. Il avoit tracé quelques lignes de son testament lorsqu'il faillit à mourir sitost qu'il arriva en ce païs. Mais il n'a poinct eu le loisir de parachever ce peu qu'il avoit encommencé. J'ai veu et gardé soigneusement les vers dont il vous a pleu m'honorer. Ils sont tesmoins de vostre amitié, et non de mon merite. Je les ferai imprimer pour faire despit aux maraux, qui sont noz communs ennemis. Monsieur Heynsius vous envoiera bientost l'excellent interprete ou plutost papaphraste grec sur les Nicomaches. Je prierai Dieu, Monsieur, vous maintenir en sa saincte garde.

De Leyden, ce xi septembre 1607.

Vostre tres humble et tres obeissant serviteur,

JOSEPH DE LA SCALA.

---

[1] L'exactitude de ce renseignement, emprunté par Scaliger à une lettre du président Jeannin, ne sauroit être contestée et nous permet de rectifier l'erreur de M. Berger de Xivrey (*Lettres missives de Henri IV*, t. I, p. 587, note 1) lequel fait mourir Buzenval *le 31 août*.

[2] On a donc eu raison de dire dans le *Moréri de 1759* (t. II, seconde partie, p. 393) « qu'il fut enterré à La Haye avec beaucoup de magnificence. »

CXVIII

A J.-A. DE THOU.[1]

Monsieur,

J'ai receu la vostre par Monsieur de Buzenval le jeune, lequel je n'ai encores veu. Nous attendons de jour à aultre des informations sur les meschancetés de Schoppius,[2] que les gens de bien d'Allemagne ont promis nous envoier.[3] Il y en a desja quelques uns qui ont mis la main à la plume pour escrire contre ce monstre, duquel ils savent la vie et la race. Il a faict tant de larrecins et de meschancetés, que s'il estoit és lieux où il a laissé de si bonnes enseignes de sa

---

[1] Vol. 838, fol. 84.

[2] Gaspard Scioppius, que l'on a surnommé le plus redoutable de tous les critiques de son temps, naquit dans le Palatinat en 1576 et mourut à Padoue en novembre 1649. On trouvera le catalogue détaillé des ouvrages de ce littérateur aussi fécond que cynique dans les *Mémoires* du P. Niceron (t. XXXV). Voir sur la vie et les écrits de Scioppius et tout particulièrement sur ses attaques contre Scaliger trois chapitres bien curieux de M. Ch. Nisard (*Le triumvirat littéraire au* XVIe *siècle*, p. 265-293). Cf. l'article *Scioppius* dans le livre de M. Bernays (p. 212-219).

[3] Les *méchancetés* de Scioppius parurent au moment même où Scaliger en attendait l'envoi. Voici le texte de l'énorme libelle : *Scaliger hypobolymæus, hoc est, Elenchus epistolæ Joan. Burdonis, pseudo-Scaligeri, de vetustate et splendore Gentis Scaligeræ* (Mayence, 1607, in-4° de 858 pages).

preud'homie, pieça il eust esté traicté comme il merite.[1] Il est fils d'une p..... publique, qui ne fust jamais mariée. Sa sœur *etiam hodie est publicarum libidinum victima*, et tient le berlan[2] publiquement. Vous ne sauriés croire le nombre de gens de bien Allemans, qui sont estomaqués[3] d'une si furieuse entreprise. Les chappeaux rouges, qui l'ont poussé à ce faire,[4] ne le garentiront pas de tant et si énormes et vilains reproches. Puis on parlera peut estre aux chapeaux rouges. Quant à ce que vous estes d'advis de ne le nommer, cela ne se peust faire,[5] attendu qu'il fault produire toutes ses meschancetés, et la vilenie de sa mère et de sa sœur.

---

[1] L'article *Scioppius* du *Secunda Scaligerana* est relativement modéré. Le trait le plus aigu qui y atteigne l'odieux libelliste est celui-ci (p. 565) : « Il veut monter trop haut, il est ridicule comme le singe qui tant plus monte-t-il haut, tant plus montre-t-il le derrière. » On a souvent répété ce bon mot sans savoir qu'il fut de Scaliger.

[2] Rabelais nous montre aussi une femme qui « tenoyt le berland. » Le *brelan* était une mauvaise maison de jeu, un vil tripot.

[3] On se sert encore familièrement du mot *s'estomaquer*, pour *se tenir offensé* (Dictionnaire de l'Académie française, édition de 1878) et nous avons dans le langage populaire le mot *estoumacat*, qui est sans cesse employé pour : *être péniblement surpris, être fortement choqué*.

[4] Voir contre les cardinaux que Scaliger regardait comme les instigateurs du libelliste qui *écumait leurs marmites* la lettre portant le nº CXXII dans le Recueil de 1627, lettre adressée à Isaac Casaubon, et surtout la page 317 : *Alii præterea galerati, una nocturna Vaticana pluvia, tanquam fungi nati, famelicum tenebrionem e patinis culinarum suarum ad id incenderunt*.

[5] Scaliger aurait bien dû suivre le sage conseil du président de Thou, conseil que lui donnait aussi le pacifique Casaubon. Quand on a des ennemis tels que l'ignoble Scioppius, on ne doit pas leur faire l'honneur de les combattre : il faut leur opposer le vengeur silence du mépris.

Somme toute, il le fault rendre célèbre à la postérité par une telle satire. On lui rabatra bien les Bourdons et *Bordonios*. Les jésuites font rage à l'encontre de moi.[1] Le loup garou, et crasse de toute vilenie, Martin del Rio,[2] a faict un livre contre moi encores plus infame que celui de Schoppius.[3] Mais jusques à present les imprimeurs de la ville d'Anvers ont refusé à l'imprimer,[4] à cause des execrables sycophanties[5] y contenus. Toutesfois il ne tiendra pas à imprimeurs, qu'à la fin il ne soit mis en lumière, les jésuites y donneront bon ordre. Il leur faudroit demander pourquoi ils sont si irrités à l'encontre de moi. Car ce sont eus qui ont commencé la riotte,[6] et ne veulent poinct qu'on leur repli-

---

[1] Voir, à ce sujet, les plaintes de Scaliger dans ses lettres latines, plaintes vivement traduites ou plutôt résumées dans le livre de M. Ch. Nisard (p. 271-273).

[2] Martin Delrio, né à Anvers, en 1551, fut reçu docteur à Salamanque en 1574, occupa une haute position dans le conseil souverain de Brabant, puis entra dans la compagnie de Jésus (1580), fut professeur d'Ecriture Sainte à Douai, à Liège, en Styrie, en Espagne, et mourut à Louvain en 1608.

[3] La peur jetait Scaliger dans l'exagération : les *Vindiciæ Areopageticæ adversus Josephum Scaligerum Julii filium* ne peuvent être comparées à l'arsenal de calomnies et d'outrages où Scioppius, dès l'entrée même, dénonçait son ennemi comme un faussaire (*Hypobolimæus*).

[4] A ce moment là, l'ouvrage était déjà imprimé (*Antuerpiæ ex officina Plantiniana, J. Moreti*, 1607).

[5] Ce synonyme de délations n'a peut-être jamais été employé par un autre écrivain. Du moins ne l'ai-je point rencontré dans des lectures commencées dès l'enfance et continuées sans interruption, pour ainsi dire, jusqu'à l'heure présente.

[6] C'est un mot du XIIIe siècle que l'on retrouve dans les *Essais* de Montaigne, dans les vers de La Fontaine, dans les lettres de Bussy et de Guy Patin, dans les *Mémoires* de Saint-Simon. Le *Dictionnaire de l'Académie française*, comme le *Dictionnaire de Trévoux*, traduit

que. Ils ne sauroient respondre, si non que c'est une rage de jalousie, qui les faict ainsi sortir des gons. Je les despite, et Dieu sera pour nous, lequel je prierai, Monsieur, vous maintenir en sa saincte garde.

De Leyden, ce xiii octobre 1607.[1]

Vostre tres humble et tres obeissant serviteur,

JOSEPH DE LA SCALA.

---

riote par *petite querelle*, mais dans la lettre de Scaliger on voit qu'il s'agit d'une grande et violente querelle.

[1] Le même jour, Scaliger écrivait à *M. Castrin, à Paris* : « Avant la reception de la vostre, j'avoi esté adverti de la maladie de nostre bon ami M. de La Vau, voire asseuré de sa mort, veu qu'il avoit esté abandonné des medecins. J'ai faict une perte d'un des plus grands amis que j'eusse. Et pour comble de tout malheur, presque en mesme temps j'ai perdu un aultre moi-mesme, le sieur de Buzenval par ci devant ambassadeur en ces pais pour nostre roi. Encores naguières j'en ai perdu un aultre en ceste ville. Ils sont allés préparer le logis pour moi, au rebours que ce devois-je estre (moi) qui les devois preceder. J'escris à Mme d'Abain à laquelle je vous supplie bien fort adresser ma lettre seurement. La dernière lettre que j'ai receu de M. de La Vau faisoit mention d'un des enfans de Mme d'Abain mort de peste dans Paris. Si cela est vrai, il fault que ce soit le sieur Ferdinand, troisiesme des frères qui avoit quitté le monde et avoit pris l'habit de moine. Je ne vous compterai pas le grand nombre des chiens qui abaient à l'encontre de moi, car cela est trop commun. Il n'i a nulle foire de Francfort en laquelle il ne me faille attendre quelque visite des sodomites, onanites, pedans et tels excremens du genre humain. Mais ils sont bien trompés, d'autant que je ne fais nul cas de leurs calomnies... »

CXIX

A J.-A. DE THOU.[1]

Monsieur,

Nous avons esté assiégés de glaces tellement, que nous ne vous avons peu faire tenir de nos lettres, et moins en avons nous receu des vostres. Nous espérions les chemins estants ouverts recevoir les *Paralipomena* de vostre histoire,[2] desquels deux exemplaires tant seulement ont esté apportés ici, et tout incontinent enlevés par ceux qui ont esté plus diligens que nous. Nous en attendons d'aultres exemplaires ou par les libraires, ou par vostre libéralité Ils sont bien souhaittés et de moi, et de ceux qui ont diligemment leu ce que desja a esté imprimé. Vous aurés bientost une aussi plaisante Menippée, qu'on sauroit croire, contre ce pendart de Schoppius,[3] qui a eu le vent de cela, et menace

---

[1] Vol. 838, fol. 85.

[2] C'est-à-dire les premières feuilles de la seconde partie des *Historiarum* qui venaient d'être imprimées à la fin de l'année 1607.

[3] C'est là le de nier des ouvrages que publia Joseph Scaliger. Il l'imprima à la suite de deux satires de Daniel Heinsius : *Satiræ duæ, Hercules tuam fidem sive Munsterus Hypobolimaeus quarto jam editus ac emendatior, et Virgula divina. Cum brevioribus annotatiunculis, quibus nonnulla in rudiorum gratiam illustrantur. Accessit his accurata Burdonum fabulæ confutatio* (Leyde, 1609, in-12). M. Ch. Nisard a très bien analysé la réponse de Scaliger tracée d'une main affaiblie (*deficiente manu*) et qui parut sous ce pseudonyme : *Autore J. R.* [le prétendu Jean Rittershusius] *Juris studioso.* Voir *Triumvirat littéraire*, (p. 284-289). M. Bernays s'est contenté de donner le titre des satires du disciple et de la réfutation du maître (p. 295).

non seulement Heynsius, mais aussi tous les Hollandois. Il est maintenant à la diète de Ratisbonne, où il se vante, qu'il a rapporté une grande gloire d'avoir osé m'attacquer, et qu'à son exemple plusieurs à Romme sont résolus de faire le mesme. Si je ne savoie la foiblesse de mon esprit, et le peu de mon mérite, à plus près ils me persuaderoient, que je suis quelcun. Soit ainsi, ou le contraire, tout le monde en veult avoir son loppin.[1] Et de tant de partisans et de sectaires de religions, ou de lettres,[2] ou de quelque aultre profession, il n'y a enfant de bonne mère, qui ne croie avoir part au gasteau.[3] Je les en saolerai, car ils me donnent courage. Si ne feront ils jamais la moindre partie de ce que nous avons faict, et qu'ils se lèvent si matin qu'ils vouldront. Tous les gens de bien d'entre les doctes Alemans sont fort stomaqués du livre de ce fils de p..... et se faschent qu'il ne se trouve aulcun bon esprit, qui lui face teste. En cela je cognoi combien ils m'aiment, et combien ils honnorent la mémoire de feu mon père. Mais ce trop grand amour, qu'ils me portent, les aveugle en ce qu'ils pensent, qu'en la mesdisance d'un tel bourreau gist le poinct de nostre honneur. Je reçoi quelques fois des lettres de Verone, par lesquelles on m'advertist, que j'y ai plus d'amis que je ne pense, et que tous les gens de

---

[1] Cela ne fait-il pas penser au vieux lion malade de toutes parts attaqué par ceux qui jadis le redoutaient le plus ?

[2] *Sectaire* se confondait-il alors avec *Sectateur?* M. Villemain, selon une malicieuse remarque de M. Littré, et ce qui aggrave sa faute, dans un discours prononcé à l'Académie française, a employé, en 1842, comme Scaliger en 1608, le mot *Sectaire* pour le mot *Sectateur*.

[3] On remarquera combien toutes ces expressions familières, où se mêle un accent de mélancolique fierté, donnent de l'agrément à cette prose qui rappelle à la fois — d'un peu loin, si l'on veut, — celle de Michel de Montaigne et celle de Blaise de Monluc.

bien détestent ce maudit livre. Je vous puis bien asseurer que je ne fus jamais si recerché d'amitié de ceux que je n'ai jamais cognu, que despuis le temps, que tant de chiens ont abbayé après moi. Et le nombre croist tous les jours que ceux mesmes, qui ne savent que c'est que de lettres, ou m'escrivent, ou s'ils passent par ici, ne faillent jamais à venir me visiter, tellement que mes abayeurs ne s'advisent poinct du bien qu'ils me font, quand par leurs calomnies je suis en crédit plus qu'auparavant, et eux au contraire. Je ne vous puis celer l'ennui que j'ai eu de la mort de M. le Président de la Court,[1] qui a tousjours continué son amitié envers moi, et despuis que je suis ici il a faict briève justice aux Hollandois traffiquans de par dela estans recommandés par moi. Je suis vieil :[2] et tant d'amis qui estoyent plus jeunes que moi, m'ont devancé au dernier voiage qu'il nous fault faire! Je m'estime tres honnoré de l'amitié de M. le président Jeannin, le bon entendement et suffisance duquel vous cognoistrés mieux que moi. Je le tiens pour un homme aussi necessaire à l'estat de France, qu'homme qui frequente la court du Roi.[3] Mais il a trouvé ici où emploier son grand esprit, et n'y a encores rien d'avancé.

Je vous baise les mains, priant Dieu, Monsieur, vous maintenir en sa garde.

De Leyden, ce xv mars 1608.

Vostre tres humble et tres obeissant serviteur,
Joseph de La Scala.

---

[1] Claude Groulart était mort à Rouen le 3 décembre 1607.
[2] Scaliger n'avait pas encore 68 ans révolus.
[3] Excellente appréciation et qui a été adoptée par la postérité. Remarquons, en passant, que le président Jeannin et Scaliger étaient nés en la même année. On peut voir dans le livre de M. Bernays (p. 216) divers témoignages relatifs aux démarches faites par l'envoyé de Henri IV pour décider Scaliger à revenir en France.

CXX

A J.-A. DE THOU.[1]

Monsieur,

Je vous envoie le *Satiricum* de nostre Heynsius,[2] qui fust hier achevé d'imprimer, et ce jourd'hui exposé au jour qui est cause que je n'ai eu loisir d'en faire relier un pour vous, ne voulant laisser escouller la commodité qui s'offre du partement de Monsieur de Chastillon.[3] A la première commodité vous recevrés un appendix d'un fueillet ou deux pour rompre le col à Bordonius.[4] Ceste furie infernalle ne cesse d'escrire contre moi. Car encores a il faict, ou pour le moins aidé à faire un livre, lequel je n'ai veu que le titre.[5] Tous les

---

[1] *Ibid.*, fol. 86.

[2] C'est-à-dire les deux satires mentionnées dans la note 3 de la précédente lettre.

[3] Gaspard III de Coligni, seigneur de Châtillon-sur-Loing, le futur amiral de Guienne et maréchal de France, était alors un jeune homme de vingt-quatre ans. Ce petit-fils de l'amiral de Coligny mourut en 1646. Ce fut le vainqueur d'Avein (1635) et le vaincu de la Marfée (1641).

[4] Cet appendice était l'*accurata Burdonum fabulæ confutatio,* laquelle fit plus de mal à Scaliger qu'à Scioppius.

[5] Je ne saurais dire quel est cet ouvrage dans lequel Scioppius aurait trempé. Peut-être s'agit-il du *Pœniculus Foriarum Elenchi Scaligeriani pro societate Jesu, Maldonato et Delrio,* etc. ouvrage de ce même Delrio (Anvers, 1609, in-1

desesperés, les demoniacles,[1] et surtout les ignorans m'en veulent. Ils aiment mieus escrire quelque chose pour si fausse qu'elle soit, que de ne rien escrire. Je ne leur ferai pas cet honneur, que de leur respondre. Car ils ne demandent pas mieus. Nous n'avons pas veu vos Paralipomena de l'histoire et ne pouvons deviner à quoi il tient. Je vous baise tres humblement les mains, et prierai Dieu, Monsieur, vous maintenir en sa garde.

De Leyden en Hollande, ce XIII avril 1608.

Vostre tres humble et tres obeissant serviteur,

JOSEPH DE LA SCALA.

---

[1] *Démoniacle* pour *démoniaque* a été trouvé par M. Littré dans Monstrelet, Montaigne et d'Aubigné. Faut-il voir là une allusion au jésuite Martin Delrio, auteur des *Disquisitionum Magicarum libri VI* (Mayence, 1593), et Scaliger a-t-il fait semblant de prendre pour un homme en proie au malin esprit celui qui avait réuni en trois gros volumes tant de récits de diaboliques apparitions et possessions?

CXXI

A J.-A. DE THOU.[1]

Monsieur,

Je ne vous entretiendrai pas de longs discours, d'autant que je vous ai escrit par deux fois, et envoié le *Satiricon* de M. Heynsius.[2] Vous le recevrés encores plus ample d'un tiers avec un' apologie, par laquelle ceus qui ont esté inventeurs de la fourbe de Bordonii sont convaincus de mensonge et de soltize. Ce n'est qu'un petit traicté, mais qui suffit pour confuter le mensonge. Aultrement si on eust voulu respondre avec apparat, le vilain, qui a faict ce livre si exécrable, le tournéroit à son grand advantage : ce que nous ne voulons. Ce maraut[3] chassé de Romme non de son gré, ains par la

---

[1] *Ibid.*, folio 87.

[2] Scaliger veut parler des lettres classées ici sous les numéros CXIX et CXX ; dans l'une il promettait et dans l'autre il annonçait l'envoi des satires de Daniel Heinsius.

[3] Scaliger donnait souvent du *maraut* à ses adversaires, et dans les *Scaligerana* comme en ces présentes lettres, c'est son injure préférée. A la page 189, par exemple, du *Scaligerana Secunda*, on lit : « Ce maraut qui a fait *Amphitheatrum honoris.* » Voir sur ce livre la note 4 de la lettre CXXIII.

faim, avoit impétré du pape des indulgences, pensant en faire trafique en Allemagne, où pour toute récompense il n'a gaigné que la moquerie, qu'il lui a falu boire tout du long en pleine diète de Ratisbonne, tellement que ce maloutru cherche quelque cuisine pour y lécher les plats, comme il faisoit à Romme. Aultrement il lui fault mourir de faim, s'il ne trouve quelque cardinal qui lui jette des os, comme à un chien qu'il est. Au reste nous n'avons veu vos derniers livres ni ne s'en trouve de par deçà. On n'attend que le moine qui a esté despeché vers le Roi d'Espagne pour accorder ou la paix ou la guerre. Car quoiqu'on die, il n'y a rien de certain. Je prierai Dieu, Monsieur, vous maintenir en sa garde.

De Leyden, ce xx mai 1608.

Vostre tres humble et tres obeissant serviteur.

JOSEPH DE LA SCALA.

CXXII

A J.-A. DE THOU.[1]

Monsieur,

Je vous remercie bien humblement de vostre histoire, de laquelle j'ai receu un exemplaire pour moi, un aultre pour M. Heynsius, qui sera de retour de son voiage de Zeelande dans huict jours pour le plus, qui est la cause, que vous n'avés aulcune lettre de lui pour vous remercier. Ce sera bien tost. Son *Satiricon* sera mis soubs la presse la sepmaine prochaine, augmenté d'un bon tiers. On lui donne pour compagnon un livre contre les Bordonistes, car il fault confuter ce trop debordé mensonge. Des injures on n'en faict aulcun compte. Le propre des chiens est d'abaier. Il suffit de monstrer que ceux qui ont controuvé ceste fable sont convaincus non seulement de malice, mais aussi d'ignorance. J'ai desja leu une bonne partie de vostre histoire, combien que je soie fort occupé. Quelques uns de mes malveillans ont recognu leur faulte, demandé pardon, et dict *nollem factum*. Le temps, docteur des folz, me fera raison de la canaille, puisque nulle démonstration ne l'a peu faire. Peu à peu la vérité sera receue, et bien venue au grand desplaisir des apostres d'Inigo.[2] Certes je leur fai grand mal aux yeux. Si faict bien

---

[1] *Ibid.*, folio 88.
[2] D'Ignace de Loyola.

Heynsius et Baudius, qu'ils vouldroient estre de leur parti. Il n'y a rien que leur fasche tant, que de veoir que de tout ce qu'ils font, il n'y a rien de cela qui approche de ce qui sort de ce petit coing du monde, qui commence à dominer l'Océan.[1] Les nouvelles de par deça oultre ce qu'elles sont si froides, qu'elles ne meritent poinct de vous estre departies, si les pouvés vous tousjours savoir d'ailleurs. Somme toute, il n'y a rien pour le present, le moine qu'on a despeché en Espagne estant encores de là les Pyrénées. Je prierai Dieu, Monsieur, vous maintenir en sa garde.

De Leyden, ce x juin 1608.

Vostre tres humble et tres obeissant serviteur,

JOSEPH DE LA SCALA.

---

[1] Heureuse image où apparaît tout entière la puissance maritime du noble petit pays auquel le patriotisme et la liberté devaient donner tant de grandeur. Scaliger, par cet éloquent éloge, semble avoir voulu payer à la Hollande sa généreuse hospitalité.

CXXIII

A J.-A. DE THOU.[1]

Monsieur,

Je vous ai escrit par M. de Rocques Montesquieu mon cousin,[2] qui a accompagné M. de Chastillon son colonnel. La satire de M. Heynsius augmentée d'un bon tiers est réimprimée. On y adjouste une brave confutation de la bourde de Bordonius. Ce mensonge est gaillardement galoppé.[3] Il n'en

---

[1] *Ibid.*, folio 89.
[2] C'était Jacob ou Jacques de Secondat, fils de Jean de Secondat et d'Eléonore de Brénieu. Il naquit à Agen le 12 décembre 1576 et et mourut en la même ville (1619). Gentilhomme ordinaire de la chambre du roi, chevalier de l'ordre de Saint-Michel, il servit comme lieutenant-colonel du régiment de Chastillon, à la solde des Etats de Hollande, et reçut une grave blessure au siège d'Ostende. Connu dès son entrée dans la carrière militaire sous les noms de *Roques* et de *Sérignac*, il prit celui de *Montesquieu*, à la mort de son fils Jean-Henry de Secondat qui se rendit si célèbre par son héroïque défense d'Ostende et qui fut tué à Middelburg, à l'âge de trente-un ans (1604). Ce fut pour le *cousin* dont parle ici Scaliger que la terre de Montesquieu fut érigée, en baronnie par Henri IV (février 1606).
[3] C'est dans le même sens que le mot *galoper* a été employé par un contemporain de Scaliger, Vincent Carloix : « Tous deux le galopperent de telle façon d'injures et de pouilles, qu'il eust voulu estre mort. »

reste aux sodomites et aux pontifes de l'Amphithéâtre [1] que la pure honte, s'ils ont quelque sentiment. Pour le moins, s'ils n'en peuvent rougir, si ne pourront ils nier qu'on leur a faict rendre les abois. Vous diriés que Dieu a suscité une telle vermine à l'encontre de Julius Scaliger pour le rendre plus illustre. Car certainement d'ores en avant il sera plus recognu pour tel, qu'il ne fust oncques. C'est merveilles de l'impudence dont ceste canaille persecutent la mémoire de mon père, et le tout contre moi, qu'ils n'ont rien allegué, qui ne soit directement contre leur intention, tant ils sont hebetés. Celui qui a daigné mettre en évidence ces tant absurdes calomnies, c'est un Hollandois, qui ne se nomme poinct.[2] Mais il faict bien sentir des coups de fouet. L'instruction est de nous. Car nul ne pouvoit donner les adresses que moi, et jamais personne n'eust sceu desconfire ce monstre de mensonge, si plustost je fusse mort. On m'a fort importuné de le faire, jaçoit que beaucoup de gens d'honneur aient esté aussi importuns à me dissuader cela, que ceux ci

---

[1] Le jésuite Scribani (Charles), né à Bruxelles en 1561, mort à Anvers en 1629, publia sous un pseudonyme, en 1605, in-4°, et réimprima, en 1606, avec de considérables additions, le recueil que voici : *Clari Bonarscii Amphitheatrum honoris, in quo Calvinistarum in societatem Jesu criminationes jugulatæ* (Anvers, chez Plantin, mais sous les fausses désignations de *Palæopoli Aduaticorum, apud Alexandrum Verheyden.*) J'ai déjà mentionné l'article du *Secunda Scaligerana* sur l'*Amphitheatrum honoris*. Voir encore la 126e des *Epistolæ* de Scaliger et l'analyse donnée de l'*Amphitheatrum* par M. Ch. Nisard (p. 259-264).

[2] Ce prétendu hollandais désigné, nous l'avons déjà dit, par les initiales J. R. [Jean Rittershusius], n'était autre que Scaliger lui-même. Mais pourquoi ne disait-il pas toute la vérité à un ami tel que de Thou ? Les trompeuses initiales J. R. n'ont pas été dénoncées dans les *Supercheries littéraires dévoilées* de Quérard (édition augmentée par MM. Gustave Brunet et Pierre Jannet).

l'ont esté à me le persuader. Ce n'est qu'un petit livret qui ne faschera guières le lecteur. Le tout sera imprimé pour la prochaine fois, s'il plaist à Dieu. Je vous remercie encores de votre dernier tome de l'histoire, et prie Dieu, Monsieur, vous maintenir en sa saincte garde.

De Leyden en Hollande, ce xxvii juillet 1608.

Vostre tres humble et tres obeissant serviteur,

JOSEPH DE LA SCALA.

CXXIV

A J.-A. DE THOU.[1]

Monsieur,

Je vous envoie la *Satira menippea* du sieur Heynsius avec la confutation du mensonge de Bordonius. Vous m'excuserés, s'il vous plaist, si je vous envoie les exemplaires sans estre reliés. Car si tost que je les ai retirés de l'imprimeur, je n'ai voulu faillir à vous les envoier, et prier M. le président Jeannin de vous faire tenir sùrement le pacquet. Il n'y a pas eu grand affaire à confuter un mensonge si absurde, et la chose ne le valloit pas. Ce pendart qui a prostitué sa plume [2] à une telle meschanceté, ne s'en est pas trouvé guières bon marchant, n'estant cognu larron, fils de p..... et abominable que de peu de gens, il est mainfenant trompetté [3] par l'Europe pour tel qu'il est. Quant à mon père, à la race duquel cest yvrogne s'est attacqué, il ne fust oncques ni ne sera si illustre qu'il appert pas ceste petite confutation. Le larron n'espargne nul qui ait quelque réputation de doctrine. Touts sont ignorans, dict il. Comment il a accoustré Monsieur Juret, homme si vertueus et docte ? [4] Somme c'est un

---

[1] *Ibid.*, folio 90.

[2] C'est là un des premiers exemples que l'on trouve de cette vigoureuse expression métaphorique si souvent employée de nos jours et déjà vulgaire à l'époque où fut rédigé le *Dictionnaire de Trévoux*.

[3] Montaigne avait dit en son pittoresque style *trompetter* pour *divulguer*.

[4] Le philologue François Juret, né à Dijon en 1553, mourut en décembre 1626. Commentateur de Sénèque, d'Yves de Chartres, etc., il cultiva aussi la poésie latine. Il fut chanoine de Langres et refusa

vrai monstre. Je m'étonne que les Italiens en facent si grand cas, en quoi ils confirment la sentence que ce coquin a prononcé d'eux, à sçavoir que touts sout ignorans. Il vous plaira de perdre quelques heures à lire ceste confutation,[1] et je prierai Dieu, Monsieur, vous maintenir en sa garde.

De Leyden en Hollande, ce xxviii aoust 1608.[2]

Vostre tres humble et tres obeissant serviteur,
JOSEPH DE LA SCALA.

---

d'être conseiller-clerc au parlement de Paris. De l'éloge que lui donne ici Scaliger il faut rapprocher ce passage du *Secunda Scaligerana* (p. 413) : « Juret a bien fait sur Symmachus, c'est un honneste homme. »

[1] Scaliger disait à Casaubon (*V. kalend. septembr.* 1608, p. 353-354 du Recueil de 1627) : « *Oro te ne paucas horas in legenda confutatione perdere pigeat.* » Il parlait aussi de Juret et de Scioppius dans cette même lettre, la dernière qu'il écrivit à Casaubon. L'original en est conservé dans le vol. 394 de la collection Du Puy, fol. 141. Je n'ai pas lu sans émotion sur le dos de la lettre ces lignes tracées par Casaubon : *Has ultimas à magno Scaligerano accepi. O meum infortunium quod tanto amico sum privatus! Deus reipublicæ literariæ Scaligeros donet!* Il faut rapprocher de cette note qui fait un égal honneur aux deux amis, l'enthousiaste éloge de Scaliger que Casaubon consigna dans ses *Ephemerides*, le jour où il apprit la mort de celui qu'il appelait *l'ornement de l'Europe*. Le journal publié par M. Russel (1850, in-8°) étant assez rare en France, je renverrai le lecteur à la traduction donnée de cet éloge par M. Oct. Fox (*Notice sur Isaac Casaubon*, p. 264 du *Bulletin* (de juillet et août 1867) *de la Société de l'histoire du protestantisme français*).

[2] C'est ici la dernière des lettres françaises de Scaliger qu'il m'ait été donné de trouver. Quelques mois plus tard (21 janvier 1609), s'éteignit une des plus grandes lumières qui aient jamais brillé dans le monde de la science.

APPENDICE.

I

Extraits de quelques lettres de J. Scaliger (1603-1604).

A J.-A. DE THOU.

Monsieur,

J'ai esté tres aise de vostre lettre du XIII febvrier que je receu hier. Mais je ne voi poinct par icelle que vous aiés receu deux gros pacquets où estoit incluse la response au sieur Rascas Bagarris. Je travaille après mes notes *in Eusebium* qui me donnera de la peine à cause des longues tables qu'il fault que je i mette, la construction desquelles a besoing de industrie, travail et patience. Mais nous sommes tantost à bout du plus difficile. Mon travail ne tient que bien peu des collections de tant de exemplaires lesquels, pour le dire en un mot, tout ensemble ne valent pas la peine d'i regarder. Que si l'édition de Guienne n'a aultre mercerie de quoi garnir sa boutique, elle aura fort maigre foire et peu d'achepteurs. Je vous exhiberai un Eusèbe tout aultre qu'ils ne sauroient forger, lequel j'ai mis peine à rendre tel qu'il servira de modelle à tous ceux qui se mesleront de traicter ceste matière, et qui sera un Tableau et memorial éternel où vostre nom sera peint, qui est mon principal but, qui ne savois trouver un meilleur sujet pour tesmoigner l'honneur, le respect et le grand amour que je vous porte. La memoire en sera durable autant que le temps mesmes qui est le suget de ce livre.....[1] »

(De Leyde, 9 mars 1603. — Vol. 838, fol. 61.)

AU MÊME.

« A la fin j'ai receu le livre *de Anno persico* tant attendu, qui fust hier. Je l'ai desja tout leu, et en ai trié ce qui vous fera foi quelque jour combien il m'a profité. Je vous en remercie tres humblement. Le tout redonde autant à vostre honneur, qu'au proffit public, attendu que mon œuvre n'aura aultre patron que vous.[2] »

(De Leyde, 23 mars 1603. — *Ibid.*, fol. 62.)

A MONSIEUR GOULART, A GENÈVE.

« J'ai receu la vostre par laquelle je suis debouté de l'espérance que j'avois des livres hebrieus de M. de Beze puisque ledit sieur les a vendus avec le reste de sa librairie. S'il i a quelque livre un peu rare, il est incontinent envié et encheri voire par des ignorans, tellement que le peu de livres

---

[1] Scaliger redemande, en finissant, le livre *De Anno Persico*, ajoutant : « J'ai esté le premier qui ait descouvert ceste matière là, n'estant aidé que de petitz memoires que je receus escriz en Arabie l'an 1584. » Le même jour, Scaliger demande aux MM. Du Puy (vol. 496, fol. 141) « un Synesius de Turnebus, à quelque prix que ce soit, un Gilles Courrouzet (*sic*) des Antiquités de Paris. »

[2] Le 25 avril suivant (*Ibid.*, fol. 63), Scaliger entretient ainsi de Thou de Clavius et de Viète : « Je parle bien au lourdaud de Clavius, comme il en est tres digne. Mais vous pouvés cognoistre un qui s'est meslé de ceste matière, où il s'est autant rendu ridicule, que Clavius odieus, ceslui-ci pour sa vanité, Clavius pour son impudence... »

que j'ai peu assembler me coûte au sextuple plus que ne vault la marchandise.[1] »

(De Leyde, ce xiii juin-julien 1603. — Vol. 496, fol. 217.)

AU MÊME.

« Il i a long temps que je n'ai eu nouvelles de M. Chamier et desire savoir s'il ne poursuict point son œuvre des Albigeois. Mon Eusebe est tout prest. Mais je ne puis trouver imprimeur qui puisse encore imprimer mon livre, tous estans occupés à imprimer aultres livres, qui ne sont pas de plus grand merite que celui que j'ai en main, qui est par la grace de Dieu en tel estat, que je puis asseurer que ce seroit grand dommage, s'il n'estoit en veue du monde, quand ce ne seroit pour aultre raison que pour faire mentir les Jesuites de Bourdeaux, qui m'estiment mal propre pour entreprendre une telle besogne qui appartient plustost à un catholique qu'à un calviniste. Je prens cependant patience, en attendant que la chose mesmes en face foi et que Dieu descouvre la calomnie, lequel je prierai, etc. »

(De Leyde, ce xvii aoust-julien 1603. — *Ibid.*, fol. 218.)

A J.-A. DE THOU.

« ... Le malheur est que l'imprimeur qui doibt imprimer mon livre est encores occupé après de petiz fatras, desquels estant despeché il mettra la main à mon œuvre... J'ose bien dire que ce seroit un grand dommage, si mon Eusebe ne voioit le monde, encores que nous soions plongés en la barbarie et nous y plongeons plus avant que jamais. Le volume sera assés gros. Je crains que l'Evesque de Bazas ne

---

[1] Parmi les livres demandés à Goulart, Scaliger signale un Saxo Grammaticus *de Rebus Danicis*, un Olaus Magnus.

nous baille une fausse alarme, pensant nous destourner de nostre entreprise.[1] »

(De Leyde, 29 septembre 1603. — Vol. 838, fol. 65.)

A MONSIEUR DU PUY.

« Je n'oublierai jamais l'honneur que j'ai receu de l'amitié de feu M. Du Puy, vostre pere, et j'ai sa memoire en telle recommandation, qu'il n'i a rien qui ait plus de puissance sur moi que son nom, en la vertu duquel on chevira de moi en tout ce qu'on vouldra. Je vous prie donques faire compte de moi, comme de celui sur lequel vostre pere aiant toute puissance, vous en a transmis tout le droit, duquel vous vous servirés quand il vous plaira m'emploier. »

(De Leyde, 17 janvier 1604. — Vol. 496, fol. 146.)

A GOULART.

« ... Mon Eusebe est sur la presse. L'Evesque de Bazas faict imprimer le sien à Bourdeaux à l'envi. Ce que j'ai desja veu de ses notes ne me rebute poinct de mon entreprise. Je vous prie de faire en sorte que M. Chamier nous donne l'histoire des Albigeois, et l'advertir, comme j'ai faict, de se servir du

---

[1] Scaliger continue en posant ce dilemne : ou il ne fera point imprimer son livre, ou ce sera la montagne qui accouche d'une souris, et en lançant cette épigramme à son devancier : « Je sai bien qu'il ne dira rien de ce que j'ai dict, non plus que moi de ce qu'il dira. » Une autre lettre à de Thou, du 17 janvier 1604 (*Ibid.*, fol, 66) roule encore sur l'*Eusèbe* : « J'espère que Dieu me fera la grace que vous et les gens d'honneur et de savoir prendrés goust en ceste edition, laquelle sera toute aultre qu'on ne pense. J'ai pris une grand'peine pour l'embellir et la rendre digne de l'esperance que quelques gens en ont conceu. » Scaliger parle ensuite du *bon traitement* qu'il reçoit en Hollande, « qui tousjours a continué de mieux en mieux. »

livre de M. Constans de Montauban, et de ne mespriser poinct ce conseil. Je lis vostre edition de St Cyprian, où j'ai pris tel goust, que je n'ai poinct d'envie de la desemparer que je ne l'aie de tout leuc. Certes vostre labeur est louable et qui servira beaucoup. Pamelius estoit bien versé en la lecture des Pères, et je lui ai donné ce tesmoignage. Mais la Pappomanie le transporte et en un instant il se transfigure d'un homme à un aultre. Je vous prie de me faire ce bien, que de m'envoier, si vous le pouvés trouver, le catechisme grec de Henri Estienne imprimé par lui-mesme. J'en trouve imprimé par aultres, mais il est mutilé.[1] »

(De Leyde, ce ix mars-julien 1604. — Vol. 496, fol. 219.)

AU MÊME.

« ... J'oserai bien dire que par beaucoup de raisons il est expedient que ce livre [l'*Eusebe*] voie le soleil. Je n'en dirai aultre chose en attendant que l'Evesque de Bazas en Guienne ait faict imprimer le sien, qui est si despit, aiant entendu que j'avoie besogné sur cest auteur, qu'il pense avoir receu une grande injure de ce qu'un calviniste, comme il dit, ait osé mettre la main en un lieu de la Saincte Escriture. J'ai veu quelque eschantillon de ses notes... » Après avoir redemandé le Saxo Grammaticus imprimé par Jodocus Badius, le catéchisme grec de Henri Estienne imprimé par l'auteur même et l'*Apologie pour Hérodote*, Scaliger reprend : « J'ad-

---

[1] Dans le *Post-Scriptum* de cette lettre, Scaliger parle ainsi de Théodore de Bèze : « Je salue toute la compagnie, et principalement le bon pere à l'âge duquel je ne pense jamais parvenir, non plus qu'à ses perfections. » Dans le *Post-Scriptum* de la lettre à Goulart du 17 août 1603, Scaliger avait déjà rappelé en ces termes la belle vieillesse de Th. de Beze : « Le bon *Pater* qui se porte si bien pour son âge à XXI ans de plus que moi. »

jouste aussi qu'il vous plaise de retirer de M. Chamier tout ce qu'il a recueilli des Albigeois, et en faire un bon livre, car vous estes propre à faire cela. Il est vrai qu'il i a des livres de ces Albigeois escriz en langage de Guienne et Languedoc que vous n'entendrés pas bien, si on ne vous les explique. Nostre pouvre Ostende est en grand danger, estant assaillie de près. Mon cousin M. de Rocques commande à ix compagnies de François, qui sont là avec plus de lx aultres compagnies. Dieu seul peult garder ceste place. Je le prierai, etc. Je salue toute la compagnie, et le bon *pater* qui vivra autant que Moïse. »

(De Leyde, ce xxvi mars 1604. — *Ibid.*, fol. 220.)

II

Extrait de quelques lettres de J. Scaliger (1605-1606-1607).

« A MONSIEUR DU PUY, A PARIS. »

« Monsieur,

« J'ai receu un si grand contentement en vostre lettre, que je ne vous le puis exprimer, non plus que vous en remercier selon que vous le merités. J'ai tant aimé Monsieur du Pui, vostre père, que je ne puis faire de moins que de continuer ce devoir d'amitié envers ses enfants. Et certes vous ne pouvés avoir aujourd'hui amitié plus seure que celle que j'ai vouè à tous vous aultres messieurs fiz d'un si grand homme de bien,[1] si accompli de vertus et de toutes bonnes qualités.

---

[1] Voir sur cette expression mon *Antoine de Noailles à Bordeaux* (in-8°, Bordeaux, 1878, p. 86, note 1, et p. 93, note 1).

Il n'i a que quatre jours que j'ai escrit à M. Augustin, votre frère.. » Parlant ensuite de Casaubon, Scaliger lui donne ce magnifique éloge : « Je ne sache aujourd'hui aulcun qui ait pénétré si avant en ceste langue [la langue grecque] que le seul Monsieur Casaubon. C'est la verité qui me le faict dire et non affection qui me transporte, car je sai bien ce que je di. Aussi puis-je dire que quand il mourra, la perfection de cette langue mourra avec lui... » La lettre se termine ainsi : « Je ne suis pas prophete, mais je vois bien que beaucoup de choses s'acheminent de par delà, qui me font aimer le seur repos que j'ai ici avec honneste pouvreté, et me contenter de boire de la bière.[1] »

(De Leyde, 7 janvier 1605. — Vol. 496, fol. 150.)

A J.-A. DE THOU.

Eusèbe « advance quelque peu selon l'humeur des ouvriers de ce pais. Aussi le volume est un peu gros. Je n'ai encores veu celui de Bourdeaus, combien qu'on dit avoir esté veu entre les mains de quelques-uns à Paris, tellement que je me suis persuadé de le voir à ceste foire. Heynsius a faict imprimer une tres belle harangue funèbre, avec plusieurs vers sur la mort de M. Douza seigneur de Nordwik, et il vous en envoiera des exemplaires. C'est un fort gentil esprit qui surpasse son aage de beaucoup. Il ne se faict aultre chose par deça qui merite le parler. »

(De Leyde, 26 février 1605. — Vol. 838, fol. 69.)

---

[1] Si Scaliger se consolait de voir la lourde boisson des Hollandais remplacer dans son verre les gais et généreux vins de Gascogne, c'était à cause de la faveur dont jouissaient en France, lui semblait-il, ses bons ennemis les Jésuites.

A MESSIEURS DU PUY.

« Messieurs,

« Quand j'emploierois toutes mes forces et mes sens, je ne vous saurois assés remercier de l'honneur qu'il vous plaist me faire, que de m'entretenir en vostre amitié, laquelle j'estime un thresor.. M. fu l'Evesque de Bazas m'envoia son *Chronicon Eusebianum* peu avant son décès.. M. l'Evesque de Bazas i a fort bien travaillé avec honneur, et non sans proffit du lecteur. Mais nous avons pris un aultre chemin fort different du sien, tellement qu'on ne pourra dire que j'aie rien desrobé de lui. Ce m'eust esté un grand contentement, s'il eust pleu à Dieu qu'il eust survescu à la publication de mon Eusebe, lequel tousjours avois-je deliberé de lui envoier, encores qu'il ne m'eust pas honoré du sien. Vous ne sauriés croire le plaisir que je recoi des nouvelles dont il vous plaist m'entretenir, mesmement des redintegres [1] contre l'attente des sages et des bons. Mais Dieu, qui est sur tout, sait ce qu'il faict, et pourquoi il le faict. Il n'i a homme de bon sens qui ne s'ébahisse d'une telle vicissitude. Et vrai est ce que j'ai accoustumé de dire que rien n'est impossible en France... [2]

(De Leyde, 7 avril 1605 — Vol. 496, fol. 152.)

---

[1] Pour: des réintégrés. Scaliger s'est souvenu du latin *redintegrare*. Il est superflu d'ajouter que les *redintegres* sont les Jésuites qui allaient obtenir du roi Henri IV, le mois suivant, la démolition de la pyramide élevée devant le palais en mémoire de leur expulsion du royaume, pyramide dont l'insultante inscription avait été rédigée par Scaliger lui-même. Voir *Recherches historiques et critiques sur la compagnie de Jésus en France du temps du P. Coton*, par le P. Prat, t. II (1876, p. 345-352).

[2] Scaliger devançait ainsi le duc de La Rochefoucauld disant (à Bourg), après la paix de Bordeaux (1650), au cardinal Mazarin

A J.-A. DE THOU.

« .. Je vous envoie le livre de Drusius *in Serarium* avec lequel mon *Elenchus* est imprimé. La liberté d'un homme de bien et digne du lieu d'où je suis issu, aura offensé beaucoup de gens qui favorisent à ces cafards.[1] Mais je ne m'en soulcie non plus que vous devés faire touchant la liberté *senatoria* dont vous avés usé en vostre Histoire.[2] »

(De Leyde, 23 avril 1605. — Vol. 838, fol. 70.)

AU MÊME.

« .. Grâce à Dieu, j'ai tousjours bon courage à faire quelque chose qui soit aggreable aux amateurs de bonnes lettres. Vous aurés peu voir mon petit brouillard[3] contre ce glorieux loiolite Serarius qui ne fauldra pas à respondre par injures. Mais il ne meritera poinct de response. Il en a assés pour toute sa vie et après icelle. Je ne me suis poinct guiere tourmenté à escrire ce petit livret, car je l'ai presque plustost faict que pensé. Je ne doubte poinct aussi que vous n'aiés veu

---

assis en carosse à côté de son ancien adversaire : « *Tout arrive en France.* »

[1] Le plus ancien écrivain cité par M. Littré au sujet de l'emploi de ce mot est Agrippa d'Aubigné, en son *Histoire universelle*. M. Littré cite encore cette phrase du P. Garasse qui semble justifiée par les exemples que fournissent les calvinistes Scaliger et d'Aubigné : « Ce mot de caphard très odieux a esté mis en usage par les Huguenots pour denigrer l'honneur de la prestrise. »

[2] Scaliger parlant toujours de son Eusèbe avec une paternelle tendresse, ne manque pas de dire en cette lettre : « Quand il sortira de la tyrannie des imprimeurs, je m'asseure qu'il sera le bienvenu. »

[3] Montaigne a dit d'Etienne de la Boëtie : « Ayant curieusement recueilli tout ce que j'ai trouvé d'entier parmi les brouillars et papiers espars çà et là. »

un livre imprimé à Heydelberg *De Idolo Hallensi* qui est gentil. L'auteur m'a envoié un exemplaire. Le pouvre Lipsius nonobstant cela il faict un livre, ou est desja faict, *De virgine montis Acuti*,[1] et ce sera encores pour resveiller le chien qui dort.[2] Hier je receus lettres dudit sieur Lipsius, qui a failli à mourir ces jours passés.[3] Nostre Eusebe marche tousjours quelque pas en avant tellement qu'il fault esperer du temps ce que nous ne pouvons de la diligence hollandique. Je parle bien à Clavius et lui grate bien la rogne de son ignorance qui a faict imprimer un gros fatras de volume où, pour tout dire, en un mot, il n'i a rien qui vaille. Tout cela n'est qu'ignorance et impudence... »

De Leyde, 14 mai 1605. — (Vol. 838, fol. 71.)

AU MÊME.

« .. Serarius a respondu fort sottement.[4] Aussi ne pouvoit-il dire rien qui vaille se prenant à la verité, contre laquelle lui et ses compagnons ont juré guerre immortelle. A la fin il s'est trouvé un tres diligent alleman nommé Sethus Calvisius, qui a faict imprimer un excellent et gros *Chronicon* à Witenberghe de Saxe,[5] tout arresté sur mes raisons, sans oultrepasser une seule de mes demonstrations. Cellui a

---

[1] Voir le chapitre IX du *Juste Lipse* de M. Charles Nisard, p. 107-111.

[2] Tel est l'ancien proverbe. Ce sont les modernes qui ont substitué le chat au chien.

[3] Je lis dans le *Post-Scriptum* d'une lettre de Scaliger à M. de Buzenval, *gentilhomme ordinaire de la chambre du Roi, son ambassadeur résidant auprès des Estatz des provinces-amies, à La Haye* (vol 496, folio 214) : « On m'a escrit d'Anvers que Lipsius serait mort un vendredi, enterré aux Cordelliers à Louvain. »

[4] Voir l'article *Serarius* du *Secunda Scaligerana* (p. 571-572).

[5] Voir l'article *Sethus Calvilius* (*Ibid.*, p. 252).

esté le premier qui *desinit n··gari inter chronologos* et m'asseure que d'ores en avant à l'envi de lui on suivra ma methode autant comme on l'abhorroit et blasmoit auparavant, les uns par malice, les aultres pensans la chose estre plus difficile qu'elle n'est. Ce bon personnage m'a envoié son livre bien doré, advouant estre tout mien et non sien, comme estant approprié sur mes demonstrations.. »

De Leyde, 11 novembre 1605. — (Vol. 838, fol, 72.)

Le 13 janvier-julien 1606, Scaliger écrit à S. Goulart, (vol. 496, fol. 222 : « Je vous envoie de meschans vers que j'ai fait sur le bon père M. de Beze. Ils sentent fort le vieillard, et nul ne les sauroit trouver bons. Vous ne sauriés croire le mal mortel que me veullent les Loiolités. Ils n'en voulurent jamais tant à Luter, Calvin et Beze. » Et le 14 mars 1606 (*Ibid.*, fol. 221), Scaliger lui reparle de l'epicedion de feu M. de Beze qu'il a envoié à son successeur, des mémoires des Albigeois au sujet desquels il dit : il n'i a homme plus propre que vous pour dresser ceste histoire. Enfin il aborde l'inévitable question de l'*Eusèbe* : « Mon Eusebe sera achevé environ la fin de mai. Mes imprimeurs m'ont fait et font grand tort, car il y a deux ans que le livre debvroit estre vendu. » La fin de mai arriva et l'*Eusèbe* n'était pas encore achevé, comme nous le voyons dans une lettre du 30 de ce mois adressée à J.-A. de Thou (vol. 838, fol. 74) : « J'ai tant descouvert de choses, que je ne doubte nullement que je n'embrasse dadvantage ceste envie pour laquelle allumer, mes livres *De emendatione temporum* ont servi de soufflet. Les Loiolites ne m'en veulent poinct pour ma religion, sinon en tant qu'ils vouldroient ou que je n'escrivisse poinct, ou que je fusse de leur confrairie. Voila ce qui faict corner ces Bourdonii ausquels il sera respondu selon qu'ils le meriteront. J'ai receu les monumens de nostre famille, lesquels je ferai imprimer quelque jour avec la vie de mon père que j'ai desja publiée. A Verone on me recognoist pour cellui que je suis, non pour cellui que Guillandinus et les Burdones de Pistrino loiola me font. Le temps descouvrira tout. Vous aurés bientost l'Eusebe desja vostre, et non plus mien, une pulce à l'oreille des asnes, des onvieus, et des tueurs des Rois, bien cognus en Angleterre. » Ce fut seulement le 22 juillet 1606 que Scaliger put écrire à de Thou (*Ibid.*, fol. 77) : « Enfin vous avez vostre Eusebe. Vostre, dis-je, puisque sous vostre nom il voit le monde. Les imprimeurs y ont laissé plus de faultes que je ne voudroie.[1] Mon œuvre est illustre de vostre nom, lequel durera avec l'Eusebe, et avec vostre excellente Histoire, de laquelle tout homme d'esprit faict grand cas.[2] » Le 3 février 1607, Scaliger (vol. 496, fol. 155) annonce aux frères du Puy qu'il a « manifestement decouvert les erreurs » de Clavius touchant la reformation de l'an, et certes, ajoute-t-il, « c'est merveille que tant d'yeux

---

[1] Scaliger se plaint de nouveau à de Thou (22 septembre 1606, folio 79) des horribles fautes d'impression de son Eusèbe. « A la seconde édition, dit-il, nous nous pourvoirons de meilleurs ouvriers, et plus diligens que ceux qui nous ont servi en ceste première édition... » Dès le 24 novembre suivant, il annonce à son ami qu'il travaille à cette seconde édition et il ajoute : « L'amphitheatre sodomitique n'est encores en ceste ville. Mais nous l'attendons de jour à aultre, et vous verrés bientost les réponses gentilles de Heynsius... » Le 11 décembre 1606, nouvelle tirade et des plus violentes contre « ces idiots d'imprimeurs » qui ont laissé tant de fautes dans l'Eusèbe, tirade adressée à MM. Du Puy (vol. 496, fol. 154).

[2] Scaliger revient à plusieurs reprises sur l'*Histoire* de son ami. Le 4 février 1607, il le complimente ainsi (folio 80) : « Vous avés escrit à la postérité et aux gens de bien. » Le 22 mars 1607 (fol. 81) il lui dit : « Vous recevrés avec la presente ce quaier de quelques observations de M. de l'Escluse sur vostre histoire que j'ai transcrit de ma main. Je loue fort vostre stile, car il est latin, et sans affectation. »

n'ont advisé les trop grossières et lourdes faultes de ce pied plat mathematicien. Tellement que si on ne refaict tout à plein ce kalendrier, ce sera plustost la difformation que la reformation de l'an. Ils ne fauldront pas à repliquer, et je ne desire pas mieux. Car c'est là que je monstrerai mieux l'énormité des erreurs de ceste synagogue. Quant à l'Histoire de M. le president de Thou, je ne doubte nullement qu'elle n'offense les meschans. Mais quoi ! Pour cella fault-il rester de dire la verité ? Il ne se doibt non plus soulcier de ces talmudistes et Pharisiens, que je me soulcie de Schoppius ignorant enragé et des infames Loiolites. Nul ne doit ni ne peust empescher l'homme d'honneur et vertueux, tel que le dict sieur president, de dire la verité et la défendre. » Le 17 juillet 1607 (vol. 838, fol. 82), Scaliger s'adresse ainsi à de Thou : « Je vous advertis que les Alemans sont merveilleusement amoureux de vostre histoire, et ne sont marris sinon de ce qu'on n'en apporte par assés d'exemplaires. On espoussetera le larron Schoppius, les larrecins duquel avec aultres qualités convenables à un tel sujet, nous attendons d'Allemagne, combien que nous en avons desja une bonne partie. Tous les abominables, tous les sotz, tous les asnes se bandent à l'encontre de moi, et me font beaucoup d'honneur, voire plus qu'ils ne pensent. »

III

Liste des lettres françaises de Scaliger imprimées avant 1879.

I — A Monsieur Dalechamps, docteur en médecine à Lyon, d'Agen *en haste*, le 10 avril 1561 (*Joseph Justus Scaliger* par Jacob Bernays, p. 308);

II — Au même. De Chantemille en La Marche, ceste veille de Pasque (sans indication d'année, mais que je crois pouvoir sûrement attribuer à l'année 1566, et au 13 avril de cette année, où la fête de Pâques fut célébrée le 14). *Ibid.*, p. 308-309.

III — Au même. De Valence, le 7 septembre 1571. *Ibid.*, p. 309-310.

IV — Au même. De Grenoble, le 22 janvier 1583. *Ibid.*, p. 310-311.

V — Au même. De Valence, le 30 janvier 1583. *Ibid.*, p. 311-312.

VI — Au même. D'Abain, le 24 octobre 1584. *Ibid.*, p. 312 313.

VII — Au même. Du chateau de Touffou près Poitiers, le 6 janvier 1587. *Ibid*, p. 313.

VIII — Au même. D'Abain, le 23 mars 1587. *Ibid.*, p. 314.

IX — A Son Excellence le prince Maurice. De Preuilli en Touraine, le 20 janvier 1592. (*Illustrissimi Viri Josephi Julii Cæs. à Burden filii Epistolæ.* Leyde, 1627, p. 885-886.)

X — Extrait d'une lettre au sieur Vazet [sur les pierres gravées et talismans]. De Preuilli le 4 juin 1592. (*Opuscula varia antehac non edita.* Paris, H. Drouart, 1610, in-4°, p. 567 572. — Francfort, J. Fischer, 1612, in-8°, p. 485-489.

XI — Extrait d'une lettre au sieur de la Vau [sur le même sujet]. Lieu non indiqué. 12 juillet 1592. (*Ibid.*, p. 571-572 de l'édition de 1610, et p. 489-490 de l'édition de 1612.)

XII — Extrait d'une autre lettre au sieur de la Vau [sur le même sujet]. Lieu non indiqué. 27 juillet 1592 (*Ibid.*, p. 573 de l'édition de 1610 et p. 491 de l'édition de 1612).

XIII — A Pierre-Antoine de Rascas, sieur de Bugarris, maitre des cabinets des Antiques du Roi. De Leyde, 12 janvier 1603. (*Ibid.*, p. 524-532 de l'édition de 1610 et p. 492-501 de l'édition de 1612.)[1]

XIV — A M. Duplessis. De Leyde, 16 février 1598 [pour lui offrir son livre DE EMENDATIONE TEMPORUM, *revue et augmenté de beaucoup*]. Dans les *Mémoires et correspondance de Duplessis-Mornay*, édition de 1824, t. VIII, p. 82.

XV — Au même. De Saulmur (*sic* pour Leyde), 6 décembre 1598 [pour le remercier du *Traité de l'Institution de l'Eucharistie*]. *Ibid.*, t. IX, p. 190.[2]

XVI — A J.-A. de Thou. De Leyde, 13 mars 1604 [pour le remercier des premiers livres de son Histoire]. *Histoire universelle traduite sur l'édition latine de Londres*, t. XV, 1734, p. 303-304.

---

[1] Signalons encore dans les *Opuscula varia* deux morceaux en français ; le *Discours de la jonction des mers, du dessèchement des marais, et de la réparation des rivières, pour les rendre navigables* (p. 539-560 de l'in-4o et p. 467-478 de l'in-8) ; le *Discours sur quelques particularitez de la Milice Romaine, à Monsieur de Thou* (p. 561-566 de l'in-4o, et p. 479-484 de l'in-8o). J'ai jadis appelé l'attention sur le premier de ces discours dans un article de la *Revue d'Aquitaine* (t. XIII, 1869, p. 263-265) intitulé : *Joseph Scaliger et le percement de l'isthme de Suez*.

[2] Je ne range pas parmi les lettres une déclaration, datée de Leyde, le 8 novembre 1601, délivrée en faveur de Ph. de Mornay pour démentir le bruit qui avait couru que Scaliger, étant autrefois à Nérac, aurait dit à Henri IV que le seigneur Du Plessis ne savait rien en latin, en grec et en hébreu. On trouvera ce certificat dans les *Mémoires* de Madame de Mornay sur la vie de son mari (édition Auguis, 1824, t. I, p. 410-412, et p. 25-27 du t. II de l'édition donnée pour la Société de l'histoire de France par Mme de Witt, 1869).

XVII — Au même. De Leyde, 20 juin 1604 [même sujet]. *Ibid.*, p. 304-305.

XVIII — Au même. De Leyde, 8 avril 1605 [même sujet]. *Ibid.*, p. 307-309.

XIX — A M. de la Vau, docteur en médecine à Poitiers. De Leyde, 14 juillet 1606 [sur sa noble origine contestée par les jésuites et sur sa belle vieillesse]. Dans les *Archives historiques du département de l'Aube*, par A. VALLET DE VIRIVILLE. (Troyes et Paris, 1841, in-8°, p. 440, 441.) [1]

XX — A J.-A. de Thou. De Leyde, 21 avril 1607 [sur quelques erreurs de l'Histoire de son ami], t. XV, p. 324-325.

---

[1] Je dois l'indication de cette lettre fort curieuse, mais qui ne semble pas avoir été parfaitement lue, notamment en ce qui regarde certains noms propres, à la grande obligeance de mon très savant ami M. Ch. Defrémery (de l'Institut). En le remerciant ici de sa gracieuse communication, je tiens à compléter le payement de mes autres dettes de reconnaissance, et à signaler tout particulièrement l'importance du service que m'ont rendu, soit pour la révision du texte, soit pour la révision des notes, soit, enfin, pour la correction des épreuves, MM. Léonce Couture, Adolphe Magen et Alfred Morel-Fatio.

TABLE ALPHABÉTIQUE

des

NOMS DE LIEUX ET DE PERSONNES CONTENUES DANS LES LETTRES DE SCALIGER
ET DANS LES NOTES DE L'ÉDITEUR.

A

Abain (château d'), 36, 40, 42, 43, 46, 54, 116, 129, 144, 174, 177, 185, 189, 191, 196, 198, 200, 204, 206, 208, 210, 213, 215, 218, 221, 236, 240, 243, 246, 248, 250, 253, 254, 256, 258, 262, 265, 267, 272, 275, 279, 285, 286, 289, 389.
— (Seigneur d'). Voy. *Chasteigner.*
Abdias, 283.
Abraham Bar Hardaï, 135.
Abbé (l'). Voy. *Monneron.*
Abbeville, 299.
Acron, 239.
Afranias, 272.
Agathias, 298.
Agen, 7, 8, 81, 83, 102, 122, 128, 137, 140, 144, 146, 149, 152, 157, 167, 168, 193, 202, 203, 242, 278, 299, 307, 327, 333, 334, 388.
Agenais, Agenois, 7, 8, 48, 123, 139, 169, 192, 193, 209, 214, 234, 240, 276, 278.
Ahun (Creuse), 163.
Aix-en-Provence, 136, 348.
Albigeois, 379, 381, 386.
Alençon (duc d'), 39.
Allemagne, 5, 9, 16, 66, 68, 110, 243, 300, 351, 358, 368, 388.
Alest (Flandre), 264.
Amantius, Barth., 271.
Amiens, 319.

Amos, 283.
Amsterdam, 67, 212.
Amyot, 74. 112, 351.
Anacréon, 255, 256.
André, Valère, 264.
Anghiari (Toscane), 350.
Angleterre, 231, 234.
Angoulême, 94, 250, 261, 387.
Angoumois, 39.
Annius de Viterbe, 161.
Anvers, 16, 18, 52, 71, 101, 110, 112, 163, 183, 197, 360, 372, 385.
Appien, 265, 271, 328.
Arasse (seigneur d'). Voy. *Godailh*.
Aratus, 340.
Archimède, 309, 310.
Ardres, 314.
Aristarchus Samius, 131.
Aristarque, 217.
Aristote, 157, 173, 325.
Arlenius, Arnoldus-Peraxilus, 328.
Arnobe, 142, 155.
Athénée, 143, 302.
Atticus, 205.
Attius, 45.
Aubespine (Guillaume de l'), baron de Châteauneuf-sur-Cher, 234.
— (Charles de l'), marquis de Châteauneuf, 234.
Aubert, chanoine, 37.
Aubigné (Agrippa d'), 43, 93, 112, 186, 223, 242, 366, 384.
Audiat, Louis, 12.
Augsbourg, 347, 350.
Aulu-gelle,
Aurelius Victor, 101.
Ausone, 23, 30, 31, 42.
Autun, 245, 272, 297, 356.
Auvergne, 351.

Auvillars, 105.
Avenel, Martial, 356.
Aveyron, 156.
Avicenne, 106, 111.
Avienus, 16.
Avignon, 233, 245.

B

Babinet, Albert, 180.
Bachet de Meziriac, 301.
Badius, Conrad, 312, 380.
Backer (de), 187.
Bagarris. Voy. *Rascas*.
Baïf, 16, 219.
Baillet, René, 95.
— Renée. Voir (M* de) *Thou*.
— Adrien, 143, 182, 239, 321.
Bale, 12, 23, 118, 176, 187, 239, 268, 301, 328, 329, 330.
Baluze (E.), 45.
Balzac (Guez de), 11, 16, 51, 60, 74, 108, 310, 334, 340.
Bamberg, 187.
Barbé, Denyse, 36.
Barbou, H., 101.
Barcelone, 135.
Bartas (Du). Voy. *Saluste*.
Barthélemy (abbé), 118.
Barteresse (de), 39.
Baudius, Dominique, 281, 282, 285, 333, 370.
Bayle, 45, 56, 160, 281, 318, 328, 350.
Bazas, 378, 380, 383.
Beauchet-Filleau, H., 12, 87.
Beaufort (de), 103.
Beaumont (comte de). Voy. *Harlay*.
Beauvais, 121, 278.
Bede le Vénérable, 155.
Belon, Pierre, 341.

Beloy, 285.
Bellac (Fort de), 285.
Belleau, Remy, 52.
Bellay (J. du), 16, 83.
Bembo.
Bene (Del). Voy. *Elbène* (d').
Berger de Xivrey, 294. 342, 357.
Bergerac, 48.
Berlin, 5.
Bernard (Saint), 60.
Bernardi, 233.
Bernays, Jacob, 5, 6, 19, 62, 102, 123, 126, 137, 144, 160, 176, 178, 212, 224, 244, 245, 246, 303, 358, 362, 388, 389.
Berne, 15.
Berry (le), 88, 99, 100, 103, 127, 159.
Bèze (Théodore de), 110, 119, 175, 176, 179, 180, 182, 184, 312, 380, 381, 386.
Bion, 275.
Binet, 134.
Biron (maréchal de), 200.
— (maréchal de), 5, 11, 160.
Bito ou *Biton*, George, 37, 38.
— François, 38.
Blanchard, 230.
Blanchemain, Prosper, 12, 75.
Blet, 104.
Blois, 267, 268.
Bois (Siméon du), 101, 109, 119.
Boldetti, 260.
Bologne, 14, 50.
Boncourt (collége de), à Paris, 219.
Boneuil (de). Voir *Thou* (de).
Bonjean (président), 234.
Bonn, 5, 336.
Bonne, gouverneur du Périgord, 291.
Bonnefont, Jean, 333.

Bordeaux, 7, 23, 42, 102, 120, 121, 122, 123, 129, 149, 153, 202, 203, 204, 248, 278, 282, 283.
Boscheron des Portes (Président), 202.
Bossuet, 29, 102, 195, 252.
Bossulut, Mathieu, 219.
Bouhier (Président), 180, 271.
Benhours (le P.), 118.
Boulenger (docteur), 338.
Bourbon (cardinal de), 281.
Bourbonnais, 295.
Bourg, Gironde, 383
Bourges, 44, 102, 104, 107, 111, 120, 159, 162, 182, 218, 221, 232, 257, 258, 334, 349, 354.
Bourgogne, 297.
Braso, 295.
Breal, Michel, 85.
Bressière (Cibaud de), 139.
— (Eléonore de), V. *Secondat*, (Mme de).
Breslau, 5.
Briquet, 7.
Brisson, Barnabé, 38, 100, 234, 236, 240, 294, 338.
Brives-Cazes, E. 121, 124, 139, 147.
Bruges, 101, 142, 264.
Bruhlois (le), 194.
Brunet, J.-C., 10, 32, 60, 106, 171, 300.
— Gustave, 372.
Bruxelles, 372.
Bucholcer, Abraham, 175, 178, 182.
Burmann, P., 11, 16, 111, 303.
Bussy-Rabutin, 360.
Buxtorf, 135.
Buzenval (Robert-Chouart de), 342.
— (Françoise-Grené, femme de R.-Chouart de), 342.
— (Paul Chouart de), 303, 337, 342, 356, 357, 361, 385.
— le jeune, 358.

C

Caen, 262.
Cahors, 156.
Calais, 314.
Calvin, 11, 65, 106, 194, 247, 386.
Cambrai (Collège de), à Paris, 317.
Cambrodge, 180.
Camden Guillaume, 261, 266.
Campagne, Pierre, 134.
Canaye, Ph., (sieur de Fresne), 342.
Candale (François Monsieur de). Voy. *Foix*.
Candie, 119.
Caninio, Caninius, Angelo, 350, 351.
Capella, Martius, 340.
Capilon, Tintinnius, 272.
Carloix, Vincent, 238, 371.
Carrion, Jean, 112.
— Louis, 101, 142, 204, 208.
Carluset, Agenais, 138.
Carsalade (l'abbé de), 202.
Casa, Jean della, 154.
Casaubon, Isaac, 5, 30, 74, 94, 167, 173, 179, 266, 270 275, 300, 301, 302, 313, 316, 318, 321, 322, 333, 336, 337, 341, 347, 359, 375, 382.
Cassien, 142.
Castres, 342.
Castrin, 361..
Catusse, 17, 41, 43, 45, 48, 50, 53, 55, 56, 58, 61, 68. 60.
Celi (seigneur de). Voy. *Thou* (de).
Celse, 146.
Censorin, 20, 21, 25, 29, 30, 31, 41, 83, 91, 115, 116.
César, Jules, 142.
Chacon, Pierre, 142, 228.
Châlons-sur-Marne, 186.
Chamier, 378, 379, 381.
Champigny, 43, 260, 263.

Champollion, 118.
Chandieu (de), 41.
Chatemille en la Marche, 49, 114, 116, 119, 163, 166, 224, 227, 229, 237, 240.
Chapelain, Jean, 29, 334.
Chapelle-Lauzière (de la), 39.
Charrière, E., 61.
Charles IX, 74, 146.
Charles, 269.
Chasteigner (famille de), 27, 36, 65.
— (Geoffroy de), seigneur de Saint - George de Rexe, 39.
— (Jean III de), père de Louis et de François, 26.
— (Louis de), seigneur d'Abain, 23, 26, 36, 37, 38, 43, 47, 48, 50, 51, 56, 57, 58, 61, 62, 91, 97, 103, 106, 114, 116, 122, 123, 124, 125, 127, 131, 138, 145, 148, 154, 159, 162, 166, 167, 195, 197, 209, 210, 218, 222, 249, 250, 268, 274, 284, 285, 286, 287, 288, 291, 292, 295, 312, 313, 314, 316.
— (Claude du Puy, femme de Louis de), 43, 47, 48, 49, 51, 91, 127, 222, 236, 289, 294, 301.
— (François de), seigneur de la Rocheposay, frère de Louis, 38, 88, 94, 95, 97, 98, 100, 101, 103.
— (Louise de Laval, femme de François de), 88.
— (Henry de), fils aîné de Louis, baron de Maleval, 43, 291.
— (Ferdinand de), frère de Henry, 361.
Chastelain, 173.
Chatellet (du), 126.
Chastillon (colonel de), 371.
Châteaubriand, 108.
Châtellerault, 39, 128.
Chauffepié (George de), 5, 56, 64, 179, 303.
Chénéraillet (Creuse), 295.

Chesne (Joseph, du), sieur de la Violette, 241.
— (André du), 27, 38, 39, 43, 44, 47, 48, 97, 291.
Chesnel, Jacques, sieur de la Tibaudière, 39.
Chifflet, 113.
Chioggio, 124.
Chine, 252.
Chiverny (Harault de), 101.
Cholières, 64, 86.
Chrestien, Florent, 6, 116, 134, 218, 285, 319.
Ciaconius. Voy. *Chacon*.
Cicéron, 101, 150, 151, 153, 154, 155, 200, 205, 254, 272, 280.
Ciosanus, Hercule, 110, 111.
Clavius, Christophe, 187, 188, 190, 195, 198, 204, 229, 231, 310, 313, 314, 331, 377, 385, 387.
Claude (l'empereur), 237.
Clermont-Dessous (Agenais), 105, 157.
Cognac, 39.
Coeffeteau, 21.
Colletet, Guillaume, 45, 53, 61.
Colombier (le), en Agenais, 169.
Colomiès, Paul, 5, 48, 179, 212, 226.
Colonna (cardinal Ascagno), 56.
Columelle, 259.
Comarmond, 262.
Commelin, Jérôme, 274, 298, 300, 302, 354.
— Jean, 354.
Commynes, 155.
Constans, 180, 292, 380.
Constantinople, 12, 61, 103, 113, 117, 118.
Conti (prince de), 287.
Cordoue, 17, 141.
Corneille, Pierre, 16, 108, 146, 164.
Corrozet, Gilles, 377.
Cornelius, 178.
Cornulus, 26.
Corse (la), 237.

Coster (le P.), 323.
Couture, Léonce, 12, 101, 391.
Covarrulias, Antonio, 244, 245.
— Jean, 244.
— Sebastien, 244.
Coyltar, Jean, 89, 90.
Cramoisy, Sebastien, 27.
Creuse.
Cruequius, Jacques, 239.
Cujas, Jacques, 10, 12, 14, 24, 34, 45, 111, 120, 123, 127,
156, 159, 165, 176, 182, 183, 212, 218, 219, 221,
225, 230, 233, 257, 258, 267, 268. 269, 272.
— (Madeleine Roure, première femme de), 233, 259.
— (Gabrielle Hervé, seconde femme de), 183, 233.
— Suzanne, 183.
Cuq (château de), en Bruhlois, 194.
Cyprien (Saint), 380.

D

Daillé, 65.
Dalechamps, Jacques, 137, 143, 144, 176, 178, 224, 244,
245, 246, 247, 261, 262, 383, 389.
Damdini, cardinal Jérôme, 223.
Dandino, cardinal, 223.
Daniel, Pierre, 15, 38, 42, 240.
Dareste, 176.
Darnal, Jean, 202.
Daunou, 115, 116, 123, 161, 175, 187.
Dauphiné, 131, 260.
Daurat, 6, 34, 86, 101, 134, 174, 211.
Defrèmery, Charles, 140, 391.
Dehèque, 275.
Dejob, 45.
Delisle, Léopold, 131, 301, 329.
Dellencourt (de), 18.
Démosthène, 125.

Denys d'Halycornasse, 328.
Delpit, Jules, 202.
Delrio, Martin, 360, 366.
Deraset. Voy. *Razes* (de).
Desbarreaux-Bernard, 179.
Descartes, 54, 164.
Des Maizeaux, 65, 167, 318.
Des Portes, Philippe, 152, 219.
Devienne (Dom), 202.
Dezeimeris, R., 7, 12, 128, 189. 255.
Diane de Poitiers, 139.
Didot, A.-F., 14, 165.
Die, 271.
Dieppe, 76.
Dijon, 374.
Dindorf, Guillaume, 336.
Diophante, 301.
Dolot. Voy. *Harlay*.
Dorat. Voy. *Daurat*.
Douai, 300, 360.
Douza, Jean, seigneur de Nordwic, 295, 315, 322, 355, 382.
— Jean, 314, 315, 316, 322, 324.
— George, 323.
— François, 324.
— Janin, 333.
Drac, Francis, 251
— (Adrien du), 121, 249, 250.
Dreux du Radier, 27, 65, 89.
Dropt, rivière, 48.
Drouart, Jérôme, 64, 99, 353.
Drusius, 384.
Du Cange, 320.
Dubois. Voy. *Bois* (Du).
Duchesne. Voy. *Chesne* (Du).
Du Jon, François, 349, 350.
Dukas, Jules, 12.
Duperron, Jacques-David, 21, 218, 219, 220, 301, 342.

Du Prat, Guillaume, évêque de Clermont, 351.
Dupuy. Voy. Puy (Du).
Duranti, Jean-Etienne, 145, 155, 156, 173.
Duret, Louis, 74, 75, 146.
— Jean, 74.
Du Verdier. Voy. *Verdier* (Du).

E

Echans (B., d'), archevêque de Tours, 328.
Edelinck, 156.
Elbene (Albisse d'), 220.
— (Lucrèce Cavalcanti, femme d'Albisse d'), 220.
— (abbé Pierre d'), 35, 220, 260, 261, 263, 264, 267, 271, 276, 277, 278.
Elie, 312.
Elisabeth d'Autriche, reine de France, 52.
Elisabeth, reine d'Angleterre, 281.
Elzevier, 22, 180, 340, 341.
Emery (d'). Voy. *Thou* (De).
Ennius, 284.
Enoch, 312.
Epernon (duc d'), 287.
Erasme, 176, 324, 325, 328.
Eschyle, 311.
Escluse (de l'), 387.
Esope, 135.
Espagne, 245, 260, 271, 298, 313, 360, 368, 370.
Estienne, Henry, 19 23, 45, 91, 100, 101, 134, 165, 166, 179, 245, 275, 380.
— Robert, 22, 26, 133, 134.
— Charles, 239.
Estoile (Pierre d'), 113, 170, 289, 301, 327.
Eucheria, 11, 16.
Euclide, 261, 305.
Eugipe, Eugippus, 270.
Eusèbe, 329, 330, 335, 336, 337, 338, 341, 348, 354, 355, 376, 378, 379, 380, 382, 384, 385, 386, 387.

F

Faber. Voy. *Le Fevre.*
Fabricius, 12.
Falaizeau, Charles, 65, 274, 275, 277.
Fallope, 13.
Fée, A., 262.
Ferdinand (l'empereur), 270.
Feret, (l'abbé P.), 219, 220.
Fermat (P. de), 301.
Ferrare, 135, 187.
Ferrari, G., 32.
Ferrier (Arnaud du), 61.
Festus, 31, 50, 120, 123, 140.
Feugère, Léon, 74, 99.
Flandre, 239, 264, 281.
Fleurance (Gers), 137.
Florence, 51, 154, 205, 340.
Foix (Paul de), 174.
— (Candalle (Fr. de), évêque d'Aire, 188, 195.
Fontenay-le-Comte, 234.
Fonteneau (Dom), 38.
Fontenelle, 148.
Fontirou (Agenais), 139.
Forez (métairie de), en Agenais, 139.
Fox, Oct. 375.
Francfort, 35, 40, 108, 111, 126, 204, 217, 221, 237, 252, 260, 298, 300, 303, 361.
Franck, Ad. 141.
François Ier, 88.
François II, 48.
Frègeville (Jean de), 160, 161, 175, 184, 208, 267.
Frenus, Edouard, 61.
Froben, J., 328.
Froldour (de), 227.
Froissart, 39.

G

Galien, 143.
Galilée, 347.
Galois, 328.
Gallus,
Gamaches (F. de), 127.
— (Philippe Du Puy, marquis de), 127.
Gara (J. de), libraire à Venise, 135.
Garasse (père), 384.
Garonne, 227.
Gascogne, 8, 35, 43, 48, 122, 123, 136, 144, 145, 166, 171,
   173, 175, 224, 227, 242, 260, 271.
Gassendi, 348.
Gaudin, Alexis, 86.
Gaufreteau (Jean de), 201.
Gaule, 11.
Gaullieuz, Ernest, 153, 202.
Gelenius. Voy. *Ghelen*.
Gellius. Voy. *Aula-Gelle*.
George Cedrène, 316.
— le *Syncelle*, 335, 336, 337.
Germain, A., 318.
Genève, 14, 20, 24, 27, 64, 76, 107, 110, 119, 123, 164,
   165, 166, 174, 175, 176, 178, 179, 184, 198, 226, 239,
   244, 245, 251, 270, 274, 300, 302, 312, 329, 377.
Gesner, 328.
Ghelen, Sigismond, 328.
Gilles, libraire de Leyde, 314.
Gillot, conseiller, 134.
Giraldi, Lilio Gregorio, 187.
Godailh (Robert de), 139.
— (Jean de), 139.
— (Louis de), 139.
Godefroy, Denis, 251.
Gohas (château de), Gers, 137, 139, 169.
Gontaud, 9.

Gosselin, Jean, 301, 307.
Goujet (abbé), 19, 146.
Goulart, Simon, 380.
Goulu, 304.
Gouverneur, A., 57.
Grandier, Urbain, 74.
Graux, C., 12.
Grégoire XIII, 155, 187, 197, 198, 200.
Grenoble, 389.
Grosley, 120.
Groslot, Jérôme, 182.
Grotius, 333, 340.
Groulart, Claude, seigneur de La Court, 76, 206, 229, 237, 282, 285, 301, 318, 364.
Groussou (H. de), 128.
Gruter, 13, 35, 85, 108, 112, 163, 260, 270.
Gryphe, Antoine, 23, 24, 26, 30, 31, 42.
    — Sébastien, 23.
Guadet, 342.
Guellis (Germain-Vaillan de), abbé de Paimpont, 52.
Guesle (de la), 52, 111.
Guienne, 93, 125, 127, 217, 376, 381.
Guilerme, Jean, 182.
Guillardin, 94, 99, 103, 105, 387.
Guillot (château de), près d'Agen, 146, 147, 149, 157.
Guise (duc de), 186, 267.
Gulielmus. Voy. *Guilerme*.

H

Haag, frères, 65.
Hagen, docteur H., 15.
Hambourg, 135.
Hamilton, 164.
Harderwig, 8.

Harlay (Achille de), comte de Beaumont, 99, 140, 150, 172, 354, 355.
— (Catherine de Thou, M*me* de), 140.
— (Christophe de), seigneur de Beaumont, 140, 351.
— (Charles de), baron de Dolot, 351.
Harlès, 12.
Harmenopule, 12, 13.
Hauréau, B., 249.
Hâvre (le), 299.
Heidelberg, 85, 110, 221, 229, 298, 300, 329, 385.
Heinsius, Daniel, 173, 184, 275, 333, 340, 341, 357, 362, 363, 365, 367, 369, 370, 374, 382, 387.
Helie, Jacques, 19.
Hennines, Marc, 252.
Henri II, 139.
— *III*, 27, 44, 47, 74, 84, 86, 87, 146, 170, 172, 193, 203, 206, 208, 209, 219, 236, 250, 259.
— *IV*, 81, 105, 116, 125, 131, 144, 209, 212, 222, 267, 275, 282, 290, 293, 294, 295, 298, 299, 321, 342, 364, 383, 390.
Herart, 306.
Hervé, Jean, 203.
— Gabrielle, 183, 233.
Hippocrate, 66, 67, 74, 88, 102, 146.
Hollande, 8, 173, 242, 293, 294, 312, 323, 324, 350, 370, 379.
Homère, 152, 311.
Horace, 19, 107, 238, 239, 272.
Hostager, 273.
Hostal (P. de l'), 102.
Hotman, François, 176, 198, 225.
Houllier, 276, 298.
Huet, 242, 328.

I

Imbert, 7, 19, 101.
Ingolstadt, 271.

Inigo. Voy. *Loyola.*
Isambert, F.-A., 12.
Isère (l'), 24.
Isidore, 142.
Isle (François de l'), 70, 126, 145, 147, 208, 284.
Italie, 8, 18, 44, 47, 51, 85, 123, 174, 200, 222, 245, 264, 266.
Ivry, 279.

J

Jablonski, 118.
Jannet, P., 372.
Jarry, Louis, 15, 19, 38, 42.
Jean (saint), 210.
Jeannin, Pierre, 356, 357, 364, 374.
Jérémie, 275, 283.
Johanne, Ad., 163.
Job, 241, 283.
Joel, 283.
Joinville, 194.
Josèphe, 328, 329, 330.
Jouaust, 100.
Jove, Paul, 321.
Joyeuse (cardinal de), 332, 355.
Joyeux, Pierre, 291.
Junius, Fr. Voy. *Du Jon.*
Juret, François, 374, 375.
Jussy-Champagne (Cher), 112, 127.
Justin (saint), 328.
Juvénal, 20, 26, 29, 30 63, 142, 152, 155, 157, 238.

K

Kalonymus, 135.
Kœnigsberg, 94.

L.

Labbé, 46.
La Boëtie (Etienne de), 384.
La Borderie (de), 180, 181, 292.
La Bordezière, 285.
La Bruyère, 195.
La Chassaigne (Geoffroy de), sieur de Pressac, 203, 204, 252.
— (Isaac de), 204.
La Clielle (de), 191, 221.
La Coste (Antoni), pseudonyme de Scaliger, 164, 165, 166. 167, 168.
La Croix du Maine, 36, 160, 204, 219.
La Curne de Sainte-Palaye, 70, 331.
La Faille (G. de), 45.
La Fere, 314.
Laffore (Jules de Bourrousse de), 7, 122, 169.
Lafont du Cujula, 7.
La Fontaine, 69, 75, 91, 148, 160, 161, 164, 253, 360.
La Guerche. Voy. Villequier.
La Guesle (Jean de), 230.
— (Jacques de), 231
— (François de), archevêque de Tours, 231.
— (autre), 230, 231, 233.
La Haye, 239, 342, 353.
Lalanne (le président), 202.
— Ludovic, 156, 262, 342.
La Marinière (George de), 307.
Lambin, 18, 19, 32, 34, 174, 211.
Languedoc, 35, 260, 381.
La Noue, 118, 194, 274.
Lancy, 299,
La Popelinière, 39.
La Porte (Luc de), 252, 253.
La Roche-Foucauld (de), 383.

La Rochelle, 39.
La Roche-Pozay (terre de), 39.
— (seigneurs de). Voy. *Chasteigner*.
— (M⁻ de). Voy. *Chasteigner* (François de).
La Roque-Loubéjac (Andiette de), 8, 166.
Larcher, 294.
Lauraguais (le), 260.
Laurinus, Marc, 264.
Lausanne, 142.
La Vau. Voy. *Saint-Vertunien*.
— de Méane, 240.
La Voulpière, 61.
La Voyplère (Jean de), 61.
Lazius, Wolfgang, 270, 271.
Le Beuf (abbé), 153.
Le Clerc, J.-V., 150, 151, 154.
Le Coq (docteur), 65.
Lectoure, 137.
Le Fevre, Nic., 76, 97, 226, 228, 231, 237, 246, 247, 286, 302.
Le Gendre, notaire à Paris, 110.
Leipsick, 300, 332.
Léman (le), 164.
Léon X, 244.
Le Roux de Liney, 131, 208.
Lescale (Sylve de), seigneur de Gohas, 122, 156, 169, 173, 183, 192, 193, 194.
— Catherine de Biron de Gohas, femme de Sylve de Lescale, 194.
Lestrigons, 152.
Leyde, 5, 22, 64, 81, 123, 156, 179, 184, 187, 225, 226, 251, 281, 293, 294, 295, 298, 300, 302, 303, 304, 307, 308, 310, 313, 319, 322, 324, 325, 326, 327, 330, 333, 335, 337, 340, 341, 347, 349, 350, 352, 355, 357, 361, 364, 366, 368, 370, 373, 375, 377, 379, 380, 382, 385, 386, 389, 390, 391.

Libourne, 203.
Liège, 360.
Lièvre, Aug., 65.
Lilio, Louis, 187, 190, 229.
— Antoine, 187.
Lille, 182, 280, 299.
Limoges, 101, 119.
Limosin, Limousin, 47, 48, 114, 116, 226, 295.
Lingelsheim, 46.
Lipse, Juste, 5, 11, 49, 60, 71, 72, 74, 101, 142, 182, 183,
    197, 212, 214, 215, 218, 225, 231, 244, 260, 264, 265,
    270, 285, 293, 299, 304, 324, 385.
Lisle. Voy. *Isle* (de l').
Littré, Emile, 11, 21, 25, 29, 43, 49, 51, 64, 70, 72, 86, 91,
    93, 97, 101, 108, 112, 118, 131, 146, 155, 165, 179,
    193, 194, 211, 217, 220, 223, 234, 235, 242, 271, 278,
    284, 296, 310, 351, 363, 366, 384.
Lobeck, 332.
Loisel, Antoine, 44, 121, 124, 134, 153, 302.
Londres, 261.
Longueil, 151.
Lostau. Voy. *Hostal* (l').
Lotichius, 36.
Loudun, 89.
Louis XIII, 226, 307.
Louis XIV, 209.
Lourdoy de la Marche, 249.
Louvain, 101, 142, 360, 385.
Loyola (Ignace de), 369.
Lubeck, 151, 182.
Lucain, 70, 126, 284.
Lucilius, 324.
Lurbe (de), 202.
Luther, 386.
Lyon, 11, 12, 23, 24, 61, 62, 132, 170, 186, 235, 237, 241,
    251, 260, 261, 262, 296, 300.

M

Machiavel, 131, 242.
Macrobe, 21, 25, 29, 30, 31, 32, 41, 78, 83, 204, 270.
Maffei, Raphaël, 321.
Magellan, 251.
Magen, Adolphe, 7, 12, 81, 137. 169. 180, 181, 193, 194, 202, 278, 391.
Magnus, Olaüs, 378.
Maïmonide, Moïse, 141.
Maleval (baron de). Voy. *Chasteigner* (H. de).
— (terre de), dans la Marche, 166, 222.
Malherbe, 118.
Manfeldus, évêque de Reggio, 218.
Manilius, 21, 26, 63, 64, 68, 69, 70, 71, 72, 76, 84, 91, 340.
Manseldo, 61.
Mantine, 135.
Manuce (de), 115, 271.
— Paul, 14, 22, 110, 111, 151.
Marche (la), 37, 122, 163, 166, 221, 287, 291.
Marcillac (Aveyron), 156.
Marguerite de Valois, 102.
Marle (de), 28.
Marmande, 48.
Marot, Clément, 208.
Marseille, 186, 245, 273.
Martial, 16.
Martigny (abbé), 260.
Martin, Jean, 102.
Marvaud, 139.
Massay (Cher), 233, 234, 235, 260.
Massillon, 211.
Masson, Papyre, 34.
Massillon, 211.
Mathiole, André, 94.

Maurice (prince). Voy. *Nassau.*
Maussac (J.-Ph. de), 325.
Mayence, 81, 187, 188, 358, 366.
Mazarin (cardinal), 383.
Mazochius, J., 272.
Médicis (Laurent de), 88.
— (Catherine de), 39, 4 47, 88, 131, 220, 227, 268, 335, 337.
Méditerranée. 35,
Melissus, Paulus. Voy. *Sched us.*
Meller, Jean, 108, 109, 110.
Menage, Gilles, 16, 36.
Mendoza (E.-J.-Gonçalez de), 251.
— (Diego-Hurtado de), 329.
Mercier, J., 212.
Mercurialis, 150.
Mérimée, P., 93.
Mersenne (le P.), 124.
Mesmes (H. de), 52, 174.
Mettayer, Jamet, 241.
Meung-sur-Loire, 52.
Meurs, Meursius (Jean de), 3 13, 340.
Meyer, 16.
Mezeray, 287, 291.
Michiels, A., 52.
Milan, 150, 239.
Millanges, Simon, 23, 42.
Milly, 43.
Minutius, Félix, 155.
Mirebalais, 36.
Mirebeau, 36, 203, 287.
Modène, 50, 150.
Moestlinus, Michel, 229.
Moïse, 312, 381.
Molé, Édouard, 195.
— Mathieu, 195.
Molière, 49, 69, 108, 179, 217, 253, 290, 351.

Monantheuil (H. de), 304, 305, 307, 308, 310, 313.
Monbran, près d'Agen, 193.
Mondeville (H. de), 25.
Monfalcon, 262.
Monier, Martial, 134.
Monluc (Blaise de), 208, 363.
— (Jean de), 27, 61.
— (Adrien de), 208.
Monstrelet, 49, 179, 366.
Montaigne (Michel de), 16, 21, 96, 106, 109, 146, 155, 164, 193, 242, 247, 259, 267, 310, 327, 360, 363, 366, 374, 384.
Montauban, 380.
Montégut, É., 156.
Monteilpedon (Mlle de), 296.
Montesquieu (Lot-et-Garonne), 105, 157, 371.
— de Roques. Voy. Secondat.
— Gaston de, 146.
Montholon (Jérôme de), 127.
— (François de), 128.
Montpellier, 246, 318, 322.
Montpensier (duc de), 144.
Montucla, J.-E., 303.
Monneron, 354.
Morabin, 151.
Morel, F., 216.
Morel-Fatio, A., 12, 391.
Moréri, 28, 34, 52, 56, 74, 101, 108, 160, 175, 182, 229, 230, 239, 262, 342.
Morhof, 182.
Mornay (Philippe de), seigneur Du Plessis, 280, 303, 308, 342.
— (Mme de), 390.
Morosini, G.-F., 82.
— (cardinal F.), 275.
Moschus, 275.
Moulins, 312.

Munk, S., 141.
Muret, 44, 56, 111, 125, 134, 142, 144, 151, 197, 198, 200, 225, 226, 228, 347.

N

Nanni, Jean, 161.
Nanteuil (Angoumois), 39, 94, 96, 218, 221.
Nantouillet (château de), 277.
Naples, 105.
Narbonne, 35, 43.
Nassau (prince Maurice de), 293, 295, 389.
Naudet, 71.
Navarre (collège de), à Paris, 122.
Néandre, Michel, 199.
Nérac, 105, 390.
Niceron, P. 358.
Nicephore, 336, 337.
Nicot, 162.
Ni   nt), 300.
Nimègue, 264.
Nisard, Désiré, 283.
— Charles, 5, 6, 55, 60, 64, 84, 102, 123, 126, 160, 225, 270, 303, 313, 358, 360, 362, 372, 385.
Nitiobriges, 167.
Nivelle, Sébastien, 129.
Noailles (marquis de), 27.
Nordwic (de), Voy. Douza.
Normandie, 206, 229, 290, 351.
Noubel, Prosper, 202.
Noulet, docteur, 227.
Nuremberg, 68.

O

Olivet (l'abbé d'), 166.
Orange (princesse d'), 337.

Orelli, 13, 271, 272.
Oresme, N., 64, 146.
Orléans, 15, 36, 52, 128, 212.
Orsini, Fulvio, 12, 13, 18,1 20, 123, 155, 240.
Orthez, 102.
Ossat, (cardinal d'), 28.
Ostende, 355, 371.
Othomann. Voy. *Hotman*.
Ovide, 110, 111.

P

Padoue, 13, 50, 94, 105, 135, 174, 358.
Paimpont (abbé de), Voy. *Guellis*.
Palmerius. Voy. *Meller*, Jean.
Paluau, Catherine, femme de P. Pithou. Voy. *Pithou*, P.
Pamelius, 380.
Pappon, 157.
Paré, A., 35.
Paris, 12, 19, 23, 27, 32, 34, 36, 40, 49, 52, 54, 58, 64, 72,
 74, 81, 86, 88, 91, 92, 95, 100, 112, 113, 121,
 123, 126, 127, 128, 129, 133, 136, 139, 140, 142,
 151, 159, 160, 166, 167, 170, 171, 172, 179,
 186, 192, 212, 216, 218, 219, 224, 226, 228,
 230, 239, 249, 257, 258, 259, 261, 268, 273,
 278, 282, 286, 294, 301, 302, 305, 311, 321,
 324, 327, 329, 350, 353, 361, 382.
— Paulin, 53, 121, 136, 157, 171, 299.
Parme (duc de), 275.
Pascal, 290.
Pasquier, E., 99, 100, 220, 333.
Passerat, 6, 75, 83, 134, 174, 285, 293, 294, 298, 333, 334.
Patin, Guy, 360.
— (de l'Académie française), 311.

Palisson, Mamert, 21, 32, 36, 55, 56, 58, 64, 66, 69, 70, 73, 74, 76, 77, 78, 82, 91, 101, 104, 106, 109, 123, 126, 129, 133, 138, 140, 150, 162, 164, 171, 189, 212, 218, 273, 284, 289, 297, 298, 350.

— Marc, 270.

Patrasson, Jean, 278.

Paul (saint), 199.

— d'*Egine*, 143.

Paulus Alexandrinus, 240.

Pauly, A., 179.

— F., 239.

Pecalvary (terre de), en Agenais, 48.

Peiresc (C.-N. Fabry de), 117, 266, 329, 347.

Pera (Constantinople), 118.

Pericaud, A., 61, 143, 170.

Périgord, 139, 292.

Périgueux, 139, 140, 147, 149, 152, 153, 155, 160, 170.

Pérouse, 222.

Perusse d'Escars (C. de), évêque de Langres, 249, 268.

Perron (cardinal du). Voy. *Du Perron*.

Perronseaux (seigneur de). Voy. *Montholon* (J. de).

Perse, 26, 29, 30, 238.

Petit, Jonathas, 86, 223, 224, 304, 331.

Pétrone, 36.

Philon, 328.

Philoponus, J., 332, 334.

Pibrac (G. du Faur de), 61, 194.

Pidoux, F., 80.

Pie V, 198.

Pimpons. Voy. *Guellis*.

Pinelli, V. 38, 105, 111, 113, 117, 118, 288.

Pithou, Pierre, 6, 10, 12, 16, 20, 22, 25, 29, 30, 31, 38, 41, 53, 78, 80, 81, 86, 91, 92, 106, 120, 121, 128, 134, 136, 139, 141, 142, 147, 149, 153, 159, 160, 161, 192, 209, 215, 216, 238, 239.

255, 286, 297, 298, 299, 302, 304, 305, 306, 310, 313, 315, 316, 327.
— Catherine Paluau, femme de P., 120, 238, 256, 298, 302, 307.
— François, 20, 25, 29.

Phrinicus, 332.
Plantin, C., 101, 110, 299, 372.
Plaute, 19, 32, 71, 108, 341.
Pleumartin, Victor, 30.
Pline l'ancien, 142, 143, 152, 246, 247, 259.
— le jeune, 272.
Plutarque, 125.
Poirson, A., 305.
Poitiers, 36, 37, 38, 39, 46, 55, 57, 59, 62, 65, 73, 79, 80, 83, 87, 88, 89, 90, 92, 99, 102, 121, 125, 138, 180, 181, 194, 209, 212, 214, 247, 285, 289, 291, 292, 390, 391.
— (Diane de). Voy. *Diane*.
Poitou, 48, 49, 144, 152, 167, 203, 222, 229, 287, 291.
Pologne, 27, 47.
Pompeius, 32.
Poncet. Voy. *Puy* (du).
Pontac (A. de) évêque de Bazas, 348, 349, 378, 379, 380, 383.
Porphyrion, 238, 239.
Porphyrius, P.-., 238, 239.
Portrain, P. 139.
Portugal, 260, 271.
Portus, F., 119, 270.
Postel, G., 351.
Poupardière (de la), seigneur de l'Aubressai, 166.
Prague, 328.
Prat (le P.), 383.
Pressy (terre de), près de la Charité, 296.
Preuilly (château de), 38, 274, 276, 279, 282, 285, 289, 291, 292, 295, 389.
— (abbaye de), 249.

— (Ecfroy, seigneur de), 249.
— (Louise de), 39.
Prevost-Paradol, 254.
Priscien, 110, 225.
Probus, 20, 26, 29, 137, 140, 152.
Procope, 317, 321, 350.
Properce, 17, 45, 48, 50, 53, 55, 108.
Provence, 129, 131, 136, 260, 271.
Ptolémée, 68, 69, 70, 71.
Puy (Clément du), 34, 211.
— (Philippe Poncet, femme de Clément du), 34, 211, 304.
— (Claude du), 7, 17, 34, 37, 38, 41, 42, 43, 47, 49, 50, 53, 55, 58, 60, 63, 68, 71, 72, 73, 76, 81, 82, 83, 85, 86, 38, 93, 95, 99, 103, 105, 108, 112, 113, 115, 117, 122, 125, 127, 137, 140, 145, 148, 149, 150, 155, 157, 159, 169, 175, 176, 178, 182, 186, 190, 197, 199, 201, 205, 207, 211, 214, 219, 220, 221, 222, 224, 225, 227, 229, 230, 233, 236, 240, 244, 246, 247, 249, 252, 254, 257, 259, 266, 267, 268, 273, 275, 279, 286, 287, 288, 292, 293, 295, 298, 302, 303, 304, 307, 333, 355, 379, 381.
— (Claude Sanguin, femme de Claude du), 93, 94, 157, 286, 287.
— (MM. du), fils des précédents, 325, 332, 334, 337, 338, 341, 347, 377, 381, 383, 387.
— (Augustin du), 332, 382.
— (Christophe du), 332, 355.
— (Jacques du), 332.
— (Pierre du), 157, 332, 379, 381.
— (George du), père de M*** Chasteigner, 47, 48.
— (François du), seigneur de Saint-Quentin, 103.
— (Philippe du), femme de F. de Gamaches Voyez *Gamaches*.

Q

Quatremère, E., 118.
Quérard, 372.
Quintilien, 272, 284.

R

Rabelais, 194, 208, 310, 359.
Rabbi Berakhia, 135.
Racine, 12, 125.
Raffin, A., dit Poton, 48.
— Jeanne, femme de Georges du Puy, 48.
Ranconnet (A. de), 143.
Rapetti, 14, 44, 233.
Raphelenge, F., 123, 299, 308, 330.
Rapin, N., 134, 333.
Rascas de Bagarris, 348, 376, 390.
Ratisbonne, 363, 368.
Raymond (F. de), 180, 188, 351.
Razes, 87.
Réalmont, 160.
Redet, 12, 37, 65.
Regnard, 252.
Regnier, Mathurin, 234.
Reims, 305.
Remond (vicomte de). Voy. *Gamaches* (F. de).
Renaudot (abbé), 118.
Reneaulme (P. de), 333.
Retz (cardinal de), 108, 148.
Reves (J. de), 8, 294.
Rhodiginus. Voy. *Ricchieri*.
Rhône (le), 24.
Richelet, 11, 48, 70, 86, 234.
Richeome (le P.), 307.
Ricchieri, L., 268.

Riccoboni, 150, 151.
Ridolfi (cardinal N.), 244.
Riese, 16.
Rigault, N., 34, 327.
Rimbault, P., 88, 90.
Riom, 299.
Rions, 105.
Ritschl, F., 5.
Rittershusius, J., pseudonyme de J. Scaliger, 362, 372.
Roaldez, F., 156, 269.
Roches (dames des), 100.
Rochepozay (terre de la), 52.
— (seigneurs de la), Voy. *Chasteigner.*
Rodez, 156.
Roissy (de). Voy. *Mesmes* (de).
Rollin, 72.
Rome, 12, 13, 14, 32, 44, 47, 57, 61, 72, 106, 142, 154, 155, 161, 165, 166, 187, 190, 195, 197, 204, 222, 223, 225, 226, 229, 231, 252, 261, 272, 332, 355, 363, 367, 368.
Rondelet, 341.
Ronsard, 6, 83, 219, 220, 284.
Roquefort, près d'Agen, 105, 157.
Roques, Voy. *Secondat.*
Rossi (de), 106.
— Victor, 200.
Rouen, 76, 206, 229, 237, 282, 285, 290, 301, 318, 364.
Rouergue, 156.
Roüiez, 142.
Roure (famille du), 233.
— Madeleine, Voy. *Cujas.*
Rousseau, J.-B., 69.
Rovere (A. de la), évêque d'Agen, 8.
Rovigo, 268.
Ruffec, 94.
— (de), 39.
Ruffin, 329, 330.

Russel, 375.
Rutebeuf, 173.
Rutgersius, J., 64.

S

Sacy (S. de), 5, 118.
Sadolet, 151.
Saint-Bertrand de Comminges, 226.
— Denis, 277, 298.
— Gelais (Urbain de), évêque de Comminges, 227.
— Germain-en-Laye, 159, 170.
— Jean d'Angely, 39.
— Julien (P. de), 297.
— Quentin (Claude de), baron de Blet, 103.
— (France du Puy, femme de C. de, 103.
— Simon (duc de), 11, 360.
— Verlunien (F. de), sieur de Lavau, 65, 66, 68, 71, 73, 74, 84, 86, 88, 102, 115, 122, 199, 274, 286, 319, 351, 389, 390, 391.
Sainte-Beuve, 318.
Sainte-Marthe, 34, 52, 53, 72, 73, 74, 83, 100, 110, 134, 156, 160, 171, 263, 291, 333.
Salluste, 101, 108.
— (Guillaume de), seigneur de Bartas, 134.
Samaritains (les), 117.
Saumaise, 340.
Sauvelat-du-Dropt (la), 48.
Saxo Grammaticus, 378.
Scala (de la). Voy. Scaliger.
Scaliger, Jules-César, 7, 8, 13, 23, 25, 28, 30, 66, 67, 81, 83, 122, 128, 133, 144, 156, 173, 180, 184, 216, 278, 324, 329, 334, 373, 374, 386.
Schacon. Voy. Chacon.
Schedius, P., 110.
— B., 110.

Schomberg (G. de), comte de Nanteuil, 37.
   — (Jeanne de Chasteigner, Mᵐᵉ de), 37, 51, 95.
Scholl, A., 101, 143.
Sciopplus, 5, 81, 109, 111, 358, 359, 360, 362, 367, 374, 375, 388.
Scotus, 101.
Scribani, C., 372.
Secondat (Jean de), seigneur de Roques, 105, 122, 137, 140, 146, 147, 152, 157, 167, 171, 371.
   — (Etienne de Brenieu, femme de J. de), 105, 139, 157.
   — (Jacques de), 371, 381.
   — (Jean-Henri de), 371.
   — *Roquefort* (Mᵐᵉ de), baronne de *Lonjon*, 146.
Seine (la), 204.
Seguier, président, 128.
Sénèque, 17, 125, 142, 204, 225, 226, 228, 231, 237, 244, 245, 246, 247, 374.
   — le Rhéteur, 236.
Senlis, 278.
Sennetin, C., 11, 12.
Sens, 299.
Serarius, 384, 385.
Serignac, près Agen, 105, 157.
Servastis, 16.
Servet, Michel, 65.
Servin, L., 307.
Servius, 240.
Sethus Calvisius, 385, 386.
Sévigné (Mᵐᵉ de), 75, 108, 125, 148, 155.
Séville, 142.
Sicile, 152.
Sidoine Apollinaire, 231.
Sigonius, C., 150, 151, 154, 182, 226.
Silius Italicus, 284.
Simmius de Rhodes, 275.
Simon, H., 78.

Sirlet, cardinal, 56.
Sixte V, 197, 225, 226.
Smestius. Voy. *Smith*.
Smith, Martin, 35, 260, 264, 271, 288.
— Henri, 264.
— Jean, 264.
Sommervogel (le P.), 187.
Sophocle, 28.
Sorbière, 76.
Spa, 183.
Sponde, 56.
Stace, 283, 284.
Stafford (comte de), 250.
Statius, Achille, 36, 43, 45, 48, 49, 54, 56, 68.
Strasbourg, 14.
Suétone, 272, 302.
Suisse, 63.
Sully, 321, 322.
Sulmone, 110.
Sylburgius, 273, 302.
Sylva (N. de), 251.
Symmaque, 375.
Synesius, 377.

T

Taillefer (comte de), 153.
Tallemant des Réaux, 328.
Tardif, 294.
Teissier, A., 19, 50, 51, 53, 74, 94, 106, 110, 124, 143, 175, 182, 200, 316, 322, 350, 354.
Terence, 17, 108, 142.
Tertulien, 142.
Teulet, 159.
Théocrite, 274, 275, 311.
Théophane l'Isaurien, 335, 336.

Thessalonique, 61.

Thomas, 164.

Thonissen, J.-J., 183.

Thou (Christophe de), 28, 88, 89, 95, 104, 132, 133, 139.
— (Jacquelime de Tulleu, femme de C. de), 95.
— (Jacques-Auguste de), seigneur d'Emery, 6, 7, 9, 14,
    28, 34, 47, 50, 51, 52, 53, 56, 64, 65, 70, 72, 76,
    88, 89, 94, 95, 96, 97, 100, 104, 105, 122, 124,
    128, 130, 131, 164, 166, 167, 168, 171, 173, 175,
    182, 197, 215, 216, 221, 222, 225, 231, 241, 243,
    250, 251, 263, 264, 266, 267, 270, 274, 275, 277,
    279, 280, 283, 285, 287, 290, 291, 292, 295, 296,
    297, 300, 301, 307, 311, 313, 314, 315, 316, 317,
    320, 322, 323, 325, 326, 328, 330, 334, 335, 337,
    338, 339, 340, 341, 348, 349, 350, 351, 353, 355,
    356, 358, 359, 362, 365, 367, 369, 371, 372, 374,
    376, 378, 379, 382, 384, 386, 387, 388, 390.
— (Marie de Barbançon, femme de J.-A. de), 278.
— (Jean de), seigneur de Bonnœil, Céli, 95.
— (Renée Baillet, femme de J. de), 95.

Thucydide, 125.

Thumery de Boissise, J., 121.

Thurot, Ch., 9, 15, 270, 322.

Tibulle, 17, 45, 48, 50, 53, 55, 56.

Tintinnius, 272.

Tiraboschi, 272.

Tite-Live, 101.

Titi, R. 205, 207, 208, 212, 213, 214, 215, 216, 217, 218,
    225, 340.

Titinnius,

Tolède, 60, 142, 244.

Tonnerre, 30, 92.

Touffou (château de), 38, 39, 62, 67, 70, 72, 76, 77, 84,
    88, 89, 94, 95, 96, 97, 100, 104, 105, 122, 124, 128,
    130, 131, 159, 166, 169, 170, 172, 173, 173, 184, 199,
    240, 292, 295, 296, 297, 389.

Toulouse, 45, 61, 120, 123, 137, 139, 145, 149, 154, 155, 156, 173, 227, 301, 325.
Touraine, 294, 334.
Tournes (J. de), 231.
Tours, 65, 241, 274, 278, 279, 280, 281, 282, 286, 287, 290.
Trabea, 45.
Trescal, 350.
Trevisan, B., 13.
Troyes, 10, 20, 75, 259, 299, 3 7.
Tulleu (J. de), 28, 95.
Tuning (docteur G.), 194, 295.
Turnèbe, 34, 52, 174, 211, 247, 377.
Turquet, L., sieur de Mayerne, 296.
Turrisan. Voy. *Trevisan*.

U

Ursinus, Fulvius. Voy. *Orsini*, Fulvio.

V

Vair (G. du), 325.
Vaillan. Voy. *Guellis*.
Valence, 14, 19, 20, 24, 28, 44, 156, 389.
Valere-Maxime, 197.
Valerius-Flaccus, 284.
Valet de Viriville, 391.
Varron, T., 22, 25, 30, 45.
Vassan (J. et N. de), 84.
Vauchelles (de), 251.
Vaugelas, 21, 118.
Vazel, 389.
Velser, Marc, 347.
Venise, 14, 18, 22, 56, 57, 61, 82, 83, 110, 115, 117, 124, 134, 135, 150, 154, 174, 239, 268, 271, 332.

Verdier (A. du), 143, 160.
Vernelle, Claude, 223, 228, 235, 236.
Verone (Italie), 363, 387.
— (vallon de), près d'Agen, 160.
Verrius, Flaccus, 31.
Vesuna, 152, 153.
Vettori. Voy. *Victorius.*
Victorius, P. 50, 51, 57, 151, 205.
Vieilleville (maréchal de), 283.
Vienne (Autriche), 270.
— (Dauphiné), 65, 271.
Viete, F., 305, 309, 310, 330, 331, 377.
Villars (marquis de), 105.
— (N. de), évêque d'Agen, 327.
Villehardouin, 91.
Villemain, 363.
Villequier (G. de), vicomte de la Guierche, 291, 292, 295.
Villomarius, Yvo, pseudonyme de. J. Scaliger, 212, 213, 214, 215, 216, 217, 218, 220, 221, 222, 225.
Vincennes, 170.
Vinet, Elie, 23, 42, 101, 153, 156, 188, 203, 217, 231.
Vingtrinier, Artus, 262.
— Aimé, 12, 262.
Viret, Mathieu, 41.
Virgile, 10, 18, 22, 52, 69, 129, 133, 208, 269, 283, 284, 311.
Viterbe, 161.
Vivès (domaine de), près d'Agen, 169, 192, 193, 209.
Volaterranus. Voy. *Maffei.*
Volterra (Toscane), 321.
Voltaire, 201.
Vossius, 56, 303, 328, 349.
Vulcanius, 298, 300, 317, 318, 321, 350.

W

Wernsdorf, 11.
Witemberg, 385.

Wolf, J.-C., 134, 135, 141.
— F.-A., 300.

Y

Yves de Chartres, 374.

Z

Zarlino, Joseph, 124.
Zélande, 369.

www.ingramcontent.com/pod-product-compliance
Lightning Source LLC
Chambersburg PA
CBHW050917230426
43666CB00010B/2213